東洋古典譯註叢書 204

出土文獻 補註

譯註 說文解字注 4

【031. 正部】-【055. 幵部】

著者 許愼　注 段玉裁

책임번역 李忠九
공동번역 金奎璇 成嗜濟 林在完 趙成德
책임연구 元勇準
공동연구 金正男 金 赫 朴載福

전통문화연구회

飜譯委員

企劃編輯	東洋古典飜譯編輯委員會
飜譯硏究管理	南賢熙
責任飜譯	李忠九
共同飜譯	金奎璇 成塘濟 林在完 趙成德
責任硏究	元勇準
共同硏究	金正男 金　赫 朴載福
潤　　文	南賢熙 朴相水
校　　訂	朴相水
編輯出版	白俊哲
裝　　幀	김진디자인

圖書管理

事業管理	李鍾爽
弘報管理	李和春
普　　及	申洋先
古典情報化	安成守

東洋古典譯註叢書를 발간하면서

우리의 古典國譯事業은 민족문화 진흥의 기초사업으로 1960년대부터 政府 支援으로 古文獻 現代化 작업을 추진하여 많은 成果를 거두었다. 당시 이 사업 추진의 先行課題로 東洋古典이라 일컬어지는 중국의 基本古典을 먼저 飜譯하여야 한다는 學界의 주장이 있었음에도 불구하고 우리 고전이 아니라는 일부의 偏狹한 視角과 財政 事情 등으로 인하여 배제되어 왔다.

전통적으로 중국의 기본고전은 우리 歷史와 함께 숨쉬며 각종 교육기관의 教科書로 활용됨은 물론이고 지식인들의 必讀書가 되어 왔으며, 우리 文化의 基底에 자리잡고 거의 모든 방면의 體系와 根幹을 형성하여 왔다. 그래서 학문연구의 기본서 역할을 해 왔을 뿐만 아니라 오늘날에도 우리의 國學徒 및 東洋學 研究者들에게 같은 역할을 하고 있음은 주지의 사실이다. 그럼에도 불구하고 中國古典은 우리 것이 아니라 하여 專門機關의 飜譯對象에 포함하지 않음으로써, 대부분 原典에서의 직접 번역이 아닌 重譯이나 拔萃譯의 방식이 주를 이루면서 教養水準으로 出版되어 왔다.

오늘날 東洋 三國 중에서 우리의 東洋學 연구가 가장 부진한 이유는, 東洋基本古典에 대한 폭넓은 이해의 부족과 漢文古典 讀解力의 저하에 기인함을 우리는 솔직히 인정하여야 한다. 따라서 이들 중국고전에 대한 신뢰할 만한 國譯이 이루어지는 것이 한국학 연구를 촉진시키는 시급한 先行課題라 할 수 있다.

이에 韓國學 및 東洋學의 연구와 古典現代化의 基盤構築을 위해서는, 전문기관으로 하여금 동양고전을 단기간에 각 분야의 專門 研究者와 漢學者가 상호 협동하여 연구번역하여 飜譯의 傳統性과 效率性, 研究의 專門性을 높일 수 있도록 政策的 配慮가 있어야 한다.

이에 本會에서는 元老 및 中堅 漢學者와 斯界의 專攻者로 하여금 協同硏究飜譯하여 공부하는 사람들이 믿고 引用하거나 깊이 있는 註釋 등을 활용할 수 있게 하고, 知識人들의 敎養을 증진시켜 줄 수 있는 東洋古典의 國譯書 간행을 지속적으로 추진해 왔다. 근래에 다행히 이 사업에 대하여 각계 지도층의 폭넓은 이해와 지원에 힘입어 2001년도부터 國庫補助를 받아 東洋古典譯註叢書를 간행하게 되었다. 이를 계기로 우리 先學의 註釋과 見解를 반영하는 등 국역사업의 內實을 기하게 되었음을 이 자리를 빌어 衷心으로 감사드리며, 아울러 國譯에 參與하신 관계자 여러분의 勞苦에 깊은 謝意를 표한다.

끝으로 우리의 이러한 작업은 오랜 역사 위에 축적된 先賢들의 業績과 現代學問을 이어주는 튼튼한 架橋와 礎石이 되어 진정한 韓國學과 東洋學 발전에 기여할 것을 굳게 믿으며, 21세기를 우리 文化의 世紀로 열어 가는 밑거름이 되도록 우리의 力量을 本 事業에 경주하고자 한다. 江湖諸賢의 부단한 관심과 지원을 기대해 마지않는다.

社團法人 傳統文化硏究會 理事長 李啓晃

凡 例

1. 본서는 ≪譯註 說文解字注≫의 제4책이다.
2. 본서는 段玉裁의 ≪說文解字注≫(上海古籍出版社, 1995. 7次 印刷)를 底本으로 삼았다.
3. 본서는 원전의 傳統性과 번역의 現代性을 구현하기 위해 노력하였다.
4. 標題字는 原本의 小篆을 제시하고, 頭註로 底本에 기재된 楷書는 ( ) 속에 제시하였다. 그리고 〔 〕 속에 訓과 音을 제시하였다.
5. 標題字 앞에 卷數, 部首番號, 문자일련번호를 제시하여 색인 등에 편리하게 하였다. 표제자와 함께 그 예를 보이면 다음과 같다.

04-031-1038 (正)〔옳을/**정**〕[補]

04는 4권이고, **031**는 31번째 부수이고, **1038**은 글자 전체의 순서가 1038번임을 나타낸다.

字源 解說이 부록으로 추가되는 글자는 훈음 뒤에 [補]로 표시하였다.

6. 原文은 字解 설명을 중심으로 구성되어 독자들의 이해도를 높이기 위해 懸吐하지 않고 본회의 기준에 따른 標點으로 처리하였다.
7. '从'자는 '……을 따르다'로 해석하였는데, 이는 '해당 部首에 從屬되다'는 의미로 쓰이는 文字學 용어이다.

> '시작'이다. 一을 따르고 兀(올)은 소리이다.
> 始也. 从一, 兀聲

8. 段玉裁 注는 ≪說文解字≫ 原文에 '①, ②……'로 표시하고 그 아래에 번역문과 원문을 제시하였다.
9. 讀音이 특수하거나 僻字인 경우에는 ( ) 속에 音價를 달아주었다.
10. 飜譯은 原意에 충실하고, 이해가 어려운 부분은 補充譯과 意譯을 하였다.
11. 用語 등에 대한 설명이 필요할 경우 註釋, 間註, 脚註를 달았다.

12. 飜譯文은 한글과 漢字를 混用하였으며, 맞춤법과 띄어쓰기는 한글 맞춤법과 표준어 규정을 따르는 것을 원칙으로 하였다.
13. 校勘은 원문의 衍字, 誤字, 脫字, 倒文 등을 대상으로 하였다.
14. 주요한 글자는 出土文獻 자료를 補註를 달아 해설하였다.
15. 본서의 校勘에 사용된 符號는 다음과 같다.

( )〔 〕: (저본의 誤字)〔교감한 正字〕

〔 〕: 저본의 脫字 보충

( ): 저본의 衍字 삭제

16. 본서에 사용된 주요 符號는 다음과 같다.

“ ”: 對話, 각종 引用

‘ ’: “ ” 안에서 再引用, 强調

「 」: ‘ ’ 안에서 再引用, 强調

( ): 원문에서는 讀音이 다른 글자나 僻字의 音
번역문에서 간단한 間注

〔 〕: 번역문의 이해를 돕기 위한 原文의 漢字나 句節
譯註에서 인용한 原文
疏에서 설명 대상으로 제시한 經이나 傳의 단어나 구절

≪ ≫: 書名이나 典據

〈 〉: 篇章名, 作品名, 補充譯

- -: 原注를 표기한 句節

目 次

第4卷

說文解字注 第2篇 下

【031. 正部】

【032. 是部】

【033. 辵部】

【034. 彳部】

【035. 廴部】

【036. 㢟部】

【037. 行部】

【038. 齒部】

【039. 牙部】

【040. 足部】

出土文獻 補註

譯註 說文解字注 4

【031. 正部】－【055. 卅部】

第4卷

說文解字注 第2篇 下

【031. 正部】

04-031-1038 (正)〔옳을/정〕 補 【重文 2】[1]

'옳다'이다. 一을 따랐다. 一로써 멈추게 하는 것이다. 正에 속하는 글자는 모두 正을 따랐다. (𠀤)은 正의 古文이니, 二을 따랐다. 二은 '上'자의 古文이다. (𤴓)은 正의 古文이니, 一·足을 따랐다. 足 또한 '그치다'는 뜻이다.

是也. 从一.① **一目止.**② **凡正之屬, 皆从正.** , **古文正, 从二. 二, 古文上字.**③ , **古文正, 从一足. 足亦止也.**④

① 句讀이다.
句.

② 江沅[2]은 "一은 멈추게 하는 것이다. 예컨대 ≪說文解字≫ '乍'자[3]의 해설에 '달아나지 못하게 하다.'와 '毋'자의 해설에 '간사한 짓을 못하게 하다'는 말과 같으니, 모두 一로써 멈추게 하는 것이다."라고 하였다. 之와 盛의 반절이다. 제11部에 있다.
江沅曰, "一所目止之也. 如乍之止亡, 毋之止姦, 皆以一止之." 之盛切. 十一部.

③ 이 또한 䇂·示·辰·龍·童·音·章이 모두 二을 따른 것과 같다.
此亦同䇂示辰龍童音章 皆从二.

④ 止部에 "止는 발〔足〕이다."라고 하였다.
止部曰, "止爲足."

---

1) 重文 : 音과 訓이 같지만 字形이 다른 異體字를 이른다. ≪說文解字≫에 正文 9,353자, 重文 1,163자가 실려 있다.

2) 江沅 : 1767~1838. 淸나라 江蘇 元和 사람으로, 字는 子蘭·伯蘭이고 號는 鐵君·韜庵이다. 단옥재의 문하에 수십 년을 공부하였고 ≪說文釋例≫을 지었으며, 嘉慶 18년(1813)에 ≪說文解字注≫를 교정하고 간행하는 일을 도왔다. 小篆에 뛰어났으며, 저서로 ≪染香庵文集≫, ≪詩錄≫, ≪詞鈔≫ 등이 있다.

3) 乍자 : ≪說文解字≫ 亡部 '乍'자의 小篆은 '乍'로 되어 있다.

04-031-1039 𤼷(乏)〔바르지 않을/핍〕補

≪春秋左氏傳≫ 宣公 15년에 "'正'자를 〈좌우로〉 뒤집은 것을 '乏'이라 한다."라고 하였다.

春秋傳曰, "反正爲乏."①

① ≪春秋左氏傳≫ 宣公 15년의 글이다. 이는 字形을 해설하였으나 의미가 그 속에 있다. 바르지 않은 것을 '匱疋(궤핍)'이라 하니, 두 글자(正과 疋)는 서로 등지고 있는 것이다. 禮[4]에, 화살이 맞는 표적을 '正'이라 하고, 화살을 막는 것을 '疋'이라 한다. 화살을 막는 것을 '疋'이라 하고, 명중된 화살의 개수를 세는 사람이 자신의 몸을 보호하는 것을 '容'이라 한다. 房과 法의 반절이다. 古音은 제7部에 있다.
左傳宣十五年文. 此說字形而義在其中矣. 不正則爲匱疋[5], 二字相鄉背也. 禮受矢者曰正, 拒矢者曰疋. 以其禦矢謂之疋, 以獲者所容身謂之容. 房法切. 古音在七部.

正部에서 다룬 표제자는 모두 2자이고, 重文은 모두 2자이다.

文二, 重二.

---

4) 禮 : ≪周禮≫ 〈夏官 射人〉과 ≪儀禮≫ 〈鄕射禮〉에 비슷한 구절이 실려 있다.
5) 疋 : ≪字彙補≫ 止部에 "'疋'자는 '乏'자의 古文이다.〔疋 卽乏字古文〕"라고 하였다.

【032. 是部】

04-032-1040 (是)〔바를/시〕[補] 【重文 1】

'바르다'이다. 日·正을 따랐다.[1)] 是에 속하는 글자는 모두 是를 따랐다. (昰)는 是의 籒文이니, 正의 古文을 따랐다.

直也.① 从日正.② 凡是之屬, 皆从是. , 籒文是, 从古文正.③

① 直部[2)]에 "〈直은〉 '바르게 보다'이다."라고 하였다.
直部曰, "正見也."

② 열 개의 눈이 숨어 있는 것을 밝게 살피는 것은 '直'이라 하고, 해〔日〕로 바름으로 삼은 것을 '是'라고 한다. 日·正을 따랐으니 會意이다. 천하의 사물 가운데 해〔日〕보다 바른 것이 없다. ≪春秋左氏傳≫ 襄公 7년에 "바르고 곧은 것을 '正'이라 하고, 굽은 것을 바르게 하는 것을 '直'이라 한다."라고 하였다. ≪五經文字≫에 是가 曰部에 들어간 것은[3)] 唐나라 판본이 曰을 따랐기 때문인데, 잘못인 듯하다. 承과 旨의 반절이다. 旨는 紙가 되어야 한다. 제16部에 있다.
十目燭隱則曰, 直, 以日爲正則曰, 是. 从日正會意. 天下之物, 莫正於日也. 左傳曰, "正直爲正, 正曲爲直." 五經文字是入曰部, 則唐本从曰也, 恐非. 承旨切. 旨當作紙. 十六部.

③ 살펴보건대, 여기에서 籒文과 篆文이 모두 日을 따랐음을 알 수 있다.
按此知籒篆, 皆从日.

---

1) 日……따랐다 : ≪六書尋源≫에서는 "正直은 그 행하는 일이 마치 해가 밝음과 같으므로 是는 日을 따르고 正을 따라서 '곧다', '바르다'라고 풀이하고 또 '非理의 반대이다'라고 풀이한다.〔正直者 其所爲之事 如日光之明顯 故此从日从正 而訓直也正也 亦訓非之反也〕"라고 하였다.

2) 直部 : ≪說文解字≫에 '直'자는 乚部에 편제되어 있다.

3) 是가……것은 : ≪五經文字 下≫ 曰部에 '是'자가 보인다.

04-032-1041 𨓱(韙)〔바를/위〕【重文 1】

'바르다'이다. 是를 따르고 韋(위)가 소리이다. ≪春秋左氏傳≫에 "다섯 가지 바르지 못한 일[4]을 범하다."라고 하였다. 愇(愇)는 韙의 籒文이며, 心을 따랐다.

是也.① **从是, 韋聲.**② **春秋傳曰, "犯五不韙."**③ **愇, 籒文韙. 从心.**④

① ≪古文尙書≫ 〈周書 洪範〉에서는 "때에 따라 다섯 가지[5]가 와서 갖추어진다.〔時五者來備〕"라고 하였는데, ≪今文尙書≫에서는 "다섯 가지 바른 것이 와서 갖추어진다.〔五是來備〕"라고 하였다. 李賢[6]이 ≪後漢書≫의 〈李雲傳〉과 〈荀爽傳〉에 注를 달 때 모두 ≪史記≫ 〈宋微子世家〉의 "五是來備"를 인용한 데서 증명할 수 있다.

대체로 ≪史記≫에서는 대부분 ≪今文尙書≫를 인용하였다. 荀爽의 對策文에 "다섯 가지 바른 것이 모두 갖추어졌다.〔五韙咸備〕"라고 하였는데, 韙는 是와 뜻이 같으니, 六書 가운데 轉注이다. 李雲의 上書에 "五氏來備."라고 하였는데, 氏와 是의 音이 동일하게 제16部에 있으니, 六書 가운데 假借이다.

古文尙書曰, "時五者來備." 今文尙書作"五是來備." 李賢於李雲荀爽傳, 皆引史記"五是來備"可證. 凡史記多用今文尙書也. 荀爽對策曰, "五韙咸備." 韙與是義同, 六書之轉注也. 李雲上書曰, "五氏來備." 氏與是音同在十六部, 六書之叚借也.

② 于와 鬼의 반절이다. 제15部에 있다.

于鬼切. 十五部.

③ ≪春秋左氏傳≫ 隱公 11년의 글이다.

左傳隱十一年文.

④ ≪玉篇≫ 〈心部에서는〉 "愇는 怨恨이다."라고 하고, ≪廣韻≫ 上聲 7尾에 字書를 인용하여 "愇는 '한스러워하다〔恨〕'이다."[7]라고 인용하, 모두 '韙와 같다'고 하지 않았다.

玉篇云, "愇, 怨恨也." 廣韻引字書, "愇, 恨也." 皆不云同韙.

---

4) 다섯……일 : ≪春秋左氏傳≫ 隱公 11년에 "덕을 헤아리지 않고, 힘을 헤아리지 않고, 친척과 친하지 않고, 한 말의 사실 여부를 따져 보지 않고, 누구에게 죄가 있는지를 살피지 않았다.〔不度德 不量力 不親親 不徵辭 不察有罪〕"라고 한 일을 가리킨다. 이 다섯 가지 일은 '犯五不韙'의 바로 앞에 나온다.

5) 다섯 가지 : ≪古文尙書≫ 〈周書 洪範〉에 "비가 내리고, 볕이 나고, 따뜻하고, 춥고, 바람이 분다.〔曰雨 曰暘 曰燠 曰寒 曰風〕"라고 한 다섯 가지의 기후를 가리킨다.

6) 李賢 : 655~684. 唐 高宗 李治의 여섯째 아들로, 字는 明允이다. 文官들을 불러 모아 ≪後漢書≫에 주석을 달았는데, 史書에서는 이를 '章懷注'라고 일컫는다. 저서로 ≪君臣相起發事≫, ≪春宮要錄≫, ≪修身要覽≫ 등이 있으나 지금은 전하지 않는다.

7) 字書에서……이다. : ≪廣韻≫에는 "愇는 字書에서 '恨'이다.〔愇 字書云 恨也〕"라고 하였다.

04-032-1042 (尟)〔적을/선〕

'이것이 적다'이다. 이것만 적지만 함께 있는 것이다. 是·少를 따랐다. 賈侍中(賈逵)의 說이다.

是少也.① 是少,② 俱存也.③ 从是少.④ 賈侍中說.⑤

① ≪周易≫〈繫辭傳 上〉에 "그러므로 君子의 道가 드문 것이다."라고 하였는데, '鮮'이 鄭本에는 '尟'으로 되어 있고 "'적다'는 뜻이다."[8]라고 하였다. 또한 ≪周易≫〈繫辭傳 下〉의 "화가 미치지 않는 예가 드물다.〔尟不及矣〕"의 '尟'도 어떤 판본에는 '鮮'으로 되어 있다. 또 ≪爾雅≫〈釋詁〉에 "鮮은 '좋다'는 뜻이다."라고 하였는데, ≪經典釋文≫〈爾雅音義〉에 "판본에 따라 '尠'으로 되어 있기도 하다."라고 하였다. 尠는 尟의 俗字이다.
易毄辭 "故君子之道鮮矣." 鄭本作尟, 云, "少也." 又"尟不及矣." 本亦作鮮. 又釋詁, "鮮, 善也.", "本或作尠." 尠者, 尟之俗.

② 句讀이다.
逗.

③ '是少' 두 글자는 각 판본에 '尟'자로 잘못되어 있다. 이는 윗글의 '是少'의 뜻을 풀이한 것이다. 是는 '이것〔此〕'이라는 뜻이다. 함께 있으나 유독 이것만 적기 때문에 '是少'라고 한 것이다.
是少二字, 各本譌作尟字. 此釋上文"是少"之意. 是, 此也. 俱存而獨少此, 故曰, 是少.

④ 그 자형에서 그 뜻을 얻은 것이다.
於其形得其義也.

⑤ 이 글자의 해설은 賈侍中(賈逵)에게서 얻었다는 것이다. 穌와 典의 반절이다. 제14部에 있다.
此字說得諸侍中也. 穌典切. 十四部.

是部에서 다룬 표제자는 모두 3자이고, 重文은 모두 2자이다.

文三, 重二.

---

8) 鄭本에는……뜻이다 : ≪經典釋文≫〈周易音義〉에 "드물다……鄭本에는 '尟'로 되어 있고, 馬融, 鄭玄, 王肅은 '少'라고 하였다.〔鮮矣……鄭本作尟 馬鄭王肅云 少也〕"라고 하였다.

【033. 辵部】

04-033-1043 辵(辵)〔가다가 멈추다가 할/착〕補

'가다 멈추다'이다. 彳·止를 따랐다.[1] 辵에 속하는 글자는 모두 辵을 따랐다. ≪春秋傳≫의 "한 계단씩 딛지 않고 내려가 달리다.〔辵階而走〕"의 辵(착)과 같이 읽는다.

乍行乍止也.① **从彳止.**② **凡辵之屬, 皆从辵. 讀若春秋傳曰, "辵階而走."**③

① ≪儀禮≫ 〈公食大夫禮〉의 "賓이 빨리 계단에 올라가면 절을 하지 않는다.〔賓栗階升 不拜〕"에 대한 鄭玄 注에 "한 계단씩 딛지 않고 〈계단을〉 내려가는 것을 '辵'이라 한다."라고 하였으니, 鄭玄은, '한 계단씩 딛지 않고 〈계단을〉 올라가는 것을 '栗階', 또는 '歷階'라고 하며, 한 계단씩 딛지 않고 내려가는 것을 '辵階'라고 한다.'라고 본 것이다. ≪廣雅≫ 〈釋室〉에 "辵은 '달리다'는 뜻이다."라고 하였다.
公食大夫禮注曰, "不拾級而下曰, 辵." 鄭意不拾級而上曰, 栗階, 亦曰, 歷階. 不拾級下曰, 辵階也. 廣雅, "辵, 奔也."

② 彳은 '잠깐 가다'이고, 止는 '잠깐 멈추다'이다. 丑과 略의 반절이다. 古音은 대체로 제2部에 있다. 超(초)와 같이 읽는다.
彳者乍行, 止者乍止. 丑略切. 古音葢在二部. 讀如超.

③ '讀若' 두 글자는 衍文이다. ≪春秋傳≫은 ≪春秋公羊傳≫ 宣公 6년의 글이다. 지금의 ≪春秋公羊傳≫에는 〈'辵'이〉 躇로 되어 있다. ≪春秋公羊傳≫의 "계단을 한 계단씩 딛지 않고 달려 내려가다.〔躇階而走〕"에 대한 何休 注에 "躇는 뛰어 내려가느라 한 계단씩 딛고 내려갈 겨를이 없는 것과 같다."라고 하였다.
讀若二字衍. 春秋傳者, 公羊宣(二)〔六〕[2]年文. 今公羊作(躇)〔躇〕.[3] 何休曰, "(躇)〔躇〕猶

---

1) 彳과……따랐다 : ≪六書尋源≫에서는 "'辵'자는 본래 彳을 따르고 止를 따랐으므로 풀이를 '가다 멈추다'라고 하였는데 '遲'와 '速' 두 자가 모두 辵을 따랐으나 앞에 彳을 따랐으므로 '간다'는 뜻이 비교적 중시된 것이다.〔此字本从彳从止 故訓乍行乍止 而遲速二字 竝从此 然以其先从彳 故行之之義較重〕"라고 하여, '간다'는 뜻이 더 중시되었다고 하였다.

2) (二)〔六〕: 저본에는 '二'로 되어 있으나, ≪春秋公羊傳注疏≫에 의거하여 '六'으로 바로잡았다.

超遠不暇以次."

04-033-1044 䘮(迹)〔자취/적〕 補 【重文 2】

'걸어간 자취'이다. 辵을 따르고 亦(역)이 소리이다. 蹟(蹟)은 迹의 或體이니 足·責을 따랐다. 速(速)은 迹의 籒文이니 朿(자)를 따랐다.

步處也.① 从辵. **亦聲.**② 蹟, **或从足責.**③ 速, 籒文迹, 从朿.④

① ≪莊子≫〈天運〉에 "자취〔跡〕는 발걸음에서 나온 것이니 자취가 어찌 발걸음이겠는가."라고 하였다.
莊子云, "夫跡, 履之所出, 而跡豈履也."

② 迹은 어떤 판본에 速으로 되어 있는데, 速은 朿(자)가 소리이므로 音은 제16部에 있다. 그런데 小篆에서 바뀌어 亦이 소리가 되었으므로 제5部에 들어가야 하지만, 본래 部(제16部)의 形聲은 아니다. 李陽氷[4]이 "李丞相(李斯)이 朿를 亦으로 썼다."[5]라고 하였는데, 이 글자를 이른다. 資와 昔의 반절이다. 古音은 제16部에 있다.
迹本作速, 朿聲, 故音在十六部. 小篆改爲亦聲, 則當入五部, 而非本部之形聲矣. 李陽冰云, "李丞相持朿作亦." 謂此字也. 資昔切. 古音在十六部.

③ '責'자 또한 朿(자)가 소리이다. ≪詩經≫〈小雅 沔水〉에 "제후가 道를 따르지 않음〔不蹟〕을 염려한다."라고 하였는데, 毛亨 傳에 "不蹟은 道를 따르지 않는 것이다."라고 하였다.
責亦朿聲也. 小雅, "念彼不蹟." 毛傳, "不蹟, 不循道也."

④ ≪爾雅≫〈釋獸〉에 "사슴의 발자국은 '速'이다."라고 하였고, ≪經典釋文≫〈爾雅音義〉에 "어떤 판본에는 또한 䴯(사슴 발자국/속)으로 되어 있고, 素와 卜의 반절이다."라고 하였으며, ≪字林≫을 인용하여 "사슴 발자국〔鹿跡〕이다."라고 하였다.
살펴보건대, 速은 바로 '速'자의 잘못이다. 周나라 때의 古本에 "그 발자국이 '速'이다."라고 하였으니, 速의 명칭은 오로지 사슴에만 연관되는 것을 꺼리지 않는 것이다. ≪廣雅≫〈釋詁〉에 "躔(전)·踈(적)·解·亢은 '자취〔跡〕'이다."라고 한 것은, 바로 ≪爾

---

3) (躇)〔躇〕: 저본에는 '躇'로 되어 있으나, ≪春秋公羊傳注疏≫에 의거하여 '躇'로 바로잡았다. 아래도 같다. 참고로 躇는 용례가 보이지 않는데, 箸는 著와 同字이므로 躇로 쓴 듯하다.

4) 李陽氷 : ?~? 唐代의 서예가로, 字는 少溫이며, 將作監을 역임했다. 篆書를 잘 썼는데, 특히 秦나라 李斯가 蒼頡의 籒文을 변형해서 만든 玉筯體를 잘 썼다. 저서로 ≪三墳記≫, ≪謙卦銘≫, ≪怡亭銘≫ 등이 있다.

5) 李丞相(李斯)가……썼다 : 郭忠恕의 ≪佩觿 上≫에 인용되어 있다.

雅≫ 〈釋獸〉의 "사슴의 일종인 사불상〔麋〕의 발자국은 '躔'이고, 사슴〔鹿〕의 발자국은 '速'이고, 노루〔麕〕의 발자국은 '解'이고, 토끼〔兎〕의 발자국은 '远'이다."라고 한 것을 가리킨다. ≪廣雅≫ 〈釋詁〉의 音釋에서 '曹憲은 踈의 音은 匹과 迹의 반절이다.'라고 하였다. ≪集韻≫ 入聲 22昔에 "迹은 '踈'으로도 쓴다."라고 하였다. 그렇다면 ≪字林≫의 '鹿을 따르고 速이 소리이며, 素와 卜의 반절'이라는 글자〔麤〕는 잘못된 것이 참으로 심하다. 〈'麤'자를〉 어떤 사람은 ≪爾雅≫에 끼워 넣은 것이라고도 하고, 또 어떤 사람은 鹿部의 麠(난)·麛(미) 두 글자 사이에 뒤섞여 들어간 것이라고도 하는데, 굳이 이를 변론하지 않아도 잘못이 명백하다.

釋獸, "鹿其跡, 速." 釋文, "本又作麤, 素卜反." 引字林, "鹿跡也." 按速正速字之誤. 周時古本云"其速速", 速之名, 不嫌專繫鹿也. 廣雅, "躔踈解亢, 跡也." 卽爾雅, "麋跡躔·鹿跡速·麕跡解·兎跡远也." 曹憲踈音匹迹反. 集韻云, "迹或作踈." 然則字林从鹿速聲, 素卜反之字, 紕繆實甚. 或以竄入爾雅, 又或以羼入鹿部麠麛二字之閒, 其誤可不辯自明矣.

04-033-1045 (䜧)〔어김없을/회〕 補

'어김없다'이다. 辵을 따르고 舝(할)이 소리이다. 害(해)와 같이 읽는다.

無違也.① 从辵, **舝聲. 讀若害.**②

① 舛部에 "舝는 수레 굴대 끝에 있는 비녀장이다. 양쪽이 서로 등지므로 舛을 따랐다."라고 하였다. 䜧가 舝을 따랐으나 '어김없다〔無違〕'라고 한 것은, 祀가 巳를 따랐으니 '〈후손들의〉 제사가 끊이지 않다.〔祭無巳〕'라고 하는 것과 같다.
舛部曰, "舝, 車軸耑鍵也. 兩相背从舛." 䜧从舝而曰無違, 猶祀从巳而曰祭無巳也.

② 胡와 蓋의 반절이다. 제15部에 있다. ≪廣韻≫에서는 音을 '會(회)'라고 하였다.
胡蓋切. 十五部. 廣韻音會.

04-033-1046 (逵)〔선도할/솔〕 補

'先導하다'이다. 辵을 따르고 率(솔)이 소리이다.

先道也.① 从辵, **率聲.**②

① 道는 지금의 '導'자이다. 逵은 經典에서 率을 가차하여 썼다. ≪周禮≫ 〈春官 樂師〉에 "燕射[6]에는 활을 쏘는 사람을 거느린 채 弓矢를 가지고 춤을 춘다."에 대한 鄭玄 注에 "古書에, 帥을 '率'이라 하였다. 鄭司農(鄭衆)이 '率은 帥이 되어야 한다'.라고 하였다."

라고 하였다. 大鄭(鄭衆)이 '漢나라 사람들이 「거느리다〔帥領〕」는 뜻의 글자를 「帥」자로 통용한 것은 周나라 때에 「率」자를 쓴 것과 다르다.'고 여겼기 때문이다. 이것이 이른바 '古今字'라는 것이다. ≪毛詩≫ 〈周頌 噫嘻〉의 "이 농부들을 거느리다.〔率時農夫〕"의 "率時"가 ≪韓詩≫에는 "帥時"로 되어 있다.

許愼이 ≪說文解字≫ 㫃部의 '旗'자 해설에서 인용한 ≪周禮≫ 〈春官 司常〉의 "솔도기를 세우다.〔率都建旗〕"의 "率都"가 ≪周禮≫ 鄭玄 注에는 "帥都"[7]로 되어 있다. ≪儀禮≫ 〈聘禮〉 注[8]에 "古文에 帥은 모두 '率'이라고 하였다."라고 한 것이 모두 이 용례이다. 또 ≪爾雅≫ 〈釋詁〉와 毛傳[9]에서 모두 "率은 '따르다'는 뜻이다."라고 하였는데, 이는 引伸된 뜻이다. 先導하는 자가 있다는 것은 바로 따르는 자가 있는 것이니, 이를 '逵'이라고도 한다.

道, 今之導字. 逵, 經典假率字爲之. 周禮, "燕射, 帥射夫以弓矢舞.", "故書帥爲率. 鄭司農云, '率當爲帥.'" 大鄭以漢人帥領字通用帥, 與周時用率不同故也. 此所謂古今字. 毛詩"率時農夫", 韓詩作"帥時". 許引周禮"率都建旗", 鄭周禮作"帥都". 聘禮注曰, "古文帥, 皆爲率." 皆是也. 又釋詁・毛傳皆云, "率, 循也." 此引伸之義. 有先導之者, 乃有循而行者, 亦謂之逵也.

② 疏와 密의 반절이다. 제13部에 있다.

疏密切. 十三部.

04-033-1047 𨘢(邁)〔멀리 갈/매〕 補【重文 1】

'멀리 가다'이다. 辵을 따르고 萬(만)이 소리이다. 𨘢(邁)는 邁의 或體이니 蠆(채)를 따랐다.

遠行也.① 从辵, **萬聲.**② 𨘢, **邁或从蠆.**③

① ≪爾雅≫ 〈釋言〉과 毛傳[10]에서 "邁는 '가다〔行〕'이다."라고 하였다.

釋言・毛傳曰, "邁, 行也."

---

6) 燕射 : 연회 자리에서 활을 쏘는 것으로. 古代에 활을 쏘는 예법의 하나이다.

7) 師都 : 지금의 ≪周禮≫ 〈春官 司常〉에는 "師都"로 되어 있다. 그런데 㫃部의 '旗'자에 대한 段玉裁 注에 "지금의 ≪周禮≫에는 率이 師로 되어 있는데, 師는 帥의 잘못이다.〔今周禮率作師 師者帥之誤〕"라고 하였다. 단옥재의 해설은 ≪周禮漢讀考≫ 권3에 보인다.

8) 儀禮……注 : ≪儀禮≫ 〈聘禮〉의 "使者가 朝服을 입은 채 무리를 이끌고 저녁에 시중든다.〔使者朝服 帥衆介夕〕"에 대한 鄭玄 注를 가리킨다.

9) 毛傳 : ≪詩經≫ 〈小雅 北山〉의 "땅을 따른 물가〔率土之濱〕"에 대한 毛亨 傳을 가리킨다.

10) 毛傳 : ≪詩經≫ 〈王風 黍離〉의 "가기를 더디고 더디게 하다.〔行邁靡靡〕"에 대한 毛亨 傳을 가리킨다.

② 莫과 話의 반절이다. 제15部에 있다. 萬聲은 제14部에 있으니 合韻된 것이다.
莫話切. 十五部. 萬聲在十四部, 合音也.

③ 살펴보건대, 虫部의 萬자는 윗부분이 萬을 따르지 않았다.[11] 그런데 疒部와 厂部의 萬[12]가 모두 萬을 따르고 虫을 따랐는데, 자세한 설명은 아직 듣지 못하였다.
按虫部萬字, 上不从萬. 而疒部・厂部萬, 皆从萬从虫, 未聞其詳.

04-033-1048 (巡) 〔순시할/순〕 補

'순시하다'이다. 辵을 따르고 川(천)이 소리이다.

視行也.① 从辵, **川聲.**②

① '也'자가 각 판본에 '皃'자로 되어 있는데, 今本 ≪玉篇≫과 ≪廣韻≫에 의거하여 바로잡았다. 視行은 살펴볼 것이 있어서 다니는 것이다. 天子가 諸侯에게 가는 것을 '巡狩'라고 하는데, 관할 지역을 돌아보는 것이다. 視行이 어떤 판본에는 '延行'으로 되어 있는데, 延과 巡은 雙聲이다.
也, 各本作皃, 今依篇・韻訂. 視行者, 有所省視之行也. 天子適諸侯曰, 巡狩, 巡所守也. 視行一作延行. 延巡雙聲.

② 詳과 遵의 반절이다. 제13部에 있다.
詳遵切. 十三部.

04-033-1049 (遐) 〔공손하게 다닐/구〕

'공손하게 다니다'이다. 辵을 따르고 叚(구)가 소리이다. 九(구)와 같이 읽는다.

恭謹行也. 从辵, **叚聲. 讀若九.**①

---

11) 虫部의……않았다 : ≪說文解字≫ 虫部 '萬'자의 해설에 "萬는 독충이다. 象形이다. 蠆는 萬의 或體이니 蚰(곤)을 따랐다.〔萬 毒蟲也 象形 蠆 萬或从蚰〕"라고 하였다.

12) 疒部와……萬 : 疒部의 '癘'자와 厂部의 '厲'자를 가리킨다. '癘'에 대해서는 徐鍇의 ≪說文解字繫傳≫에 "癘는 나쁜 瘡疾이다. 疒을 따르고 厲의 생략형이 소리이다. 癘는 或體이니, 획이 생략되지 않았다.〔癘 惡瘡疾也 从疒 厲省聲 癘 或不省〕"로 되어 있는데, 段玉裁의 ≪說文解字注≫에 "癘 惡疾也 从疒 萬省聲"으로 되어 있다. '厲'에 대해서는 徐鍇의 ≪說文解字繫傳≫에 "厲 旱石也 从厂 蠆聲"으로 되어 있는데, 단옥재의 ≪說文解字注≫에 "厲는 단단한 돌이다. 厂을 따르고 萬의 생략형이 소리이다. 厲는 或體이니, 획이 생략되지 않았다.〔厲 旱石也 从厂 萬省聲 厲 或不省〕"로 되어 있다.

① 居와 又의 반절이다. 제3部에 있다.
居又切. 三部.

04-033-1050 徒(辻)〔걸어 다닐/도〕補

'걸어 다니다'이다. 辵을 따르고 土(토)가 소리이다.[13)]

步行也.[①] 从辵, **土聲.**[②]

① ≪周易≫ 賁卦 初九에 "수레를 버리고 걸어간다."라고 하였다. 引伸하여 徒搏·徒涉·徒歌·徒擊鼓[14)]의 徒로 쓴다.
賁初九, "舍車而徒." 引伸爲徒搏·徒涉·徒歌·徒擊鼓.

② 同과 都의 반절이다. 제5部에 있다. 辻는 隸書에서 변하여 徒가 되었다.
同都切. 五部. 辻隸變作徒.

04-033-1051 䌛(遙)〔빨리 갈/유〕補

'지름길로 빨리 가다'이다. 辵을 따르고 䌛(요)가 소리이다.

行遙徑也.[①] 从辵, **䌛聲.**[②]

① ≪玉篇≫ 辵部에 "遙는 '빨리 가다'는 뜻이다."라고 하였다. 살펴보건대, 이 구절은 "지름길로 가다.〔行徑〕"가 되어야 하거나 "지름길로 가다.〔行由徑〕"가 되어야 한다.
玉篇, "遙, 疾行也." 按此當作"行徑"也, 或作"行由徑"也.

② 以와 周의 반절이다. 제3部에 있다.
以周切. 三部.

---

13) 辵을……소리이다 : ≪六書尋源≫에서는 "사람이 수레와 말로 걷기를 대신할 수 없어서 다만 진흙을 밟고 다니는 사람은 비천한 부류이므로 徒는 辵을 따르고 土를 따라서 '걸어 다니다'라고 풀이하였다.〔凡人之不能以車馬代步 而但行踐塗泥者 乃是卑賤之類 故此从辵从土 而訓步行〕"라고 하여, 會意로 설명하고 ≪說文解字≫의 "从辵 土聲"의 形聲을 취하지 않았다.

14) 徒搏……徒擊鼓 : 徒搏은 맨손으로 치는 것, 徒涉은 맨발로 물을 건너는 것, 徒歌는 악기의 반주 없이 노래만 부르는 것, 徒擊鼓는 북만 치는 것을 이른다.

04-033-1052 (延)〔바르게 갈/**정**〕補 【重文 1】

'바르게 가다'이다. 辵을 따르고 正(정)이 소리이다. 征(征)은 延의 **或體**이니 彳을 따랐다.

正行也.① 从辵, **正聲.**② 征, **延或**从彳.③

① ≪爾雅≫〈釋言〉과 毛傳[15]에 "征은 '가다〔行〕'이다."라고 하였는데, 許愼은 구분하여 征을 "바르게 가다〔正行〕"라 하고, 邁를 "멀리 가다〔遠行〕"라 하였다.
釋言・毛傳, 皆曰, "征, 行也." 許分別之, 征爲正行, 邁爲"遠行".

② 形聲이면서 會意를 포함하고 있다. 諸와 盈의 반절이다. 제11部에 있다. 廴部에 또 '延'자가 있는데 '가다〔行〕'라는 뜻이다.
形聲包會意. 諸盈切. 十一部. 廴部又有延字, 行也,

③ 引伸하여 '征伐'이라는 뜻으로 쓰인다. ≪孟子≫〈盡心 下〉에 "征이란 말은 '바로잡는다〔正〕'는 뜻이다."라고 하였다.
引伸爲征伐. 孟子曰, "征之爲言正也."

04-033-1053 (隨)〔따를/**수**〕補

'따르다'이다. 辵을 따르고 隋(수)가 소리이다.

從也.① 从辵, **隋聲.**②

① 행실을 곡진히하여 자취를 따르는 것을 '委隨'라고 한다.
行可委曲從迹, 謂之委隨.

② 旬과 爲의 반절이다. 古音은 제17部에 있다.
旬爲切. 古音在十七部.

04-033-1054 (迖)〔걷는 모양/**발**〕

'걷는 모양'이다. 辵을 따르고 犮(발)이 소리이다.

行皃. 从辵, **犮聲.**①

---

15) 毛傳 : ≪詩經≫〈小南 小星〉의 "빠르게 밤길을 간다.〔肅肅宵征〕"에 대한 毛亨 傳을 가리킨다.

① 살펴보건대, 각 판본에는 篆文이 '𨓞'로 되어 있는데, 잘못이다. 卽과 禮의 반절을 따르는 𣎵는 𣎵이 소리라고 할 수 없고 蒲와 撥의 반절이라고 할 수 있다. 𣎵은 普와 活의 반절이며, 隸變[16]을 거쳐 市(불)이 되었다. ≪廣韻≫ 入聲 13末 小韻字 撥에 "𨓞은 北과 末의 반절이며, '급히 달리다'이다."라고 하였고, 小韻字 跋에 "𨁼은 蒲와 撥의 반절이며, '가는 모양〔行皃〕'이다. 𧼮은 위와 같다."라고 하였다. 이 세 글자(𨓞・𨁼・𧼮)는 실제로 한 글자이고, 두 音(北末切・蒲撥切)은 실제로 동일한 音이다.

≪설문해자≫에서 "剌𣥠(랄발)"[17]을 말하였는데, 𣥠은 𨓞과 音義가 같다. 아래에 있는 글자 𨔡(섭)이 잘못 바뀌어 𨓞이 되었는데, 이로 인하여 이 𨓞을 고쳐 逑로 쓰고 蒲와 撥・北과 末 두 개의 반절로 나누어 예속시켰으니, 그 잘못이 오래되었다. 제15部에 있다.

按各本篆文作𨓞, 非也. 从卽禮切之𣎵, 則不得云𣎵聲, 云蒲撥切矣. 𣎵普活切, 隸變作市. 廣韻, "𨓞, 北末切, 急走也." "𨁼, 蒲撥切, 行皃. 𧼮, 上同." 此三字實一字, 二音實一音也. 許書言"剌𣥠", 𣥠與𨓞音義同. 自下文𨔡譌爲𨓞, 因改此𨓞爲逑, 而以蒲撥・北末分隸之. 其誤久矣. 十五部.

04-033-1055 𨑒(迋)〔갈/왕〕

'가다'이다. 辵을 따르고 王(왕)이 소리이다.[18] ≪春秋傳≫ 昭公 21년에 "그대는 나를 속이지 말라."라고 하였다.

往也.① 从辵, **王聲.**② **春秋傳曰, "子無我迋."**③

① 迋과 往은 疊韻이다.
迋往疊韻.

② 于와 放의 반절이다. 제10部에 있다.
于放切. 十部.

③ ≪春秋左氏傳≫ 昭公 21년의 글이다. ≪詩經≫ 〈鄭風 揚之水〉에 "남의 말을 믿지 말라. 사람들이 실제로 너를 속일 것이다.〔人實迋女〕"라고 하였는데, 毛亨 傳에 "迋은 '속이다

16) 隸變 : 漢字의 형태가 篆書에서 隸書로 바뀐 것을 이른다. 小篆 이전의 한자를 '古代漢字', 에서 이후의 한자를 '現代漢字'라고 한다.

17) 剌𣥠(랄발) : '두 발이 어긋나 등지다'는 뜻이다. ≪說文解字≫의 𣥠部에 "'두 발이 어긋나 등지다'이다. 止과 少(달)을 따랐다.〔𣥠 足剌𣥠也 从止少〕"라고 하였다.

18) 辵을……소리이다 : ≪六書溯源≫에서는 "가는 것은 굽힘이고 오는 것은 펴는 것이므로 迋은 王을 따랐다.〔往者 屈也 來者 伸也 故此从王〕"라고 하여, 會意로 설명하고 ≪說文解字≫의 "从辵 王聲"의 形聲을 취하지 않았다.

〔誑〕'는 뜻이다."라고 하였다. 毛亨 傳의 뜻은 迋을 '誑'의 假借라고 여긴 것이다. ≪春秋左氏傳≫의 이 迋도 똑같다. 迋의 본래 뜻은 '가다'인데 經傳에서 假借하여 '誑'의 뜻으로 썼기 때문에, 이를 일컬어 '소리에 의거하여 뜻〔事〕을 의탁하였음'을 밝힌 것이라고 한다.

예컨대, 敀(호)는 본래 사람의 姓氏로 쓰는 글자인데 ≪書經≫ 〈周書 洪範〉에 "개인이 좋아하는 것은 제쳐두고〔無有作敀〕"의 '敀'자를 '好'자로 가차하고, 狟의 본래 뜻은 '개가 가다'인데도 오히려 狟狟으로 가차하여 桓桓[19]의 뜻으로 쓰고, 莧(멸)의 본래 뜻은 '불이 밝지 않다'인데 '重莧席[20]을 편다.'라고 할 때의 莧을 가차하여 '蔤(밀)'[21]자의 뜻으로 쓰는 것이 모두 이러한 이치이다.

左傳昭卄一年文. 鄭風, "無信人之言, 人實迋女." 毛曰, "迋, 誑也." 傳意謂迋爲誑之叚借. 左氏此迋正同. 迋本訓往, 而經傳叚借爲誑, 故偁之以明依聲託事. 如敀本人姓, 而無有作敀借爲好字, 狟本訓犬行, 而尚狟狟借爲桓桓, 莧本訓火不明, 而布重莧席借爲蔤字, 皆其理也.

04-033-1056 (逝)〔갈/서〕

'가다'이다. 辵을 따르고 折(절)이 소리이다. 誓(서)와 같이 읽는다.

往也.① 从辵, **折聲. 讀若誓.**②

① ≪爾雅≫ 〈釋詁〉와 ≪方言≫ 권1에도 "往也"로 동일하게 되어 있다. ≪方言≫에 "逝는 秦나라와 晉나라의 말이다."라고 하였다.

釋詁・方言同. 方言曰, "逝, 秦晉語也."

② 時와 制의 반절이다. 제15部에 있다. 각 판본에서 표제자가 끊어진〔斷〕 '艸'자를 따르지 않은 것은 잘못이다.[22]

時制切. 十五部. 各本篆文不从斷艸, 非也.

---

19) 桓桓 : '날래고 용감하다', '용맹스럽고 威勢가 있는 모양', '높고 큰 모양', '넓다', '마음이 편안한 모양' 등의 뜻으로 쓰인다.

20) 重莧席 : ≪尚書≫ 〈周書 顧命〉에 나오는 말로, '이중으로 된 莧席(멸석)'을 이른다. '莧席'은 桃枝竹으로 만든 자리이다. '莧席'이 今本 ≪상서≫에는 '蔑席'으로 되어 있다.

21) 蔤(밀) : 본래 '연〔扶渠〕의 뿌리'를 뜻하는 글자이지만, 여기서는 '부들의 뿌리'를 가리킨다. ≪說文解字≫ 艸部의 '蔤'자에 대한 段玉裁 注에 "부들〔蒲〕의 뿌리를 또한 '蔤'이라고 칭한다. ≪尚書≫ 〈周書 顧命〉의 '莧席(멸석)'이 지금 '蔑席'으로 되어 있는데, 이는 '가느다란 부들로 만든 자리'이다.〔蒲本亦偁蔤 周書莧席 今作蔑席 纖蒻席也〕"라고 하였다.

22) 표제자가……잘못이다 : 逝의 표제자가 로 되어 있는 것은 옳고 로 되어 있는 것은 그르다는 뜻이다. 단옥재의 ≪說文解字注≫에는 로 되어 있으나, 徐鉉의 ≪說文解字≫와 徐鍇의 ≪說文解字繫傳≫에는 로 되어 있다. 글자의 가운데 부분이 로 끊어진 것은 '艸'자이고, 로 이어진 것은 '手'자이다.

04-033-1057 䢐(退)〔갈/조〕補【重文 2】

'가다'이다. 辵을 따르고 且(차)가 소리이다. 退는 齊나라의 말이다. 徂(徂)는 退의 或體이니 彳을 따랐다. 䢐(遽)는 〈退의〉 籀文이니 虘(차)를 따랐다.

往也.① 从辵, **且聲.**② 退, **齊語.**③ 徂, 退**或从彳.** 䢐, 籀**文从虘.**

① ≪爾雅≫ 〈釋詁〉와 ≪方言≫ 권1에 모두 "徂는 '가다'는 뜻이다."라고 하였다. 살펴보건대, ≪詩經≫ 〈鄭風 出其東門〉에 "내 마음이 가는 사람 아니로다."에 대한 鄭玄 箋에 "'내 마음이 저들에게 있지 않도다.'와 같다."라고 하였으니, 이는 且가 곧 徂의 假借임을 말한 것이다. ≪爾雅≫ 〈釋詁〉에 또 "徂는 '있다'는 뜻이다."라고 한 것이 이 용례이다.
釋詁·方言皆曰, "徂, 往也." 按鄭風"匪我思且." 箋云, "猶非我思存也." 此謂且卽徂之叚借. 釋詁又云, "徂, 存也."是也.

② 全과 徒의 반절이다. 제5部에 있다.
全徒切. 五部.

③ ≪方言≫ 권1의 글이다.
方言文.

04-033-1058 䢿(述)〔따를/술〕補【重文 1】

'따르다'이다. 辵을 따르고 朮(출)이 소리이다. 䢿(遂)은 〈述의〉 籀文이니 秫을 따랐다.

循也.① 从辵, **朮聲.**② 䢿, 籀**文从秫.**③

① 述과 循은 疊韻이다. 述은 간혹 術을 假借하여 쓰기도 한다. 예컨대 ≪詩經≫ 〈邶風 日月〉에 "도리를 따르지 않는 것으로 나에게 보답하네.〔報我不述〕"라고 한 구절의 '述'자가 어떤 판본에 '術'로 되어 있는 것이 이 용례이다. 古文에서는 대부분 '遹'자를 가차하여 썼다. 예컨대 ≪尙書≫ 〈周書 康誥〉의 "네 文德을 가진 아버지를 경건히 따르다.〔祗遹乃文考〕", ≪詩經≫ 〈大雅 文王有聲〉의 "선왕의 명성 따라 크게 명성이 있게 되었네.〔遹駿有聲〕"·"선왕의 뜻에 따라 효를 이루었네.〔遹追來孝〕"와, ≪爾雅≫ 〈釋言〉과 毛傳[23]에서 모두 "遹은 '따르다'는 뜻이다."라고 한 것이 이 용례이다. 〈≪經典釋文≫ 〈爾雅音

23) 毛傳 : ≪詩經≫ 〈大雅 文王有聲〉의 "크게 명성이 있게 되었네.〔遹駿有聲〕"에 대한 毛亨 傳을 가리킨다.

義〉에서〉 孫炎[24]은 "遹은 '述'의 古字이다."라고 하였는데, 대체로 古文에서는 대부분 遹을 述로 여겼기 때문에 손염이 그렇게 말한 것이며, 지금 사람 述을 쓰고 옛날 사람은 遹을 썼음을 말한 것이다. 대체로 말하는 古今字를 여기서 살필 수 있다.
述循疊韻. 述或叚借術爲之, 如詩"報我不述", 本作術是也. 古文多叚借遹爲之, 如書"祗遹乃文攷", 詩"遹駿有聲", "遹追來孝." 釋言·毛傳皆曰, "遹, 述也."是也. 孫炎曰, "遹, 古述字." 蓋古文多以遹爲述, 故孫云爾, 謂今人用述, 古人用遹也. 凡言古今字者視此.

② 食과 聿의 반절이다. 제15部에 있다.
食聿切. 十五部.

③ 朮은 秫의 생략형이다.
朮者, 秫之省.

04-033-1059  (遵)〔따를/준〕

'따르다'이다. 辵을 따르고 尊(준)이 소리이다.

循也.① 从辵, **尊聲.**②

① 遵과 循은 첩운이다. ≪爾雅≫ 〈釋詁〉에 보인다.
遵循疊韻. 見釋詁.

② 將과 倫의 반절이다. 제13部에 있다.
將倫切. 十三部.

04-033-1060  (適)〔갈/적〕補

'가다'이다. 辵을 따르고 啻(시)가 소리이다. 適은 宋나라와 魯나라의 말이다.

之也.① 从辵, 啻**聲.**② 適, **宋魯語.**

① ≪爾雅≫ 〈釋詁〉에 "適·之는 '가다'는 뜻이다."라고 하였고, ≪方言≫ 권1에 "逝·徂·適은 '가다'는 뜻이다. 適은 宋나라와 魯나라의 말이다."라고 하였다. 살펴보건대, 여기에서 '往'이라고 하지 않고 '之'라고 하였으니, 許愼의 생각에는 아마도 之와 往을 조금 다르게 본 것으로 逝·徂·往은 출발지를 기준으로 말한 글자이고, 適은 도착지를 기

24) 孫炎 : ?~? 三國時代 魏나라의 사상가이다. 經學과 訓詁學에 재능이 있었고, 反切法을 창시하였다. 저서로 ≪毛詩注≫, ≪國語注≫ 등이 있다.

준으로 말한 글자이다. 그러므로 卦가 변하여 새로운 괘를 이루는 것을 '之卦'라고 하며, 여자가 시집가는 것을 '適人'이라고 한다.

釋詁, "適・之, 往也." 方言, "逝・徂・適, 往也. 適, 宋魯語也." 按此不曰往而曰之, 許意蓋以之與往稍別. 逝・徂・往自發動言之. 適, 自所到言之. 故變卦曰之卦, 女子嫁曰適人.

② 施와 隻의 반절이다. 제16部에 있다.

施隻切. 十六部.

04-033-1061 (過)〔지날/과〕 補

'지나다'이다. 辵을 따르고 咼(괘)가 소리이다.

度也.① 从辵, **咼聲.**②

① 인신하여 '허물이 있다'라고 할 때의 '過(허물/과)'로 쓴다. ≪爾雅≫〈釋言〉에 "郵는 '지나다'는 뜻이다."라고 하였으니 '郵亭'은 사람들이 지나가는 곳이고 '訧郵'은 사람의 허물을 이르는 것이니 모두 옳다. 平聲과 去聲으로 분별하는 것은 俗說이다.

引伸爲有過之過. 釋言, "郵, 過也." 謂郵亭是人所過, 訧郵是人之過, 皆是. 分別平去聲者, 俗說也.

② 古와 禾의 반절이다. 제17部에 있다.

古禾切. 十七部.

04-033-1062 (遦)〔익숙할/관〕

'익숙하다'이다. 辵을 따르고 貫(관)이 소리이다.

習也.① 从辵, **貫聲.**②

① 이 글자〔遦〕는 手部의 摜과 音義가 같다.

此與手部摜音義同.

② 工과 患의 반절이다. 제14部에 있다. 〈遦은〉 또한 貫을 假借하고, 혹은 串을 假借하기도 한다. ≪春秋左氏傳≫ 昭公 26년에 "鬼神을 모독하는 데 익숙하다."라고 하였고, ≪爾雅≫〈釋詁〉에 "貫은 '익숙하다'는 뜻이다."라고 하였으며, ≪詩經≫〈大雅 皇矣〉에 "串夷[25]가 길 가득 도망가도다."라고 하였다.

---

25) 串夷 : 고대 중국 서부의 소수민족 이름인 混夷를 가리킨다. ≪詩經≫〈大雅 皇矣〉의 "串

工患切. 十四部. 亦假貫, 或假串. 左傳曰, "貫瀆鬼神." 釋詁, "貫, 習也." 毛詩曰, "串夷載路."

04-033-1063 (遺)〔깔보고 무례할/독〕補

'깔보고 무례하다'이다. 辵을 따르고 賣(육)이 소리이다.

媟遺也.① 从辵, 賣聲.②

① 女部에는 '媟嬻(설독)'으로 되어 있고, 黑部에는 黷(더럽힐/독)으로 되어 있다. 지금 경전에는 瀆으로 되어 있다.[26]
　女部作媟嬻, 黑部作黷. 今經典作瀆.

② 徒와 谷의 반절이다. 제3部에 있다.
　徒谷切. 三部.

04-033-1064 (進)〔오를/진〕補

'오르다'이다. 辵을 따르고 閵(린)의 생략형이 소리이다.

登也. 从辵, 閵省聲.①

① 卽과 刃의 반절이다. 제13部에 있다.
　卽刃切. 十三部.

04-033-1065 (造)〔나아갈/조〕補 【重文 1】

'나아가다'이다. 辵을 따르고 告(고)가 소리이다. 譚長[27]의 해설에 "造는 도덕이

夷載路"에 대한 鄭玄 箋에 "串夷는 混夷이니, 西戎國의 이름이다.〔串夷卽混夷 西戎國名也〕"라고 하였다.

26) 지금……있다 : ≪說文解字≫ 黑部에 "黷은 '계속해서 더럽히다'이다.……≪周易≫ 蒙卦에 '두 번 세 번 계속하여 모독하다.'라고 하였다.〔黷 握持垢也……易曰 再三黷〕"에 대한 段玉裁 注에 "許愼이 의거한 ≪주역≫에는 '黷'으로 되어 있는데, 지금의 ≪주역≫에는 '瀆'으로 되어 있다.〔許所據易作黷 今易作瀆〕"라고 하였다.

27) 譚長 : ?~? 許愼 당시에 文字를 해설한 사람으로, 〈說文解字敍〉에 이른바 "통달한 사람에게 널리 채집했다.〔所謂博采通人也〕"는 사람 가운데 한 사람이다.

높은 사람이다."라고 하였다. 艁(艁)는 造의 古文이니 舟를 따랐다.

就也.① 从辵, **告聲.**② **譚長說, "造, 上士也."**③ 艁, **古文造, 从舟.**④

① 造와 就는 疊韻이다. ≪廣雅≫ 〈釋言〉에 "造는 '나아가다'는 뜻이다."라고 하였다.
造就疊韻. 廣雅, "造, 詣也."

② 七과 到의 반절이다. 古音은 제3部에 있다.
七到切. 古音在三部.

③ ≪禮記≫ 〈王制〉에 "司徒에게 올라간 자는 고을의 부역을 면제받고, 태학에 올라간 자는 사도에게서도 부역을 면제받는다. 이들을 '造士'라고 한다."에 대한 鄭玄 注에 "造는 '이루다'는 뜻이다. 禮를 잘 익히면 완성된 인격체가 된다."라고 하였다. 살펴보건대, 鄭玄에 따르면 就와 뜻이 같다.
王制, "升於司徒者, 不征於鄕, 升於學者, 不征於司徒, 曰造士." 注, "造, 成也. 能習禮則爲成士." 按依鄭則與就同義.

④ ≪爾雅≫ 〈釋水〉에 "천자는 배를 나란히 이어 다리를 만든다."라고 하였는데, 毛亨 傳도 같다.[28] 陸德明의 ≪經典釋文≫ 〈爾雅音義〉에 "≪廣雅≫에는 '艁(조)'로 되어 있다."[29]라고 하였다. 살펴보건대, 艁는 '배를 나란히 이어 다리를 만드는 것'을 이르는데, 뒤에 인신되어 대체로 '成就'의 말로 쓰이게 되었다.
釋水, "天子造舟." 毛傳同. 陸氏云, "廣雅作艁." 按艁者, 謂竝舟成梁, 後引伸爲凡成就之言.

04-033-1066 逾(逾) 〔뛰어넘을/유〕 補

'뛰어넘다'이다. 辵을 따르고 兪(유)가 소리이다. ≪尙書≫ 〈周書 顧命〉에 "감히 어지럽히거나 어긋나지〔逾〕 않았다."라고 하였다.

逾進也.① 从辵, **兪聲.**② **周書曰, "無敢昏逾."**③

① '逾進'은 '뛰어넘어 나아갈 바가 있는 것'이다.
逾進, 有所超越而進也.

② 羊과 朱의 반절이다. 제4部에 있다.
羊朱切. 四部.

---

28) 毛亨……같다 : ≪詩經≫ 〈大雅 大明〉의 "배를 이어 다리를 놓는다.〔造舟爲梁〕"에 대한 毛亨 傳을 가리킨다.

29) 廣雅에는……있다 : 今本 ≪廣雅≫ 〈釋水〉에는 '造'로 되어 있다.

③ ≪書經≫ 〈周書 顧命〉의 글이다. 昏이 民을 따르는 것은 잘못이다.[30]
顧命文. 昏从民者誤.

04-033-1067  (遝)〔뒤쫓아 따라붙을/**답**〕 補

'뒤쫓아 따라붙다'이다. 辵을 따르고 眔(답)이 소리이다.

迨**也**.① 从辵, 眔**聲**.②

① ≪廣韻≫ 去聲 27合(迨)에 "迨遝(합답)은 '가서 서로 미치다'는 뜻이다."라고 하였다. 陸機의 〈文賦〉에 "초목이 무성하여 가지와 잎이 어지럽게 드리웠는데도 빨리 말을 달려 따라붙었다."라고 하였고, ≪方言≫ 권3에 "迨遝은 '미치다'는 뜻이다. 東齊[31] 지역에서는 '迨(미칠/태)'라고 하고, 函谷關 동서쪽 지역에서는 '遝'이라 하고, 간혹 '及'이라고도 한다."라고 하였다. ≪春秋公羊傳≫ 哀公 14년에 "선조의 일을 묻고 들어서〔逮聞〕 알 수 있는 것을 기록한 것이다."라고 하였는데, 漢나라 石經에는 '逮聞'이 '遝聞'으로 되어 있다.
廣韻, "迨遝, 行相及也." 文賦, "紛葳蕤以馺遝." 方言, "迨遝, 及也. 東齊曰迨, 關之東西曰遝, 或曰及." 公羊傳, "祖之所逮聞也." 漢石經作遝聞.

② 目部에 "眔은 '눈이 서로 미치다'이다."라고 하였다. 이 遝도 會意이다. 徒와 合의 반절이다. 살펴보건대, 褱(회)와 罤(곤)은 모두 眔이 소리이니, 이것이 合韻의 이치이다.
目部云, "眔, 目相及也." 是遝亦會意. 徒合切. 八部. 按褱罤字, 皆眔聲, 是合韻之理也.

04-033-1068  (迨)〔뒤쫓아 따라붙을/**합**〕 補

'뒤쫓아 따라붙다'이다. 辵을 따르고 合(합)이 소리이다.

遝也.①从辵, **合聲**.②

① 迨과 遝은 疊韻이다.
迨遝疊韻.

② 侯와 閤의 반절이다. 제7部에 있다.
侯閤切. 七部.

---

30) 昏이……잘못이다 : 徐鉉本에는 '昏'으로 되어 있다. 昏이 民을 따르는 것이 잘못이라는 해설은 ≪說文解字≫ 日部의 '昏'자에 대한 段玉裁 注에 자세하다.

31) 東齊 : 춘추시대 齊나라를 이른다. 周나라의 동쪽에 있어서 '東齊'라고 한다.

04-033-1069 (迮)〔일어날/작〕補

迮迮(작작)이니, '일어나다'이다. 辵을 따르고 乍(작)이 소리이다.

迮迮, 起也.① 从辵, **乍聲.**②

① 迮은 人部의 作과 音義가 같다. ≪春秋公羊傳≫ 襄公 29년에 "지금 이처럼 갑자기〔迮〕 季子에게 나라를 준다면"이라고 하였는데, 何休는 "迮은 '일어나다'이니, '갑자기'라는 뜻이다."라고 하였다. 살펴보건대, ≪孟子≫〈公孫丑 上〉에 "갑자기〔乍〕 어린아이가 우물로 들어가려는 것을 보고"라고 하였는데, '乍'는 '갑자기'란 뜻이니, 바로 迮을 假借한 것이다. 인신하여 뜻이 迫迮(좁다/박작)의 迮으로 쓰이니, 바로 지금의 '窄(좁을/착)'자이다.
此與人部作音義同. 公羊傳, "今若是迮而與季子國." 何云, "迮, 起也. 倉卒意." 按孟子, "乍見孺子將入於井." 乍者倉卒意. 卽迮之叚借也. 引伸訓爲迫迮, 卽今之窄字也.

② 阻와 革의 반절이다. 古音은 제5部에 있다. 子와 各의 반절이다.
阻革切. 古音在五部. 子各切.

04-033-1070 (遺)〔모여서 술 권할/착〕補

'모여서 술을 권하다'이다. 辵을 따르고 昔(석)이 소리이다.

迩遺**也.**① 从辵, **昔聲.**②

① 迩는 각 판본에는 迹으로 되어 있는데,[32] ≪廣韻≫과 ≪玉篇≫에 의거하여 바로잡았다. ≪詩經≫〈小雅 楚茨〉에 "술 권하기를 交錯하도다."에 대한 毛亨 傳에 "동쪽과 서쪽에서 정면으로 마주하여 술을 권하는 것을 '交'라 하고, 비스듬히 방향을 옆으로 비껴서 술을 권하는 것을 '錯'이라 한다."라고 하였다. ≪儀禮≫〈特牲饋食禮〉에 "交錯하여 두루〔辯〕 술을 권하며 旅酬禮[33]를 행하는데, 한번은 '迩'하고 한번은 '遺'한다."라고 하였다.
迩各本作迹, 依廣韻・玉篇正. 小雅, "獻酬交錯." 毛曰, "東西爲交, 邪行爲錯." 儀禮, "交錯以辯, 旅酬行禮, 一迩一遺也."

② 倉과 各의 반절이다. 제5部에 있다.
倉各切. 五部.

---

32) 각……있는데 : 徐鉉本에는 "迹遺也"로 되어 있고, 徐鍇本에는 "迹道也"로 되어 있다.

33) 旅酬禮 : 제사를 지내고 나서 참여한 사람들이 한자리에 모여 長幼와 尊卑의 순서에 따라 서로에게 술을 권하며 마시는 의식을 가리킨다.

04-033-1071 (遄) 〔왕래 잦을/**선**〕 補

'왕래가 잦다'이다. 辵을 따르고 耑(전)이 소리이다. ≪周易≫ 損卦 初九에 "일을 그만두면 빨리 가야 한다."라고 하였다.

往來數也.① 从辵, **耑聲.**② **易曰, "已事遄往."**③

① 數는 所와 角, 桑과 谷 두 가지 반절이다. ≪爾雅≫ 〈釋詁〉에 "遄은 '빠르다'·'빠르다'는 뜻이다."라고 하였는데, ≪詩經≫ 〈大雅 崧高〉와 〈大雅 蒸民〉의 傳에서도 같다.[34]
數, 所角桑谷二切. 釋詁曰, "遄, 疾也, 速也." 崧高·蒸民傳同.

② 市와 緣의 반절이다. 제14部에 있다.
市緣切. 十四部.

③ 已는 ≪古今韻會擧要≫를 따랐다. 虞飜[35]이 "祀는 옛날에 '巳'로 썼다."라고 한 것[36]이 이것이다. 지금 판본인 徐鉉本에는 '吕'로 되어 있고 徐鍇本에는 '以'로 되어 있다.
巳, 依韻會. 虞翻曰, "祀舊作巳"是也. 今本鉉作吕, 鍇作以.

04-033-1072 (速) 〔빠를/**속**〕 補 【重文 2】

'빠르다'이다. 辵을 따르고 束(속)이 소리이다. (遬)은 籒文이니 欶(속)을 따랐다. (警)은 速의 古文이다. 欶을 따르고 言을 따랐다.

疾也.① 从辵, **束聲.**② 遬, **籒文从欶.**③ 警, **古文.** 从欶从言.④

① ≪爾雅≫ 〈釋詁〉에 보인다.
見釋詁.

② 桑과 谷의 반절이다. 제3部에 있다.
桑谷切. 三部.

③ 두 傳에는 速으로 되어 있는데, ≪春秋公羊傳≫에는 遬으로 되어 있으니, 예컨대 "衛侯遬·仲孫遬"[37]이 이 용례이다. ≪呂氏春秋≫ 〈辨土〉 高誘 注[38]에 "遬은 '빠르다'이다"

---

34) 詩經……같다 : ≪詩經≫ 〈大雅 崧高〉의 "그의 행차가 빠르다.〔式遄其行〕"에 대한 毛亨 傳에 "遄 速也"라고 하였고, ≪詩經≫ 〈大雅 蒸民〉의 "그가 돌아오는 것이 빠르다.〔式遄其歸〕"에 대한 毛亨 傳에 "遄 疾也"라고 하였다.

35) 虞飜 : ?~? 삼국시대 吳나라의 易學家이며, 자는 仲翔이다.

36) 虞飜이……한 것 : 虞飜의 해설은 李鼎祚의 ≪周易集解≫ 권8에 보인다.

37) 衛侯遬·仲孫遬 : 衛侯遬은 ≪春秋公羊傳≫ 成公 2년에, 仲孫遬은 ≪春秋公羊傳≫ 襄公

라고 하였다. ≪禮記≫ 〈玉藻〉에 "존경할 분을 만나면 더욱 삼가고 공경해야〔遬〕 한다."라고 하였는데, 遬을 가차하여 '肅(공경할/숙)'의 뜻으로 쓴 것이다.

二傳作速, 公羊作遬, 如"衛侯遬・仲孫遬"是也. 呂覽[39] 辨(志)〔土〕[40] 注, "遬, 疾也." 玉藻, "見所尊者齊遬." 假遬爲肅也.

④ 籒文과 古文 모두 敕(속)이 소리이다.
籒古, 皆敕聲.

04-033-1073 (迅)〔빠를/신〕

'빠르다'이다. 辵을 따르고 卂(신)이 소리이다.

疾也.① 从辵, **卂聲.**②

① ≪爾雅≫ 〈釋詁〉에 보인다. 迅과 疾은 疊韻이다.
見釋詁. 迅疾疊韻.

② 息과 進의 반절이다. 제12部에 있다.
息進切. 十二部.

04-033-1074 (适)〔빠를/괄〕 補

'빠르다'이다. 辵을 따르고 昏(괄)이 소리이다. 括(괄)과 같이 읽는다.

疾也. 从辵, **昏聲. 讀與括同.**①

① 古와 活의 반절이다. 제15部에 있다.
古活切. 十五部.

04-033-1075 (逆)〔맞이할/역〕 補

'맞이하다'이다. 辵을 따르고 屰(역)이 소리이다. 함곡관 동쪽에서는 '逆'이라 하고,

20년에 보인다.

38) 呂氏春秋……注 : ≪呂氏春秋≫ 〈辨土〉의 "줄기가 줄을 맞추어 자라기 때문에 빨리 생장한다.〔莖生有行 故遬長〕"에 대한 高誘 注에 "遬 疾也"라는 글이 보인다.

39) 呂覽 : ≪呂氏春秋≫의 略稱이다.

40) (志)〔土〕: 저본에는 '志'로 되어 있으나, ≪呂氏春秋≫에 의거하여 '土'로 바로잡았다.

함곡관 서쪽에서는 '迎'이라고 한다.

迎也.① 从辵. 屰**聲.**② **關東曰逆, 關西曰迎.**③

① 逆과 迎은 雙聲이며, 두 글자는 통용되는데, 예컨대 ≪尙書≫ 〈夏書 禹貢〉의 "逆河"가 ≪今文尙書≫에 "迎河"로 되어 있는 것이 이 용례이다. 지금 사람들은 가차하여 順屰의 屰(거스를/역)으로 쓰며, '逆'자가 통행되자 '屰'자는 쓰지 않게 되었다.
逆迎雙聲, 二字通用, 如禹貢"逆河", 今文尙書作"迎河"是也. 今人假以爲順屰之屰, 逆行而屰廢矣.

② 宜와 戟의 반절이다. 古音은 제5部에 있다.
宜戟切. 古音在五部.

③ ≪方言≫ 권1에 "逢・逆은 '맞이하다'는 뜻이다. 함곡관 서쪽에서는 간혹 '迎'이라 하고 혹은 '逢'이라고도 한다. 함곡관 동쪽에서는 '逆'이라 한다."라고 하였다.
方言, "逢・逆, 迎也. 自關而西, 或曰迎, 或曰逢. 自關而東曰逆."

04-033-1076  (迎) 〔만날/영〕 補

'만나다'이다. 辵을 따르고 卬(앙)이 소리이다.

逢也.① 从辵, **卬聲.**②

① 夆(봉)은 '만나다'이고, 逢은 '만나다'이니, 그 이치는 동일하다.
夆, 啎也. 逢, 遇也, 其理一也.

② 疑와 卿의 반절이다. 古音은 제10部에 있다.
疑卿切. 古音在十部.

04-033-1077  (这) 〔만날/교〕 補

'만나다'이다. 辵을 따르고 交(교)가 소리이다.

會也.① 从辵, **交聲.**②

① 동쪽과 서쪽에서 정면으로 서로 만나는 것을 '这'라 한다. 지금 사람들은 '交脛(다리를 꼬다)'의 交를 가차하여 '这會(만나다)'의 '这'자로 쓴다.
東西正相値爲这. 今人假交脛之交爲这會字.

② 古와 肴의 반절이다. 제2部에 있다.
古肴切. 二部.

04-033-1078 (遇)〔만날/**우**〕[補]

'만나다'이다. 辵을 따르고 禺(우)가 소리이다.

逢也. 从辵, **禺聲**.①

① 牛와 具의 반절이다. 古音은 제4部에 있다.
牛具切. 古音在四部.

04-033-1079 (遭)〔만날, 둘러서 갈/**조**〕

'만나다'이다. 辵을 따르고 曹(조)가 소리이다. 일설에는 '둘러서 가다'는 뜻이라고도 한다.

遇也.① 从辵, **曹聲**.② **一曰邐行**.③

① ≪爾雅≫〈釋詁〉에 보인다.
見釋詁.
② 作과 曹의 반절이다. 古音은 제3部에 있다.
作曹切. 古音在三部.
③ 민간에서 "周遭(둘레/주조)"라고 한 말이 이 용례이다.
俗云"周遭"是也.

04-033-1080 (遘)〔만날/**구**〕[補]

'만나다'이다. 辵을 따르고 冓(구)가 소리이다.

遇也.① 从辵, **冓聲**.②

① ≪爾雅≫〈釋詁〉에 보인다. ≪周易≫ 姤卦의 ≪經典釋文≫〈周易音義〉에 "薛虞는 '古文에는 「遘」로 되어 있다. 鄭玄도 같다.'라고 하였다."라고 하였다. 살펴보건대, ≪周易≫〈雜卦傳〉에 "遘는 '만나다'는 뜻이니, 柔가 剛을 만나는 것이다."라고 하였으니, 이것으

로 전체의 경전에 모두 '遘'자로 써야 함을 증명할 수 있다. 遘와 遇은 疊韻이다.

見釋詁. 易姤卦釋文曰, "薛云古文作遘. 鄭同." 按襍卦傳, "遘, 遇也, 柔遇剛也." 可以證全經, 皆當作遘矣. 遘遇疊韻.

② 古와 候(候)의 반절이다. 제4部에 있다.

古候切. 四部.

04-033-1081  (逢)〔만날/봉〕補

'만나다'이다. 辵을 따르고 夆(봉)이 소리이다.

遇也.① 从辵, **夆聲.**②

① ≪爾雅≫ 〈釋詁〉에 보인다.

見釋詁.

② 符와 容의 반절이다. 제9部에 있다. 살펴보건대, 夆(봉)은 '啎(만날/오)'의 뜻이고, 啎는 '逆(맞이할/역)'의 뜻이다. 이는 形聲이면서 會意를 포함하고 있다. 각 판본에 "夆聲"을 고쳐 "峯省聲(峯의 생략형이 소리이다)"이라고 한 것은 잘못이다. ≪說文解字≫에는 본래 '峯'자가 없다.[41)]

符容切. 九部. 按夆, 啎也. 啎, 逆也. 此形聲包會意. 各本改爲"峯省聲", 誤. 說文本無峯.

04-033-1082  (遻)〔서로 만나 놀랄/악〕

'서로 만나 놀라다'이다. 辵・屰을 따랐으며, 屰(역)은 또한 소리이다.

相遇驚也.① 从辵屰, 屰**亦聲.**②

① ≪爾雅≫ 〈釋詁〉에 "遇는 '놀라다〔遻〕'는 뜻이다. 遻은 '만나다'는 뜻이다."라고 하였다.

釋詁, "遇, 遻也. 遻, 見也."

② 五와 各의 반절이다. 제5部에 있다.

五各切. 五部.

---

41) 峯자가 없다 : ≪說文解字≫ 山部 '巖'자에 "살펴보건대 이 표제자 위에 오래전에 표제자 '峯'자가 있었지만, 이것은 바로 大徐(徐鉉)가 보탠 것으로, 옛날에는 다만 '夆'자만 썼다.〔按此篆之上 舊有峯篆 乃大徐所增 古祇用夆〕"라고 하였다.

04-033-1083 (迪)〔길/적〕補

'길'이다. 辵을 따르고 由(유)가 소리이다.

道也.① 从辵, **由聲.**②

① ≪爾雅≫ 〈釋詁〉에 보인다. 살펴보건대, 道는 道路·引導 두 가지 뜻을 겸한다. ≪方言≫ 권6에 "由迪은 '바르다'는 뜻이다."라고 하였다. 迪과 道는 疊韻이다.
見釋詁. 按道兼道路·引導二訓. 方言, "由迪, 正也." 迪道疊韻.

② 徒와 歷의 반절이다. 고음은 제3部에 있다.
徒歷切. 古音在三部.

04-033-1084 (遞)〔바꿀/체〕

'바꾸다'이다. 辵을 따르고 虒(제)가 소리이다.

更易也.① 从辵, **虒聲.**②

① ≪楚辭≫ 〈招魂〉에 "예쁜 여자 16명이 군주의 잠자리를 모시되, 군주가 싫어하는 기색이 있으면 모시는 여자를 교대하게〔遞代〕 한다."라고 하였는데, 王逸 注에 "遞는 '바꾸다'는 뜻이다."라고 하였다. 遞와 易은 疊韻이다.
招䰟, "二八侍宿. 射遞代些." 王云, "遞, 更也." 遞易疊韻.

② 特과 計의 반절이다. 제16部에 있다.
特計切. 十六部.

04-033-1085 (通)〔통할/통〕補

'통하다'이다. 辵을 따르고 甬(용)이 소리이다.

達也.① 从辵, **甬聲.**②

① 通과 達은 雙聲이다. 達의 古音은 '闥'과 같다. ≪尙書≫ 〈夏書 禹貢〉에 "河로 통한다.〔達於河〕"라고 하였는데, ≪今文尙書≫에는 "通於河"로 되어 있다. 살펴보건대, 達의 뜻은 '길에서 서로 만나지 못하다'[42]이니, 通과는 서로 정반대의 뜻이다. 經傳 가운데서

---

42) 達의……못하다 : ≪說文解字≫ 辵部의 '達'자 해설에 "達은 길에서 서로 만나지 못하다.

'通과 達이 같은 뜻으로 쓰이는 것'은 바로 亂(어지러울/난)에 또한 '다스리다'는 뜻이 있고, 徂(갈/조)에 또한 '있다'는 뜻이 있는 것과 똑같은 이치이다.

通達雙聲. 達古音同闥. 禹貢, "達於河." 今文尙書作"通於河." 按達之訓行不相遇也, 通正相反. 經傳中通達同訓者, 正亂亦訓治・徂亦訓存之理.

② 他와 紅의 반절이다. 제9部에 있다.

他紅切. 九部.

04-033-1086  (辿) 〔옮길/사〕 補 【重文 2】

'옮기다'이다. 辵・止를 따랐다. (𢓊)는 徙의 或體이니, 彳을 따랐다. 𡱪(𡱪)는 徙의 古文이다.

迻**也**. 从辵止.① (𢓊), **徙或从彳**.② (𡱪), **古文徙**.③

① 각 판본에 '聲'자가 있는 것은 잘못이다. 止는 제1部에 있고, 徙는 제16部에 있다. 辵・止를 따른 것이 會意라는 것은, '잠깐 가기도 하고 잠깐 멈추기도 한다.'[43]는 것이고 마침내 멈추었다면 그 장소를 옮긴 것이다. 斯와 氏의 반절이다.

各本有聲字, 非也. 止在一部. 徙在十六部. 从辵止會意者, 乍行乍止, 而竟止, 則移其所矣. 斯氏切.

② 彳은 '가다'는 뜻이다.

彳者, 行也.

③ 形聲인지 會意인지 자세하지 않다. ≪古今韻會擧要≫ 上聲에 "≪說文解字≫에는 古文이 '𢓊'로 되어 있고, ≪集韻≫에는 '桊・遚'로 되어 있다."라고 하였다. 그런데 이 글자는 ≪설문해자≫에 나오지 않는다. ≪集韻≫의 자형도 ≪설문해자≫와 다르다.

未詳其形聲會意. 韻會云, "說文古作𢓊, 集韻作桊・遚." 然則此字不出說文也. 集韻字體亦不同.

04-033-1087 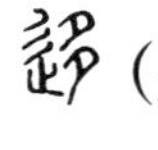 (迻) 〔옮길/이〕 補

'옮기다'이다. 辵을 따르고 多(다)가 소리이다.

〔達 行不相遇也〕"라고 하였다.

43) 잠깐……한다 : ≪說文解字≫ 辵部의 '辵'자 해설에 "辵은 잠깐 가기도 하고 잠깐 멈추기도 한다.〔辵 乍行乍止也〕"라고 하였다.

遷徙也.① 从辵, **多聲**.②

① 지금 사람들은 "禾相倚移"[44]의 '移'를 假借하여 "遷迻(옮기다)"는 '迻'자의 뜻으로 쓴다.
今人假"禾相倚移"之移爲"遷迻"字.

② 戈와 支의 반절이다. 古音은 제17部에 있다.
戈支切. 古音在十七部.

04-033-1088  (遷) 〔오를/**천**〕 補 【重文 1】

'오르다'이다. 辵을 따르고 䙴(천)이 소리이다. (拪)은 **遷**의 古文이다. 手・西를 따랐다.

登也. 从辵, 䙴**聲**.① , **古文遷**, 从手西.②

① 七과 然의 반절이다. 제14部에 있다.
七然切. 十四部.

② 形聲이다.
形聲.

04-033-1089  (運) 〔옮길/**운**〕 補

'옮기다'이다. 辵을 따르고 軍(군)이 소리이다.

迻**徙也**.① 从辵, **軍聲**.②

① ≪爾雅≫ 〈釋詁〉에 "遷・運은 '옮기다'는 뜻이다."라고 하였다.
釋詁, "遷・運, 徙也."

② 王과 問의 반절이다. 제13部에 있다.
王問切. 十三部.

04-033-1090  (遁) 〔뒤로 물러날, 달아날/**둔**〕

---

44) 禾相倚移 : ≪說文解字≫ 禾部의 '移'자 해설에 "移는 '곡식이 서로 기대어 바람에 따라 움직이다.'이다.〔移 禾相倚移也〕"라고 한 말을 가리킨다.

'뒤로 물러나다'이다. 일설에는 '달아나다'는 뜻이라고도 한다. 辵을 따르고 盾(순)이 소리이다.

遷也.① **一曰逃也.**② 从辵, **盾聲.**③

① 이 글자는 古音이 循과 같으니, '후퇴하다〔遷延〕'는 뜻이다. 대체로 '뒤로 물러나다〔逡遁〕'의 '遁'자가 이와 같으니, 지금의 '조금씩 뒤로 물러서다〔浚巡〕'이다. ≪儀禮≫ 〈聘禮〉의 鄭玄 注에서 逡遁을 쓴 것[45]이 열에 하나 있는 사례이다.
此字古音同循, 遷延之意. 凡逡遁字如此, 今之逡巡也. 儀禮鄭注用逡遁十有一.

② 이는 별도의 다른 뜻이니, 遁이 遜과 같기 때문이다. 아마도 학식이 얕은 사람이 더했을 것이다.
此別一義, 以遁同遜. 蓋淺人所增.

③ 徒와 困의 반절이다. 제13部에 있다.
徒困切. 十三部.

04-033-1091 (遜)〔달아날/손〕 補

'달아나다'이다. 辵을 따르고 孫(손)이 소리이다.

遁也. 从辵, **孫聲.**①

① 穌와 困의 반절이다. 제13部에 있다. 살펴보건대, 六經에 孫은 있어도 遜은 없다. ≪詩經≫ 〈大雅 文王有聲〉의 "계책을 따른다.〔孫謀〕"[46], ≪儀禮≫ 〈聘禮〉의 "물음에 따라 말한다.〔孫而說〕", ≪禮記≫ 〈學記〉의 "절차를 뛰어넘지 않고 가르치는 것을 '孫'이라 한다.〔不陵節而施之謂孫〕", ≪論語≫ 〈衛靈公〉에 "겸손함으로 그것을 내며〔孫以出之〕"라고 한 말에서 孫은 모두 遜의 假借이다.

≪春秋≫ 莊公 원년에 "부인이 齊나라로 쫓겨갔다.〔夫人孫於齊〕", 昭公 25년에 "昭公이 齊나라로 도망갔다.〔孫〕"라고 하고, ≪詩經≫ 〈豳風 狼跋〉에 "周公께서 큰 아름다움

---

45) 鄭玄……것 : ≪儀禮≫ 〈聘禮〉의 "물러나 오른쪽 방을 등지고 서있다.〔退負右房而立〕"에 대한 鄭玄 注에 "退는 대부가 내려와 뒤로 물러나는 것이다.〔退 爲大夫降逡遁〕"라고 하였고, ≪의례≫ 〈鄉射禮〉의 "손님이 조금 뒤로 물러나다.〔賓少退〕"에 대한 정현 注에 "少退는 조금 뒤로 물러나는 것이다.〔少退 少逡遁也〕"라고 하였다.

46) 孫謀 : ≪詩經≫ 〈大雅 文王有聲〉의 "순응하는 계책을 물려주고 공경하는 아들을 편안하게 하였다.〔詒厥孫謀 以燕翼子〕"의 "孫謀"를 가리킨다. 鄭玄 箋에 "孫은 '따르다'는 뜻이다.〔孫 順也〕"라고 하였다.

을 사양하시니.〔公孫碩膚〕"라고 하고, ≪尙書≫ 序에 "장차 자리에서 물러나려고.〔將孫于位〕"라고 한 말에서 '孫'은 모두 '逡遁・遷延'의 뜻이다. 그러므로 ≪春秋穀梁傳≫ 莊公 원년에 "孫이란 말은 '孫'과 같다."라고 하고, ≪春秋公羊傳≫ 莊公 원년에 "孫은 '孫'과 같다."라고 하였는데, 何休는 "孫은 '遁'과 같다."[47]에 대한 鄭玄 箋[48]에 "孫이란 말은 '孫遁'의 뜻이다."라고 하였으며, ≪爾雅≫ 〈釋言〉에 "孫은 '遁'이다."라고 하고, ≪釋名≫ 〈釋親屬〉에 "孫은 '遜'이다. 遜遁은 후대에 생긴 말이다."라고 하였으니, 옛날 孫의 뜻에 나아가 引伸된 것이다.

卑下하여 '兒孫(후손)'과 같다고 할 때의 孫은 '遜'자가 따로 있는 것이 아니다. 至部의 䡹자 해설에 "至를 따랐다. 이르렀다가 다시 뒤로 물러난다〔孫〕. 孫은 '뒤로 물러난다〔孫〕'는 뜻이다."라고 하였으니, 이 또한 '孫'은 있지만 '遜'은 없다는 증거이다. 지금의 ≪尙書≫・≪春秋左氏傳≫・≪爾雅≫ 〈釋言〉은 학식이 얕은 사람이 '孫'을 '遜'으로 고쳐 쓴 것이다. ≪說文解字≫에 "遜은 '달아나다'이다.〔遜 遁也〕"라고 한 것은 대체로 後人이 今本 ≪爾雅≫에 의거하여 더한 것이지, 본래 있었던 것은 아니다.

穌困切. 十三部. 按六經有孫無遜. 大雅"孫謀", 聘禮"孫而說," 學記"不陵節而施之謂孫." 論語"孫以出之," 皆愻之叚借也. 春秋"夫人孫於齊", "公孫於齊", 詩"公孫碩膚", 尙書序"將孫于位", 皆逡遁遷延之意. 故穀梁云, "孫之爲言猶孫也." 公羊云, "孫猶孫也." 何休云, "孫猶遁也." 鄭箋云, "孫之言孫遁也." 釋言云, "孫, 遁也." 釋名曰, "孫, 遜也. 遜遁在後生也", 古就孫義引伸. 卑下如兒孫, 非別有遜字也. 至部䡹字下云, "从至, 至而復孫. 孫, 遁也." 此亦有孫無遜之證. 今尙書・左氏經傳・爾雅釋言, 淺人改爲遜. 許書"遜, 遁也", 蓋後人據今本爾雅增之, 非本有也.

04-033-1092  (返)〔돌아올/**반**〕補 【重文 1】

'돌아오다'이다. 辵・反을 따랐으며, 反(반)은 또한 소리이다. ≪尙書≫ 〈商書〉에 "祖伊[49]가 돌아왔다."라고 하였다. 彶(彶)은 ≪春秋左氏傳≫에 쓰인 '返'자이니 彳을 따랐다.

還也.① 从辵反,② **反亦聲.**③ **商書曰, "祖伊返."**④ 彶, **春秋傳返,** 从彳.⑤

---

47) 孫은……같다 : ≪春秋公羊傳≫의 "孫猶孫也"에 대한 何休의 解詁(注釋)이다.

48) 鄭玄 箋 : ≪詩經≫ 〈豳風 狼跋〉의 "공이 큰 아름다움을 사양하시니〔公孫碩膚〕"에 대한 鄭玄 箋을 가리킨다.

49) 祖伊 : ?~? 殷나라 紂王의 賢臣이다.

① 返과 還은 첩운이다.
返還疊韻.

② 又部의 '反'자 해설에 "反은 '돌아오다〔覆〕'이다."라고 하였다. 覆은 復과 같은 글자이다.
"反, 覆也." 覆復同.

③ 扶와 版의 반절이다. 제14部에 있다.
扶版切. 十四部.

④ ≪書經≫ 〈商書 西伯戡黎〉의 글이다. 각 판본에는 '祖伊'가 '祖甲'으로 되어 있는데, 지금 ≪集韻≫에 의거하여 바로잡았다.
西伯戡黎文. 各本作祖甲, 今依集韻訂.

⑤ ≪春秋左氏傳≫을 이른다. ≪漢書≫ 〈劉歆傳〉에 "≪春秋左氏傳≫에는 古字와 古言이 많다."라고 하였다. 許愼도 ≪說文解字≫ 〈後敍〉에서 "左丘(丘)明은 古文으로 ≪春秋傳≫을 지었다."라고 하였다. 지금 ≪春秋左氏傳≫에 '彶'자가 없는 것은 轉寫할 때 모두 바꾸어버렸기 때문이다.
謂左氏傳也. 漢書曰, "左氏多古字古言." 許亦云, "左丘明述春秋傳以古文." 今左氏無彶字者, 轉寫改易盡矣.

04-033-1093  (還) 〔돌아올/환〕 補

'돌아오다'이다. 辵을 따르고 瞏(경)이 소리이다.

復也.① 从辵, 瞏**聲.**②

① ≪爾雅≫ 〈釋言〉에 "還·復은 '돌아오다'는 뜻이다."라고 하였다. 지금 사람들은 還繞(둥글게 에워쌈/환요)의 '還'자를 環으로 쓴다. 옛 경전에는 단지 '還'자만 썼다.
釋言, "還復, 返也." 今人還繞字用環. 古經傳秖用還字.

② 戶와 關의 반절이다. 제14部에 있다.
戶關切. 十四部.

04-033-1094  (選) 〔보낼, 고를/선〕 補

'보내다'이다. 辵·巽을 따랐다. 巽은 '보내다'이다. 巽(손)은 또한 소리이다. 일설에는 '고르다'라고도 한다.

遣也.① 从辵巽.② 巽,③ **遣之.**④ 巽**亦聲.**⑤ **一曰擇也.**⑥

① 選과 遣은 첩운이다. ≪春秋左氏傳≫ 昭公 원년에 "秦나라 后子(鍼)가 桓公에게 총애를 받아 景公 때에 마치 두 임금이 있는 것 같았는데, 그 어머니가 '네가 秦나라를 떠나지 않으면 景公이 너를 추방〔選〕할까 두렵구나.'라고 하니, 鍼이 晉나라로 가는데 그를 따르는 수레가 千乘이었다."라고 하였다. 살펴보건대, 여기의 '選'자가 바로 '遣(추방하다)'의 뜻이다. 后子는 경공이 죄를 열거하여 따질 것을 두려워하였기 때문에 晉나라로 간 것이지, 실제로 出奔한 것은 아니다.
選遣疊韻. 左傳, "秦后子有寵於桓. 如二君於景, 其母曰, '弗去. 懼選, 鍼適晉, 其車千乘.'" 按此選字正訓遣. 后子懼遣故適晉, 實非出奔也.

② 句讀이다.
句.

③ 句讀이다.
逗.

④ 巺은 風이 되기[50] 때문에 "보내다."라고 말한 것이다.
巺爲風, 故云遣之.

⑤ 思와 沇의 반절이다. 제14部에 있다.
思沇切. 十四部.

⑥ 이는 별도의 다른 뜻이다. ≪詩經≫ 〈邶風 柏舟〉에 "따질〔選〕 수가 없다."에 대한 毛亨 傳에 "인물이 올바른 용모를 지니면 흠잡아 따질〔數〕 수 없다는 것이다."라 하였다. ≪시경≫ 〈小雅 車攻〉에 "거마와 병졸을 세는 소리가 떠들썩하다."에 대한 毛亨傳에 "거마와 병졸을 세는 일은 소리를 내서 한다."라고 하였다. 數와 擇은 뜻이 통하고 選과 算은 音이 같다. ≪周禮≫ 〈夏官 大司馬〉의 "뭇 관리들이 車徒의 수를 센다.〔群吏撰車徒〕"에 대한 鄭玄 注에 "車徒의 수를 세는 것을 '數擇之'라고 한다."라고 하였다.
此別一義. 邶風, "不可選也." 毛曰, "物有其容, 不可數也." 小雅, "選徒囂囂." 毛云, "維數車徒者, 爲有聲也." 數與擇義通, 選與算音同. 周禮注曰, "算車徒, 謂數擇之也."

04-033-1095  (送) 〔보낼/송〕 補 【重文 1】

'보내다'이다. 辵을 따르고 倂(잉)의 생략형이 소리이다. (䢠)은 籒文이니, 획이 생략되지 않았다.

---

50) 巺은……되기 : 巺은 八卦의 하나로, 바람을 상징한다. ≪周易≫ 〈說卦傳〉에 "巽은 나무가 되고 바람이 된다.〔巽 爲木 爲風〕"라고 하였다.

遣也. 从辵, **倂省**.① , **籒文**, **不省**.

① 侯(倂)은 '보내다'는 뜻이니,[51] 會意이다. 蘇와 弄의 반절이다. 제9部에 있다.
侯, 送也, 是會意. 蘇弄切. 九部.

04-033-1096 (遣)〔석방할/**견**〕補

'석방하다'이다. 辵을 따르고 𦥑(䝨, 작은 흙덩어리/견)이 소리이다.

縱也.① 从辵, **𦥑聲**.②

① 糸部에 "縱은 '느슨하다'이다. 일설에는 '사면하다'라는 뜻이라고도 한다."라고 하였다.
糸部曰, "縱, 緩也. 一曰舍也."

② 去와 衍의 반절이다. 제14部에 있다.
去衍切. 十四部.

04-033-1097 (邐)〔구불구불할/**리**〕補

'길이 구불구불하다'이다. 辵을 따르고 麗(리)가 소리이다.

行邐邐也.① 从辵, **麗聲**.②

① 邐邐는 '구불구불한 모양'이다.
邐邐, 縈紆皃.

② 力과 紙의 반절이다. 제16部에 있다.
力紙切. 十六部.

04-033-1098 (逮)〔미칠/**체**〕補

唐逮(당체)이니, '미치다'이다. 辵을 따르고 隶(대)가 소리이다.

唐逮,① **及也**.② 从辵, **隶聲**.③

---

51) 侯(倂)은……뜻이니 : ≪說文解字≫ 人部의 '侯'자 해설에 "侯 送也"라고 하였다. 段玉裁注에 "侯은 지금의 '媵'자이다. ≪爾雅≫ 〈釋言〉에 '媵·將은 「보내다」는 뜻이다.'라고 하였다.〔侯 今之媵字 釋言曰 媵將 送也〕"라고 하였다.

① 句讀이다.

逗.

② 唐과 逮는 쌍성이니, 아마도 古語일 것이다. ≪爾雅≫ 〈釋言〉에 "遏·遾는 '미치다'이다."라고 하였고, ≪方言≫ 권7에 "東齊에서는 '蝎(갈)'이라 하고, 北燕에서는 '噬'라 한다. 逮는 통용어이다."라고 하였다.

唐逮雙聲, 蓋古語也. 釋言曰, "遏·遾, 逮也." 方言曰, "東齊曰蝎, 北燕曰噬, 逮, 通語也."

③ 隶部에 "隶는 '미치다'이다."라고 하였다. 이는 形聲이면서 會意를 포함하고 있다. 徒와 耐의 반절이다. 古音은 제15部에 있다.

隶部曰, "隶, 及也." 此形聲包會意. 徒耐切. 古音在十五部.

04-033-1099 䢜(遲) 〔천천히 갈/지〕 補 【重文2】

'천천히 가다'이다. 辵를 따르고 犀(서)가 소리이다. ≪詩經≫에 "길을 천천히 가도다."라고 하였다. 𨒈(迡)는 遲의 或體이니 𡰥(이)를 따랐다. 𨘢(遟)는 遲의 籒文이니 屖(서)를 따랐다.

徐行也.[①] 从辵, **犀聲.**[②] **詩曰, "行道遲遲."**[③] 𨒈, **遲或从𡰥.**[④] 𨘢(遟), **籒文遲. 从屖.**[⑤]

① 지금 사람들이 '지연시키다〔稽延〕'는 뜻으로 쓰이는 '遲'는 平聲이다. '기다리다〔待〕'는 뜻으로 쓰이는 '遲'는 去聲이다.

今人謂稽延爲遲, 平聲. 謂待之爲遲, 去聲.

② 直과 尼의 반절이다. 제15部에 있다.

直尼切. 十五部.

③ ≪詩經≫ 〈邶風 谷風〉의 글이다. 여기의 毛亨 傳에 "遲遲는 '천천히 가는 모양'이다."라고 하였다.

邶風文. 毛曰, "遲遲, 舒行皃."

④ 살펴보건대, 이 글자는 아마도 後人이 ≪漢書≫의 〈楊雄傳〉을 따라 보탠 듯하다. 揚雄의 〈甘泉賦〉에 "신령이 더디 깃듦〔遟迡〕이여!"라고 하였는데, 주석가들이 "遟迡의 앞글자는 音이 '棲'이고, 뒷글자는 音이 '遲'이다."라고 한다. 迡는 '遲'자이다. 그런데 ≪文選≫에는 "迟泥"로 되어 있어 ≪한서≫와 다르다. ≪玉篇≫과 ≪汗簡≫[52]에도 모두 '泥'로 되어 있다. ≪集韻≫에서는 ≪尙書≫의 泥任[53]을 인용하였지만, 분명히 孔子

52) 汗簡 : 宋나라 郭忠恕(?~977)의 저작으로, 戰國時代의 문자를 정리한 책이다.

53) 泥任 : ≪尙書≫ 〈商書 盤庚 上〉에 보이는 옛날의 賢人이다. 今本 ≪尙書≫에는 '遟任'으로 되어 있다.

고택 壁中書의 실제 古文이 아닐 것이다.

按此字疑後人因楊雄傳而增也. 甘泉賦曰, "靈遟迡兮." 說者皆云, "上音棲, 下音遲." 迡卽遲字也. 然文選作"迉泥", 與漢書異. 玉篇·汗簡亦皆作泥. 集韻引尙書泥任, 又未必眞壁中古文也.

⑤ 會意와 形聲을 겸하였다. ≪五經文字≫에 "지금 籒文을 따른다."라고 하였는데, 唐나라 사람들은 경전에 '遟'를 쓰고 '遲'를 쓰지 않는 것을 말한다.

兼會意形聲也. 五經文字曰, "今从籒文." 謂唐人經典用遟不用遲也.

04-033-1100  (邌) 〔천천히/려〕

'천천히'이다. 辵을 따르고 黎(려)가 소리이다.

徐也.① 从辵, **黎聲.**②

① 간혹 黎를 가차하여 쓰기도 한다. ≪史記≫ 〈衛將軍驃騎列傳〉에 "遲明"이라 하고 그 注에 "遲는 '기다리다'의 뜻이다. 어떤 판본에는 黎로 되어 있다."라고 하였다.[54] 傅毅의 〈舞賦〉에 "천천히 거두고 절하다.〔黎收而拜〕"라고 하였는데, 李善 注에 "춤이 끝나려고 할 때 천천히 姿態를 거두고 절을 하는 것을 말한다."라고 하였고, ≪倉頡篇≫을 인용하여 "邌는 '천천히'라는 뜻이다."라고 하였다.

또 간혹 犂를 가차하여 쓰기도 한다. ≪史記≫ 〈尉佗列傳〉에 "犂旦에 城 안에서 모두 항복하였다."라고 하였는데, 犂旦은 '黎明'이다. ≪漢書≫ 〈兩粵傳〉에서는 '犂旦'을 '遲旦'이라고 하였다. ≪史記≫ 〈晉世家〉에 "重耳의 아내가 웃으며 '25년이 되면〔犂〕 내 무덤가에 측백나무가 크게 자랄 거예요.'라고 하였다."라고 하였으니, 더욱 犂가 '遲(……때에 이르러)'의 뜻이 됨을 알 수 있다.

或假黎爲之. 史記衛霍傳, "遲明." "遲, 待也. 一作黎." 傅毅賦, "黎收而拜." 李注, "言舞將罷, 徐收斂容態而拜." 引倉頡篇, "邌, 徐也." 又或假犂爲之. 史記尉佗列傳, "犂旦, 城中, 皆降伏." 犂旦卽黎明. 漢書犂旦爲遲旦. 晉世家, "重耳妻笑曰, '犂二十五年, 吾塚上柏大矣.'" 益可見犂之爲遲也.

② 郞과 奚의 반절이다. 제15部에 있다.

郞奚切. 十五部.

04-033-1101 (遰) 〔갈/대〕

54) 注에……하였다 : ≪史記集解≫에 "徐廣曰 遲 一作黎"라고 하였고, ≪史記索隱≫에 "上音值 待也"라고 하였다.

'가다'이다. 辵을 따르고 帶(대)가 소리이다.

去也.[①] 从辵, **帶聲.**[②]

① ≪大戴禮記≫ 〈夏小正〉에 "9월에 기러기가 떠나간다. 遰는 '가다'는 뜻이다."라고 하였다.
夏小正, "九月遰鴻鴈. 遰, 往也."

② 特과 計의 반절이다. 제15部에 있다.
特計切. 十五部.

04-033-1102  (遄)〔가는 모양/**연**〕

'가는 모양'이다. 辵을 따르고 肙(연)이 소리이다.

行皃. 从辵, 肙**聲.**[①]

① 烏와 懸의 반절이다. 제12部에 있다.
烏懸切. 十二部.

04-033-1103  (䢮)〔가지 않을/**추**〕

'가지 않다'이다. 辵을 따르고 騅(추)가 소리이다. 住(주)와 같이 읽는다.

不行也.[①] 从辵, **騅聲.**[②] **讀若住.**[③]

① '不行' 앞에 馬가 있는 것은 잘못이다.
不上有馬者誤.

② 살펴보건대, 騅는 '말이 작은 모양'이고, 馬를 따르고 垂(추)가 소리이며, 箠(추)와 같이 읽는다. 그렇다면 䢮는 住(주)와 같이 읽을 수가 없다. 혹 '會意'라고 한다면 또 '말이 작다'는 뜻을 취할 수가 없다. 아마도 이 글자는 제16部나 제17部에 있어야 할 듯하다. 아래 문장의 '讀若住' 세 글자는 마땅히 '逗'자 해설 "从辵 豆聲"의 아래에 있어야 하며, 豆와 主는 部가 같다.[55)]
按騅, 馬小皃, 从馬, 垂聲, 讀若箠. 則䢮不得讀若住. 倘云會意, 則又無取馬小也. 疑此字當在十六十七部, 下文讀若住三字, 當在从辵豆聲之下. 豆主同部.

③ 살펴보건대, 住는 侸(세울/두)가 되어야 한다. 人部에 "侸는 '세우다〔立〕'이다."라고 하

55) 豆와……같다 : 豆와 主가 모두 같은 部인 제4部에 있다는 뜻이다. 즉 ≪六書音韻表≫ 〈古十七部諧聲表〉의 제4部에 豆와 主가 함께 있음을 말한다.

였고, 立部에 "立은 '侸'이다."라고 하였는데, 侸는 侸의 俗字이다. 中과 句의 반절이다. 제4部에 있다.

按侸當作侸. 人部曰, "侸, 立也." 立部曰, "立, 侸也." 侸卽侸之俗也. 中句切. 四部.

04-033-1104 逗 (逗) 〔그칠/두〕 補

'그치다'이다. 辵을 따르고 豆(두)가 소리이다.

止也.① 从辵, **豆聲.**②

① 머물러 있는 것이다.
逗遛.

② 田과 候의 반절이다. 제4部에 있다.
田候切. 四部.

04-033-1105 迟 (迟) 〔구불구불 갈/격〕 補

'구불구불 가다'이다. 辵을 따르고 只(지)가 소리이다.

曲行也.① 从辵, **只聲.**②

① 迟과 曲은 雙聲이다. ㄴ部에 "구불구불 길을 우회하여 몸을 숨기다."[56]라고 하였다. 〈子虛賦〉의 孟康[57] 注에 "무늬가 구불구불하다."라고 하였다. 軍法에 '逗留(머물러 지체함/두류)'가 있고 '迟橈(길을 우회하여 적의 상태를 관망함/격요)'가 있다. ≪後漢書≫ 〈光武帝紀〉에 "逗留法으로 구속하지 않았다."라고 하였는데, 如淳은 "軍法에, 나아가는 데 지체하고〔逗留〕 두려워하고 나약한 자는 腰斬刑에 처한다."라고 하였는데, 이는 머물고 나아가지 않는 것을 이른다. ≪史記≫ 〈韓長孺列傳〉과 ≪漢書≫ 〈韓安國傳〉에 "廷尉가 '王恢는 출격하는데 지체하고 두려워한〔迟橈〕 죄목에 해당하니, 腰斬刑에 처해야 한다.'라고 하였다."라고 하였다.

服虔은 "迟은 音이 企(기)이다."라고 하였고, 應劭는 "迟은 '우회하여 가서 적을 피한

---

56) 구불구불……숨기다 : ≪說文解字≫ ㄴ部에 "ㄴ(숨을/은)은 '숨기다'이다. 구불구불 길을 우회하여 몸을 숨기는 모양을 본떴다.〔ㄴ 匿也 象迟曲隱蔽形〕"라고 하였다. 이에 대한 段玉裁 注에 "도망하는 자가 자신을 숨기는 모양을 본뜬 것이다.〔象逃亡者 自藏之狀也〕"라고 하였다.

57) 孟康 : ?~? 魏나라 사람으로, 자는 公休이다. 벼슬은 中書監에 이르렀으며, ≪漢書≫에 註를 달았다.

다'는 뜻이다. 橈는 '관망한다'는 뜻이니, 軍法에 쓰이는 말이다."라고 하였다. 이는 우회하여 멀리 돌아 더디게 진행하여 일을 그르치려는 뜻이 있음을 이른다. ≪淮南子≫〈氾論訓〉에 "양쪽 군대가 서로 대적할 때 움츠리고 뒷걸음질 치는〔屈橈〕 자는 腰斬刑에 처한다."라고 한 것이 이 용례이다.

≪漢書≫의 어떤 판본에는 '屈橈'가 '逗橈'로 되어 있다. 蘇林[58]은 "逗의 音은 豆(두)이다."라고 하였고 小顔(顔師古)와 小司馬[59]이 이를 따랐으며, 服虔과 應劭 注를 고쳐 '逗'로 썼으니, 통용될 수가 없다. 迟은 통상 '枳'로 쓴다. ≪禮記≫〈明堂位〉의 鄭玄 注에 "枳椇는 '구부러뜨림'을 이른다."라고 하였다. ≪莊子≫〈人間世〉에 "내가 물러나기도 하고 돌아가기도 한다.〔吾行卻曲〕"라고 하였는데, '卻曲'이 바로 '迟曲'이니, 다른 部의 假借이다.
迟曲雙聲. ㄴ部曰, "迟曲隱蔽." 孟康注子虛賦曰, "文理茀鬱迟曲." 軍法有逗留, 有迟橈. 光武紀, "不拘以逗留法." 如淳曰, "軍法行而逗留畏㥘者, 要斬." 此謂止而不進者. 史・漢韓安國傳, "廷尉當恢迟橈, 當斬." 服虔曰, "迟, 音企." 應劭曰, "迟, 曲行避敵也. 橈, 顧望也. 軍法語也." 此謂有意回遠遲誤者. 淮南書云, "兩軍相當, 屈橈者要斬"是也. 漢書一本作逗橈, 蘇林"逗音豆." 小顔・小司馬从之. 而改服・應之注作逗, 不可通矣. 迟通作枳. 明堂位注, "枳椇謂曲橈之." 莊子, "吾行卻曲." 卻曲卽迟曲, 異部叚借也.

② 綺와 戟의 반절이다. ≪字林≫에는 丘와 亦의 반절로 되어 있다. 服子愼[60]은 音이 企라고 하였다. 제16部에 있다.
綺戟切. 字林丘亦反. 服子愼音企. 十六部.

04-033-1106 𧼤(逶)〔비스듬히 가는 모양/위〕

逶迤(위이)이니, '비스듬히 가는 모양'이다. 走을 따르고 委(위)가 소리이다.

逶迤,① 衺去皃. 从走, 委聲.②

① 句讀이다. 逶와 迤는 疊韻이다.
逗. 疊韻.

② 於와 爲의 반절이다. 제16部와 제17部에 있다.
於爲切. 十六十七部.

---

58) 蘇林 : ?~? 三國시대 魏나라 학자로 자는 孝友이다. 博學하였으며 고금의 字義 해석에 뛰어났다.

59) 小司馬 : ?~? 唐나라 때 학자인 司馬貞을 가리킨다. 司馬遷과 구분하여 '小司馬'라고 한다. 자는 子正이고 河內 사람이다. 저서로 ≪史記索隱≫, ≪三皇本記≫가 있다.

60) 服子愼 : ?~? 子愼은 服虔의 字이다. 복건은 東漢의 經學家로, 九江太守를 지냈다. 저서로 ≪春秋左氏解誼≫, ≪春秋左氏音≫, ≪通俗文≫, ≪漢書音訓≫ 등이 있다.

04-033-1107 𨑢(迆)〔비스듬히 걸을/이〕補

'비스듬히 걷다'이다. 辵을 따르고 也(야)가 소리이다. ≪尙書≫〈夏書〉에 "동쪽으로 비스듬하게 북쪽으로 흘러가 匯(회)[61]에 모인다."라고 하였다.

衺**行也**. 从辵, **也聲**.① **夏書曰**, "**東迆北會于匯**."②

① 移와 尒의 반절이다. 제16部와 제17部에 있다.
移尒切. 十六十七部.

② ≪尙書≫〈夏書 禹貢〉의 글이다.
禹貢.

04-033-1108 𨗨(遹)〔바르지 못할/휼〕補

'바르지 못하다'이다. 辵을 따르고 矞(율)이 소리이다.

回辟**也**.① 从辵, 矞**聲**.②

① ≪古今韻會擧要≫에 '辟'으로 되어 있는 것을 따랐다. ≪詩經≫〈小雅 小旻〉에 "도모함〔謀猶〕이 바르지 못하다.〔回遹〕"라고 하였는데, 毛亨 傳에 "回는 '어긋나다'는 뜻이고, 遹은 '치우치다'는 뜻이다."라고 하였다. 살펴보건대, 辟과 僻은 古今字이다. ≪詩經≫〈大雅〉에서 '回遹'을 두 번 말하였는데,[62] 鄭玄 箋에 모두 回를 '邪'라고 하였다.[63] ≪韓詩≫에는 遹이 穴로 되어 있고, 혹은 泬로 되어 있으며, 혹은 𩣡로 되어 있는데,[64] 모두 假借字이다. 遹은 옛날에 대부분 가차되어 '述'자의 뜻으로 쓰였다.

---

61) 匯(회) : 彭蠡를 가리키는데, 지금의 江西省에 있는 鄱陽湖를 이른다.

62) 回遹을……말하였는데 : ≪詩經≫〈大雅 桑柔〉의 "백성들이 사악한 행동을 하는 것〔民之回遹〕"과 〈大雅 召旻〉의 "어지럽고 사악한 것만 행하다.〔潰潰回遹〕"를 가리킨다.

63) 모두……하였다 : ≪詩經≫〈大雅 桑柔〉의 "民之回遹"에 대한 鄭玄 箋에 "백성들의 행동이 사악함을 말한다.〔言民之行維邪者〕"라고 하였으며, 〈大雅 召旻〉의 "潰潰回遹"에 대한 鄭玄 箋에 "모두 어지럽고 사악한 짓만 행함을 말한다.〔皆潰潰然維邪是行〕"라고 하였다.

64) 韓詩에는……있는데 : ≪文選≫에 있는 班固의 〈幽通賦〉에 "바르지 못함이 이와 같음이여!〔叛廻穴其若玆兮〕"에 대한 李善 注에 "≪韓詩≫에서 '도모함이 바르지 못하다.'라고 하였다.〔韓詩曰謀猶廻穴〕"라고 하였고, 潘嶽의 <西征賦>에 "일이 바르지 못하면 원래대로 되돌아 간다.〔事回泬而好還〕"에 대한 李善 注에 "≪韓詩≫에서 '도모함이 바르지 못하다.'라고 하였다.〔韓詩曰謀猷回泬〕"라고 하였으며, ≪詩經≫〈大雅 小旻〉의 釋文에 "遹은……≪韓詩≫에 '𩣡'로 되어 있다.〔遹……韓詩作𩣡〕"라고 하였다.

≪爾雅≫〈釋言〉에 "遹은 '서술하다'는 뜻이다."라고 하였으니, 假借임을 말한 것이다. ≪이아≫〈釋詁〉에 "遹・遵・率・循"이라고 하였고, ≪이아≫〈釋訓〉에 "不遹은 '道理를 따르지 않다'는 뜻이다."라고 하였는데, 모두 遹이 바로 '述'자이니, 轉注를 말한다. '不遹'은 ≪詩經≫〈邶風 日月〉에 "나에게 道理를 따르지 않는 것으로 보답하도다.〔報我不述〕"라고 한 구절의 '不述'이다.

依韻會作辟. 小雅, "謀猶回遹." 毛曰, "回邪, 遹辟也." 按辟僻古今字. 大雅兩言回遹, 箋皆云 回邪. 韓詩遹作穴, 或作泬, 或作歘, 皆叚借字也. 遹古多假爲述字. 釋言云, "遹, 述也." 言叚借也. 釋詁云, "遹遵率循." 釋訓云, "不遹, 不蹟也." 皆謂遹卽述字也, 言轉注也. 不遹者, 今邶風之報我不述也.

② 余와 律의 반절이다. 제15部에 있다.

余律切. 十五部.

04-033-1109 𨗦(避)〔회피할/피〕補

'회피하다'이다. 辵을 따르고 辟(피)가 소리이다.[65)]

回也.① 从辵, **辟聲.**②

① 앞글에서 '回辟'의 '回'는 '邪辟하다'는 뜻이고, 𡇒(사벽할/위)의 假借字이다. 여기의 回는 本義를 따르는 '回轉하다'는 뜻이며, 민간에서 廻(돌아갈/회)로 쓰는 것이 이 글자이다. 그러나 실제로 그 뜻은 서로 가깝다.

上文回辟之回訓衺, 𡇒之叚借字也. 此回依本義訓轉, 俗作廻是也. 然其義實相近.

② 毗와 義의 반절이다. 제16部에 있다. 經傳에서는 대부분 辟을 가차하여 避의 뜻으로 썼다.

毗義切. 十六部. 經傳多假辟爲避.

04-033-1110 𨗨(違)〔어긋날/위〕補

'어긋나다'이다. 辵을 따르고 韋(위)가 소리이다.

離也.① 从辵, **韋聲.**②

---

65) 辵을……소리이다 : ≪六書尋源≫에서는 "回避는 반드시 치우친 쪽을 경유하므로 避는 辵을 따르고 辟를 따랐다.〔回避者 必行由偏側 故此从辵从辟也〕"라고 하여, 회의로 설명하고 ≪說文解字≫의 "从辵 辟聲"의 형성을 취하지 않았다.

① ≪詩經≫ 〈邶風 谷風〉에 "마음속에 어긋남〔違〕이 있다."라고 하였는데, 毛亨 傳에 "違는 '어긋나다'는 뜻이다."라고 하였다.
邶風, "中心有違." 毛曰, "違, 離也."

② 羽와 非의 반절이다. 제15部에 있다.
羽非切. 十五部.

04-033-1111 𨘻 (遴) 〔걷기 어려울/린〕

'걷기 어렵다'이다. 辵을 따르고 粦(린)이 소리이다. ≪周易≫ 蒙卦 初六 爻辭에 "그대로 밀고 나가면, 행하기가 어려울 것이다.〔遴〕"66)라고 하였다.

行難也.① 从辵, **粦聲.**② **易曰, "以往遴."**③

① ≪漢書≫ 〈高惠高后文功臣表〉에 "베풀어주고 표창하는 데 인색하다.〔遴柬布章〕"라고 하였는데, '遴柬'은 '封爵을 행하는 것을 어렵게 여기는 것'을 이른다.67) 인신하여 '遴選(선발하다)'의 '遴'으로 쓰인다. 사람을 뽑는 일은 반드시 어려운 것이다.
漢書, "遴柬布章." 遴柬謂難行封也. 引伸爲遴選. 選人必重難也.

② 良과 刃의 반절이다. 제12部에 있다.
良刃切. 十二部.

③ 口部의 '吝'자 해설68)에 보인다.
見口部吝下.

04-033-1112 𨓆 (逡) 〔왕래할/준〕 補

'왕래하다'이다. 辵을 따르고 夋(준)이 소리이다.

---

66) 遴 : 今本 ≪周易≫에는 '吝'자로 되어 있다.

67) 遴柬은……이른다 : ≪漢書≫ 〈高惠高后文功臣表〉에 "아마도 議者들이 대의를 살피지 않을 것이고 허망한 말만 늘어놓는다면 후덕은 가려질 것이며, 베풀어서 표창하는 데 인색한 것입니다. 그렇게 한다면 이는 교화를 펴며 후대를 권계하는 방법이 아닙니다.〔恐議者不思大義 設言虛亡 則厚德掩息 遴柬布章 非所以視化勸後也〕"라고 하였는데, 顏師古 注에 "진작이 '柬은 簡의 古字이다. 簡은 「적다」는 뜻이다. 지금 봉작을 행하기 어렵다면, 단절된 후손을 이어주는데 인색한 것이다. 만약 그렇다면 이는 반드시 널리 퍼뜨려 천하에 표창해야 한다.〔晉灼曰 柬 古簡字也 簡 少也 言今難行封 則得繼絶者少 若然 此必布聞彰於天下也〕"라고 하였다.

68) 口部의……해설 : ≪說文解字≫ 口部의 '吝'자 해설에 "易曰 以往吝"라고 한 것을 가리킨다.

復也.① 从辵, **夋聲.**②

① 彳部에 "復은 '왕래하다'이다."라고 하였다. ≪方言≫ 권12에 "躔·逡은 '따르다'이다. 해가 운행하는 것을 '躔(전)'이라 하고, 달이 운행하는 것을 '逡'이라 한다."라고 하였다.
彳部曰, "復, 往來也." 方言, "躔·逡, 循也. 日運爲躔, 月運爲逡."

② 七과 倫의 반절이다. 제13部에 있다.
七倫切. 十三部.

04-033-1113 𨑘 (趆) 〔성내 나아가지 않을, 말이 짐이 무거워 나아가지 못할/**제**〕

'성내며 나아가지 않다'이다. 일설에 '말〔馬〕이 짐이 무거워 나아가지 못하는 것'이라고도 한다. 辵을 따르고 氐(저)가 소리이다.

怒不進也. 一曰鷙也.① 从辵, **氐聲.**②

① 오직 徐鍇本에만 '一曰鷙也' 네 글자가 있으나, 鷙(지)가 鳥를 따른 것〔鷙从鳥〕[69]은 잘못이다. 馬部에 "騺는 '말이 무거운 모양'이다."라고 하였고, 癶(癶)部에 "𤼵(癹)은 '말이 짐이 무거워 가지 못하다'이다."라고 하였다.
惟鍇本有此四字, 而鷙从鳥則誤. 馬部曰, "騺, 馬重皃." 癶部曰, "𤼵, 騺不行也."

② 都와 禮의 반절이다. 제15部에 있다.
都禮切. 十五部.

04-033-1114 𨔶 (達) 〔서로 만나지 못할, 빠를/**달**〕 補 【重文 1】

'서로 만나지 못하다'이다. 辵을 따르고 羍(달)이 소리이다. ≪詩經≫에 "왕래하며 서로 바라보는 모습이다."[70]라고 하였다. 𨕜(达)은 達의 或體이니 大를 따랐다. 혹자는 "达은 迭의 異體字이다."라고 한다.

行不相遇也.① 从辵, **羍聲.**② **詩曰, "挑兮達兮."**③ **𨕜, 達或从大.**④ **或曰, "迭."**⑤

69) 鷙(지)가……것〔鷙从鳥〕: 徐鍇本에는 "一曰騺也"로 되어 있다.

70) 왕래하며……모습이다 : ≪詩經≫ 〈鄭風 子衿〉에 "몸이 가볍고 방자한 자가 성궐에 있도다.〔挑兮達兮 在城闕兮〕"에 대한 毛亨 傳에 "挑와 達은 '왕래하며 서로 바라보는 모양'이다. 城에 올라가 대궐을 보는 것이다.〔挑達 往來相見貌 乘城而見闕〕"라고 하였다.

① 達은 水部의 '滑'과 '泰'의 '滑'자와 音義가 모두 같으며,[71] 撻(달)과 같이 읽는다. 지금 俗說에 서로 만나지 못할 때 아직도 이 말〔達〕을 하니, 바로 옛날 말이다. 讀音은 徒와 葛의 반절이다. '通達'의 '達(통달할/달)'로 뜻풀이를 하는 것은 지금의 말이다.
此與水部滑泰字音義皆同, 讀如撻. 今俗說不相遇, 尚有此言, 乃古言也. 讀徒葛切. 訓通達者, 今言也.

② 제15部에 있다.
十五部.

③ ≪詩經≫ 〈鄭風 子衿〉의 글이다. 여기의 挑는 又部와 같이 叟(도)가 되어야 한다.[72] 叟는 '매끄럽다'의 뜻이다.
鄭風文. 挑當同又部作叟. 叟, 滑也.

④ 또한 형성이다.
亦形聲也.

⑤ '迭'자 아래에 '字'자가 빠졌으니, 혹자가 "이는 '迭'자의 異體이다."라고 한다는 것이다. 鳥部의 '隼'자 해설에 "隼은 일설에 '鷻(단)'자라고도 한다."라고 하고, 蚰部의 '蠠(밀)'자 해설에 "蠠은 일설에 '螟(명)'자라고도 한다.〔一曰螟字〕[73]"라고 하고, 彳部의 '徲(삽)'자 해설에 "徲은 일설에 이 글자는 '馺(삽)'과 같다고도 한다."라고 한 것이 이 용례이다.
下脫字字, 或曰, "此迭字之異體也." 鳥部隼, "一曰鷻字". 蚰部蠠, "一曰螟字". 彳部徲, "一曰此與馺同", 是其例也.

04-033-1115 𨔵(逯)〔조심조심할/록〕 補

'행동이 신중하고 조심스럽다이다'이다. 辵을 따르고 彔(록)이 소리이다.

行謹逯逯也.① **从辵, 彔聲.**②

① 張衡의 賦에서 '逯跼(록촉)'은 '국량이 작은 모양'을 이르는데,[74] 의미가 逯과 같다. ≪廣

71) 滑과……같으며 : ≪說文解字≫ 水部에 "泰는 '미끄럽다'이다.〔泰 滑也〕"에 대한 段玉裁 注에 "辵部의 '達'자와 뜻이 가깝다. 모두 他와 達의 반절이다.〔與辵部達字義近 皆他達切〕"라고 하였다.

72) 又部와……한다 : ≪說文解字≫ 又部에 "叟 滑也 詩云 叟兮達兮"라고 한 것을 가리킨다.

73) 一曰螟字 : ≪說文解字≫ 蚰部에는 "蠠……一曰螟子"라고 하였는데, 단옥재는 '子'자를 '字'자의 잘못으로 여겼다.

74) 逯跼(록촉)은……이르는데 : ≪文選≫에 실린 張衡의 〈東京賦〉에 "三王의 좁은 국량을 얕보다.〔狹三王之逯跼〕"에 대한 薛綜 注에 "逯跼은 '국량이 좁은 모양'이다.〔逯跼 局小皃也〕"라고 하였다.

雅≫ 〈釋訓〉에 "逯逯은 '많다'는 뜻이다."라고 하였다. 女部에 "娽(록)은 '따라다니다'이다."라고 하였다. ≪史記≫의 〈蕭相國世家〉와 〈平原君列傳〉에는 '錄錄(보잘것없음)'[75]으로 되어 있는데, 뜻은 모두 서로 비슷하다.
張衡賦趢趗謂局小皃, 義與此同. 廣雅, "逯逯. 衆也." 女部, "娽, 隨從也." 蕭相國世家・平原君列傳作錄錄, 義皆相近.

② 盧와 谷의 반절이다. 제3部에 있다.
盧谷切. 三部.

04-033-1116 (迵) 〔통할/동〕 補

迵은 '통하다'이다. 辵을 따르고 同(동)이 소리이다.

迵,① **迭也**.② 从辵, **同聲**.③

① 迵은 거듭 열거된 글자를 산삭하지 않은 것이다.
此複擧字之未刪者.

② 迭은 '达'이 되어야 한다. ≪玉篇≫ 辵部에 "迵은 '통달하다'는 뜻이다."라고 한 것이 이 용례이다. 水部에 "洞은 '빨리 흐르다'는 뜻이다."라고 하였고, 馬部에 "駧은 '달리는 말이 뚫고 가다'이다."라고 하였는데 뜻이 모두 서로 같다. ≪史記≫ 〈倉公列傳〉에서 "臣의 생각에 脈을 짚어보니 '迵風'[76]입니다."라고 하였는데, 裴駰은 ≪史記集解≫에서 "迵은 音이 '洞'이니, 四肢를 뚫고 들어감을 말한다."라고 하였다.
迭當作达. 玉篇云, "迵, 通達也." 是也. 水部, "洞, 疾流也." 馬部, "駧, 馳馬洞去也." 義皆相同. 倉公傳曰, "臣意診其脈曰迵風." 裴曰, "迵音洞, 言洞徹入四肢."

③ 徒와 弄의 반절이다. 제9部에 있다.
徒弄切. 九部.

04-033-1117 (迭) 〔경질할, 통달할/질〕

'경질하다'이다. 辵을 따르고 失(실)이 소리이다.[77] 일설에는 '达'자라고도 한다.

---

75) 蕭相國世家와……錄錄 : ≪史記≫ 〈蕭相國世家〉에 "相國 蕭何는 秦나라 때 刀筆吏가 되어 보잘것없이 뛰어난 행적이 없었다.〔蕭相國何於秦時爲刀筆吏 錄錄未有奇節〕"이라 하였고, 〈平原君列傳〉에 "공들은 보잘것없이 남의 힘을 빌려 일을 성사시키는 자들이라 하는 것이오.〔公等錄錄 所謂因人成事者也〕"라고 하였다.

76) 迵風 : 과음 후 일어나는 일종의 風疾이다.

更迭也.① 从辵, **失聲.**② **一曰达.**③

① 간혹 '佚'자 · '迭'자 · '戜'자를 가차하여 쓰기도 한다.
或假佚字 · 迭字[78] · 戜字爲之.

② 徒와 結의 반절이다. 제12部에 있다.
徒結切. 十二部.

③ '达'자 아래에 '字'자가 빠졌으니, 일설에 迭은 达의 異體字라고도 한다. 대체로 达과 迭은 서로 통용된다.
下脫字字, 一曰此达字之異體也. 蓋达迭二字互相爲用.

04-033-1118 𨒌(迷)〔미혹할/미〕補

'미혹하다'이다. 辵을 따르고 米(미)가 소리이다.

惑也.① 从辵, **米聲.**②

① ≪爾雅≫ 〈釋言〉에 보인다. 宋나라 판본에는 或으로 되어 있다. 心部에 "惑은 '어지럽다'이다."라고 하였다.
見釋言. 惑, 宋本作或. 心部曰, "惑, 亂也."

② 莫과 兮의 반절이다. 제15部에 있다.
莫兮切. 十五部.

04-033-1119 𨓍(連)〔수레 끌고 갈/련〕補

'짐을 지듯 수레를 끌고 가다'이다. 辵 · 車를 따랐다. **會意**이다.

負車也.① 从辵車. **會意.**②

① '負車'가 각 판본에는 '員連'로 되어 있어, 지금 바로잡았다. 連은 輦의 古文이다. ≪周禮≫ 〈地官 鄕師[79]〉의 "輂輦"[80]이 古書에는 輦이 連으로 되어 있으며, 大鄭(鄭衆)은

77) 辵을……소리이다 : ≪六書尋源≫에서는 "경질하는 것은 반드시 서로 교체하므로, 迭은 辵을 따르고 失을 따랐다.〔叓遞者 必互相差錯 故此从辵从失也〕"라고 하여, 회의로 설명하고 ≪說文解字≫의 "从辵 失聲"의 형성을 취하지 않았다.

78) 迭字 : 표제자(迭)와 동일한 글자로, 다른 글자의 오류로 추정된다.

79) 鄕師 : 地官에 소속된 벼슬 이름이다. 六鄕 중에 三鄕마다 2인의 향사를 두어 교육을 맡

"讀音이 輦이다."라고 하였다. ≪周禮≫ 〈地官 巾車〉의 "連車"는 판본에 따라 "輦車"로 되어 있기도 하다.[81] ≪管子≫ 〈海王〉에 "손수레〔連〕와 작은 수레〔軺〕와 큰 수레〔輦〕를 탄다.〔服連軺輦〕"라고 하였고, ≪管子≫ 〈立政〉에 "宮刑을 받은 사람이나 현재 형벌을 받고 있는 사람은 감히 喪服을 입지 못하고 감히 손수레〔連〕를 타지 못한다."라고 하였다.

'負車'는 사람이 수레를 끌고 가는데 수레가 뒤에 있는 것이 짐을 진 것과 같은 것이다. 連이 辵과 車를 따랐으므로 會意라는 것은 輦이 㚘(반)과 車를 따랐으므로 會意라고 하는 것과 같다. 사람이 수레와 서로 이어져 끊기지 않기 때문에 引伸하여 '連屬(연속)'의 '連'자로 쓰인다. 耳部에 "聯은 '이어지다'는 뜻이다."라고 하였다. ≪周禮≫ 〈天官 太宰〉의 "官聯으로 官의 정무를 모으다.〔官聯以會官治〕"에 대한 鄭玄 注[82]에 "古書에 連이 '聯'으로 되어 있다."라고 하였다. 그렇다면 聯과 連은 古今字가 되고 連과 輦이 古今字가 된다. 連을 가차하여 聯으로 쓰면서 오로지 輦을 連으로 쓰게 되었다.

大鄭(鄭衆)은 '連은 지금의 '輦'자이다.'라고 해야 하는데 "讀音이 輦이다."라고 한 것은, 今字를 古字로 바꾸어 學者들로 하여금 알기 쉽게 하려는 것이었다. 許愼이 ≪說文解字≫ 車部에서 '連은 輦의 古文이다'라고 말하지 않고 辵部에 넣은 것은, 小篆의 連이 輦과 쓰임이 다르기 때문이다. 그러므로 "聯은 '이어지다'이다."라고 한 것은 지금의 뜻이며, "連은 '짐을 지듯이 수레를 끌고 가다'이다."라고 한 것은 옛날의 뜻이다.

負車, 各本作員連, 今正. 連卽古文輦也. 周禮鄕師"輂輦". 故書輦作連, 大鄭"讀爲輦." 巾車"連車", 本亦作"輦車". 管子海王, "服連軺輂." 立政, "刑餘戮民. 不敢服絻, 不敢畜連." 負車者, 人輓車而行, 車在後如負也. 字从辵車會意, 猶輦从㚘車會意也. 人與車相屬不絶, 故引伸爲連屬字. 耳部曰, "聯, 連也." 大宰注曰, "古書連作聯." 然則聯連爲古今字, 連輦爲古今字. 假連爲聯, 乃專用輦爲連. 大鄭當云連今之輦字, 而云"讀爲輦"者, 以今字易古字, 令學者易曉也. 許不於車部曰, 連古文輦而入之辵部者, 小篆連與輦殊用. 故云"聯連也"者, 今義也. 云"連負車也"者, 古義也.

② ≪古今韻會擧要≫에 의거하여 바로잡았다. 力과 延의 반절이다. 옛날에는 力과 展의

기고 정치를 平察하게 하였다.

80) 周禮……輂輦 : ≪周禮≫ 〈地官 鄕師〉에 "왕의 군대가 정벌하러 가서 회동하면서 도역과 짐을 정비한다.〔大軍旅 會同 正治其徒役與其輂輦〕"에 대한 鄭玄 注에 "輂은 말이 끄는 것이고 輦은 사람이 끌고 가는 것으로, 짐을 싣는 것이다.……그렇기 때문에 輦을 '連'이라고 쓴다. 鄭司農(鄭衆)은 '輦'이라고 읽어야 한다.〔輂 駕馬 輦 人輓行 所以載任器也……故書輦作連 鄭司農云連讀爲輦〕"라고 하였다.

81) 판본에……하다 : ≪周禮≫ 〈春官 巾車〉에 "輦車는 직조한 輓을 하고, 먼지를 막는 翣과 일산이 있다.〔輦車組輓 有翣羽蓋〕"라고 하였다.

82) 周禮……注 : ≪周禮≫ 〈天官 太宰〉에 "官聯으로 官의 정무를 모으다.〔官聯以會官治〕"에 대한 鄭玄 注를 가리킨다. 官聯은 관리들이 연합하여 일을 다스리는 법식을 이른다.

반절이었다. 제14部에 있다.
依韻會訂. 力延切. 古力展切. 十四部.

04-033-1120 逑 (逑) 〔거두어 모을, 짝/구〕 補

'거두어 모으다'이다. 辵을 따르고 求(구)가 소리이다. ≪尙書≫ 〈虞書〉에 "널리 의견을 모아 일을 잘 처리하였다."라고 하였고, 또 "짝〔怨匹〕을 '逑'라고 한다."라고 하였다.

斂聚也.① 从辵, **求聲.**② **虞書曰,**③ **"旁逑孱功."**④ **又曰, "怨匹曰逑."**⑤

① 勹部에 "勼(구)는 '모으다〔聚〕'는 뜻이다."라고 하였다. 〈逑는〉 여기 勼의 音義와 대략 같다.
勹部曰, "勼, 聚也." 音義略同.

② 巨와 鳩의 반절이다. 제3部에 있다.
巨鳩切. 三部.

③ 〈虞書〉는 본래 〈唐書〉가 되어야 하는데, 轉寫할 때 함부로 이를 고친 것이다. 대체로 許愼은 〈堯典〉을 일컬어 〈唐書〉라고 하였다. 이에 대한 해설은 禾部에 상세하다.[83]
虞書當本是唐書, 轉寫妄改之耳. 凡許偁堯典曰, 唐書. 說詳禾部.

④ "旁逑孱功"은 지금 ≪尙書≫ 〈堯典〉의 "方鳩僝功"이다. 人部의 '僝(잔)'자 해설에는 "旁救僝功"으로 되어 있다. 대체로 ≪儀禮≫의 古文에는 '旁'으로 되어 있는데 今文에는 方으로 되어 있다. 대체로 ≪尙書≫의 古文에는 方으로 되어 있는데, 今文에는 旁으로 되어 있다. 그렇다면 여기서 일컬은 것은 今文의 ≪尙書≫이다. 지금 〈堯典〉에는 '逑'가 '鳩'로 되어 있으며 해설하는 자(孔安國)도 "鳩는 '모으다'는 뜻이다."라고 하였다.
今堯典之"方鳩僝功"也. 人部僝下作"旁救僝功." 凡儀禮古文作旁, 今文作方. 凡尙書古文作方, 今文作旁. 然則此所偁者, 今文尙書也. 今堯典逑作鳩, 說者亦云"鳩, 聚."

⑤ "又曰"은 '一曰'과 같으니, '별도의 한가지 뜻'이라는 뜻이다. 桓公 2년 ≪春秋左氏傳≫에 "嘉耦(좋은 배우자)를 '妃'라 하고, 怨耦(화목하지 못한 부부)를 '仇'라 하니, 옛날에 命名한 것이다."라고 하였다. 이는 옛날에 命名한 법이 이와 같음을 이른다. 逑와 仇는 옛날에 대부분 통용되었다. ≪詩經≫ 〈周南 關雎〉에 "君子의 좋은 짝이다."라고 하였는데 '逑'를 또한 '仇'로 쓰기도 하니, ≪시경≫ 〈周南 兎罝〉에 "好仇"라고 하였다.
≪시경≫ 〈周南 關雎〉의 "君子好逑"에 대한 毛亨 傳에 "逑는 '짝'이다."라고 하였고,

83) 해설은……상세하다 : ≪說文解字≫ 禾部의 '稘'자 해설 가운데 "〈唐書〉에 '1년은 360일이다.'〔唐書曰稘三百有六旬〕"라고 한 구절에 대한 段玉裁 注를 참조.

≪爾雅≫ 〈釋詁〉에 "仇는 '짝'이다."라고 하였는데 〈이에 대한 邢昺 疏에 인용된 글에〉 孫炎은 "서로 구하는 짝이다.〔相求之匹〕"라고 하였으니, 그렇다면 孫炎本의 ≪이아≫ 〈석고〉에도 '逑'로 되어 있음을 알 수 있다. 逑를 '怨匹'이라고 하지만 ≪詩經≫에서 대부분 '아름답다'는 말로 쓴 것은 '짝'이라는 뜻을 취한 것이고, '원망하다'는 뜻을 취한 것이 아니다. 통틀어 말하면 뜻이 다르지 않으니, ≪이아≫ 〈석고〉에 "仇와 妃는 '짝'이다."라고 한 말이 이것이다.

나누어서 말하면 뜻이 다르니, ≪춘추좌씨전≫에 嘉耦와 怨耦로 다르게 말한 것이 이 용례이다. 許愼이 근거한 ≪춘추좌씨전≫과 ≪이아≫에는 '逑'로 되어 있다. 揚雄의 ≪太玄經≫과 ≪方言≫의 '㧌'[84]는 바로 '逑'자이다.

"又曰" 與一曰同, 別一義也. 桓二年左傳曰, "嘉耦曰妃, 怨耦曰仇, 古之命也." 謂古者命名之法如是. 逑仇古多通用. 關雎, "君子好逑." 亦作仇. 兔罝云"好仇" 毛傳, "逑, 匹也." 釋詁, "仇, 匹也." 孫炎曰, "相求之匹." 則孫本釋詁亦作逑可知. 逑爲怨匹而詩多以爲美詈者, 取匹不取怨也. 渾言則不別, 爾雅, "仇・妃, 匹也."是也. 析言則別, 左氏, "嘉耦・怨耦"異名, 是也. 許所據左氏・爾雅作逑. 大玄・方言之㧌卽逑字.

04-033-1121 𧼮(退)〔무너질/패〕

'무너지다'이다. 辵을 따르고 貝(패)가 소리이다. ≪尙書≫ 〈周書 微子〉에 "나는 일어나 殷나라의 패망을 받아들일 것이다."라고 하였다.

數也.① 从辵, **貝聲.**② **周書曰, "我興受其**退."③

① 攴部에 "斁는 '무너지다'는 뜻이다."라고 하였다. 退는 敗과 音義가 같다.
攵部曰, "斁, 毁也." 退與敗音義同.

② 薄과 邁의 반절이다. 제15部에 있다.
薄邁切. 十五部.

③ ≪尙書≫ 〈周書 微子〉의 글이다. "周書"라고 한 것은, 아마도 許愼이 의거한 ≪상서≫에는 〈微子〉가 〈商書〉에 속해 있지 않았던 듯하다. 이에 대해서는 또한 口部의 '咈'자 해설에 보인다.
微子文. 云"周書"者, 蓋許所據不系於商書也. 亦見口部咈下.

---

84) 太玄經과……㧌 : ≪太玄經≫ 〈內〉에 "착한 아내에게 삼가 처음에 곧으면 후에 편안해진다.〔謹于嫛㧌 初貞後寧〕"라고 하였고, ≪方言≫ 권3에 "杌는 '짝'이다.〔杌 仇也〕"라고 하였는데, ≪集韻≫ 去聲 49宥에는 "㧌는 ≪방언≫에 '짝'이라고 하였다.〔㧌 方言 仇也〕"라고 하였다.

04-033-1122 (逭)〔달아날/환〕【重文 1】

'달아나다'이다. 辵을 따르고 官(관)이 소리이다. 𨘱(爟)은 逭의 或體이니 雚(환)을 따르고 兆를 따랐다.

逃也.① 从辵, **官聲.**② 𨘱, 逭或从雚, 从兆.③

① ≪禮記≫ 〈緇衣〉에서 "〈太甲〉에 '하늘이 내린 재앙은 피할〔逭〕 수 있지만, 스스로 만든 재앙은 피할 수 없다.'라고 하였다."라는 말을 인용하였는데, 逭은 판본에 따라 逭으로 되어 있다. ≪예기≫ 〈치의〉의 "不可以逭"에 대한 鄭玄 注에 "逭은 '달아나다'는 뜻이다."라고 하였다. 이 말은 또한 ≪爾雅≫ 〈釋言〉에 보인다.
緇衣引大甲曰, "天作孽可違也, 自作孽不可以逭." 逭本又作逭. 鄭注, "逭, 逃也." 亦見釋言.

② 胡와 玩의 반절이다. 제14部에 있다.
胡玩切. 十四部.

③ '兆를 따랐다'는 것은 逃의 생략형을 따랐다는 것이다. '雚을 따랐다'는 것은 '雚이 소리이다'라는 뜻이다.
从兆者, 从逃省也. 从雚者, 雚聲也.

04-033-1123 (遯)〔달아날/둔〕補

'달아나다'이다. 辵을 따르고 豚(돈)이 소리이다.

逃也.① 从辵, **豚聲.**②

① ≪周易≫ 遯卦의 鄭玄 注에 "遯은 '달아나다'를 말한다."라고 하였다.[85)]
鄭注周易曰, "遯者, 逃去之名."

② 徒와 困의 반절이다. 제13部에 있다.
徒困切. 十三部.

04-033-1124 (逋)〔달아날/포〕補【重文 1】

'달아나다'이다. 辵을 따르고 甫(포)가 소리이다. 𨓈(逋)는 逋의 籒文이니 捕를 따랐다.

---

85) 鄭玄……하였다 : 이 부분은 ≪周易≫ 遯卦에 대한 ≪經典釋文≫ 〈周易音義〉에 보인다.

亡也.① 从辵, 甫聲.② 䙷, 籒文逋, 从捕.③

① 亡部에 "亡은 '달아나다'이다."라고 하였다. ≪周易≫ 訟卦 九二爻辭에 "돌아가 달아난다."라고 하였다.
亡部曰, "亡, 逃也." 訟九二曰, "歸而逋."
② 博과 孤의 반절이다. 제5部에 있다.
博孤切. 五部.
③ 또한 形聲이다.
亦形聲.

04-033-1125 遺(遺)〔잃을/유〕補

'잃다'이다. 辵을 따르고 貴(귀)가 소리이다.

亡也.① 从辵, 貴聲.②

① ≪廣韻≫ 上平 6脂에 "〈遺는〉 '잃다', '주다', '더하다'는 뜻이다."라고 하였다. 살펴보건대, 모두 '遺亡(잃다)'에서 引伸된 뜻이다.
廣韻, "失也, 贈也, 加也." 按皆遺亡引伸之義也.
② 以와 追의 반절이다. 제15部에 있다.
以追切. 十五部.

04-033-1126 遂(遂)〔달아날/수〕補【重文 1】

'달아나다'이다. 辵을 따르고 㒸(수)가 소리이다. 䢌(遹)는 遂의 古文이다.

亡也.① 从辵, 㒸聲.② 䢌, 古文遂.③

① 遂는 ≪廣韻≫去聲 6至에 "'도달하다', '나아가다', '이루다', '편안하다', '그치다', '가다', '뜻을 따르다'이다."라고 하였다. 살펴보건대, 모두 引伸된 뜻이다.
廣韻, "達也, 進也, 成也, 安也, 止也, 往也, 從志也." 按皆引伸之義也.
② 徐와 醉의 반절이다. 제15部에 있다.
徐醉切. 十五部.
③ 살펴보건대, 따르는 글자를 알지 못하겠지만, 아마도 "초목이 무성하다〔艸木甹孛〕[86)]"

의 '寷(위)'를 따른 듯하다.

按不得其所從. 疑是从艸木寷孛之寷.

04-033-1127 (逃)〔도망할/도〕 補

'도망하다'이다. 辵을 따르고 兆(조)가 소리이다.[87)]

亡也.① 从辵, **兆聲.**②

① 亡과 逃는 互訓이다.
亡逃互訓.

② 徒와 刀의 반절이다. 제2部에 있다.
徒刀切. 二部.

04-033-1128 (追)〔쫓을/추〕 補

'쫓다'이다. 辵을 따르고 自(퇴)가 소리이다.

逐也.① 从辵, **自聲.**②

① ≪詩經≫과 ≪周禮≫에서 追를 가차하여 '金玉을 가공하다'는 뜻의 鎚(옥 다듬을/퇴)로 썼다.[88)]
詩・禮假爲治金玉之鎚.

② 陟과 隹의 반절이다. 제15部에 있다.
陟隹切. 十五部.

04-033-1129 (逐)〔쫓을/축〕 補

---

86) 艸木寷孛 : ≪설문해자≫ 𣎵部의 "寷는 '초목이 무성한 모양'이다.〔寷 艸木寷孛之皃〕"라는 해설에서 가져온 말이다.

87) 辵을……소리이다. : ≪六書尋源≫에서는 "도망하는 이는 반드시 빨리 달려 높이 뛰므로 逃는 兆를 따랐다.〔逋亾者 必疾走高跳 故此从兆也〕"라고 하여, 회의로 설명하고 ≪說文解字≫의 "兆聲"의 형성을 취하지 않았다.

88) 詩經과……썼다 : ≪詩經≫ 〈大雅 棫樸〉에 "잘 다듬은 문채이다.〔追琢其章〕"라는 구절과, ≪周禮≫ 〈天官 追師〉에 "비녀를 가공한다.〔追衡笄〕"라는 구절을 가리킨다.

‘쫓다’이다. 辵을 따르고 豖(축)의 생략형이 소리이다.

追也. 从辵, **豖省聲**.①

① 살펴보건대, 徐鉉本에는 “豚의 생략형을 따랐다.〔从豚省〕”로 되어 있으며, 徐鍇本과 ≪古今韻會擧要≫에는 “豖의 생략형〔豖省〕”으로 되어 있는데, 이 두 글자는 바로 “豖省聲” 세 글자의 잘못이다. 直과 六의 반절이다. 제3部에 있다.
按鉉本作“从豚省”, 鍇本・韻會作“豖省”, 二字正“豖省聲”三字之誤也. 直六切. 三部.

04-033-1130 䢋 (遒)〔닥칠/추〕 補 【重文 1】

‘가까이 닥치다’이다. 辵을 따르고 酉(유)가 소리이다. 𨘋(遒)는 遒의 或體이니, 酋(추)를 따랐다.

迫也.① 从辵, **酉聲**.② 𨘋, 遒**或从酋**.

① ≪詩經≫ 〈大雅 卷阿〉에 “선공의 마침과 같게 한다.〔似先公酋矣〕”라고 하였는데, 이에 대한 〈毛詩正義〉에는 酋가 ‘遒’로 되어 있다. 살펴보건대, 酋는 ‘遒’의 假借字이다. ≪爾雅≫ 〈釋詁〉와 毛亨 傳에 모두 “酋는 ‘마치다〔終〕’는 뜻이다.”라고 하였다. 終은 迫과 함께 서로 뜻을 보충하여 이루어준다. 遒는 揫와 뜻이 대략 같다.
大雅, “似先公酋矣.” 正義酋作遒. 按酋者, 遒之叚借字. 釋詁・毛傳皆曰, “酋, 終也.” 終與迫義相成. 遒與揫義略同也.
② 字와 秋의 반절이다. 제3部에 있다.
字秋切. 三部.

04-033-1131 𨓜 (近)〔가까울/근〕 補 【重文 1】

‘가깝다’이다. 辵을 따르고 斤(근)이 소리이다. 岓(岓)은 近의 古文이다.

附也.① 从辵, **斤聲**.② 岓, **古文近**.

① 許愼은 附를 ‘附婁(작은 흙산)’의 ‘附’자라고 하였고, 坿를 ‘坿益’(더하다)의 ‘坿’자라고 하였다. 아마도 ‘附近’의 ‘附’자는 坿가 되어야 할 듯하다. ≪經典釋文≫에서 ‘「遠近」의 近은 上聲이고 「가까이 한다〔近之〕」고 할 때의 近은 去聲이다.’라고 하였는데, 옛날에는 이런 분별이 없었다.

許附爲附婁字, 坿爲坿益字. 疑附近當作坿也. 經典釋文, 遠近上聲, 近之去聲. 古無此分別.

② 渠와 遴의 반절이다. 古音은 제13部에 있다. ≪廣韻≫ 上聲 19隱에서는 '其와 謹, 巨와 靳(근)의 반절이다.'라고 하였다.
渠遴切. 古音十三部. 廣韻其謹巨靳切.

04-033-1132  (邋)〔꺾을/렵〕補

'꺾다'이다. 辵을 따르고 巤(렵)이 소리이다.

搚也.[①] 从辵, **巤聲.**[②]

① 手部에 "搚(협)은 '꺾다'이다."라고 하였다. ≪春秋公羊傳≫ 莊公 원년에 "갈빗대〔幹〕를 꺾어 죽였다."라고 하였다. 邋과 搚은 疊韻이다.
手部曰, "搚, 摺也." 公羊傳曰, "搚幹而殺之." 邋搚疊韻.

② 良과 涉의 반절이다. 제8部에 있다.
良涉切. 八部.

04-033-1133  (迫)〔가까울/박〕

'가깝다'이다. 辵을 따르고 白(백)이 소리이다.

近也. 从辵, **白聲.**[②]

① ≪爾雅≫ 〈釋言〉에 "逼은 '닥치다'는 뜻이다."라고 하였다. ≪經典釋文≫ 〈爾雅音義〉에 "逼은 다른 판본에 '偪(복)'으로 되어 있다."라고 하였다. 許愼의 ≪說文解字≫에는 '逼'자와 '偪'자가 없으며, 대체로 偪만 쓴 듯하다.
釋言曰, "逼, 迫也." 逼, 本又作偪. 許無逼偪字, 蓋祇用偪.

② 博과 陌(맥)의 반절이다. 古音은 제5部에 있다.
博陌切. 古音在五部.

04-033-1134  (遷)〔가까울/일〕

'가깝다'이다. 辵을 따르고 臸(일)이 소리이다.

近也.① 从辵, **臸聲.**②

① ≪爾雅≫ 〈釋言〉에 "馹은 '역말[傳]'이라는 뜻이다."에 대한 郭璞 注에 ≪經典釋文≫ 〈爾雅音義〉에서 "馹은 다른 판본에는 '遷'로 되어 있다."라고 하였다. 살펴보건대, 여기서는 遷을 가차하여 馹의 뜻으로 쓴 것이다. ≪聲類≫에 "遷은 또한 '馹'자이다."[89]라고 하였으니, ≪爾雅≫의 어떤 本을 끌어와 두 글자의 音義를 맞추어 동일 글자로 만든 것이다.

釋言, "馹, 傳也." 郭云, "本或作遷." 按此假遷爲馹也. 聲類云, "遷亦馹字." 則附會爾雅或本而合爲一字.

② 살펴보건대, 至部에 "臸은 '이르다'이다."라고 하였다. 至를 위아래로 중복하여 쓴 글자와 至를 옆으로 나란히 쓴 글자는 같은 글자이다. 人과 質의 반절이다. 제12部에 있다.

按至部, "臸, 到也." 重至與竝至一也. 人質切. 十二部.

04-033-1135 𨖼 (邇) 〔가까울/이〕 䙪 【重文 1】

'가깝다'이다. 辵을 따르고 爾(이)가 소리이다. 迩(迩)는 邇의 古文이다.

近也.① 从辵, **爾聲.**② 迩, **古文邇.**③

① '邇 近也'는 ≪爾雅≫ 〈釋詁〉와 ≪詩經≫ 〈小雅 小旻〉에 보인다.

見釋詁·小雅毛傳.

② 兒와 氏의 반절이다. 爾聲이 ≪詩經≫ 300편에서는 제15部에 있었는데, 漢나라 사람들은 제16部에 두었다.[90]

兒氏切. 三百篇在十五部. 漢人在十六部.

③ 尒(이)를 썼으니 形聲이다.

以尒形聲.

---

89) 聲類에……馹자이다 : 이 부분은 郭璞의 ≪經典釋文≫ 〈爾雅音義〉에 있는 글을 인용한 것이다.

90) 爾聲이……두었다 : 〈六書音韻表〉 가운데 〈詩經韻分十七部表〉의 제15部 '古本音'에 있는 '邇'자 해설에 "爾聲은 이 部(제15部)에 있다. ≪詩經≫의 〈周南 汝墳〉과 〈小雅 杕杜〉에서 두 번 보인다. 지금은 紙韻(제16部)으로 들어갔다. 대체로 尒聲의 '尒'자를 漢나라 사람들은 제16部에 넣어놓고 사용하였다.〔爾聲在此部 詩汝墳小雅杕杜二見 今入紙 凡尒聲字漢人入十六部用〕"라고 한 내용을 가리킨다.

04-033-1136 (遏)〔은밀하게 저지할/알〕 補

'은밀하게 저지하다'이다. 辵을 따르고 曷(갈)이 소리이다. 뽕나무벌레인 蝎(나무좀/갈)과 같이 읽는다.

微止也.① 从辵, **曷聲. 讀若桑蟲之蝎.**②

① ≪爾雅≫ 〈釋詁〉에 "遏은 '저지하다'이다."라고 하였다. 살펴보건대, 微는 '세밀하다'이다.
釋詁, "遏, 止也." 按微者, 細密之意.

② '之'자는 衍文이다. 烏와 割의 반절이다. 제15部에 있다. 뽕나무벌레인 蝎은 虫部에 보이며,[91] 蜀을 '蝤蠐(추제)'라고도 부른다.[92]
之字衍. 烏割切. 十五部. 桑蟲蝎見虫部, 蜀也, 亦名蝤蠐.

04-033-1137 (遮)〔막을/차〕 補

'막다'이다. 辵을 따르고 庶(서)가 소리이다.

遏**也.** 从辵, **庶聲.**①

① 止와 車의 반절이다. 古音은 제5部에 있다. ≪周易≫ 晉卦 卦辭에 "말을 많이 하사하다.〔用錫馬蕃庶〕"라고 하였는데, 鄭玄은 '蕃庶'를 '藩遮(많다)'로 읽었다.[93]
止車切. 古音在五部. 易"用錫馬蕃庶." 鄭讀爲藩遮.

04-033-1138 (遂)〔막을/연〕

'막다'이다. 辵을 따르고 羨(선)이 소리이다.

遮遂**也.**① 从辵, **羨聲.**②

---

91) 蝎은……보이며 : ≪설문해자≫ 虫部에 "蝎은 蝤齏(추제)이다.〔蝎 蝤齏也〕"라고 하였다.

92) 蜀을……부른다 : ≪설문해자≫ 虫部의 "蜀 葵中蠶也"에 대한 段玉裁 注에 "뽕나무 속의 나무좀벌레는 바로 '추제'이다.〔桑中蠹卽蝤蠐〕"라고 하였다.

93) 鄭玄은……읽었다 : ≪經典釋文≫ 〈周易音義〉에 "蕃은 음이 '煩(번)'이고 '많다〔多〕'는 뜻이다. 鄭玄은 '發과 袁의 반절이다.'라고 하였다.……庶는 본래 발음대로 읽으며 '많다〔衆〕'는 뜻이다. 정현은 '止와 奢의 반절로, 「많은 날짐승」을 이른다.'라고 하였다.〔蕃 音煩 多也 鄭 發袁反……庶 如字 衆也 鄭 止奢反 謂蕃遮禽也〕"라고 하였다.

① 이 글은 '遂遮也'가 倒置된 것으로, 산삭해야 할 글자(遂)가 남아 있는 것이다.
此當是遂遮也之倒, 刪複字之僅存者.

② 于와 線의 반절이다. 제14部에 있다.
于線切. 十四部.

04-033-1139 (迣) 〔막을/제〕

'막다'이다. 晉·趙 지역에서는 '迣'이라 한다. 辵을 따르고 世(세)가 소리이다. 寘(치)와 같이 읽는다.

迾也. 晉趙曰迣.① 从辵, **世聲. 讀若寘.**②

① ≪漢書≫ 〈鮑宣傳〉에 "부락에서 도둑을 잡으려고 북을 울리면, 남녀가 길을 막고.〔男女遮迣〕"라고 하였는데, 여기의 迣가 그 뜻이다. ≪漢書≫ 〈禮樂志〉에 "품성은 얌전하지만 만 리를 뛰어넘는다.〔體容與 迣萬里〕"라고 하였는데, 孟康은 '迣의 音은 逝(서)이다'라고 하였으니, 여기의 迣는 假借이다.
鮑宣傳, "部落鼓鳴, 男女遮迣." 此其義也. 禮樂志, "體容與, 迣萬里." 孟康迣音逝, 此叚借也.

② 살펴보건대, 허신의 ≪설문해자≫에 寘(塡)은 있지만 寘(치)는 없다. 寘는 寘의 잘못이다. 대체로 ≪詩經≫ 〈周南 卷耳〉의 "저 큰 길가에 두노라.〔寘彼周行〕"와 ≪詩經≫ 〈魏風 伐檀〉의 "河水 물가에 버려두니〔寘諸河之干〕"의 寘는 모두 寘이 되어야 한다. 寘은 眞(제12部)이 소리이지만 제15部로 들어간 것은 音이 합해졌기 때문이다. 迣는 征과 例의 반절이다. 제15部에 있다.
按許有寘無寘. 寘者寘之誤. 凡"寘彼周行"·"寘諸河之干", 皆當作寘. 眞聲而入十五部者, 合音也. 迣, 征例切. 十五部.

04-033-1140 (迾) 〔막을/렬〕

'막다'이다. 辵을 따르고 列(열)이 소리이다.

遮也.① 从辵, **列聲.**②

① ≪周禮≫에서는 厲를 가차하여 迾의 뜻으로 썼으니, ≪周禮≫ 〈地官〉의 〈山虞〉·〈澤虞〉·〈卝人〉·〈迹人〉의 '厲禁(막아 지킴)'에 대해 大鄭(鄭衆)이 "厲는 '막아서 지키다'는

뜻이다."[94]라고 한 말이 이것이다. ≪禮記≫에서는 列을 가차하여 迾의 뜻으로 썼으니, ≪예기≫ 〈玉藻〉에 "산과 못을 막기만 하고 세금을 거두지 않는다.〔山澤列而不賦〕"에 대한 鄭玄 注에 "列이란 말은 '막다'는 뜻이다.〔列之言遮列也〕"라고 한 말이 이것이다. ≪漢書≫에서는 迣(제)를 가차하여 迾의 뜻으로 썼으니, ≪한서≫의 〈禮樂志〉와 〈鮑宣傳〉에 대해 晉灼이 "迣는 옛날의 '迾'자이다."라고 한 말이 이것이다. 張衡의 〈西京賦〉에 "迾卒이 사람의 왕래를 금지한다."라고 하였는데, 李善이 ≪예기≫ 〈옥조〉의 鄭玄 注를 인용하여 "迾은 '막다〔遮〕'는 뜻이다."라고 하였다. 여기서 ≪예기≫ 〈옥조〉 注가 본래 "列之言迾遮也"로 되어 있었음을 증명할 수 있으니, 今本 ≪예기≫가 잘못된 것이다.

周禮假厲爲之, 山虞·澤虞·卝人·迹人"厲禁", 大鄭云, "遮列守之."是也. 禮記假列爲之, 玉藻, "山澤列而不賦." 鄭云, "列之言遮列也."是也. 漢書假迣爲之, 禮樂志, 鮑宣傳晉灼云, "迣, 古迾字"是也. 西京賦, "迾卒淸候." 李引禮記注, "迾, 遮也." 此可證玉藻注本作列之言迾遮也, 今本誤.

② 良과 薛의 반절이다. 제15部에 있다.
良薛切. 十五部.

04-033-1141 (迀) 〔나아갈/**간**〕 [補]

'나아가다'이다. 辵을 따르고 干(간)이 소리이다. 干(간)과 같이 읽는다.

進也.① 从辵, **干聲. 讀若干.**②

① '干求(구하다)'의 '干'자는 迀이 되어야 한다. '干犯(범하다)'의 '干'자는 奸이 되어야 한다.
干求字當作迀. 干犯字當作奸.

② 古와 寒의 반절이다. 제14部에 있다.
古寒切. 十四部.

04-033-1142 (遃) 〔지나갈/**건**〕

'지나가다'이다. 辵을 따르고 侃(간)이 소리이다.

過也.① 从辵, **侃聲.**②

---

94) 厲는……뜻이다 : ≪周禮≫ 〈地官 山虞〉에 "물건마다 울타리를 설치하여 경계를 삼고, 지키는 자를 위하여 禁令을 설행한다.〔物爲之厲而爲之守禁〕"에 대한 鄭玄 注에 "鄭司農(鄭衆)이 '厲는 「막아서 지키는 것」이다.'라고 하였다.〔鄭司農云 厲 遮列守之〕"라고 한 것을 가리킨다.

① 本義는, '經過(경과하다)'의 過(지나다)가 되고, 心部의 愆·寒·瘐은 '有過(과실이 있다)'의 過가 되지만, 그 뜻은 서로 引伸된다. 그러므로 ≪漢書≫〈劉輔傳〉에 "元首(군주)는 도리를 잃은 과실(遞)이 없다."라고 하였다.

本義此爲經過之過, 心部愆·寒·瘐爲有過之過, 然其義相引伸也. 故漢書劉輔傳云, "元首無失道之遞."

② 去와 虔의 반절이다. 제14部에 있다.

去虔切. 十四部.

04-033-1143 (遱) 〔이어질/루〕

'끊이지 않고 이어지다'이다. 辵을 따르고 婁(루)가 소리이다.

連遱也.① 从辵, **婁聲.**②

① 連과 遱는 쌍성이다. ≪集韻≫ 下平 19侯에 "連遱는 '끊이지 않는 모양'을 이른다."라고 하였다.

連遱雙聲. 集韻"連遱謂不絶皃."

② 洛과 侯의 반절이다. 제4部에 있다.

洛侯切. 四部.

04-033-1144 (㴔) 〔앞으로 넘어질/섭〕

'앞으로 넘어지다'이다. 辵을 따르고 枼(엽)이 소리이다. 賈侍中(賈逵)의 해설에, '일설에는 拾(섭)과 같이 읽고, 또 郅(질)과 같이 읽기도 한다.'고 하였다.

前頓也. 从辵, **枼聲.**① **賈侍中說, 一讀若拾,**② **又若郅.**③

① 각 판본에는 표제자가 迊(발)로 되어 있고, 汲古閣本의 改本에는 逋(逋)으로 되어 있으며 解說에는 '市聲'로 되어 있는데, 모두 잘못이다. 지금 ≪玉篇≫에 의거하여 바로잡았다. ≪廣韻≫에는 入聲 30怗(첩)에 들어가 있으며, 先과 頰의 반절이고, "'앞으로 넘어지면서 달리다'는 뜻이다."라고 하였다.

各本篆作迊, 汲古改本作逋, 解說作市聲, 皆非也. 今依玉篇正. 廣韻入三十怗, 先頰切, 云"遰㴔走"也.

② '一'은 아마도 衍文인 듯하다. '一'이 徐鍇本에는 "一曰"로 되어 있다.

一疑衍. 鍇本作"一曰."

③ 手部의 '揲(설)'자는 ≪經典釋文≫ 〈周易音義〉에 時와 設, 息과 列, 思와 頰 3개의 반절이 있는데 같지 않다. 여기서 拾과 같이 읽는다면 제7部에 있는 것이고, 郅(질)과 같이 읽으면 제12部에 있는 것이니, 丙(첨)과 茜(체)의 音이 모두 나뉘는 것과 같다. ≪玉篇≫ 辵部에 迭은 口와 黠, 竹과 季 두 가지 반절로 되어 있으니, 제15部에 있는 것이다.
手部揲字, 易音有時設・息列・思頰三反不同. 此讀若拾, 則在七部. 讀若郅, 則在十二部. 猶丙茜音皆岐也. 玉篇口黠・竹季二切, 則十五部.

04-033-1145 (迦)〔갈 수 없게 할/**가**〕

迦牙(가아)이니, '갈 수 없게 하다'이다. 辵을 따르고 枷(가)가 소리이다.

迦牙.[1] **令不得行也**.[2] 从辵, **枷聲**.[3]

① 句讀이다.
逗.

② '牙'는 각 판본에 '互'로 되어 있는데, 지금 ≪玉篇≫에 의거하여 바로잡았다. 迦와 牙의 今音은 疊韻이고, 古音은 雙聲이다. '行'이 ≪玉篇≫ 辵部와 ≪廣韻≫ 下平 9麻에는 모두 '進'으로 되어 있다.
牙各本作互, 今依玉篇正. 迦牙今音疊韻, 古音雙聲. 行, 篇・韻, 皆作進.

③ 古와 牙의 반절이다. 古音은 제17部에 있다.
古牙切. 古音在十七部.

04-033-1146 (䟫)〔넘을/**월**〕

'넘다'이다. 辵을 따르고 戉(월)이 소리이다. ≪周易≫에 "섞여 있으면서도 마땅한 범위를 넘지 않는다.〔不䟫〕"라고 하였다.

踰也.[1] 从辵, 戉**聲**.[2] **易曰**, "**襍而不䟫**."[3]

① ≪說文解字≫ 足部에 "踰는 '넘다〔䟫〕'이다."[95]라고 하였다. 踰는 逾와 뜻이 조금 다르다.
足部曰, "踰, 䟫也." 踰與逾義小別.

② 王과 伐의 반절이다. 제15部에 있다.
王伐切. 十五部.

95) 足部에……넘다이다 : ≪설문해자≫ 足部에 "踰는 '넘다'이다.〔踰 越也〕"로 되어 있다.

③ ≪周易≫ 〈繫辭傳 下〉의 글이다.
毄辭傳文.

04-033-1147 (逞)〔통할, 빨리 갈/정〕

'통하다'이다. 辵을 따르고 呈(정)이 소리이다. 楚 지역에서는 빨리 가는 것을 '逞'이라고 한다. ≪春秋左氏傳≫에 "어느 곳으로도 빨리 가려고 하지 않는다."라고 하였다.

通也.[①] 从辵, **呈聲.**[②] **楚謂疾行爲逞.**[③] **春秋傳曰, "何所不逞欲."**[④]

① ≪方言≫ 권3에 "逞는 '만족하다〔快〕'이다. 山東 지역에서는 간혹 '逞'이라 하고, 江水와 淮水, 陳나라 楚나라 지역에서는 '逞'이라 한다."라고 하였고, 또 ≪方言≫ 권2에 "逞은 '빠르다'는 뜻이다. 楚나라에서는 '逞'이라 한다."라고 하였으며, ≪方言≫ 권12에 "逞은 '풀다'이다."라고 하였다.
方言曰, "逞, 快也. 自山而東或曰逞, 江淮陳楚之閒曰逞." 又曰, "逞, 疾也. 楚曰逞." 又曰, "逞, 解也."

② 丑과 郢의 반절이다. 제11部에 있다.
丑郢切. 十一部.

③ ≪方言≫에 의거한 것이다.
本方言.

④ ≪春秋左氏傳≫ 昭公 14년의 글이다.
左傳昭十四年文.

04-033-1148 (遼)〔멀/료〕

'멀다'이다. 辵을 따르고 尞(료)가 소리이다.

遠也.[①] 从辵, 尞**聲.**[②]

① ≪詩經≫ 〈小雅 漸漸之石〉에 "山川이 아득히 멀고, 그 영토도 광활하다."에 대한 鄭玄 箋에 "그 도로가 길고 멀며, 나라의 영토 또한 매우 멀고 광활하다〔勞勞廣闊〕는 뜻이다."라고 하였는데, 勞는 遼의 假借이다.
小雅, "山川悠遠, 維其勞矣." 箋云, "其道里長遠, 邦域又勞勞廣闊." 勞者, 遼之叚借也.

② 洛과 蕭의 반절이다. 제2部에 있다.
洛蕭切. 二部.

04-033-1149 (遠)〔멀/원〕 補 【重文 1】

'멀다'이다. 辵을 따르고 袁(원)이 소리이다.[96] (𢓊)은 遠의 古文이다.

遼也. 从辵, **袁聲**.[①] , **古文遠**.

① 雲과 阮의 반절이다. 제14部에 있다.
雲阮切. 十四部.

04-033-1150 (逖)〔멀/적〕 補 【重文 1】

'멀다'이다. 辵을 따르고 狄(적)이 소리이다. (逷)은 逖의 古文이다.

遠也.[①] 从辵, **狄聲**.[②] , **古文逖**.[③]

① ≪爾雅≫ 〈釋詁〉에 "逷(적)은 '멀다'는 뜻이다."라고 하였다. 살펴보건대, ≪集韻≫ 入聲에 "≪說文解字≫에서 ≪詩經≫의 '저 멀리서 무장하고 칩임한 元凶을 버려두고〔舍爾介逖〕'를 인용하였다."라고 하였는데, 王伯厚[97]가 ≪詩考≫에서 이를 따랐다.
　살펴보건대, '介逖'이 ≪시경≫ 〈大雅 瞻仰〉에는 "介狄"으로 되어 있는데, 毛亨 傳에서는 '멀다〔遠〕'는 뜻이라고 하였다. 이는 대체로 狄은 逖과 같음을 이른 것이니, 假借임을 말한 것이다. ≪시경≫ 〈大雅 抑〉에 "먼 오랑캐에까지 미친다.〔用逷蠻方〕"에 대한 毛亨 傳에 "逷은 '멀다'는 뜻이다."라고 한 것은 轉注임을 말한다. ≪집운≫에서 근거한 것은 믿을 수가 없다.
釋詁, "逷, 遠也. 按集韻云, "說文引詩舍爾介逖." 王伯厚詩攷因之. 攷大雅作介狄, 毛訓遠也. 葢謂狄同逖, 言叚借也. "用逷蠻方." 云"逷, 遠也." 則言轉注也. 集韻所據不足信.

② 他와 歷의 반절이다. 제16部에 있다.
他歷切. 十六部.

---

96) 辵을……소리이다 : ≪六書尋源≫에서는 "먼 곳은 가는 길이 굽어서 길므로 遠은 辵을 따르고 袁을 따르며 '멀다'는 뜻이다.〔遠地則其行道宛曲而延長 故此从辵从袁 而訓遼也〕"라고 하여, 회의로 설명하고 ≪說文解字≫의 "从辵 袁聲"의 형성을 취하지 않았다.

97) 王伯厚 : 王應麟(1223~1296)의 字이다. 호는 深寧居士이다. 남송의 저명한 학자이다. 저서로 ≪三字經≫, ≪困學紀聞≫, ≪玉海≫, ≪詩考≫ 등이 있다.

③ ≪詩經≫ 〈大雅 抑〉에 "用逷蠻方"이라 하였고, ≪尙書≫ 〈周書 牧誓〉에 "아득히 먼 저 서쪽 지방의 백성들〔逷矣西土之人〕"이라 하였으며, ≪爾雅≫의 郭璞 注,[98] 顏之推의 〈觀我生賦〉,[99] ≪文選≫의 李善 注[100]에 인용된 책에 모두 '逷'으로 되어 있는데, 衛包가 처음으로 逷을 고쳐 逖으로 쓴 것이다. ≪春秋左氏傳≫의 古字는 후세 사람들이 함부로 고친 것이 많은데, 예컨대 襄公 14년의 "어찌 감히 멀리 떠나려는가?〔豈敢離逷〕"는 古文을 쓴 것이며, 僖公 28년의 "王에게 잘못하는 자들을 糾察해 멀리 추방하라.〔糾逖王慝〕"는 小篆을 쓴 것이니, 어찌 고친 것이 획일적이지 못한 것이 아니겠는가. 易과 狄은 部(16部)가 같다.

大雅, "用逷蠻方." 牧誓, "逷矣西土之人." 郭(樸)〔璞〕[101]注爾雅・顏之推觀我生賦・李善文選注引書, 皆作逷, 衛包始改爲逖也. 左傳古字後人多妄改, 如襄十四年"豈敢離逷"用古文, 僖廿八年"糾逖王慝"則用小篆, 豈非改之不畫一乎. 易狄同部.

04-033-1151 (逈)〔멀/형〕

'멀다'이다. 辵을 따르고 冋(경)이 소리이다.

遠也.① 从辵, 冋聲.②

① ≪爾雅≫ 〈釋詁〉에 보인다. ≪詩經≫ 〈大雅 泂酌〉에 "멀리〔泂〕 저 길바닥의 빗물을 취하여"라고 하였는데, 毛亨 傳에 "泂은 '멀다〔遠〕'는 뜻이다."라고 하였으니, 泂이 逈의 假借가 됨을 말한 것이다.

見釋詁. 大雅, "泂酌彼行潦." 毛曰, "泂, 遠也." 謂泂爲逈之叚借也.

② 戶와 潁의 반절이다. 제11部에 있다.

戶穎切. 十一部.

04-033-1152 (逴)〔멀, 다리 절/탁〕

'멀다'이다. 辵을 따르고 卓(탁)이 소리이다. 일설에는 '절다'는 뜻이라고도 한다.

---

98) 爾雅의……注 : ≪爾雅≫ 〈釋詁〉의 "逷은 '멀다'이다.〔逷 遠也〕"에 대한 郭璞 注에 "≪書經≫ 〈周書 牧誓〉에 '멀리 왔다! 서쪽 사람들이여.〔書曰 逷矣西土之人〕"라고 하였다.

99) 顏之推의 觀我生賦 : ≪北齊書≫ 〈文苑傳〉에 인용된 〈觀我生賦〉에 "멀리 서쪽의 무리들아.〔逷西土之有衆〕"라고 하였다.

100) 文選……注 : 潘勖의 〈冊魏公九錫文〉에 "멀리 서쪽 땅에 있다.〔越在西土〕"라는 구절에 대한 李善 注에 "멀리 왔다! 서쪽 사람들이여.〔逷矣西土之人〕"이라고 하였다.

101) (樸)〔璞〕 : 저본에는 '樸'으로 되어 있으나, 문맥을 살펴 '璞'으로 바로잡았다.

掉苕(도초)의 掉와 같이 읽는다.

遠也.[①] 从辵, **卓聲.**[②] **一曰蹇也.**[③] **讀若掉苕之掉.**[④]

① ≪楚辭≫ 〈哀時命〉에 "높고 먼 곳〔逴逴〕에 처하여 날마다 멀어지다."라고 하였고, ≪楚辭≫ 〈九章 抽思〉에 "길이 멀어 날이 갈수록 잊혀져 가네."라고 하였다.
哀時命曰, "處逴逴而日遠." 九章曰, "道逴遠而日忘."

② 敕과 角의 반절이다. 古音은 제2部에 있다.
敕角切. 古音在二部.

③ 이는 별도의 다른 뜻이다. 蹇은 '다리를 절다'이다. ≪莊子≫ 〈秋水〉에 "夔가 노래기〔蚿〕에게 '나는 외발로 절뚝거리며 다닌다.'라고 하였다."라고 한 것은 다리가 길고 짧은 것을 이른다. 踔은 바로 '逴'자이다. '踸踔(침탁)'이 今本 ≪莊子≫ 〈秋水〉에는 '趻卓(침탁)'으로 되어 있다.
此別一義. 蹇, 跛也. 莊子, "夔謂蚿曰, '吾以一足踸踔而行.'" 謂脚長短也. 踔卽逴字. 今莊子作趻卓.

④ '掉苕'는 아직까지 〈그 뜻을〉 듣지 못하였다. 혹자는 "苕는 '나무 끝〔末〕'이란 뜻이다. 짐승이 나무 끝에서 뛰는 것을 '掉茗(도명)'이라 한다."라고 하였는데, 아마도 漢나라 때의 말인 듯하다.
掉苕未聞. 或曰, "苕者末也. 禽獸之趠於木杪曰, 掉茗." 蓋漢時語.

04-033-1153 (迂)〔피할/우〕

'피하다'이다. 辵을 따르고 于(우)가 소리이다.

避也.[①] 从辵, **于聲.**[②]

① 迂曲(우회하다)과 回避는 그 뜻이 동일하다.
迂曲・回避, 其義一也.

② 憶과 俱의 반절이다. 제5部에 있다.
憶俱切. 五部.

04-033-1154 (𨓈)〔끝으로 나아갈/진〕 補

'스스로 끝으로 나아가다'이다. 辵을 따르고 𦘒(진)이 소리이다.

自進極也.① 从辵, **𦘔聲.**②

①建(건)과 進은 첩운이다. ≪埤倉≫에 "𨔝은 '이르다〔至〕'는 뜻이다."라고 하였다.[102)]
建進疊韻. 埤倉云, "𨔝, 至也."

②子와 僊의 반절이다. 古音은 제12部에 있다. ≪廣韻≫에는 則과 前의 반절이라고 하였다.
子僊切. 古音在十二部. 廣韻則前切.

04-033-1155  (邍)〔높고 평평한 곳/원〕補

높고 평평한 곳을 '邍(원)'이라 하니, 사람이 오르는 곳이다. 辵・备(비)・彔(록)을 따랐다. 왜 그런지 몰라 비워둔다〔闕〕.

高平曰邍,① **人所登. 从辵备彔. 闕.**②

①이 말은 ≪古今韻會擧要≫를 의거한 것이다. 각 판본에는 '高平之野(높고 평평한 들)'로 되어 있으나, 잘못이다. ≪周禮≫ 〈地官 大司徒〉에 "山林・川澤・丘陵・墳衍・邍隰"에 대한 鄭玄 注에 "낮고 평평한 곳을 '衍'이라 하고, 높고 평평한 곳을 '原'이라 하고, 낮고 축축한 곳을 '隰'이라 한다."라고 하였다. ≪爾雅≫ 〈釋地〉에 "넓고 평평한 곳을 '原'이라 하고, 높고 평평한 곳을 '陸'이라 한다."라고 하였다. 여기(邍)와 鄭玄 注에서 모두 높고 평평한 곳을 '原'이라 풀이한 것은, '큰 들이 넓고 평평한 곳'을 '原'이라 일컫고, '높으면서 넓고 평평한 곳'을 또한 '原'이라고 일컬음을 말하는 것이다. 다음 글에 이른바 '농사를 지을 수 있는 곳'을 '原'이라고 한다는 것이다.

대체로 陸・𨸏・陵・阿는 모두 높은 땅〔高地〕이며, 곡식을 심어 식량을 공급할 수 있는 곳을 모두 '原'이라 하니, 이것을 일러 '높고 평평한 곳〔高平〕'을 '原'이라고 하는 것이다. ≪周禮≫ 〈夏官 序官〉 '邍師'의 鄭玄 注에 "邍은 땅이 넓고 평평한〔廣平〕 것이다."라고 하여 〈大司徒〉 注와 같지 않은 것은, '原' 한 글자로만 말하면 '廣平'이라 하고 墳衍・原隰처럼 아울러 말하면 衍은 '廣平'이라 하고 原은 '高平'이라 하기 때문이다. '邍'자를 後人이 '샘의 근본'라는 뜻의 原으로 대체한 것은 오직 ≪周禮≫에서만 보인다.[103)]
此依韻會. 各本作高平之野, 非也. 大司徒, "山林・川澤・丘陵・墳衍・邍隰." 鄭云, "下平曰衍, 高平曰原, 下濕曰隰." 釋地, "廣平曰原, 高平曰陸." 此及鄭注皆以高平釋原者, 謂

102) 埤倉에……하였다 : ≪廣韻≫ 下平1先에 "𨔝 埤倉云 至也"라고 하였다.

103) 原으로……보인다 : ≪周禮≫ 〈地官 大司徒〉에 "산림과 천택, 분연과 원습의 이름난 토산물들을 분별한다.〔辨其山林川澤丘陵墳衍原隰之名物〕"라는 구절이 있다.

大野廣平偁原, 高而廣平亦偁原. 下文所謂可食者曰原也. 凡陸・自・陵・阿, 皆高地, 其可種穀給食之處, 皆曰原, 是之謂高平曰原也. 序官邍師注云, "邍, 地之廣平者." 與大司徒注不同者, 單言原則爲廣平, 墳衍原隰竝言則衍爲廣平, 原爲高平也. 邍字後人以水泉本之原代之, 惟見周禮.

② 이 8자(人所登 从辵 备 彔 闕)는 아마도 오탈자가 있는 듯하니, "辵을 따르고 略의 생략형을 따르고 彔을 따랐다. 사람이 올라가는 곳이므로 辵을 따른다.〔从辵 从略省 从彔 人所登也 故从辵〕"와 같이 14자가 되어야 한다. 지금 판본은 학식이 얕은 사람이 어지럽힌 것이다. '人所登'은 높은 것을 무릅쓰고 오르기 때문에 '从辵'의 뜻을 풀이한 것이다. 略은 '經略할 수 있는 토지'란 뜻이다. 彔은 '토지가 깎아 놓은 나무처럼 반듯하다'는 뜻이다. 班固의 〈西都賦〉에 "밭두둑은 대지 위에 새겨 놓은 듯하고〔溝塍刻鏤〕"라고 한 말이 이것이다. 아마도 세 글자(辵備彔)를 따른 會意字일 것이다. 愚와 袁의 반절이다. 제14部에 있다.

此八字疑有脫誤. 當作"从辵从略省, 从彔, 人所登也, 故从辵"十四字. 今本淺人所亂耳. 人所登, 蒙高解从辵之意也. 略者, 土地可經略也. 彔者, 土地如刻木彔彔然. 西都賦"溝塍刻鏤"是也. 蓋从三字會意. 愚袁切. 十四部.

04-033-1156 (道)〔길/도〕 補 【重文 1】

'다니는 길'이다. 辵・首를 따랐다. 한 갈래의 길을 '도(道)'라 한다. (䭫)는 道의 古文이니, 首・寸을 따랐다.

所行道也.① 从辵首.② **一達謂之道.**③ 䭫, **古文道**, 从首寸.④

① ≪詩經≫의 毛亨 傳에서 항상 "行은 '길〔道〕'이다."라고 하였다. 道는 사람이 다니는 곳이기 때문에 또한 道를 '行'이라고도 한다. 道가 引伸되어 '道理'의 뜻으로 쓰이고 또한 '引道(引導)'의 뜻으로 쓰이기도 한다.

毛傳每云, "行, 道也." 道者人所行, 故亦謂之行. 道之引伸爲道理, 亦爲引道.

② 首는 걸어서 도달하는 것이다. 首는 또한 소리이기도 하다. 徒와 晧의 반절이다. 古音은 제3部에 있다.

首者, 行所達也. 首亦聲. 徒晧切. 古音在三部.

③ ≪爾雅≫ 〈釋宮〉의 글이다. 行部에서 "네 갈래의 길을 '구(衢)'라고 이른다."라고 하고, 九部에서 "아홉 갈래의 길을 '馗(규)'라고 이른다."라고 하였다. 살펴보건대, 許愼이 세 번 말했다면 마땅히 동일한 사례이니, '한 갈래의 길을 「道」라 한다. 辵・首를 따랐다. 道는 사람이 다니는 곳이기 때문에 辵를 따랐다.〔一達謂之道 从辵首 道 人所行也 故从辵〕'

라고 하여야 한다. 이는 윗글의 '邍은 사람이 오르는 곳이기 때문에 辵을 따랐다.'라고 한 것과 같다. 邍 이하의 글자가 모두 사람과 관련되지 않기 때문에 이처럼 그 사례를 말한 것이다. 許愼의 ≪說文解字≫는 대부분 학식이 얕은 사람의 改竄을 거친 곳이 많기 때문에 마침에 읽을 수 없게 되었다.

釋宮文, 行部偁"四達謂之衢." 九部偁"九達謂之馗." 按許三偁, 當是一例, 當作'一達謂之道. 从辵首. 道人所行也, 故从辵.' 此猶上文邍人所登, 故从辵也. 自邍以下字, 皆不系於人, 故發其例如此. 許書多經淺人改竄, 遂不可讀矣.

④ 寸을 따른 것은 九軌・七軌・五軌[104]의 軌가 九를 따른 것과 같다.

从寸者, 如九軌七軌五軌.

04-033-1157 (遽)〔역말, 군색할/거〕補

'역말'이다. 일설에는 '窘迫하다'는 뜻이라고도 한다. 辵을 따르고 豦(거)가 소리이다.

傳也.① **一曰窘也.**② 从辵, 豦**聲.**③

① ≪爾雅≫ 〈釋言〉에 "馹・遽은 '역말〔傳〕'이라는 뜻이다."라고 하였고, 孫炎은 "傳車는 '역말〔驛馬〕'이다."라고 하였다. ≪春秋左氏傳≫ 〈僖公〉 30년에 "鄭나라에 역말〔遽〕로 알리도록 하였다."라고 하고, "遽를 타고 달려가 姜戎의 군대를 일으키게 하였다."라고 하였고, ≪春秋左氏傳≫ 〈昭公〉 2년에 "遽를 타고 왔다."라고 하였다. 傳은 中과 戀의 반절이다.

釋言"馹・遽, 傳也." 孫炎曰, "傳車, 驛馬也." 左傳僖卅三年"使遽告於鄭.", "遽興姜戎." 昭二年"乘遽而至." 傳, 中戀反.

② 窘은 '窘迫하다'이다.

窘, 迫也.

③ 其와 倨의 반절이다. 제5部에 있다.

其倨切. 五部.

---

104) 九軌……五軌 : ≪周禮≫ 〈考工記 匠人〉에 "經涂는 9軌로 하고, 環涂는 7軌로 하고, 野涂는 5軌로 한다.〔經涂九軌 環涂七軌 野涂〕"라고 하였다. '經涂'는 남북으로 난 길을, '環涂'는 王城을 빙 두른 길을, '野涂'는 도성 밖 200리 안쪽 길을 말한다. 軌는 수레의 폭(8尺)을 가리킨다.

04-033-1158 (迒)〔짐승 발자국/항〕【重文 1】

'짐승 발자국'이다. 辵을 따르고 亢(항)이 소리이다. (踁)은 迒의 或體이니, 足·更을 따랐다.

獸跡也.① 从辵, **亢聲.**② 踁, **迒或,** 从足更.③

① ≪爾雅≫ 〈釋水〉에 "토끼 발자국을 '迒'이라고 한다."라고 하였다. 살펴보건대, 〈說文解字序〉에 "黃帝의 史官인 倉頡이 새와 짐승이 지나간 발자국〔迒〕을 보고, 그 무늬가 서로 다르다는 것을 알았다."라고 하였는데, 이것은 대체로 짐승 발자국을 모두 '迒'이라고 하지만, 토끼 발자국만 이르는 것은 아니다.
釋獸"兔跡, 迒." 按序曰, "黃帝之史倉頡, 見鳥獸蹏迒之跡, 知分理之可相別異也." 是凡獸迹, 皆偁迒, 不專謂兔也.

② 胡와 郎의 반절이다. 제10部에 있다.
胡郎切. 十部.

③ 또한 形聲이기도 하다. 更과 亢은 제10部에 함께 있다.
亦形聲. 更亢同在十部.

04-033-1159 (逳)〔이를/적〕

'이르다'이다. 辵을 따르고 弔(조)가 소리이다.

至也. 从辵, **弔聲.**①

① 都와 歷의 반절이다. 古音은 제2部에 있다. ≪詩經≫ 〈小雅〉와 ≪書經≫ 〈盤庚〉에는 모두 弔로 되어 있다.[105] ≪爾雅≫ 〈釋詁〉와 ≪詩經≫의 毛亨 傳에서 모두 "弔는 '이르다'는 뜻이다."라고 하였다. '이르다'는 弔 속에서 引伸된 뜻이다. 辵을 더한 것은 바로 後人이 한 것이다. 許愼의 ≪설문해자≫에는 본래 이 글자가 없었다. 만약 본래 있었다면 邍·道·遽·迒과 함께 나열되어서는 안 된다.
都歷切. 古音在二部. 小雅·盤庚, 皆作弔. 釋詁·毛傳, 皆云, "弔, 至也." 至者, 弔中引伸之義. 加辵乃後人爲之. 許蓋本無此字. 如本有之, 則不當與邍道遽迒爲伍.

---

105) 小雅와……있다 : ≪詩經≫ 〈小雅 天保〉에 "신이 이른다.〔神之弔矣〕"라고 하였다. ≪書經≫ 〈盤庚〉에 "나 어린 사람은 너희들의 계책을 폐지한 것이 아니라 계책 중에 좋은 것을 쓰기까지 하였다.〔肆予沖人 非廢厥謀 弔由靈〕"라고 하였다.

04-033-1160 (邊)〔가장자리 높은 비탈로 갈/변〕補

'가장자리 높은 비탈로 가다'이다. 辵을 따르고 臱(奏)이 소리이다.

行垂崖也.① 从辵, **臱聲.**②

① ≪爾雅≫ 〈釋詁〉에 "邊은 '변방〔垂〕'이다."라고 하였다. 土部에 "垂는 먼 변방〔遠邊〕이다."라고 하였다. 厂部에 "厓는 '산의 가장자리〔山邊〕'이다."라고 하였다. 屵部에 "崖는 높은 벼랑〔高邊〕이다."라고 하였다. 벼랑으로 가는 것을 '邊'이라 하고, 이로 인하여 벼랑의 끝을 '邊'이라 하니, 그렇다면 邊을 여기에 배열해서는 안 된다.
釋詁曰, "邊, 垂也." 土部曰, "垂, 遠邊也." 厂部曰, "厓, 山邊也." 屵部曰, "崖, 高邊也." 行於垂崖曰邊, 因而垂崖謂之邊, 然則邊不當廁於此.

② 布와 賢의 반절이다. 제12部에 있다.
布賢切. 十二部.

辵部에서 다룬 표제자는 118자이고, 重文은 30자이다.

文一百一十八 重三十①

① 小徐本(徐鍇本)의 張次立[106] 注에 "重文은 27字이다. 빠뜨린 蝺(위)・僯(린) 두 字를 보충하였으니, 重文은 29자이다."라고 하였다.
張次立注小徐本曰, "重二十七. 補遺蝺僯二字, 重二十九."

---

106) 張次立 : ?~? 宋나라 사람으로, 徐鍇의 ≪說文繫傳≫에 注를 달았다.

【034. 彳部】

04-034-1161  (彳)〔잔걸음/척〕補

'잔걸음'이다. 사람의 다리 세 부위가 서로 연결된 것을 본떴다. 彳에 속하는 글자는 모두 彳을 따랐다.

小步也. 象人脛三屬相連也.① **凡彳之屬, 皆从彳.**

①"三屬"은 위는 넓적다리, 중간은 정강이, 아래는 발 부분이다. 脛만 거론한 것은 중간을 가지고 위와 아래를 포괄한 것이다. 정강이를 움직이면 넓적다리와 발이 따라 움직이기 때문이다. 丑과 亦의 반절이다. 李斯는 彡으로 썼으니, 筆跡이 조금 변한 것이다. "三屬"者, 上爲股, 中爲脛, 下爲足也. 單擧脛者, 擧中以該上下也. 脛動而股與足隨之. 丑亦切. 李斯作彡. 筆迹小變也.

04-034-1162  (德)〔오를/덕〕補

'오르다'이다. 彳을 따르고 悳(덕)이 소리이다.

升也.① **从彳, 悳聲.**②

①'升也'는 '登'이 되어야 한다. 辵部에 "遷은 '오르다〔登〕'이다."라고 하였으니, '德'자도 같아야 한다. 德을 '오르다〔登〕'로 풀이하였는데, ≪春秋公羊傳≫ 隱公 원년에 "公은 어찌하여 멀리서 물고기를 관상하는가? 올라오도록 하라."라는 구절에 대해 何休는 "登은 '得'과 같이 읽어야 하니, '得來之'는 齊나라 사람들의 말이다. 제나라 사람들은 '求得'을 '得來'라고 한다. '登來'라고 한 것은 그 말소리가 크고 급한 데다 입을 통해 전해 준 것이기 때문이다."라고 하였다. 唐나라 사람의 시[1)]에 "수많은 물을 건너 수많은 산을 오

---

1) 唐나라……시 : 唐나라 승려 貫休의 〈陳情獻蜀皇帝〉를 가리키는데, 段玉裁 注에는 "千水千山得得來"라고 하였지만 원문은 "萬水萬山得得來"로 되어 있다. 이 시의 全文은 다음과 같다. "하북과 하남은 곳곳마다 재앙인데 蜀 땅만은 전쟁이 적다하네. 병 하나 바리 하나로

르고 또 오른다.〔千水千山得得來〕"라고 하였는데, 여기의 '得'은 바로 '德'의 뜻이다. 登과 德은 雙聲이다. 1部는 6部와 合韻이고 또한 가장 가깝다. 지금 민간에서는 '힘써 앞으로 나아가는 것이 「德」이다.'라고 하는데, 이는 古語이다.

升也當作登. 辵部曰, "遷, 登也." 此當同之. 德訓登者, 公羊傳, "公曷爲遠而觀魚, 登來之也." 何曰, "登讀言得. 得來之者, 齊人語. 齊人名求得爲得來. 作登來者, 其言大而急, 由口授也." 唐人詩"千水千山得得來." 得卽德也. 登德雙聲. 一部與六部合韻又冣近. 今俗謂用力徙前曰德, 古語也.

② 多와 則의 반절이다. 제1部에 있다.

多則切. 一部.

04-034-1163 𢔶 (徑)〔걸어가는 길/경〕補

'걸어가는 길'이다. 彳을 따르고 巠(경)이 소리이다.[2)]

步道也.① **从彳, 巠聲.**②

① ≪周禮≫ 〈地官 遂人〉에 "夫 사이에는 遂가 있고 遂 위에는 徑이 있다."에 대한 鄭玄 注에 "徑은 牛馬를 수용하고, 畛은 大車를 수용하고, 涂는 乘車 1軌(8尺)를 수용하고, 道는 2軌를 수용하고, 路는 3軌를 수용한다."라고 하였다. 여기서 말한 '步道'는 사람과 牛馬가 步行할 수 있지만 수레〔車〕는 수용할 수 없음을 이른다.

周禮, "夫閒有遂, 遂上有徑." 鄭曰, "徑容牛馬, 畛容大車. 涂容乘車一軌, 道容二軌, 路容三軌."此云步道, 謂人及牛馬可步行而不容車也.

② 居와 正의 반절이다. 제11部에 있다. 살펴보건대, 辵部의 道와 足部의 路는 모두 部 끝에 배열하였는데 여기서는 部의 앞쪽에 배열하였으니, 서로 다른 것은 〈호문으로〉 교차하여 보여주려는 것이다.

居正切. 十一部. 按辵部道・足部路, 皆厠部末, 此厠部首, 不同者, 錯見之意.

늙어 가고 수많은 물과 산에 오르네. 秦나라 궁전 그윽하여 승경지가 많은데 파촉의 노래는 재주 없어 부끄럽네. 은거한 보잘것없는 자신이 부끄러워 홀로 곽외가 놀던 누대에 오르네.〔河北河南處處災 唯聞全蜀少塵埃 一甁一鉢垂垂老 萬水萬山得得來 秦苑幽棲多勝景 巴歈陳貢愧非才 自慚林藪龍鍾者 亦得親登郭隗臺〕"(≪禪月集≫ 권12)

2) 彳을……소리이다 : ≪六書尋源≫에서는 "길을 걸어 좁고 길므로 徑은 彳을 따르고 巠을 따랐다.〔步道狹而長 故此从彳从巠也〕"라고 하여, 회의로 설명하고 ≪說文解字≫의 "从彳 巠聲"의 형성을 취하지 않았다.

04-034-1164 (復)〔돌아올/복〕補

'갔다가 오다'이다. 彳을 따르고 复(복)이 소리이다.

往來也.① 从彳, 复聲.②

① 辵部에 "反은 '돌아오다〔還〕'이다."라고 하고 "還은 '돌아오다〔復〕'이다."라고 하였으니, 모두 '갔다가 다시 오다'로 풀이하였다. 지금 사람들은 入聲과 去聲으로 구분하지만, 옛날에는 이런 구분이 없었다.
辵部曰, "返, 還也." "還, 復也." 皆訓往而仍來. 今人分別入聲去聲, 古無是分別也.

② 房과 六의 반절이다. 제3部에 있다.
房六切. 三部.

04-034-1165 (徚)〔돌아올/유〕

'돌아오다'이다. 彳을 따르고 柔(유)가 소리이다.

復也.① 从彳, 柔聲.②

① 이 글자〔徚〕는 引伸되어 '익숙해지다〔狃忕〕'는 뜻으로 쓰인다. ≪玉篇≫ 彳部에 "徚는 '익히다〔習〕', '익숙해지다'는 뜻이다. 간혹 狃와 같이 쓰기도 한다."라고 하였다. 살펴보건대, 狃가 통행되자 徚가 쓰이지 않게 되었다. ≪春秋左氏傳≫에 '愎'자가 있다.[3)]
愎은 '狃忕(익숙해짐/유세)'의 뜻인데 바로 '復'자가 변한 것이다. 復의 引伸된 뜻이 또한 '狃忕'가 된 것이다.
此字引伸爲狃忕之義, 故玉篇云, "習也, 忕也. 或與狃同." 按狃行而徚廢矣. 左傳有愎字. 愎者, 狃忕之意, 卽復字之變也. 復之引伸之義亦爲狃忕.

② 人과 九의 반절이다. 제3部에 있다. 살펴보건대, ≪廣韻≫ 上聲 44有에서 徚는 女와 久의 반절이며, '습관'이라는 뜻이라고 하였다. ≪광운≫을 따르는 것이 옳다.
人九切. 三部. 按廣韻女久切, 習也. 从廣韻是.

04-034-1166 (徎)〔질러 갈/정〕

3) 春秋左氏傳에……있다 : ≪春秋左氏傳≫ 宣公 12년에 "사납고 어질지 않다〔剛愎不仁〕", 襄公 30년에 "백유는 사치스럽고 사납다.〔伯有侈而愎〕", 哀公 26년에 "임금은 사납고 포학하다.〔君愎而虐〕"라는 구절이 있다.

'질러 가다'이다. 彳을 따르고 呈(정)이 소리이다.

徑行也.① **从彳, 呈聲.**②

① ≪廣韻≫ 上聲 40靜에서는 丈과 井의 반절이며, "비 온 뒤의 지름길이다."라고 하였다. ≪玉篇≫ 彳部에서는 力과 整, 丈과 井 두 가지 반절이며, "지름길이다."라고 하였다.
廣韻丈井切, "雨後徑也." 玉篇力整・丈井二切, "徑也."

② 丑과 郢의 반절이다. 제11部에 있다. 살펴보건대, 今本 ≪說文解字≫의 音義에 따르면 徎은 逞과 같다.
丑郢切. 十一部. 按依今本說文音義, 則徎與逞同.

04-034-1167 (往)〔갈/왕〕補【重文 1】

'가다'이다. 彳을 따르고 㞷(황)이 소리이다. 䢊(迋)은 往의 古文이니 辵을 따랐다.

之也. 从彳, 㞷聲.① **䢊, 古文, 从辵.**②

① 于와 兩의 반절이다. 제10部에 있다.
于兩切. 十部.

② 살펴보건대, 왼쪽은 辵이고 오른 쪽은 𡉚이다. 𡉚은 㞷의 古文이다. ≪汗簡≫ 上之 辵部에 "迋는 ≪尙書≫의 '往'자이다."라고 하였다. 揚雄의 〈甘泉賦〉에 "왕왕 離宮에서는 서로 촛불을 들고 즐겁게 논다."라고 하였다.
按左辵右𡉚. 𡉚, 古文㞷也. 汗簡云, "迋, 尙書往字." 甘泉賦曰, "㞷㞷離宮, 般以相燭."

04-034-1168 (忂)〔가는 모양/구〕

'가는 모양'이다. 彳을 따르고 瞿(구)가 소리이다.

行皃.① **从彳, 瞿聲.**②

① 忂는 足部의 躣와 音義가 같다. 走部에 또한 趯(구)가 있다.
此與足部躣音義同. 走部又有趯.

② 其와 俱의 반절이다. 제5部에 있다.
其俱切. 五部.

04-034-1169 (彼)〔저/피〕補

'가는데 더 나아간 바가 있다'[4]이다. 彳을 따르고 皮(피)가 소리이다.

往有所加也.① 从彳, **皮聲.**②

① 彼와 加는 疊韻이다.
彼加疊韻.

② 補와 委의 반절이다. 古音은 제17部에 있다.
補委切. 古音在十七部.

04-034-1170 (徼)〔순찰할/교〕

'순찰하다'이다. 彳을 따르고 敫(교)가 소리이다.

循也.① 从彳, 敫聲.②

① 《漢書》〈百官公卿表 上〉에 "中尉는 京師의 순찰을 관장한다."라고 하였는데, 如淳은 "이른바 돌아다니며 순찰하고 도적을 방비한다는 것이다."라고 하였다. 살펴보건대, 徼는 引伸되어 '요구하다', '邊徼(변경/변교)'라는 뜻으로 쓰인다. 지금 사람들은 平聲과 去聲으로 구별하는데, 옛날에는 이러한 구분이 없었다.
百官表曰, "中尉掌徼循京師." 如淳曰, "所謂遊徼循禁備盜賊也." 按引伸爲徼求, 爲邊徼. 今人分平去, 古無是也.

② 古와 堯의 반절이다. 제2部에 있다.
古堯切. 二部.

04-034-1171 (循)〔순행할/순〕補

'循行하다'이다. 彳을 따르고 盾(순)이 소리이다.

行也.① 从彳, **盾聲.**②

① "行也"가 각 판본에는 '行順也'로 되어 있는데, 학식이 낮은 사람이 함부로 보탠 것이

4) 가는데……있다 : '가는데〔往〕'는 '此(이)'를 가리키고, 此보다 '더 나아간 바〔所加〕'는 '彼(저)'를 가리킨다.

다. ≪尙書≫ 〈太誓〉의 正義와 ≪衆經音義≫에 인용된 바[5]에 의거하여 바로잡았다. 行의 今音은 下와 孟의 반절로 읽으니, 예컨대 ≪禮記≫ 〈月令〉의 "國邑을 돌며 순행한다.〔循行國邑〕", "전원에 나가 순행하게 한다.〔出行田原〕", "縣鄙를 돌며 순행한다.〔循行縣鄙〕" 및 ≪周禮≫ 〈天官 宮正〉의 "저녁에는 딱다기를 쳐서 점검한다.〔夕擊柝而比之〕"에 대한 鄭玄 注의 "夜行"에서의 行이 모두 이것이다. ≪爾雅≫ 〈釋詁〉에 "遹·遵·率은 '따라가다'는 뜻이다."라고 하였다. 引伸하여 '위로하다〔撫循〕'의 循과 '차근차근 순서가 있다.〔循循有序〕'의 循으로 쓰인다.

各本作行順也, 淺人妄增耳. 依大誓正義·衆經音義所引訂. 行今音讀下孟反, 如月令"循行國邑", "出行田原", "循行縣鄙", 周禮注"行夜"皆是也. 釋詁, "遹·遵·率, 循也." 引伸爲撫循, 爲循循有序.

② 詳과 遵의 반절이다. 제12部에 있다.
詳遵切. 十二部.

04-034-1172 彶 (彶)〔급히 갈/급〕補

'급히 가다'이다. 彳을 따르고 及(급)이 소리이다.

急行也.① 从彳, **及聲.**②

① 急과 彶은 첩운이다. 대체로 '汲汲'이란 글자를 쓰는 것은 바로 '彶彶'의 가차이다.
急彶疊韻. 凡用汲汲字, 乃彶彶之叚借也.

② 居와 立의 반절이다. 제7部에 있다.
居立切. 七部.

04-034-1173 𨒅 (𨒅)〔가는 모양/삽〕

'가는 모양'이다. 彳을 따르고 歰(삽)이 소리이다. 일설에 이 글자는 馺(삽)과 같은 글자라고도 한다.

行皃.① 从彳, **歰聲.**② **一曰此與馺同.**③

---

5) 尙書……바 : '≪尙書≫ 〈太誓〉의 正義'는 ≪尙書≫ 〈周書 泰誓〉의 "무왕이 군사를 순행하고 맹세하였다.〔王乃徇師而誓〕"에 대해 孔安國 傳에서 "徇은 '순찰하다'이다.〔徇 循也〕"라고 하였는데 이에 대한 正義를 가리킨다. '≪衆經音義≫에 인용된 바'는 ≪一切經音義≫ 권13 〈罪業報應敎化地獄經〉의 "循大"의 音義에 보인다.

① 左思의 〈吳都賦〉에 "많은 말들이 뒤섞여 어지럽다.〔儠譶㬰𤞤〕"라고 하였는데, 儠은 彳을 따라야 한다. ≪廣韻≫ 入聲 27合에 "儠은 '떼지어 다니는' 모양이다."라고 하였다.
吳都賦, "儠譶㬰𤞤." 儠當从彳. 廣韻, "儠, 衆行皃."

② 穌와 合의 반절이다. 제7部에 있다.
穌合切. 七部.

③ 일설에 儠은 바로 '駁'자라고도 한다. 駁은 '말을 타고 달려가 서로 만나는 모양'이다.
一說儠卽駁字也. 駁, 馬行相及也.

04-034-1174 𢕟 (微)〔몰래 다닐/미〕補

'몰래 다니다'이다. 彳을 따르고 𢼸(미)가 소리이다. ≪春秋左氏傳≫에 "白公이 〈산으로 도망가 목을 매어 죽으니〉 그 徒黨이 시체를 숨겼다."라고 하였다.

隱行也.[①] 从彳, 𢼸聲.[②] **春秋傳曰, "白公其徒微之."**[③]

① 𢼸는 '희미하다〔眇〕'는 뜻이다. 微가 彳을 따랐으므로 '몰래 행하다.〔隱行〕'라고 풀이한 것이다. ≪詩經≫ 〈邶風 柏舟〉에 "나에게 술이 없는 것이 아니다.〔微〕"라고 하였는데, 또한 微를 가차하여 '아니다〔非〕'라는 뜻으로 쓴 것이다.
𢼸訓眇. 微从彳, 訓隱行. 叚借通用微而𢼸不行. 邶風, "微我無酒." 又假微爲非.

② 無와 非의 반절이다. 제15部에 있다.
無非切. 十五部.

③ ≪春秋左氏傳≫ 哀公 16년의 글이다. "白公其徒微之"에 대한 杜預 注에 "微는 '숨기다'는 뜻이다."라는 ≪爾雅≫ 〈釋詁〉의 "匿은 '숨기다'는 뜻이다."와 互訓한 것이니, 모두 '隱'을 말하고 '行'을 말하지 않은 것은 𢼸의 假借字이기 때문이다. 이는 傳을 들어 假借를 설명한 것이다.
左傳哀十六年文. 杜曰, "微, 匿也." 與釋詁"匿, 微也."互訓, 皆言隱, 不言行, 𢼸之叚借字也. 此偁傳說叚借.

04-034-1175 𢕄 (徥)〔가는 모양/시〕

徥徥이니 '가는 모양'이다. 彳을 따르고 是(시)가 소리이다. ≪爾雅≫에 "徥는 '본받다'는 뜻이다."라고 하였다.

徥徥. **行**皃**也**.① 从**彳**, **是聲**.② **爾雅曰**, “**徥**, **則也**.”③

① ≪方言≫ 권6에 “徥와 用은 ‘가다’는 뜻이다.”에 대한 郭璞 注에 “徥皆는 ‘가는 모양’이며, 度와 揩의 반절이다.”라고 하였다. ≪集韻≫에 “徃徥(왕시)는 ‘가는 모양’이다. 於와 佳, 度와 皆 두 가지 반절이다.”[6]라고 하였다.
方言, “徥用行也.” 郭曰, “徥皆行皃, 度揩反. 集韻曰, “徃徥, 行皃. 於佳・度皆二切.”

② 是와 支의 반절이다. 제16部에 있다.
是支切. 十六部.

③ 지금 ≪爾雅≫ 〈釋言〉에는 “是는 ‘본받다’는 뜻이다.〔是 則也〕”로 되어 있다. 아마도 옛날의 ≪爾雅≫에서는 徥를 假借하여 ‘是’로 쓴 듯하다. 이는 ≪爾雅≫를 들어 가차를 설명한 것이다.
今本釋言作是則也. 蓋古爾雅假徥爲是也. 此偁爾雅說叚借.

04-034-1176  (徐) 〔천천히 갈/서〕

‘천천히 가다’이다. 彳을 따르고 余(여)가 소리이다.[7]

安行也. 从**彳**, **余聲**.①

① 似와 魚의 반절이다. 제5部에 있다.
似魚切. 五部.

04-034-1177  (徯) 〔평탄하게 갈/이〕

‘가는 것이 평탄하다’이다. 彳을 따르고 夷(이)가 소리이다.

行平易也.① 从**彳**, **夷聲**.②

---

6) 於와……반절이다 : ≪集韻≫ 上平 13佳에 “娃는 於와 佳의 반절이다.〔娃(徃) 於佳切〕”라고 하였고, ≪集韻≫ 上平 14皆에 “徥는 度와 皆의 반절이다. 徃徥는 ‘가는 모양’이다.〔徥 度皆切 徃徥 行皃〕”라고 하였다. 따라서 “於와 佳”는 ‘徃’자에 대한 반절이고, “두 가지 반절〔二切〕”이라고 한 것은 잘못이다.

7) 彳을……소리이다. : ≪六書尋源≫에서는 “徐가 余를 따른 것은 바로 느리다는 뜻이다.〔此从余者 即舒緩之義也〕”라고 하여, 회의로 설명하고 ≪說文解字≫의 “从彳 余聲”의 형성을 취하지 않았다.

① ≪廣雅≫ 〈釋訓〉에 "徳徳는 '가다'는 뜻이다."라고 하였다. 살펴보건대, 대체로 '평탄하다'는 뜻일 때는 모두 徳로 써야 한다. 지금은 夷가 통행되어 徳가 쓰이지 않는다.
廣雅"徳徳, 行也." 按凡平訓, 皆當作徳. 今則夷行徳廢矣.

② 以와 脂의 반절이다. 제15部에 있다.
以脂切. 十五部.

04-034-1178 (德)〔부릴/빙〕

'부리다'이다. 彳을 따르고 甹(빙)이 소리이다.

使也.① 从彳, 甹聲.②

① 아마도 '使'자의 앞에 '德夆(빙봉)' 두 글자가 있어야 할 듯하다. ≪詩經≫ 〈周頌 小毖〉에 "내 벌을 부리지 말라.〔莫予荓蜂〕"라고 하였는데, 蜂이 어떤 판본에는 '夆'으로 되어 있다. 毛亨 傳에 "荓夆은 '摩曳'라는 뜻이다."라고 하였고, ≪廣雅≫ 〈釋訓〉에는 "甹夆은 '摩曳'라는 뜻이다."로 되어 있다. 德夆은 아마도 '甹夆'의 正字인 듯하다. 摩曳는 '…로 하여금 …하게 하다.〔使之〕'는 뜻이다. ≪시경≫ 〈大雅 桑柔〉의 "백성들로 하여금 벼슬에 미칠 수 없게 하다.〔荓云不逮〕"에 대한 毛亨 傳에 "荓은 '하게 하다〔使〕'는 뜻이다."라고 하였다.
疑使上當有德夆二字. 周頌, "莫予荓蜂." 蜂本又作夆. 毛曰, "荓夆, 摩曳也." 釋訓作"甹夆, 摩曳也." 德夆, 蓋甹夆之正字. 摩曳者, 使之也. 大雅傳曰, "荓, 使也."

② 살펴보건대, 이 '甹聲'은 아마도 잘못인 듯하니, 言部에 '甹'자가 없기 때문이다. 응당 '彳을 따르고 言을 따랐다. 甹(빙)이 소리이다.〔从彳 从言 甹聲〕'로 되어야 한다. 普와 丁의 반절이다. 제11部에 있다. ≪玉篇≫ 彳部에 德을 "민간에서는 俜으로 쓴다."라고 하였다.
按此疑誤, 言部無甹. 當作'从彳, 从言. 甹聲.' 普丁切. 十一部. 玉篇云, "俗作俜."

04-034-1179 (夆)〔부릴/봉〕

'부리다'이다. 彳을 따르고 夆(봉)이 소리이다. 螽(봉)과 같이 읽는다.

使也.① 从彳, 夆聲.② 讀若螽.③

① "使也"는 아마도 '德夆也' 세 글자가 되어야 할 듯하다.
疑當作德夆也三字.

② 敷(數)와 容의 반절이다. 제9部에 있다.
敷容切. 九部.

③ 각 판본에는 螽으로 되어 있는데 잘못이다. 螽은 蠭의 생략형이다.
各本作螽, 誤. 螽者, 蠭之省.

04-034-1180 (𢓁)〔자취/전〕

'자취'이다. 彳을 따르고 戔(잔)이 소리이다.

迹也.① 从彳, 戔聲.②

① ≪詩經≫〈豳風 伐柯〉에 "籩豆(祭器)가 질서정연하게 놓여 있다."에 대한 鄭玄 箋에 "踐은 '줄지어 늘어선 모양'이다."라고 하였다. 살펴보건대, 踐은 𢓁과 같기 때문에 "行列皃"라고 말한 것이다.
豳風, "籩豆有踐." 箋云, "踐, 行列皃." 按踐同𢓁, 故云, "行列皃."

② 慈와 衍의 반절이다. 제14部에 있다.
慈衍切. 十四部.

04-034-1181 (徬)〔곁에서 따라갈/방〕

'곁에서 따라가다'이다. 彳을 따르고 旁(방)이 소리이다.

附行也.① 从彳, 旁聲.②

① ≪周禮≫〈地官 牛人〉에 "兵車를 끄는 소를 제공할 때, 사람이 兵車와 함께 가며 끌채 밖에서 소를 끌어당긴다.〔與其牽徬〕"에 대한 鄭玄 注에 "牽彷은 '끌채 밖에서 소를 끌어당기는 것'이다. 사람이 〈소가 끄는 兵車를〉 몰고 갈 때, 끌채 앞에서 끄는 것을 '牽'이라고 하고 끌채 곁에서 끄는 것을 '徬'이라고 한다."라고 하였다. 살펴보건대, 傍은 '곁〔附近〕'이라는 뜻이고 人을 따르며, 徬은 '곁에서 따라가다.'는 뜻이고 彳을 따른다. 傍과 徬은 音은 같지만 뜻은 조금 다르다.
牛人, "共兵車之牛與其牽徬." 注曰, "牽徬, 在轅外輓牛也. 人御之, 居其前曰牽, 居其旁曰徬." 按傍, 附也, 从人. 徬, 附行也, 从彳. 此音同義微別也.

② 蒲와 浪의 반절이다. 제10部에 있다.
蒲浪切. 十部.

04-034-1182 (徯)〔기다릴/혜〕【重文 1】

'기다리다'이다. 彳을 따르고 奚(혜)가 소리이다. (蹊)는 徯의 或體이니 足을 따랐다.

待也.① **从彳, 奚聲.**② **, 徯或, 从足.**③

① ≪孟子≫ 〈梁惠王 下〉에 인용된 ≪尙書≫ 〈商書 仲虺之誥〉의 "우리 임금님을 기다리다.〔徯我后〕"의 徯에 대하여 趙岐 注에 "徯는 '기다리다〔待〕'는 뜻이다."라고 하였다.
孟子引書, "徯我后" 趙曰, "徯, 待也."

② 胡와 計의 반절이다. 제16部에 있다. 살펴보건대, ≪經傳釋文≫의 〈尙書音義〉와 〈孟子音義〉,[8] ≪廣韻≫·≪玉篇≫·≪集韻≫·≪說文篆韻譜≫[9]에서는 모두 上聲이라고 하였는데, 아마도 '胡와 計의 반절'의 오류인 듯하다.
胡計切. 十六部. 按書孟音義·廣韻·玉篇·集韻·說文篆韻譜, 皆上聲, 疑胡計誤.

③ ≪春秋左氏傳≫ 宣公 11년에 "소를 끌고 남의 논을 밟으며 지나가다.〔蹊人之田〕"라고 하였고, ≪孟子≫ 〈盡心 下〉에 "산중의 오솔길〔蹊〕"이라 하였으며, ≪禮記≫ 〈月令〉 "〈孟冬에〉 짐승이 다니는 길〔徯徑〕을 막는다."라고 하였다. 대체로 처음 가고 나서 뒤에 다니기를 기다리는 길을 '蹊'라고 하니, 引伸된 뜻이다. 지금 사람들이 두 글자로 나누어, 音을 徯는 上聲, 蹊는 平聲이라 한 것은 잘못이다.
左傳, "牽牛以蹊人之田." 孟子, "山徑之蹊." 月令, "塞徯徑." 凡始行之以待後行之徑曰蹊, 引伸之義也. 今人畫爲二字, 音則徯上蹊平, 誤矣.

04-034-1183 (待)〔기다릴/대〕

'기다리다'이다. 彳을 따르고 寺(시)가 소리이다.

竢也.① **从彳, 寺聲.**②

① 立部에 "竢(사)는 '기다리다〔待〕'이다."라고 하였다.
立部曰, "竢, 待也."

---

8) 尙書音義와 孟子音義 : 〈尙書音義〉에서는 '胡啓反'이라고 하였고, 〈孟子音義〉에서는 '胡禮反'이라고 하였다.

9) 廣韻……說文篆韻譜 : ≪廣韻≫ 上聲 11薺에서는 '胡禮切', ≪玉篇≫ 彳部 119에서는 '胡啓切', ≪集韻≫ 上聲 11薺에서는 '胡禮切', ≪說文解字篆韻譜≫ 上聲 11薺部에서는 '乎啓切'이라고 하였다.

② 徒와 在의 반절이다. 제1部에 있다. 지금 사람들은 그 말(待)을 바꾸어 '等'이라고 한다.
徒在切. 一部. 今人易其語曰等.

04-034-1184  (䢊)〔평탄하게 갈/적〕

'평탄하게 가다'이다. 彳을 따르고 由(유)가 소리이다.

行䢊䢊也.[①] **从彳, 由聲.**[②]

① 䢊䢊은 대체로 ≪詩經≫ 〈小雅 小弁〉의 "踧踧(척척)"과 같으며, '평탄하게 가다'[10]는 뜻이고, 모두 徒와 厤의 반절이다. ≪玉篇≫ 彳部에 "䢊은 除와 又의 반절이니, 宙와 같다. 〈宙는〉 옛날부터 지금까지의 무한한 시간을 이른다."라고 하였다.
䢊䢊, 蓋與小弁, "踧踧"同, 行平易也, 皆徒厤切. 玉篇云, "䢊, 除又切, 與宙同. 古往今來無極之名."

② 古音은 제3部에 있다.
古音在三部.

04-034-1185  (徧)〔두루/편〕

'두루'이다. 彳을 따르고 扁(편)이 소리이다.

帀也.[①] **从彳, 扁聲.**[②]

① 帀部에서 "帀은 '두루〔知〕'이다."라고 하였고, 勹部에서 "知(주)는 '두루'이다."라고 하였다.
帀部曰, "帀, 知也." 勹部曰, "知, 帀徧也."

② 比와 薦의 반절이다. 제12部에 있다. ≪儀禮≫와 ≪禮記≫에서는 대부분 '辯'자를 가차하여 徧의 뜻으로 썼다.[11]
比薦切. 十二部. 禮・禮記多假辯字爲之.

---

10) 평탄하게 가다 : ≪詩經≫ 〈小雅 小弁〉에 "평탄한 큰길이여.〔踧踧周道〕"에 대한 毛亨 傳에 "踧踧은 '평탄하다'이다.〔踧踧 平易也〕"라고 하였다.

11) 儀禮와……썼다 : ≪儀禮≫ 〈鄕飮酒禮〉의 "많은 賓에게는 두루 포와 육장을 갖춘다.〔衆賓辯有脯醢〕"에 대한 鄭玄 注에 "今文에는 辯이 모두 徧으로 되어 있다.〔今文 辯 皆作徧〕"라고 하였다. ≪禮記≫ 〈樂記〉에 "다스림을 두루한 자는 예가 구비된다.〔其治辯者 其禮具〕"에 대한 鄭玄 注에 "辯은 '두루'이다.〔辯 徧也〕"라고 하였다.

04-034-1186  (假)〔이를/가〕

'이르다'이다. 彳을 따르고 叚(가)가 소리이다.

至也.① 从彳, 叚聲.②

① ≪方言≫ 권1에 "假와 狢(격)은 '이르다'는 뜻이다. 邠·唐·冀·兖 지역에서는 '假'라 하고 혹은 '狢'이라고도 한다."라고 하였다. 살펴보건대, 狢은 '格'의 古字이다. 假는 今本 ≪方言≫에 假로 되어 있으나 잘못이며, ≪集韻≫에서 증명할 수 있다.[12] ≪毛詩≫의 三頌(商頌·周頌·魯頌)의 '假'자를 간혹 '크다'는 뜻으로, 혹은 '이르다'는 뜻으로 풀이하기도 한다. '이르다'는 뜻으로 풀이하면 假의 가차이다. ≪尙書≫에는 古文이 格으로 되어 있고, 今文이 假로 되어 있으니, 예컨대 ≪尙書≫ 〈堯典〉의 "상하에 이르다.〔假于上下〕[13]"가 이것이다. 또한 假의 假借이다.

方言曰, "假·狢, 至也. 邠·唐·冀·兖之閒曰假, 或曰狢." 按狢古格字. 假今本方言作假, 非也, 集韻四十禡可證. 毛詩三頌假字或訓大也, 或訓至也. 訓至則爲假之假借. 尙書古文作格, 今文作假, 如假于上下是也. 亦假之假借.

② 古와 雅의 반절이다. 제5部에 있다. 郭璞은 ≪方言≫의 "假와 狢은 '이르다'이다.〔假狢至也〕"에 대한 注에서 假는 "音이 '駕'이다."라고 하였다.

古雅切. 五部. 郭(樸)〔璞〕,[14] "音駕."

04-034-1187  (復)〔물러날, 더디게 갈/퇴〕 補 【重文 2】

'물러나다'이다. 彳·日·夊(쇠)를 따랐다. 일설에는 '더디게 가다'는 뜻이라고도 한다. 衲(衲)는 復의 或體이니 內를 따랐다. 㣍(退·退)는 古文이니 辵을 따랐다.

卻也. 从彳日夊.① 一曰行遲.② 衲, 復或从內. 㣍, 古文从辵.③

① 彳은 '가다'는 뜻이다. 가는데 날마다 더디게 시간을 끄니, 이것이 '물러나다'는 뜻이다. 夊는 '가는 것이 더디게 시간을 끌며 아주 천천히 가다'는 뜻이다. 他와 內의 반절이다. 제15部에 있다.

彳, 行也. 行而日日遲曳. 是退也. 夊, 行遲曳夊夊也. 他內切. 十五部.

---

12) 集韻에서……있다 : ≪集韻≫ 去聲 40禡에 "假는 ≪方言≫에 '이르다'는 뜻이다.〔假 方言至也〕"라고 하였다.

13) 假於上下 : 今本 ≪尙書≫ 〈堯典〉에는 "格于上下"로 되어 있다.

14) (樸)〔璞〕: 저본에는 '樸'으로 되어 있으나, 문맥을 살펴 '璞'으로 바로잡았다.

②“一曰行遲” 네 글자는 아마도 후에 추가한 듯하다.
四字疑後增.

③ 지금 글자는 대부분 古文(退)를 쓰고, 小篆을 쓰지 않는다.
今字多用古文. 不用小篆.

04-034-1188 後(後)〔더딜/후〕補【重文 1】

‘더디다’이다. 彳·幺·夊를 따랐다.[15] 幺·夊는 ‘뒤떨어지다〔後〕’는 뜻이다. 逡(逡)는 後의 古文이니, 辵을 따랐다.

遲也. 从**彳**幺夊. 幺夊者, **後也**.① 逡, **古文後**, 从辵.

① 각 판본에는 ‘幺夊’ 두 글자가 빠져[16] 있어 지금 보충하였다. 幺(요)는 ‘작다’는 뜻이다. 보폭을 작게 하여 가는 것이 더디니 뒤쳐졌음을 알 수 있다. 그러므로 幺와 夊를 따랐으니 會意이다. 胡와 口의 반절이다. 제4部에 있다.
各本奪二字, 今補. 幺者小也. 小而行遲, 後可知矣. 故从幺夊會意. 胡口切. 四部.

04-034-1189 徲(徲)〔오랠/지〕

‘오래되다’이다. 彳을 따르고 犀(서)가 소리이다. 遲(지)와 같이 읽는다.

久也.① 从**彳**, **犀聲**. **讀若遲**.②

① 久는 아마도 夊(쇠)가 되어야 할 듯하다.
久疑當作夊.

② 杜와 兮의 반절이다. 제15部에 있다. 살펴보건대, ≪廣韻≫ 上平 12齊에 “徲는 杜와 奚의 반절이고, ‘오래 기다리다’는 뜻이다.”라고 하였으며, ‘徲’자는 없다. ≪玉篇≫과 ≪集韻≫에 徲는 있고 徲는 없다. 어느 것이 옳은지 아직 모르겠다. ≪廣雅≫〈釋訓〉에 “徲徲는 ‘왕래하다’는 뜻이다.”라고 하였다. 丈과 尸의 반절이다.

---

15) 彳……따랐다 : ≪六書尋源≫에서는 “남과 같이 갈 적에 그 걸음이 조금 늦게 되면 반드시 남의 뒤에 있게 되므로 後는 彳을 따르고 幺를 따랐다.〔凡與人伴行 而其步若小遲 則必在人後 故此从彳从幺〕라고 하여, 남보다 걸음이 늦어 뒤쳐졌음을 설명하였다.

16) 幺夊……빠져 : 徐鍇本과 徐鉉本에는 “彳과 幺와 夊를 따르니 ‘뒤떨어지다’는 뜻이다.〔从彳幺夊者 後也〕”로 되어 있다.

杜兮切. 十五部. 按廣韻"徲, 杜奚切, 久待也." 無徲字. 玉篇・集韻有徲無徲. 未知孰是. 廣雅"徲徲, 往來也." 丈尸反.

04-034-1190 (很)〔듣고 따르지 않을, 가기 어려울, 어그러질/흔〕

'듣고 따르지 않다'이다. 일설에는 '가기가 어렵다'는 뜻이라고도 한다. 彳을 따르고 㫐(艮, 간)이 소리이다. 일설에는 '어그러지다'는 뜻이라고도 한다.

不聽從也. 一曰行難也. 从彳, 㫐聲.① **一曰盭也.**②

① 胡와 懇의 반절이다. 제13부에 있다.
胡懇切. 十三部.

② 盭(려)는 '어긋나다'는 뜻이다. ≪古今韻會擧要≫ 上聲에는 이 네 글자가 없다.
盭, 弼戾也. 韻會無此四字.

04-034-1191 (徸)〔발자취 이어질/종〕

'발자취가 서로 이어지다'이다. 彳을 따르고 重(중)이 소리이다.

相迹也.① 从彳, **重聲.**②

① 뒤의 발자취가 앞의 발자취와 서로 이어지는 것이다. 玄應은 踵과 徸을 합하여 동일한 글자라고 하였다.[17)]
後迹與前迹相繼也. 玄應合踵徸爲一字.

② 之와 隴의 반절이다. 제9부에 있다.
之隴切. 九部.

04-034-1192 (得)〔얻을/득〕補 【重文 1】

'길을 가다가 얻는 바가 있다'이다. 彳을 따르고 㝵(득)이 소리이다. (㝵)은 古文이니 彳이 생략되었다.

---

17) 玄應은……하였다 : 玄應의 ≪一切經音義≫ 권4 〈觀佛三昧海經〉 제1권의 "踵相"에 대한 音義에 "踵은 ≪說文解字≫에 '「발자취가 서로 이어지다」이다.'라고 하였다.〔說文 相迹也〕"라고 하였다.

行有所㝵也.[①] **从彳, 㝵聲.**[②] (㝵), **古文省彳.**[③]

① 㝵은 각 판본에 得으로 되어 있으나, 이는 잘못으로 지금 바로잡았다. ≪說文解字≫ 見部에 "㝵은 '취하다'이다."라고 하였다. 가다가 취한 바가 있는 것을 '得'이라고 한다. ≪春秋左氏傳≫ 定公 9년에 "대체로 器用을 얻는 것을 '得'이라 한다."라고 하였다.
   㝵各本作得, 誤, 今正. 見部曰, "㝵, 取也." 行而有所取, 是曰得也. 左傳曰, "凡獲器用曰得."
② 多와 則의 반절이다. 제1部에 있다.
   多則切. 一部.
③ 살펴보건대, 이 글자(㝵)는 이미 ≪說文解字≫ 見部에 나왔다. 得과 小篆이 같지만, 뜻은 또한 조금 다르다.
   按此字已見於見部. 與得竝爲小篆, 義亦少異.

04-034-1193  (徛) 〔징검다리/기〕

'다리를 들어 건너는 것이다'이다. 彳을 따르고 奇(기)가 소리이다.

舉脛有渡也.[①] **从彳, 奇聲.**[②]

① ≪爾雅≫ 〈釋宮〉에 "징검다리를 '徛'라 한다."에 대한 郭璞 注에 "물 가운데에 돌을 모아 걸어서 건널 수 있는 돌다리이다. 音은 居와 義의 반절이다."라고 하였다.
   釋宮曰, "石杠謂之徛." 郭曰, "聚石水中, 以爲步渡彴也, 音居義反."
② 去와 奇의 반절이다. 古音은 제17部에 있다.
   去奇切. 古音在十七部.

04-034-1194  (袀) 〔조리돌릴/순〕

'조리돌리다'이다. 彳을 따르고 匀(균)이 소리이다. ≪司馬法≫에 "목을 베어 조리돌림하다."라고 하였다.

行示也.[①] **从彳, 匀聲.**[②] **司馬法, "斬以袀."**[③]

① ≪周禮≫ 〈夏官 大司馬〉에 "犧牲을 잡아 좌우로 軍陣을 다니며 보이고 '軍命을 따르지 않는 자는 참수한다.'라고 한다."라고 하였다. ≪周禮≫ 〈夏官 小子〉에 "대체로 사냥할 적에 희생을 잡아 좌우로 軍陣을 다니며 조리돌리다."라고 하였다. 陸德明은 ≪古今字詁≫를 인용하여 "徇은 '巡行하다'는 뜻이다."라고 하였다.[18]

살펴보건대, 項羽 傳에 "廣陵을 순행하고 下縣을 순행하였다."[19]라고 하였는데, 李奇는 "徇은 '순행하다'는 뜻이다."라고 하였고, 如淳은 "徇의 음은 '撫循(위로하다)'의 循이다."라고 하였다.[20] 이것이 옛날에는 循・'巡'자를 쓰고 漢나라 때에는 徇을 썼다는 증거이다. 이것은 ≪古今字詁≫의 뜻이다.

大司馬, "斬牲以左右徇陳曰不用命者斬之." 小子, "凡師田, 斬牲以左右徇陳." 陸德明引古今字詁曰, "徇, 巡也." 按如項羽傳"徇廣陵, 徇下縣." 李奇曰, "徇, 略也." 如淳曰, "徇音撫循之循." 此古用循巡字・漢用徇字之證. 此古今字詁之義也.

② 옛날에 勻와 旬은 함께 썼기 때문에 또한 '徇'으로도 쓴다. 詞와 閏의 반절이다. 제12部에 있다.

古勻旬同用, 故亦作徇. 詞閏切. 十二部.

③ 許愼이 ≪司馬法≫을 인용한 것이 모두 여덟 번이다.

許引司馬法者凡八.

04-034-1195 律 (律) 〔고루 펼/률〕

'고루 펴다'이다. 彳을 따르고 聿(율)이 소리이다.

均布也.① **从彳, 聿聲.**②

① 均과 律은 雙聲이다. 均의 古音은 勻(균)과 같다. ≪周易≫ 師卦 初六爻辭에 "군대의 출동은 군율을 따라야 한다."라고 하였고, ≪尙書≫ 〈舜典〉에 "날짜를 바로잡고 樂律과 度量衡을 통일한다."라고 하였고, ≪爾雅≫ 〈釋言〉에 "坎과 律은 '무게를 달다〔銓〕'는 뜻이다."라고 하였다. 律은 천하가 한결같지 않을 것을 모범으로 삼아 일치하게 하기 때문에 "고루 펴는 것이다.〔均布也〕"라고 말한 것이다.

均律雙聲. 均古音同勻也. 易曰, "師出以律." 尙書, "正日, 同律度量衡." 爾雅, "坎・律, 銓也." 律者, 所以笵天下之不一而歸於一, 故曰"均布也."

② 呂와 戌의 반절이다. 제15部에 있다.

呂戌切. 十五部.

---

18) 陸德明은……하였다 : ≪尙書≫ 〈周書 泰誓〉의 "무왕이 군사를 순행하고 맹세하였다.〔王乃徇師而誓〕"에 대한 陸德明의 〈釋文〉에 보인다.

19) 項羽……순행하였다 : ≪史記≫ 〈項羽本紀〉에 "이때 項梁은 會稽郡의 太守가 되고 項籍은 부장이 되어 관할하는 縣을 위로하였다. 이때 廣陵 사람 召平이 陳王을 위해 광릉을 위로하려고 하였다.〔於是梁爲會稽守 籍爲裨將 徇下縣 廣陵人召平於是爲陳王徇廣陵〕"라고 하였다.

20) 李奇는……하였다 : 李奇와 如淳의 해설은 ≪史記≫ 〈項羽本紀〉의 集解에 보인다.

04-034-1196 (御)〔말 부릴/어〕【重文 1】

'말을 부리다'이다. 彳・卸를 따랐다. (馭)는 御의 古文이니, 又・馬를 따랐다.

使馬也.① **从彳卸.**② **, 古文御. 从又馬.**③

① ≪周禮≫〈地官 保氏〉의 六藝에 "넷째는 五馭[21]이다."라고 하였다. ≪周禮≫〈天官 太宰〉의 "8종의 權柄을 가지고 王을 돕고 여러 신하를 통제했다.〔以八柄詔王馭群臣〕"에 대한 鄭玄 注에 "대체로 馭를 말한 것은 君臣들을 제어하여 善으로 들어가게 하려는 것이다."라고 하였다. 이는 引伸된 뜻이다.
周禮六藝, "四曰五馭." 大宰注曰, "凡言馭者, 所以敺之, 內之於善." 此引伸之義也.

② 살펴보건대, 卸는 또한 소리이기도 하다. 牛와 據의 반절이다. 제5部에 있다.
按卸亦聲. 牛據切. 五部.

③ 오직 ≪周禮≫에만 보인다.
惟見周禮.

04-034-1197 (亍)〔걷다가 멈출/촉〕

'걷다가 멈추다'이다. 옆으로 뒤집은 彳을 따랐으며, 畜(축)과 같이 읽는다.

步止也.① **从反彳, 讀若畜.**②

① 左思의〈魏都賦〉에 "玉澤馬[22]가 걷다가 언덕에서 멈춘다."라고 하였다. 顔延之의〈赭白馬賦〉에 "駿馬가 나란히 가다가 멈춘다."라고 하였다.
魏都賦曰, "澤馬亍阜." 赭白馬賦曰, "秀騏齊亍."

② 丑와 玉의 반절이다. 제3部에 있다.
丑玉切. 三部.

彳部에서 다룬 표제자는 37자이고, 重文은 7자이다.

文三十七, 重七.

---

21) 五馭 : 수레를 모는 다섯 가지 방법인 鳴和鸞・逐水曲・過君表・舞交衢・逐禽左를 가리킨다.

22) 玉澤馬 : 상서로운 말의 이름이다.

【035. 廴部】

04-035-1198 (廴)〔길게 걸을/인〕

'연이어 걸어가다〔長行〕'[1]이다. 彳(작게 걸을/척)과 '彳'자를 길게 늘인 모양을 따랐다. 廴에 속하는 글자는 모두 廴을 따랐다.

長行也.① **从彳引之.**② **凡廴之屬, 皆从廴.**

① ≪玉篇≫에는 "지금은 '引'으로 쓴다."라고 하였다. 이는 '활시위를 당긴다'는 '引'자가 통행되자 廴이 쓰이게 않게 되었다는 것이다.
王篇曰, "今作引." 是引弓字行而廴廢也.

② 引은 '길게 늘이다'는 뜻이다. 余와 忍의 반절이다. 제12部에 있다.
引, 長之也. 余忍切. 十二部.

04-035-1199 (廷)〔조정/정〕

'조정의 안'이다. 廴을 따르고 壬(정)이 소리이다.

朝中也.①**从廴, 壬聲.**②

① 朝中은 조정에서 중앙이다. 옛날의 外朝·治朝·燕朝[2]는 모두 지붕을 덮지 않고 廷에

---

1) 연이어 걸어가다〔長行〕: ≪說文解字≫ 廴部의 徐灝 箋에 "長行은 연이어 걸어가는 것이다.〔長行者 連步行也〕"와 饒炯의 〈說文解字首訂〉에 "長行은 앞에서 인도하여, 걸어가는 것을 거듭하게 하는 것이다. 대체로 '끌어 늘인다〔引長〕'는 뜻은 여기에서 근본하기 때문에, '작게 걷는다'는 뜻의 彳을 따르고 指事로써 그 끝을 그어 그 뜻이 '연이어 걷다〔長行〕'가 됨을 표시한 것이다.〔謂導之於前 以申其行也 凡引長義本之 故从小步之彳 而以指畫其末 識其義爲長行〕"라는 해설에 의거하여 풀이하였다.

2) 外朝……燕朝 : '外朝'는 周代에 天子나 諸侯가 國政을 처리하던 곳으로 왕궁의 庫門 밖에 있고, '治朝'는 천자나 제후가 정사를 처리하던 곳으로 왕궁의 路門 밖에 있으며, '燕朝'는 천자나 제후가 정사를 처리한 뒤에 쉬는 장소로 왕궁의 노문 안에 있었다.

있었기 때문에 비에 옷이 젖어 용모를 잃게 되니 폐지되었다.

朝中者, 中於朝也. 古外朝・治朝・燕朝, 皆不屋, 在廷. 故雨霑服失容則廢.

② 特과 丁의 반절이다. 제11部에 있다. ≪干祿字書≫와 ≪佩觿≫[3]에는 音이 '定'으로 되어 있다. ≪廣韻≫도 같다.

特丁切. 十一部. (甘)〔干〕[4]祿字書・佩觿音定. 廣韻同.

04-035-1200 𢌬 (廷) 〔갈/**정**〕

'가다'이다. 廴을 따르고 正(정)이 소리이다.

行也.① 从廴, **正聲.**②

① 이 글자는 辵部의 延・'征'자와 音義가 같다. 漢 武帝의 年號인 '延和'는 글자를 이와 같이 쓴다.[5] 지금 ≪漢書≫에는 대부분 잘못하여 以와 然의 반절인 '延'으로 되어 있고, 또한 간혹 고쳐서 辵을 따르는 '延'으로 쓰기도 하는데, 이 또한 잘못이다.

此與辵部延征字音義同. 漢武帝年號延和字如此作. 今漢書多誤爲以然切之延, 又或改爲从辵之延, 亦非也.

② 諸와 盈의 반절이다. 제11部에 있다.

諸盈切. 十一部.

04-035-1201 建 (建) 〔세울/**건**〕

'조정의 규율을 세우다'이다. 聿을 따르고 廴을 따랐다.

立朝律也.① 从聿,② 从廴.③

① 지금은 대체로 수립하는 것을 '建'이라 한다. 許愼이 "조정의 규율을 세우다.〔立朝律也〕"라고 하였는데, 이는 반드시 옛날의 뜻으로 지금 〈이에 대한 근거를〉 아직 考察해 내지 못했다.

今謂凡豎立爲建. 許云, "立朝律也." 此必古義, 今未攷出.

---

3) 干祿字書와 佩觿 : ≪干祿字書≫는 唐나라 顔玄孫이 지은 字典이고, ≪佩觿≫는 北宋의 郭忠恕가 지은 책이다.

4) (甘)〔干〕: 저본에는 '甘'으로 되어 있으나, 문맥을 살펴 '干'으로 바로잡았다.

5) 漢……쓴다 : ≪漢書≫ 〈功臣表〉에 "漢 武帝의 征和紀年은 모두 '延和'라고 썼다.〔武帝征和紀年皆書作延和〕"에 대한 顔師古 注에 "'延'은 또한 '征'자이다.〔顔師古曰 延亦征字也〕"라고 하였다.

②〈聿은〉 律의 생략형이다.
律省也.

③〈廴은〉 廷의 생략형이다. 居와 萬의 반절이다. 제14部에 있다.
廷省也. 居萬切. 十四部.

廴部에서 다룬 표제자는 모두 4자이다.

文四.

【036. 㢟部】

04-036-1202  (㢟)〔천천히 걸을/천〕 補

‘천천히 걸어가는 것’이 㢟㢟이다. 廴・止를 따랐다.[1)] 㢟에 속하는 글자는 모두 㢟을 따랐다.

安步㢟㢟**也**. 从廴**止**.① **凡**㢟**之屬**, **皆**从㢟.

① 발걸음을 길게 끌었다가 다시 멈추니, 이는 천천히 걸어가는 것이다. 丑과 連의 반절이다. 제14部에 있다. ≪三國志≫ 〈魏志 鍾會傳〉에 “鍾會의 조카인 鍾毅 및 鍾峻과 鍾辿이 죄를 지어 獄에 갇혔다.”라고 하였는데, 이에 대한 裴松之 注에 “辿은 勑과 連의 반절이다.”라고 하였다. 살펴보건대, 이는 바로 ‘㢟’자이다. 〈㢟의〉 止에 해당하는 부분은 隸書가 변하여 山이 된 것이다.
引而復止, 是安步也. 丑連切. 十四部. 魏志“鍾會兄子毅及峻辿下獄.” 裴曰, “辿, 勑連反.” 按卽㢟字也. 止之隸變作山.

04-036-1203  (延)〔멀리 갈, 긴, 두루/연〕

‘멀리 가다’이다. 㢟을 따르고 厂(예)가 소리이다.

長行也.① 从㢟, 厂**聲**.②

① 本義는 ‘멀리 가다〔長行〕’로 풀이하지만, 인신된 뜻은 오로지 ‘길다〔長〕’로만 풀이한다. ≪方言≫ 권1에 “延은 ‘길다’는 뜻이다. 한 해에 시행되는 것을 ‘延’이라고 이른다.”라고 하였다. 또 ≪方言≫ 권13에 “延은 ‘두루’라는 뜻이다.”라고 하였다.
本義訓“長行”, 引伸則專訓“長”. 方言曰, “延, 長也. 凡施於年者謂之延.” 又曰, “延, 偏也.”

---

1) 廴과……따랐다 : ≪六書尋源≫에서는 “느린 걸음은 길게 가다가 조금 그치므로 㢟은 廴을 따르고 止를 따랐다.〔緩步者 長行而少止 故此从廴从止也〕”라고 하여, ‘가다가 그치다’는 뜻으로 설명하였다.

② 𠂆部에 "끌어당기는 모양을 본떴다."라고 하였다. 余와 制의 반절이다. 虒·延·曳는 모두 𠂆를 소리로 삼았다. 지금 篆書의 書體가 각각 다른 것은 잘못이다. 𠂆·延·虒·曳의 古音은 제16部에 있다. 그러므로 ≪詩經≫ 〈大雅 旱麓〉에 "나뭇가지에 뻗어〔施〕 있도다."라고 하였고, ≪呂氏春秋≫·≪韓詩外傳≫·≪新序≫에 모두 "나뭇가지에 뻗어〔延〕 있도다."라고 하였다. 延의 音은 移와 같이 읽었는데, 지금의 音은 以와 然의 반절이니, 제14部에 있는 것이다.
𠂆部曰, "象抴引之形". 余制切. 虒延曳, 皆以爲聲. 今篆體各異, 非也. 𠂆延虒曳古音在十六部, 故大雅"施於條枚." 呂氏春秋·韓詩外傳·新序, 皆作"延于條枚". 延音讀如移也, 今音以然切, 則十四部.

㢟部에서 다룬 표제자는 모두 2자이다.

文二.

【037. 行部】

04-037-1204  (行) 〔다닐/행〕 補

'사람의 걸음'이다. 彳·亍을 따랐다. 行에 속하는 글자는 모두 行을 따랐다.

人之步趨也.① 从彳亍.② **凡行之屬, 皆从行.**

① 步는 '걸어가다'이고, 趨는 '달리다'이다. 步·趨 두 글자에서 하나는 '천천히 가다'는 뜻이고 다른 하나는 '빨리 가다'는 뜻인데, 이를 모두 '行(다니다)'이라고 하니, 합해서 말한 것이다. ≪爾雅≫ 〈釋宮〉에 "방 안에서 걷는 것을 '時'라고 하고, 堂 위에서 걷는 것을 '行'이라고 하고, 堂 아래에서 걷는 것을 '步'라고 한다. '門' 밖에서 걷는 것을 '趨'라고 하고, 中庭(뜰)에서 걷는 것을 '走'라고 하고, 大路에서 걷는 것을 '奔'이라고 한다."라고 하였으니, 나누어 말한 것이다. 인신하여 '巡行·行列·行事·德行'[1]의 뜻으로 쓰인다.
步, 行也. 趨, 走也. 二者一徐一疾, 皆謂之行, 統言之也. 爾雅"室中謂之時, 堂上謂之行, 堂下謂之步, 門外謂之趨, 中庭謂之走, 大路謂之奔." 析言之也. 引伸爲巡行·行列·行事·德行.

② 彳는 '보폭을 작게 걷는 것'이고, 亍은 '걷다가 멈추는 것'이다. 戶와 庚의 반절이다. 古音은 제10部에 있다.
彳, 小步也. 亍, 步止也. 戶庚切. 古音在十部.

04-037-1205  (術) 〔나라 안의 길, 기술/술〕

'나라 안에 있는 길'이다. 行을 따르고 朮(출)이 소리이다.

邑中道也.① 从行, **朮聲.**②

---

1) 巡行……德行 : 巡行의 行은 '돌아다니다'는 뜻이고, 行列(항렬)의 行은 '줄'이라는 뜻이고, 行事의 行은 '행하다'는 뜻이고, 德行의 行은 '行實'이라는 뜻이니, 모두 '다니다'에서 引伸된 뜻이다.

① 邑은 나라이다. 인신하여 技術의 뜻으로 쓰인다.
邑, 國也. 引伸爲技術.

② 食과 聿의 반절이다. 제15部에 있다.
食聿切. 十五部.

04-037-1206  (街) 〔네거리/가〕

'사방으로 통하는 네거리'이다. 行을 따르고 圭(규)가 소리이다.

四通道也.① 从行, 圭聲.②

① ≪風俗通≫에 "街는 '손잡고 가다'는 뜻이고, '헤어지다'는 뜻이다. 네거리에 〈어떤 사람을〉 손잡고 가서 헤어져 이별하는 것이다."라고 하였다.[2] 살펴보건대, 이는 疊韻으로 풀이한 것이다.
風俗通曰, "街, 擕也, 離也. 四出之路, 擕離而別也." 按此以疊韻爲訓.

② 古와 膎의 반절이다. 제16部에 있다.
古膎切. 十六部.

04-037-1207  (衢) 〔네거리 길/구〕

'사방으로 통하는 네거리'를 '衢'라고 이른다. 行을 따르고 瞿(구)가 소리이다.[3]

四達謂之衢.① 从行, 瞿聲.②

① ≪爾雅≫ 〈釋宮〉의 글이다. ≪釋名≫ 〈釋道〉에 "사방으로 통하는 길을 '衢'라 한다. 齊·魯 지역에서는 네발 쇠스랑을 欋(구)라고 하는데, 欋가 땅을 써레질하면 〈닿는 부분이〉 네 곳이 있다. 이 衢라는 도로가 이와 유사하다."라고 하였다.
살펴보건대, ≪山海經≫ 〈中山經〉에 '宣山에 뽕나무가 있는데 그 가지가 네 갈래로 뻗어 있다.'라 하였고,[4] "少室山에 나무가 있는데, 그 나무를 '帝休'라고 하는데, 가지

2) 風俗通……하였다 : ≪太平御覽≫ 권195에 인용된 漢나라 應劭의 ≪風俗通≫에 보이는 글이다.

3) 行을……소리이다 : ≪六書尋源≫에서는 "사방에 통하는 길은 반드시 둘러보아 두려워하고 그 갈 방향을 살피므로 衢는 行을 따르고 瞿를 따랐다.〔四達之道 必環視瞿瞿 而審諦其行方 故此从行從瞿也〕"라고 하여, 회의로 설명하고 ≪說文解字≫의 "从行 瞿聲"의 형성을 취하지 않았다.

가 다섯 갈래로 뻗어 있다."라 하였고,[5] ≪楚辭≫ 〈天問〉에 "표류하는 浮萍草가 아홉 갈래의 교차로 모양처럼 흩어져 있다."라고 하였고, ≪淮南子≫ 〈說林訓〉에 "나무가 큰 것은 뿌리가 네발 쇠스랑〔欋〕처럼 뻗어 있다."[6]라고 하였는데, 모두 나뭇가지가 엇갈려 갈라져 있는 것을 이른다.

釋宮文. 釋名曰, "四達曰衢. 齊魯閒謂四齒杷爲欋, 欋杷地則有四處. 此道似之也." 按中山經"宣山, 桑枝四衢.", "少室山, 木曰帝休, 枝五衢." 天問"靡萍九衢." 淮南書"木大則根欋." 皆謂交錯岐出.

② 其와 俱의 반절이다. 제5部에 있다.

其俱切. 五部.

04-037-1208 衝(衝)〔통행하는 도로/충〕

'사방으로 통하는 길'이다. 行을 따르고 童(동)이 소리이다. ≪春秋左氏傳≫에 "衝에 이르러 그를 쳤다."라고 하였다.

通道也.① **从行, 童聲.**② **春秋傳曰, "及衝, 以擊之."**③

① 衝과 通은 疊韻이다. 引伸된 뜻은 '당하다', '향하다', '부딪치다'이다.

衝通疊韻. 引伸之義爲當也, 向也, 突也.

② 昌과 容의 반절이다. 제9部에 있다. 지금은 衝으로 쓴다.

昌容切. 九部. 今作衝.

③ ≪春秋左氏傳≫ 昭公 원년의 글이다. 각 판본에는 以 뒤에 '戈'자가 있는데, 李燾本[7]에는 없다. 살펴보건대, 앞에서 "公子 南이 창을 잡고 쫓아갔다.〔子南執戈逐之〕"라고 하였다면, "그것으로 그를 쳤다.〔以擊之〕"라고 하여 다시 戈가 나오지 않는 것이 옳다. 지금 ≪춘추좌씨전≫ 昭公 원년에 "창으로 그를 쳤다.〔擊之以戈〕"라고 되어 있으니, 또한 식견이 얕은 사람이 고친 것이다.

---

4) 山海經……하였고 : ≪山海經≫ 〈中山經〉에 "又東五十里曰宣山……其上有桑焉 大五十尺 其枝四衢"라고 한 구절을 참고하여 풀이하였다.

5) 山海經……하였고 : ≪山海經≫ 〈中山經〉에 "少室之山……其上有木焉 其名曰帝休 葉狀如楊 其枝五衢"라고 한 구절을 참고하여 풀이하였다.

6) 淮南子……있다 : ≪淮南子≫ 〈說林訓〉에는 "木大者根欋"라고 하였다.

7) 李燾本 : 宋나라 학자 李燾의 ≪說文解字五音韻譜≫를 가리킨다. 이 책은 ≪설문해자≫를 분해하여 四聲의 운에 따라 글자를 다시 배열하였는데, '東'자에서 시작하여 '甲'자에서 끝난다. 이도의 字는 仁父・子眞이고, 號는 巽巖이다. 벼슬은 敷文閣學士를 지냈다. 저서로 ≪續資治通鑑長編≫, ≪春秋學≫, ≪說文解字五音韻譜≫ 등이 있다.

左傳昭元年文. 各本以下有戈字, 李燾本無. 按上云, "子南執戈逐之." 則云, "以擊之", 不再出戈, 是也. 今傳作"擊之以戈." 亦是淺人所改.

04-037-1209 (衕) 〔통행하는 거리/동〕

'사방으로 통하는 거리'이다. 行을 따르고 同(동)이 소리이다.

通街也.① **从行, 同聲.**②

① 衕과 通은 疊韻이다. 지금 首都에서는 衚衕(호동)[8]의 '衕'자를 이와 같이 쓴다.
  衕通疊韻. 今京師衚衕字如此作.

② 徒와 弄의 반절이다. 제9部에 있다.
  徒弄切. 九部.

04-037-1210 (衡) 〔발자취/천〕

'발자취'이다. 行을 따르고 戔(잔)이 소리이다.

迹也.① **从行, 戔聲.**②

① 이는 彳部의 後(천)과 音義가 같다.
  此與彳部後音義同.

② 才와 綫(線)의 반절이다. 제14部에 있다.
  才綫切. 十四部.

04-037-1211 (衙) 〔가는 모습, 관청/아〕

'衙衙'이니, '가는 모습'이다. 行을 따르고 吾(오)가 소리이다.

衙衙,① **行皃.**② **从行, 吾聲.**③

① ≪廣韻≫ 上平 9魚에 의거하여 두 글자를 보충하였다.
  依廣韻九魚補二字.

---

8) 衚衕(호동) : 몽골어 gudum의 漢譯으로, 중국 북방에서 '작은 거리'나 '작은 골목'을 이른다. '胡同'이라고도 한다.

② ≪楚辭≫ 〈九辯〉에 "가는 飛廉[9]을 인도하여 따르게 하다.〔導飛廉之衙衙〕"라고 하였다. 이에 대한 王逸 注에 "風伯이 머뭇거리며 나아가지 않고 먼지를 쓰는 것이다."라고 하였다. 살펴보건대, 衙衙는 '行列'의 뜻인데 후인들이 이로 인하여 관청을 '衙'라고 하였다.

九辯"導飛廉之衙衙." 王注"風伯次且而埽塵也." 按衙衙是行列之意, 後人因以所治爲衙.

③ 魚와 擧의 반절이다. 또한 音은 牙이다. 제5部에 있다.

魚擧切. 又音牙. 五部.

04-037-1212 衎(衎)〔가면서 즐거워하는 모양/**간**〕

'가면서 즐거워하는 모양'이다. 行을 따르고 干(간)이 소리이다.

行喜皃.① 从行, 干聲.②

① ≪詩經≫ 〈小雅 南有嘉魚〉의 "아름다운 손님과 잔치하여 즐겁도다.〔嘉賓式燕以衎〕"에 대한 毛亨 傳에 "衎은 '즐겁다'는 뜻이다."라고 하였다.

小雅毛傳曰, "衎, 樂也."

② 空과 旱의 반절이다. 제14部에 있다.

空旱切. 十四部.

04-037-1213 衒(衙)〔다니며 물건 팔/**현**〕

'다니면서 물건을 팔다'이다. 行·言을 따랐다. 衒(衒)은 衙의 或體이니, 玄을 따랐다.

行且賣也.① 从行言.② 衒, 衙或从玄.③

① ≪周禮≫ 〈地官 胥師〉에 "좋게 포장한 질 낮은 상품을 다니며 판다."에 대한 大鄭(鄭衆) 注에 "儥(육)은 '팔다'이다. 慝은 '나쁘다'이다. 다니면서 나쁜 상품을 간사하게 속여서 파는 것을 이른다."라고 하였고, 後鄭(鄭玄) 注에 "사람을 시켜 시장에서 돌아다니며 질 낮은 상품을 팔게 하되, 교묘하게 포장하여 사는 사람을 속이도록 하는 것을 이른다."라고 하였다.

周禮"飾行儥慝." 大鄭云, "儥, 賣也. 慝, 惡也. 謂行且賣姦僞惡物者." 後鄭云, "謂使人行賣惡物於市, 巧飾之令欺誑買者."

---

9) 飛廉 : 바람을 관장하는 神인 風伯을 가리킨다.

② 黃과 絢의 반절이다. 제14部에 있다. 言(언)은 또한 소리이기도 하다.
黃絢切. 十四部. 言亦聲也.

③ 或體에 의거하면 諧聲(形聲)이니, 제12部에 있는 것이다.
依或字諧聲. 則十二部.

04-037-1214  (衞)〔거느릴/솔〕

'거느리다'이다. 行을 따르고 率(솔)이 소리이다.

將衛也.① **从行, 率聲.**②

①"衛也"가 지금 판본에는 "衛也"로 되어 있는데, 잘못이다. 將은 '새가 새 새끼를 인솔하다.〔鳥將雛〕'의 將과 같으며, 옛날에는 평성과 거성으로 구분[10]하지 않았다. 衛은 '인도하다'이고, '따르다'이다. 지금의 '率'자이니, 率이 통행되자 衛이 쓰이지 않게 되었다. 率은 '새 잡는 그물'이다. '將帥(거느리다/장솔)'이라는 글자를 옛날에는 단지 '將衛'로만 썼다. 帥이 통행되자 衛도 쓰이지 않게 되었다. 帥(수)는 '허리에 차는 수건'이다. 衛과 辵部의 逵은 音義가 같다.
"衛也", 今本作"衛也", 誤. 將, 如鳥將雛之將, 古不分平去也. 衛, 導也, 循也. 今之率字, 率行而衛廢矣. 率者, 捕鳥畢也. 將帥字古衹作將衛. 帥行而衛又廢矣. 帥者, 佩巾也. 衛與辵部逵音義同.

② 所와 律의 반절이다. 제15部에 있다.
所律切. 十五部.

04-037-1215  (衛)〔지킬/위〕

'숙직하며 지키는 것'이다. 韋·帀(잡)·行을 따랐다. 行은 '줄〔列〕'이다.

宿衛也.① **从韋帀行.**② **行,**③ **列也.**④

① ≪周禮≫ 〈天官 宮正〉에 "저녁이 되면 딱따기를 쳐서 점검한다."에 대한 鄭玄 注에 "해가 저물면 야경을 돌며 숙직하는 사람을 점검한다."라고 하였다. ≪周禮≫ 〈天官 宮伯〉에 "宮伯은 王宮의 士와 庶子 중에 名籍에 올라 있는 자들을 관장한다."라고 하였는

10) 평성과……구분 : '將'자가 平聲일 때는 '장차', '돕다', '바치다', '기르다' 등의 뜻이 되고, 去聲일 때는 '장수', '거느리다' 등의 뜻이 된다.

데, 大鄭(鄭衆)은 "庶子는 '숙직하면서 지키는 관원'이다."에 대한 後鄭(鄭玄) 注에 "왕궁을 지키는 자는 반드시 네 모퉁이와 네 중앙[11]에 거처하여 순찰하고 살피기에 편리하도록 한다."[12]라고 하였다. 漢나라에는 宮門의 衛屯兵을 관장하는 衛尉가 있었다.

宮正"夕擊柝而比之." 注"暮行夜以比直宿者." 宮伯"掌王宮之士庶子凡在版者." 大鄭云, "庶子, 宿衛之官." 後鄭云, "衛王宮者, 必居四角四中, 於徼候便也." 漢有衛尉掌宮門衛屯兵.

② 韋는 圍의 생략형이니, '포위하여 지킨다'는 뜻이다. 帀은 '두르다'는 뜻이다. 韋는 또한 소리이기도 하다. 于와 歲의 반절이다. 제15部에 있다.

韋者, 圍之省, 圍守也. 帀, 匊也. 韋亦聲. 于歲切. 十五部.

③ 句讀이다.

逗.

④ ≪古今韻會擧要≫에 의거하여 바로잡았다. 이는 行을 따르는 뜻을 풀이한 것이다. 行은 대열이다. 지금의 音은 杭(항)과 같이 읽으니, 步趨(걷다)의 行(행)과 구별된다. 衛가 '韋·帀·行' 세 글자를 따랐으니 會意이다.

依韻會訂. 此釋从行之意. 行者, 列也. 今音讀如杭, 別於步趨之行. 衛从三字會意.

行部에서 다룬 표제자는 12자이고, 重文은 1자이다.

文十二, 重一.

11) 네 중앙 : 동·서·남·북 네 방향의 중간을 이른다.

12) 왕궁을……한다 : ≪周禮≫ 〈天官 宮伯〉의 "八次와 八舍의 職事를 준다.〔授八次八舍之職事〕"에 대한 鄭玄 注이다.

【038. 齒部】

04-038-1216 (齒)〔이/치〕補【重文 1】

'잇몸에 박혀있는 뼈'이다. 입과 이의 모양을 본떴고, 止(지)가 소리이다. 齒에 속하는 글자는 모두 齒를 따랐다. (𦥒)는 齒의 古文이다.

口齗骨也.① 象口齒之形,② 止聲.③ 凡齒之屬, 皆从齒. ,④ 古文齒字.⑤

① ≪周禮≫ 〈秋官 小司寇〉의 鄭玄 注에 "사람은 이가 나면 몸이 갖추어진다. 남자는 8개월, 여자는 7개월이면 이가 난다."[1]라고 하였다.
鄭注周禮曰, "人生齒而體備. 男八月・女七月而生齒."

② 㐺는 이의 모양을 본뜬 것이다. 나머지는 '(口)'자이다.
㐺者, 象齒. 餘字也.

③ 昌과 里의 반절이다. 제1部에 있다.
昌里切. 一部.

④ 小徐本(徐鍇本)의 를 따른 것이다. 大徐本(徐鉉本)의 는 잘못되었다.
从小徐也. 大徐本誤.

⑤ 古文은 獨體象形[2]이니, 聲符인 〈止를〉 붙이지 않았다.[3]
古文獨體象形, 不加聲旁.

---

1) 사람은……난다 : ≪周禮≫ 〈秋官 小司寇〉의 "치아가 나고부터 그 이상의 사람 숫자를 조정에 보고한다.〔自生齒以上 登於天府〕"에 대한 鄭玄 注이다.

2) 獨體象形 : 段玉裁는 象形을 獨體象形과 合體象形으로 나누고, 독체상형의 예로 '日・月・水・火'를 들었다. 즉 앞의 사례처럼 글자 전체가 하나의 상형으로 이루어진 것이 독체상형이다.(〈說文解字敍〉의 "象形者"에 대한 段玉裁 注 참조.)

3) 聲符인……않았다 : 古文 에는 止가 없음을 말한다. 齒에는 止가 聲符인데, 이러한 象形을 '加聲象形', 또는 '兼聲象形'이라고 한다. 齒의 㐺, 一이 모양을 본뜬 非文이므로 상형이 된다. 이를 獨體象形에 상대하여 '合體象形'이라고 한다.

04-038-1217 (齗)〔잇몸/은〕

'잇뿌리에 붙어 있는 살'이다. 齒를 따르고 斤(근)이 소리이다.

齒本肉也.① 从齒, 斤聲.②

① 각 판본에는 '肉'이 없다. 그런데 玄應이 두 번 인용한 글[4)]에는 "齒肉也"로 되어 있고, ≪玉篇≫과 ≪廣韻≫에 모두 "이의 뿌리에 붙어 있는 살이다.〔齒根肉也〕"로 되어 있어, 지금 보충하였다. 齗을 '肉'이라고 하기 때문에 앞의 글자 齒에서 "齗骨"이라고 한 것이다. 이 뼈(이)가 잇몸 밖으로 나오기 때문에 살을 '骨本'이라고 한 것이다.

≪史記≫ 〈魯周公世家論〉에 "심하도다. 魯나라의 道가 쇠미함이여! 洙泗[5)] 사이에서 말다툼을 하다니.〔齗齗〕"라고 하였는데, ≪漢書≫ 〈地理志 下〉에 "魯나라는 洙泗의 물가에 위치해 있다. 그래서 백성들이 강을 건널 때 어린 자는 노인을 부축하고 그 짐을 대신 지고 갔다. 그런데 풍속이 각박해지자 長老들이 스스로 편치 못하여, 어린 자들에게 서로 양보하였다. 그러므로 '노나라의 도가 쇠미해지자, 洙泗의 사이에서 말다툼을 하였다.'라고 한 것이다."라고 하였다.

살펴보건대, 피차간에 말다툼을 할 때 그 잇몸을 드러내기 때문에 '齗齗'이라고 한다. 徐廣[6)]은 "〈齗은〉 五와 艱의 반절이다."[7)]라고 하였다. 또한 살펴보건대, ≪禮記≫ 〈曲禮 上〉에 "웃을 때는 잇몸이 보일 정도로 크게 웃지 않는다."에 대한 鄭玄 注에 "잇몸을 '矧'이라고 하며, 크게 웃으면 잇몸이 드러난다."라고 하였다. '矧'은 바로 齗과 가까운 部[8)]에 있는 글자를 가차한 假借字이다.

各本無肉. 玄應兩引作"齒肉也", 篇・韻皆作"齒根肉也", 今補. 齗爲肉, 故上文齒爲"齗骨". 此骨出肉外, 故肉爲骨本. 魯世家"甚矣魯道之衰也. 洙泗之閒齗齗如也." 地理志云, "魯濱洙泗, 其民涉渡, 幼者扶老者而代其任. 俗旣薄, 長老不自安, 與幼者相讓, 故曰魯道衰, 洙

4) 玄應이……글 : 玄應의 ≪一切經音義≫ 권1 〈大方廣佛華嚴經〉 제34권 "齗齶"과, 권9 〈大智度論〉 제7권 "齗齒"의 音義에 보인다.

5) 洙泗 : 중국 山東省 曲阜를 지나는 洙水와 泗水 두 강물 이름이다. 춘추시대 魯나라 안에 있었던 洙泗 사이는 공자가 제자들을 가르치던 곳이다. 그러므로 儒學의 발원지 또는 유학을 뜻하는 말로 쓰인다.

6) 徐廣 : 352~425. 晉나라 학자이다. 저서로 ≪史記音義≫가 있다.

7) 齗은……반절이다 : ≪史記≫ 〈魯周公世家論〉에 실린 司馬貞의 〈索隱〉에 "徐廣은 또 〈地理志〉의 음을 인용하여 '五와 艱의 반절이다.'라고 하였다.〔徐廣又引地理志音 五艱反〕"라고 하였다.

8) 齗과……部 : '齗'은 ≪六書音韻表≫ 〈古十七部諧聲表〉의 제13部에 있고, 矧은 같은 표의 제12部에 있기 때문에, 部가 서로 가깝다고 한 것이다.

泗之閒齗齗如也.” 按彼此爭辭, 露其齒本, 故曰齗齗. 徐廣“五艱反.” 又按曲禮“笑不至矧.” 鄭云, “齒本曰矧, 大笑則見.” 矧正齗之近部叚借字也.

② 魚와 斤의 반절이다. 제13部에 있다.
魚斤切. 十三部.

04-038-1218 (齔)〔젖니 갈/츤〕

‘젖니가 빠지고 영구치가 나다’이다. 남자는 태어난 지 8개월이 되면 이가 나고 8살에 젖니가 빠지고 영구치가 난다. 여자는 태어난 지 7개월이 되면 이가 나고 7살에 젖니가 빠지고 영구치가 난다. 齒・匕(화)를 따랐다.

毁齒也. 男八月生齒, 八歲而齔. 女七月生齒, 七歲而齔. 从齒匕.[①]

① 각 판본에는 표제자가 齓으로 되어 있고, “齒를 따르고 七을 따랐다.”라고 하였다. 初와 忍, 初와 覲 두 가지 반절인데, 거의 七聲을 억지로 끌어다 붙여 만들었다. 지금 살펴보건대, 그 글자가 齒와 匕를 따랐는데, 匕는 ‘변화하다’는 뜻이다. 〈匕의〉 今音은 呼와 跨(跨)의 반절이고, 古音은 貨와 같다.

≪大戴禮記≫ 〈本命〉에 “陰이 陽으로 변화하고, 陽이 陰으로 변화한다. 그러므로 남자는 태어난 지 8개월이 되면 이가 나고, 8살에 젖니가 빠지고 영구치가 난다. 여자는 태어난 지 7개월이 되면 이가 나고, 7살에 젖니가 빠지고 영구치가 난다.”라고 하였다. 毁와 化는 뜻이 같고 音이 가깝다.[9] 玄應의 ≪一切經音義≫ 권5에서 “齔은 舊音이 差와 貴의 반절이다.”라고 하였고, 권11에서 “〈齔은〉 舊音이 羌과 貴의 반절이다.”라고 하였다.

그렇다면 옛날에는 ≪廣韻≫ ‘未韻’의 槩(훼)와 같이 읽었는데, 이는 대체로 ‘匕(비)를 따른다’는 데서 기인한다. 匕(비)는 또한 소리이다. 〈齔은〉 音이 寘・至韻으로 轉入되었다. 그래서 저절로 七편방을 잘못 따르게 된 것이다. 玄應은 “初와 忍의 반절이다.”라고 하였고, 孫愐은 ≪唐韻≫에서 “初와 堇의 반절이다.”라고 하였으며, ≪廣韻≫에서는 “初와 覲의 반절이다.”라고 하였고, ≪集韻≫에는 “初와 問, 恥와 問 두 가지 반절이다.”라고 하였다. 그 字形을 唐・宋 사람들이 또 齓으로 잘못 쓰고 乚을 따랐으니, 절대로 통용해서는 안 된다. 지금은 舊音인 ‘差과 貴의 반절’을 따라야 한다. 古音은 대체로 제17部에 있다.

各本篆作齓, 云“从齒从七.” 初忍初覲二音. 殆傅會七聲爲之. 今按其字从齒匕, 匕, 變也.

9) 毁와……가깝다 : ≪六書音韻表≫ 〈古十七部諧聲表〉에서 毁는 제15部에 있고, 化는 제17部에 있다.

今音呼跬切，古音如貨. 本命曰，"陰以陽化，陽以陰變. 故男以八月生齒，八歲而毁. 女七月生齒，七歲而毁." 毁與化義同音近. 玄應書卷五"齔，舊音差貴切." 卷十一"舊音羌貴切." 然則古讀如未韻之臬，蓋本从匕，匕亦聲. 轉入寘至韻也. 自誤从七旁. 玄應云，"初忍切." 孫愐云，"初堇切." 廣韻乃"初覲切." 集韻乃"初問・恥問二切." 其形唐宋人又譌齔从乚，絶不可通矣. 今當依舊音差貴切. 古音蓋在十七部.

04-038-1219  (齰)〔이가 가지런히 맞닿을/**책**〕

'이가 서로 맞닿는다'이다. 齒를 따르고 責(책)이 소리이다. 일설에는 '씹다〔齧〕'는 뜻이라고도 한다. ≪春秋左氏傳≫에 "흰색의 이가 가지런하여 서로 맞닿는다.〔皙齰〕"라고 하였다.

齒相値也.① **从齒，責聲.**② **一曰齧也.**③ **春秋傳曰**，"皙齰."④

① 지금의 ≪春秋左氏傳≫ 定公 9년에는 '幘(책)'으로 되어 있는데, 잘못 쓴 글자이다. 옛날에 幘이 없었던 것은 傳을 전술할 때 이 글자가 없었기 때문이다. 杜預 注에 "〈幘은〉 위아래의 이가 서로 맞닿는 것이다."라고 하였다. 살펴보건대, 위아래의 이가 가지런하여 서로 마주한 것이니, ≪詩經≫〈衛風 碩人〉에 "이가 박 속의 씨와 같다.〔如瓠屖〕"10)라고 한 것을 이른다.

今左傳作幘，譌字也. 古無幘，則述傳時無此字也. 杜云，"齒上下相値也." 按謂上下齒整齊相對. 詩所云，"如瓠屖."

② 士와 革의 반절이다. 제16部에 있다.

士革切. 十六部.

③〈齧也는〉 별도의 다른 뜻이다.

別一義.

④ ≪春秋左氏傳≫ 定公 9년의 글이다. 살펴보건대, 皙(석)은 사람의 피부색이 흰 것을 이르니, 齰과 뜻이 다르다.

定九年文. 按皙謂人色白，與齰二事.

04-038-1220  (齜)〔이 갈, 이 드러난 모양/**차・시**〕

'위아래 이를 서로 갈다'이다. 일설에는 '입을 벌려 이가 드러난 모양'이라고도 한다.

---

10) 如瓠屖 : 今本 ≪詩經≫〈衛風 碩人〉에는 "如瓠犀"로 되어 있다.

齒를 따르고 此(차)가 소리이다. 柴(시)와 같이 읽는다.

齒相齘也.① **一曰開口見齒之**皃.② 从**齒**, **此聲.**③ **讀若柴.**④

① 齘는 각 판본에 齗로 잘못되어 있는데, 李本[11]에는 잘못되어 있지 않다. ≪廣韻≫에 "䶪䶩(차애)[12]는 '이가 가지런하지 않은 것'이다. 앞의 글자는 士와 佳의 반절이고, 뒤의 글자는 五와 佳의 반절이다."라고 하였다. ≪玉篇≫에 "䶩는 또한 '齷'로도 쓴다."라고 하였다.
齘各本誤齗, 李本不誤. 廣韻"䶪䶩, 齒不正. 上士佳, 下五佳切." 玉篇曰, "䶩亦作齷."

② ≪管子≫ 〈戒篇〉에 "동쪽 성곽에 있는 개가 이빨을 드러내고 있어서〔狗啀啀〕, 아침저녁으로 내 유자나무를 물어뜯으려 한다."라고 하였다. 啀啀(애애)는 '이빨을 드러낸 모양'이다.
管子曰, "東郭有狗啀啀, 旦莫欲齧我猳." 啀啀, 露齒之皃.

③ 각 판본에는 '柴省聲'으로 되어 있는데, 학식이 얕은 사람이 고친 것이다.
各本作柴省聲, 淺人改也.

④ 仕와 街의 반절이다. 제16部에 있다.
仕街切. 十六部.

04-038-1221 齘 (齘)〔이 갈/해〕

'이를 서로 갈다'이다. 齒를 따르고 介(개)가 소리이다.

齒相切也.① 从**齒**, **介聲.**②

① 위아래의 이가 단단히 맞닿아 서로 갈리는 것을 말한다. 이가 서로 갈리면 소리가 나기 때문에 ≪三倉≫[13]에 "齘는 '이를 소리나게 하는 것'이다."라고 한 것이다. ≪周禮≫ 〈考工記 函人〉에 "갑옷을 만들 적에는, 입으면 갑옷이 몸에 꽉 끼이지 않게〔無齘〕 하려고 한다."에 대한 鄭衆 注에 "齘는 이를 가는 것과 같음을 이른다."라고 하였다. 갑옷이 몸에 꽉 끼이지 않으면 사람의 몸에 맞아 편리하다. ≪方言≫에 "齘는 '성내다'는 뜻이

11) 李本 : 宋나라 李燾의 ≪說文解字五音韻譜≫를 가리킨다.

12) 䶪䶩(차애) : '䶩'자는 ≪廣韻≫ '上平 31佳'에는 '䶩'로 되어 있다. '䶩'는 없는 글자이고, 또 본 문장 뒤에 "≪玉篇≫에 '䶩는 또한 「齷」로도 쓴다.'라고 하였다.〔玉篇曰䶩亦作齷〕"라는 말을 미루어보건대, 단옥재가 '䶩'자를 잘못 쓴 것으로 판단된다.

13) 三倉 : 漢나라 초기의 辭典이다. ≪倉頡篇≫·≪爰歷篇≫·≪博學篇≫을 합하여 ≪蒼頡篇≫이라 하였는데, 이를 ≪三倉≫이라고 칭한다.

다."에 대한 郭璞 注에 "입을 다물고 이를 가는 것을 말한다."라고 하였다. 噤(금)은 또한 '顉'으로도 쓰는데, ≪玉篇≫과 ≪廣韻≫에는 모두 "顉齘는 '입을 다물고 이를 갈면서 성내는 것'이다."라고 하였다.
謂上下齒緊相摩切也. 相切則有聲, 故三倉云, "齘, 鳴齒也." 函人"爲甲, 衣之欲其無齘也." 大鄭云, "齘謂如齒齘" 不齘則隨人身便利. 方言"齘, 怒也." 郭曰, "言噤齘也." 噤亦作顉, 篇・韻皆云, "顉齘, 切齒怒."

② 胡와 介의 반절이다. 제15部에 있다.
胡介切. 十五部.

04-038-1222  (齞) 〔입 벌려 이 드러낼/언〕

'입을 벌려 이를 드러나게 하다'이다. 齒를 따르고 只(지)가 소리이다.

張口見齒也.① **从齒, 只聲.**②

① ≪文選≫의 李善 注에 의거하여 바로잡았다. 宋玉[14]의 〈登徒子好色賦〉에 "언청이〔齞脣〕의 드물고 가지런하지 않은 이"라고 하였다.
依文選注訂. 登徒子好色賦"齞脣歷齒."

② 研과 繭의 반절이다. 古音은 제16部에 있다.
研繭切. 古音在十六部.

04-038-1223  (䶢) 〔이 고르지 못할/염〕

'이가 고르지 못하다'이다. 齒를 따르고 兼(겸)이 소리이다.

齒差也.① **从齒, 兼聲.**②

① 差는 齹(이가 고르지 않고 들쭉날쭉할/차)가 되어야 한다.
差當作齹.

② 五와 緘의 반절이다. 제7部에 있다. ≪廣韻≫에서는 語와 廉의 반절이라고 하였다.
五緘切. 七部. 廣韻語廉切.

14) 宋玉 : ?~? 춘추전국시대 楚나라의 문인이다. 작품으로 〈九辯〉, 〈招魂〉 등이 있다.

04-038-1224  (䶥) 〔이 부러질, 재갈, 물/추〕

'이가 부러지다'이다. 일설에는 '말 주둥이 안에 있는 재갈'이라고도 한다. 齒를 따르고 芻(추)가 소리이다. 일설에는 '물다'는 뜻이라고도 한다.

齒搚也.① 一曰馬口中橜也.② 从齒, 芻聲.③ 一曰齰也.④

① 搚(꺾을/랍)은 지금의 판본에 擸(랍)으로 되어 있다. 手部에 "搚은 일설에 '부러지다'는 뜻이라고도 한다."라고 하였다. '齒拉'은 '이가 부러짐'을 이른다.

搚, 今本作擸. 手部曰, "搚, 一曰拉也." 齒拉者, 謂齒折也.

② ≪漢書≫ 〈司馬相如傳 下〉에 "오히려 때때로 말의 굴레와 재갈의 변고가 있다."에 대해, 張揖은 "銜은 '말의 굴레와 재갈'이다. 橜은 '말 주둥이에 물리는 긴 재갈'이다."라고 하였다. 司馬貞이 "周遷의 ≪輿服志≫에 '갈고리가 위쪽으로 거슬러 올라간 것을 橜이라 한다. 橜은 재갈 속에 있는데, 쇠로 만들며 크기가 달걀만 하다.'라고 하였다. 漢나라 桓寬의 ≪鹽鐵論≫에, '말 굴레와 재갈도 없이 사나운 말을 제어한다.'라고 하였다."라고 한 것이 이것이다.

司馬相如傳"猶時有銜橜之變." 張揖曰, "銜, 馬勒銜也. 橜, 騑馬口長銜也." 司馬貞曰, "周遷輿服志云, 鉤逆上者爲橜, 橜在銜中, 以鐵爲之, 大如雞子. 鹽鐵論云, 無銜橜而禦悍馬." 是也.

③ 側과 鳩의 반절이다. 제4部에 있다. ≪廣雅≫와 ≪廣韻≫ 및 ≪管子≫ 注에는 士와 角의 반절로 되어 있다.

側鳩切. 四部. 廣雅・廣韻及管子注, "士角切."

④ ≪廣雅≫에 "䶥는 '물다'는 뜻이다."라고 한 말은 여기에 근거한 것이다. 살펴보건대, ≪管子≫ 〈輕重戊〉에 "수레바퀴들이 서로 물리고〔車轂齺〕, 말을 탄 군사는 대오를 맞춰 간다."라고 하였고, ≪荀子≫ 〈王霸〉에 "위아래 이가 들어맞듯이〔䶥然〕 윗사람과 아랫사람이 서로 신뢰하여, 천하에 감히 그들과 대적할 사람이 없었다."라고 하였다. 이 두 책의 〈'齺'자와 '䶥'자의 뜻이〉 '물다'는 뜻에 조금 가깝다. 齧은 '이가 물건에 가깝다'는 뜻이다. ≪廣韻≫에 "䶥는 '이가 서로 가까운 모양'이다."라고 하였다.

廣雅"䶥, 齧也"本此. 按管子"車轂齺, 騎連伍而行." 荀卿子"䶥然上下相信, 而天下莫之敢當." 二書於齰義差近. 齧則齒近物. 廣韻曰, "䶥, 齒相近皃."

04-038-1225  (齱) 〔이 가지런하지 않을/추〕

齱齵(추우)이니 '이가 가지런하지 않다'이다. 齒를 따르고 取(취)가 소리이다.

齱齵,① **齒不正也.**② 从齒, **取聲.**③

① 句讀이다. 〈齱齵는〉 첩운이다.
逗. 疊韻.

② ≪廣韻≫의 '齱'자 해설에 "齱齵(추우)는 '이가 한쪽으로 몰린 것'이다."라고 하였고, '齵'자 해설에는 "齱齵"라고 하였다.
廣韻齱下曰, "齱齵, 齒偏." 齵下曰, "齱齵."

③ 側과 鳩의 반절이다. 제4部에 있다.
側鳩切. 四部.

04-038-1226  (齵)〔이 가지런하지 않을/우〕

'이가 가지런하지 않다'이다. 齒를 따르고 禺(우)가 소리이다.

齱齵也. 从齒, 禺聲.①

① 五와 婁의 반절이다. 제4部에 있다. 살펴보건대, '齱'와 '齵' 두 글자가 각 판본에는 잘못되어 혼란스러운데, 지금 ≪廣韻≫에 의거하여 바로잡았다.
五婁切. 四部. 按二字各本譌亂, 今依廣韻正之.

04-038-1227  (䶥)〔위아래 이가 맞지 않을/저〕

䶥齬(저어)이니 '이가 서로 맞지 않다'이다. 齒를 따르고 虘(차)가 소리이다.

䶥齬, **齒不相値也.**② 从齒, 虘聲.③

① 句讀이다. 〈䶥齬는〉 첩운이다.
逗. 疊韻.

② ≪廣韻≫에 "齟齬는 '서로 맞지 않는 것'이다. 간혹 '鉏鋙(서어)'로 되어 있는데, 앞의 글자는 牀과 呂의 반절이고, 뒤의 글자는 魚와 巨의 반절이다."라고 하였다. 살펴보건대, 金部의 '䥏'자 해설에 "'서로 맞지 않다〔鉏䥏也〕'이다. 䥏는 간혹 '鋙'로 되어 있다."라고 하였다. ≪周禮≫ 〈考工記 玉人〉 注에는 '鉏牙'로 되어 있다. ≪春秋左氏傳≫ 成公 18년에 보이는 '西鉏吾'는 '鉏吾'를 人名이라고 하였다. 牙와 吾의 古音은 모두 ≪廣韻≫ 上平 9魚에 있다. 옛날의 '齟'자는 단독으로 쓰이는 경우가 있으니, ≪漢書≫ 〈東方朔傳〉에 "齟는 '이가 가지런하지 않은 것'이다."라고 하였다.

허신 책(≪說文解字≫)의 각 판본에는 齇의 뜻을 '이가 어긋난 것이다'라고 하였고, 齬의 뜻을 '이가 서로 맞지 않는 것이다.'라고 하였다. 그리고 두 표제자는 본래 같은 종류로 배열되어야 하는데, 각 판본에는 글자가 서로 매우 멀리 떨어져 있다. 또한 齇는 側과 加의 반절이고, 齬는 魚와 擧의 반절인데, 전부 古語 첩운의 이치를 잃어버렸다. 이는 대체로 齇의 글자가 바뀌어 齟가 되고 齬의 글자가 변하여 齖가 된 것에서 말미암은 것이며, 그로 인하여 齇와 齖가 모두 麻韻으로 들어가 齬와 다른 곳으로 나뉘게 되었다. 지금 齱齵의 예에 따라 바로잡은 것이며, 독단적으로 한 것은 아니다.
廣韻曰, "齟齬, 不相當也. 或作鉏鋙. 上牀呂切, 下魚巨切." 按金部(鉚)〔鋤〕[15]下云, "鉏(鉚)〔鋤〕也.(鉚)〔鋤〕或作鋙." 周禮注作鉏牙. 左傳西鉏吾以鉏吾爲名. 牙吾古音皆在九魚. 古齟字有單用者. 東方朔傳曰, "齟者, 齒不正也." 許書各本齇訓齬齒也, 齬訓齒不相値也, 二篆自當類則, 各本離之甚遠. 又齇側加切, 齬魚擧切, 全失古語疊韻之理. 蓋由齇之字變爲齟, 齬之字變爲齖, 因以齇齖竝入麻韻, 而與齬畫分異處耳. 今从齱齵之例正之, 不爲專輒也.

③ 大徐(徐鉉)는 側과 加의 반절이라고 하였다. 살펴보건대, 古音은 제5部에 있는데 응당 ≪廣韻≫의 '牀과 呂의 반절'을 따라야 한다. 徐鍇의 ≪說文解字篆韻譜≫에는 鉏와 阻의 반절이라고 하였다.
大徐側加切. 按古音在五部, 當依廣韻牀呂切. 篆韻譜鉏阻反.

04-038-1228  (齬) 〔아래윗니가 어긋날/어〕

'아래윗니가 서로 어긋나 맞지 않다'이다. 齒를 따르고 吾(오)가 소리이다.

齇齬也. 从齒, 吾聲. ①

① 魚와 擧의 반절이다. 제5部에 있다.
魚擧切. 五部.

04-038-1229  (齹) 〔이 고르지 않은 모양/차〕

'이가 고르지 않은 모양'이다. 齒를 따르고 佐(좌)가 소리이다. ≪春秋左氏傳≫에 "鄭나라에 子齹가 있다."[16]라고 하였다.

---

15) (鉚)〔鋤〕: 저본에는 '鉚'로 되어 있으나, 金部의 '鋤'자에 의거하여 바로잡았다. 아래도 같다.

16) 鄭나라에……있다 : 杜預 注에 "子齹는 子皮의 아들이며, 〈字가〉 嬰齊이다.〔子齹 子皮之子嬰齊也〕"라고 하였다.

齒差跌皃.① **从齒, 佐聲.**② **春秋傳曰, "鄭有子䶩."**③

① 差는 '맞지 않는다'는 뜻이다. 跌(질)은 '넘어지다'는 뜻이다. "齒差跌"은 이가 가지런하지 않고, 넘어지고 쓰러져 반듯하지 않은 것이다.
差者, 不値也. 跌者, 踢也. "齒差跌"謂參差踢跌不平正也.

② 徐鉉은 "佐는 㕑(다리 절/좌)가 되어야 하니, 傳寫의 잘못이다. ≪說文解字≫에는 '佐'자가 없다."라고 하였다. 昨과 何의 반절이다. 제17部에 있다.
鉉曰, "佐當是㕑, 傳寫之誤. 說文無佐字." 昨何切. 十七部.

③ ≪春秋左氏傳≫ 昭公 16년에 보인다. 지금의 傳에는 齹(이 고르지 못할/차)로 되어 있는데, 실제로는 동일한 글자이다. ≪經傳釋文≫ 〈春秋左氏傳音義〉에 "齹는 ≪字林≫에 才와 可, 士와 知 두 개의 반절이라고 하였다. ≪說文解字≫에는 '䶩'로 되어 있으며, '이가 고르지 않다'는 뜻이라고 하였다. 在와 河, 千과 多 두 개의 반절이다."라고 하였으니, ≪字林≫에서 처음으로 '齹'자가 있었다.
　각 판본의 ≪설문해자≫에는 바로 표제자 齹를 䶩의 앞에 놓고 音義를 구별하였으니, 잘못이 심하여 지금 산삭하였다. 古人의 名과 字는 상응하는데, 간혹 상반된 뜻을 상응하는 것으로[17] 여기기도 한다. 齹는 '가지런하지 않다'는 뜻이므로, 嬰齊의 字로 삼은 것이다.
見左傳昭十六年, 今傳作齹, 實一字也. 釋文曰, "齹, 字林才可士知二反. 說文作䶩, 云, '齒差跌也', 在河千多二反." 是字林始有齹. 各本說文乃以齹篆先䶩, 而別爲音義, 誤甚, 今刪之. 古人名字相應, 或以相反爲相應. 齹者不齊, 故爲嬰齊之字也.

04-038-1230 齤 (齤) 〔이 빠질, 옥니/권〕

'이가 빠지다'이다. 일설에는 '굽은 이(옥니)'라고도 한다. 齒를 따르고 𢍏(권)이 소리이다. 또한 權(권)과 같이 읽는다.

缺齒也. 一曰曲齒.① **从齒, 𢍏聲. 讀又若權.**②

① 缺齒는 齾(이 빠질/알)이다. 曲齒는 앞에서 말한 "이가 가지런하지 않고 넘어지고 쓰러져, 반듯하지 않다."는 뜻이다. 지금 민간에서는 "齒䶕(이가 고르지 않아 밖으로 드러나다/치파)이다."라고 한다. 살펴보건대, ≪淮南子≫ 〈道應訓〉에 "그 사람이 이를 드러내며〔齤然〕 웃는다."라고 하였는데, 이는 '잇병을 드러내며 웃는 것'을 말한다.

---

17) 상반된……것으로 : 子䶩의 '䶩'는 '가지런하지 않다'는 뜻이고, 嬰齊의 '齊'는 '가지런하다'는 뜻이니, 상반된 뜻이 된다.

缺齒者, **齾**也. 曲齒者, 上云, "齒差跌." 今俗云, "齒齞也." 按淮南道應訓"若士齤然而笑." 謂露其齒病而笑也.

② 살펴보건대, "又"라고 말한 것은 '𢍏을 書卷의 「卷」과 같이 읽으니, 齤을 똑같이 읽고 또한 權과 같이 읽는다.'는 것을 말한다. 大徐(徐鉉)는 '又'를 산삭하였으니 잘못이다. 巨와 員의 반절이다. 제14部에 있다.
按云"又"者, 謂𢍏讀若書卷, 齤讀同, 又讀若權也. 大徐刪又, 非. 巨員切. 十四部.

04-038-1231  (齳)〔이 없을/운〕

'이가 없다'이다. 齒를 따르고 軍(군)이 소리이다.

無齒也.① 从齒, **軍聲.**②

① ≪韓詩外傳≫ 권4에 "용모가 아름다웠기 때문인가. 그러나 당시 太公은 나이 72살에 휑하니〔齳然〕 이가 다 빠진 상태였다."라고 하였다.
韓詩外傳"以爲姣好邪. 則大公年七十二, 齳然而齒墮矣."

② 魚와 吻(문)의 반절이다. 제13部에 있다.
魚吻切. 十三部.

04-038-1232  (齾)〔이 빠질/알〕

'이가 빠지다'이다. 齒를 따르고 獻(헌)이 소리이다.

缺齒也.① 从齒, **獻聲.**②

① 引伸하여 대체로 '빠진 것'을 모두 '齾(알)'이라고 한다. ≪春秋左氏傳≫ 文公 12년에 "兩軍의 군사가 모두 아직 손상을 입지 않았다.〔未憖〕"에 대하여 杜預 注에 "憖(은)은 '이지러지다'는 뜻이다."라고 하였다. ≪經傳釋文≫〈春秋左氏音義〉에 "憖은 魚와 覲의 반절이고, 또한 魚와 轄(할)의 반절이다."라고 하였다.

살펴보건대, 憖에 魚와 轄의 반절이 있게 된 것은, 바로 간혹 판본에 따라 **齾**(알)로 되어 있는 곳도 있는데 陸德明이 분별해서 말하지 않은 실수 때문이다. 〈孔穎達의〉 ≪春秋左傳正義≫에 "憖은 '빠진 모양'이다."라고 하였는데, 지금 사람들은 오히려 '빠진 것'을 '憖'이라고 한다. 의거한 판본에는 반드시 '**齾**'로 되어 있었을 것이다. 그러므로 이와 같이 말한 것이다. 아랫글에 아마도 '어떤 판본에는 「憖」으로 되어 있다.'라는 말이 있었을 것인데, 또한 학식이 얕은 사람에 의해 산삭되었다.

引伸凡缺, 皆曰齾. 左傳曰, "兩軍之士, 皆未慭也." 杜曰, "慭, 缺也." 釋文"慭, 魚覲反, 又魚轄反." 按慭得有魚轄反者, 正因本或作齾, 陸氏失於不分別言之耳. 正義曰, "慭者缺之皃." 今人猶謂缺爲慭. 所據本必作齾. 故如此云. 下文蓋有一本作慭之語, 亦爲淺人刪之矣.

② 五와 轄(할)의 반절이다. 제15部에 있다. 獻聲은 제14部에 있으니, 合音이다.
五轄切. 十五部. 獻聲在十四部, 合音也.

04-038-1233  (齟)〔잇몸 부을/거〕

'잇몸이 붓다'이다. 齒를 따르고 巨(거)가 소리이다.

齗腫也. 从齒, 巨聲.①

① 巨와 主의 반절이다. 제5部에 있다. ≪廣韻≫ 上聲 8語에 其와 呂의 반절이라고 하였다.
巨主切. 五部. 廣韻其呂切.

04-038-1234  (齯)〔노인의 이/예〕

'노인의 치아'이다. 齒를 따르고 兒(예)가 소리이다.

老人齒.① **从齒, 兒聲.**②

① ≪詩經≫ 〈魯頌 閟宮〉에 "누런 머리에 새로 난 이〔黃髮兒齒〕"라고 하였고, ≪爾雅≫ 〈釋詁〉에 "누런 머릿털과 새로 난 이는 '오래 살다'는 뜻이다."라고 하였다. ≪釋名≫ 〈釋長幼〉에 "90세를 혹은 '齯齒'라고 한다. 본래 났던 큰 이는 모두 빠지고, 다시 난 가느다란 이가 마치 어린아이의 이와 같은 것이다."라고 하였다. 살펴보건대, ≪毛詩≫에는 '兒'로 되어 있으니 이는 古文이고, 다른 책에는 '齯'로 되어 있으니 今文이다.
魯頌"黃髮兒齒." 釋詁曰, "黃髮齯齒, 壽也." 釋名曰, "九十或曰齯齒. 大齒落盡, 更生細者, 如小兒齒也." 按毛詩作兒, 古文. 他書作齯, 今文也.

② 이 글자는 형성이면서 회의를 포함하고 있다. 五와 雞의 반절이다. 제16部에 있다.
此形聲包會意. 五雞切. 十六部.

04-038-1235  (齮)〔물/의〕

'물다'이다. 齒를 따르고 奇(기)가 소리이다.[18]

齧也.① **从齒, 奇聲.**②

① ≪史記≫와 ≪漢書≫의 〈田儋傳〉에 "齮齕(의흘)하여 권력을 잡았던 자의 묘지이다."라고 하였는데, 如淳은 "齮齕은 齚齧(물어뜯다/색설)과 같은 뜻이다. 齕(흘)은 '깨물다'는 뜻이다."라고 하였다. 살펴보건대, 대체로 奇를 따르는 글자는 대부분 '치우치다'는 뜻이 있으니, 예컨대 掎(기)의 뜻은 '치우치게 이끌다'이고, 齮의 뜻은 '옆으로 물어뜯다'이다. ≪史記索隱≫ 〈高祖本紀〉 注[19]에 "許慎이 '側齧'이라고 하였다."라고 하였다.
史・漢田儋傳"齮齕用事者墳墓." 如淳曰, "齮齕, 猶齚齧也. 齕, 齩也." 按凡从奇之字多訓偏, 如掎訓偏引, 齮訓側齧. 索隱注高紀云, "許慎以爲側齧."

② 魚와 綺(기)의 반절이다. 古音은 제17部에 있다.
魚綺切. 古音在十七部.

04-038-1236 (齜) 〔물/출〕

'물다'이다. 齒를 따르고 出(출)이 소리이다.

齚**齒也.**① **从齒, 出聲.**②

① 물건을 씹어 밖으로 드러난 이를 이른다. 그러므로 齒와 出을 따른 것이다.
謂齚物而外露之齒也, 故从齒出.

② 仕와 乙의 반절이다. 제15部에 있다.
仕乙切. 十五部.

04-038-1237 (齰) 〔물/색〕 【重文 1】

'물다'이다. 齒를 따르고 昔(석)이 소리이다. (齚)은 齰의 或體이니, 乍(사)를 따랐다.

齧也.① **从齒, 昔聲.**② (齚), **齰或从乍.**③

---

18) 齒를……소리이다 : ≪六書尋源≫에서는 "견고한 것을 깨물 경우는 반드시 한 쪽으로 깨물므로 齮는 奇를 따라서 치우쳐 바르지 않다는 뜻을 취하였다.〔噬堅者 必側齧 故此从奇而取偏側不正之義也〕"라고 하여, 회의로 설명하고 ≪說文解字≫의 "从齒 奇聲"의 형성을 취하지 않았다.

19) 史記索隱……注 : ≪史記≫ 〈高祖本紀〉의 〈與南陽守齮戰犨東〉에 대한 司馬貞의 ≪史記索隱≫을 가리킨다.

① ≪漢書≫〈灌夫傳〉에 "혀를 깨물고 자살하였다."라고 하였고, ≪漢書≫〈鄧通傳〉에 "태자로 하여금 등창을 물게 하였다."라고 하였다.
漢書灌夫傳"齰舌自殺." 鄧通傳"使大子齰癰."

② 側과 革의 반절이다. 古音은 제5部에 있다.
側革切. 古音在五部.

③ 乍聲도 제5部에 있다.
乍聲亦五部也.

04-038-1238  (鹹)〔물/함〕

'물다'이다. 齒를 따르고 咸(함)이 소리이다.

齧也. 从齒, 咸聲.[①]

① 工과 咸의 반절이다. ≪廣韻≫에는 苦와 洽(흡)의 반절이라고 하였다. 古音은 제7部에 있다.
工咸切. 廣韻苦洽切. 古音在七部.

04-038-1239  (齦)〔물/간〕

'물다'이다. 齒를 따르고 艮(간)이 소리이다.

齧也.[①] **从齒, 艮聲.**[②]

① 齦은 豕部의 豤(돼지가 물/간)과 音義가 같다. 아마도 옛날에는 豤으로만 썼는데, 齦은 豤과 구별하기 위해 뒤에 나온 글자인 듯하다. 지금 사람들은 또한 '齗(은)'자로 쓰기도 한다.
此與豕部豤音義同. 疑古秖作豤, 齦者後出分別之字也. 今人又用爲齗字矣.

② 康과 很의 반절이다. 제13部에 있다.
康很切. 十三部.

04-038-1240  (齻)〔이가 드러난 모양/안〕

'이가 드러난 모양'이다. 齒를 따르고 干(간)이 소리이다.

齒見皃.① 从**齒**, **干聲**.②

① ≪廣韻≫에 "**齴齗**(잔안)은 '이가 고르지 않은 것'이다."라고 하였다.
廣韻曰, "**齴齗**, 齒不正."

② 五와 版의 반절이다. 제14部에 있다.
五版切. 十四部.

04-038-1241  (齰)〔물/졸〕

齰은 '물다'이다. 齒를 따르고 卒(졸)이 소리이다.

齰,① 齚**也**. 从**齒**, **卒聲**.②

① 齰은 거듭 거론한 글자를 산삭하지 않은 것이다.
此複擧字之未删者.

② 昨과 沒의 반절이다. 제15部에 있다.
昨沒切. 十五部.

04-038-1242  (齺)〔뼈 깨물어 쪼개는 소리/랄〕

'이로 뼈를 깨물어 쪼개는 소리'이다. 齒를 따르고 㓟(렬)이 소리이다. 剌(랄)과 같이 읽는다.

齒分骨聲. 从**齒**, 㓟**聲**.① **讀若剌**.②

① ≪玉篇≫과 ≪廣韻≫에는 모두 '齧'로 되어 있다.
篇・韻, 皆作齧.

② 盧와 達의 반절이다. 제15部에 있다.
盧達切. 十五部.

04-038-1243  (齩)〔뼈 깨물/교〕

'뼈를 깨물다'이다. 齒를 따르고 交(교)가 소리이다.

齧骨也.① 从**齒**, **交聲**.②

① 민간에서는 새가 우는 새소리를 '齩齧(교설)'이라고 한다.
俗以鳥鳴之咬爲齩齧.

② 五와 巧의 반절이다. 제2部에 있다.
五巧切. 二部.

04-038-1244 (⿸尸齒)〔이 갈/절〕

'이를 갈다'이다. 齒를 따르고 屑(설)이 소리이다. 切(절)과 같이 읽는다.

齒差也.[①] **从齒, 屑聲. 讀若切.**[②]

① 이는 ⿰齒兼(염)의 뜻을 '이가 고르지 못하다'로 풀이한 것과 다르니, '이를 서로 가는 것'을 이른다. 이와 이가 서로 갈리면 반드시 〈이가〉 들쭉날쭉하고 어긋나게 된다. 差는 지금의 '磋磨'의 '磋'자이다. 引伸된 뜻으로, 물건을 가는 것을 '⿰齒屑'이라 한다. ≪詩經≫ 〈衛風 淇奧〉에 "자르듯이 하고 갈 듯이 하며, 쪼는 듯이 하고 가는 듯이 한다."라고 하였다. ≪爾雅≫ 〈釋器〉에 "뼈를 가공하는 것을 '切'이라 하고, 상아를 가공하는 것을 '瑳'라 하고, 옥을 가공하는 것을 '琢'이라 하고, 돌을 가공하는 것을 '磨'라 한다."라고 하였다. 切을 또한 '⿰齒屑'로 쓰기도 하고, 瑳를 또한 '磋'로 쓰기도 하고, 摩를 또한 '磨'로 쓰기도 한다. 差는 正字이고, 瑳·磋는 모두 義符인 〈玉과 石을〉 붙인 글자이다.
此與⿰齒兼訓齒差義異, 謂齒相摩切也. 齒與齒相切, 必參差上下之. 差卽今磋磨字也. 引伸之義, 摩物曰⿰齒屑. 衛風"如切如瑳, 如琢如摩." 釋器曰, "骨謂之切, 象謂之瑳, 玉謂之琢, 石謂之摩." 切亦作⿰齒屑, 瑳亦作磋, 摩亦作磨. 差者正字, 瑳磋, 皆加偏旁字也.

② 千과 結의 반절이다. 제12部에 있다.
千結切. 十二部.

04-038-1245 (⿰齒吉)〔딱딱한 것 깨무는 소리/할〕

'딱딱한 것을 깨무는 소리'이다. 齒를 따르고 吉(길)이 소리이다.

齧堅聲.[①] **从齒, 吉聲.**[②]

① 齧(설)은 각 판본에 '齒'로 되어 있으나, 지금 ≪玉篇≫에 의거하여 바로잡았다. ≪說文解字≫ 石部에 "硈(할)은 '돌이 견고하다'이다."라고 하였는데, 모두 吉聲에서 〈'딱딱하다'는 뜻을〉 알아낸 것이다.
齧各本作齒, 今依玉篇訂. 石部曰, "硈, 石堅也." 皆於吉聲知之.

② 赫과 鍺(할)의 반절이다. 제15部에 있다. 살펴보건대, 齮(의)부터 齩(교)까지 아홉 글자와 齰(할)을 합한 열 글자의 뜻은 모두 '물다'를 이르니, 〈齰은〉 '齛(절)'자 앞으로 옮겨 배열해야 한다.

赫鍺切. 十五部. 按自齮至齩九文, 幷齰十文, 皆謂齧也, 宜移廁齛文之上.

04-038-1246 (齸)〔이 갈/애〕

'어금니를 갈다'이다. 齒를 따르고 豈(기)가 소리이다.

齛牙也.① **从齒, 豈聲.**②

① 齛牙(절아)는 '差齒'(이를 갈다/치치)와 같으니, 또한 인신하여 '기물을 갈다'는 뜻으로 쓰인다. 刀部에 "剴(개)는 일설에 '갈다'는 뜻이라고도 한다."라고 하였으니, 모두 豈聲에서 알아낸 것이다.

齛牙猶差齒也, 亦引伸爲摩器之名. 刀部曰, "剴, 一曰摩也." 皆於豈聲知之.

② 五와 來의 반절이다. 古音은 제15部에 있다.

五來切. 古音在十五部.

04-038-1247 (齝)〔되새김질할/치〕

'되새김질하다'이다. 齒를 따르고 台(이)가 소리이다. ≪爾雅≫에 "소가 되새김질하는 것을 '齝'라 한다."라고 하였다.

吐而噍也.① **从齒, 台聲.**② **爾雅曰, "牛曰齝."**③

① 噍(초)는 바로 '嚼(씹을/작)'자이니, 口部에 보인다. ≪爾雅≫ 〈釋獸〉의 郭璞 注에 "먹은지 오래되었는데 다시 꺼내어 씹는 것이다."라고 하였다.

噍卽嚼字也, 見口部. 釋獸郭注曰, "食之已久, 復出嚼之."

② 丑과 之의 반절이다. 제1部에 있다.

丑之切. 一部.

③ ≪爾雅≫ 〈釋獸〉의 글이다.

釋獸文.

04-038-1248 (齕)〔물/흘〕

'물다'이다. 齒를 따르고 气(기)가 소리이다.

齧也.① 从齒, 气聲.②

① ≪漢書≫ 〈田儋傳〉의 如淳 注에 "齕은 '깨물다'는 뜻이다."라고 하였고, ≪禮記≫ 〈曲禮 上〉에 "庶人은 〈껍질을 깎고 쪼개거나 가로로 자르지 않고〉 깨물어 먹는다."[20]라고 하였다.
如淳注漢書曰, "齕, 齩也." 曲禮, "庶人齕之."

② 戶와 骨의 반절이다. 제15部에 있다.
戶骨切. 十五部.

04-038-1249 (⿰齒聯)〔이 드러난 모양/련〕

'이가 드러난 모양'이다. 齒를 따르고 聯(련)이 소리이다.

齒見皃. 从齒, 聯聲.①

① 力과 延의 반절이다. 제14部에 있다.
力延切. 十四部.

04-038-1250 (齧)〔씹을/설〕

'씹다'이다. 齒를 따르고 㓞(갈)이 소리이다.

噬也.① 从齒, 㓞聲.②

① 口部에 "噬(서)는 '먹다'이다."라고 하였다. ≪釋名≫ 〈釋飮食〉에 "새는 '쪼다'라고 하고, 짐승은 '씹다'라고 한다. 齧은 '이지러지다'는 뜻이니, 새와 짐승이 머무는 자리는 벗겨지고 이지러진다."라고 하였다.
口部曰, "噬, 啗也." 釋名曰, "鳥曰啄, 獸曰齧. 齧, 齾也, 所臨則禿齾也."

---

20) 庶人은……먹는다 : ≪禮記≫ 〈曲禮 上〉에 "선비는 〈참외 껍질을 깎고 가로로 자른 다음〉 꼭지만 떼고 먹으며, 서인은 〈껍질을 깎고 쪼개거나 가로로 자르지 않고〉 깨물어 먹는다.〔士疐之 庶人齕之〕"라는 구절이 있다.

② 五와 結의 반절이다. 제15部에 있다.
五結切. 十五部.

04-038-1251 (齭)〔이 상하여 시릴/초〕

'이가 상하여 시리다'이다. 齒를 따르고 所(소)가 소리이다. 楚(초)와 같이 읽는다.

齒傷酢也.[①] 从齒, 所聲. **讀若楚.**[②]

① 酢(초)는 지금의 '醋(초)'자이니, '시리다'는 뜻이다.
酢者今之醋字, 酸澀也.

② 創과 舉의 반절이다. 제5部에 있다. 또한 '齼'로도 쓴다. 일반적으로 말하는 '痛楚(아프다/통초)'와 '楚澀(매끄럽지 않고 떫다/초삽)'의 뜻은 모두 같다.
創舉切. 五部. 亦作齼. 凡言痛楚・楚澀意, 皆同.

04-038-1252 (齨)〔가운데 패인 노인의 이, 여덟 살 된 말/구〕

'절구처럼 가운데가 우묵하게 패인 노인의 치아'이다. 齒・臼를 따르며, 臼(구)는 또한 소리이다. 일설에는 '여덟 살 말'이라고도 한다.

老人齒如臼也.[①] **从齒臼, 臼亦聲.**[②] **一曰馬八歲也.**[③]

① 如臼는 '이가 우묵하게 패어 들어가다'는 뜻이다.
如臼者, 齒坳.

② 其와 久의 반절이다. 제3部에 있다.
其久切. 三部.

③ 여덟 살 말을 '馴(팔)'이라 한다. 이가 또한 절구와 같다. 민간에서 이를 '齨'라고 부르고 또한 '駒'로도 쓴다.
馬八歲曰馴. 齒亦如臼, 俗名之齨, 亦作駒.

04-038-1253 (齛)〔양이 되새김질할/설〕

'羊이 되새김질하다'이다. 齒를 따르고 世(세)가 소리이다.

羊粻[21)]也.[①] 从齒, 世聲.[②]

① ≪爾雅≫ 〈釋獸〉에 "羊이 새김질하는 것을 '齛'이라 한다."에 대한 郭璞 注에 "齛의 音은 漏泄(누설)의 泄이다."라고 하였다. 살펴보건대, 唐나라 사람들은 世를 諱하여[22)] '齥(세)'로 썼다. 粻(양식/장)의 경우, 米部에는 이 글자가 없고, 食部에서 "峙(치)는 바로 '말린 식량〔餱粻〕'이다."라는 글(段玉裁 注)에 인용되었다.

釋獸曰, "羊曰齛." 郭曰, "齛音漏泄." 按唐人諱世作齥. 粻, 米部無此字. 食部引"峙乃餱粻."

② 私와 列의 반절이다. 제15部에 있다.

私列切. 十五部.

04-038-1254  (齸)〔사슴이 되새김질할/익〕

'사슴이 되새김질하다'이다. 齒를 따르고 益(익)이 소리이다.

鹿麋粻.[①] 从齒, 益聲.[②]

① ≪爾雅≫ 〈釋獸〉에 "사슴이 새김질하는 것을 '齸'이라 한다."라고 하였다. ≪經典釋文≫에 "글자를 간혹 '嗌(익)'으로도 쓴다."라고 하였다. 살펴보건대, 嗌은 '咽(인)'이고, 咽은 '喉(목구멍/후)'이다. 郭璞 注에 "깨물어 먹는 곳(목구멍)이므로, 이로 인하여 이름한 것이다."라고 한 말이 이것이다. 그렇다면 齛(설)은 齝(치)와 같으며, '목구멍으로 꺼내어 다시 씹는 것'을 말하기 때문에 글자가 齒를 따른 것이다.

嗌(목구멍/익)・嗉(날짐승의 모이주머니/소)・嗛(볼주머니/겸)은 모두 먹은 것을 저장하는 곳으로 말미암아 말한 것이니, 글자가 단지 口만 따른 것이다. 嗌을 간혹 '齸'으로도 쓰는 것은, 대체로 또한 '꺼내어 씹는다'는 뜻을 이르기 때문이다.

釋獸曰, "麋鹿曰齸." 釋文云, "字或作嗌." 按嗌, 咽也. 咽, 喉也. 郭云, "齝食之所在, 因名之."是也. 然則齛與齝同, 言其自喉出復嚼, 故字从齒. 嗌・嗉・嗛則皆自其藏食之處言之, 字祇从口. 嗌或作齸者, 蓋亦謂出嚼之也.

---

21) 粻 : 일반적으로 '양식' 또는 '모이주머니'를 뜻하는 글자이지만, 여기서는 '되새김질하다'로 풀이하였다. 즉 ≪爾雅≫ 〈釋獸〉의 音義에 "齛에 대하여 郭璞은 音이 '泄'이라 하였으니……≪埤蒼≫에 '羊粻이다.'라고 하였으며, 張揖은 齛의 音을 '世'라 하고, 풀이하기를 '羊이 먹고 나서 토하여 다시 씹는 것이다.'라고 하였다.〔齛 郭音泄……埤蒼云 羊粻也 張揖音世 解云 羊食已吐而更嚼之〕"라고 한 말에 의거하여 풀이한 것이다. 바로 다음의 표제어 '齸'자 해설에 "鹿麋粻"의 '粻'도 마찬가지이다.

22) 世를 諱하여 : 唐 太宗 李世民의 이름인 '世'자를 피휘하였다는 뜻이다.

② 伊와 昔의 반절이다. 제16部에 있다.
伊昔切. 十六部.

04-038-1255 (齷)〔딱딱한 것 깨물/**질**〕

'딱딱한 것을 깨물다'이다. 齒를 따르고 至(지)가 소리이다.

齧堅也.① 从齒, 至聲.②

① ≪玉篇≫에서는 "딱딱한 것을 깨무는 모양이다."라고 하였고, ≪廣韻≫에서는 "씹는 소리이다."라고 하였다. 각 판본에는 齧이 '齒'로 되어 있는데, 아마도 잘못인 듯하다.
玉篇"齧堅皃." 廣韻"齧聲." 各本齧作齒, 恐誤.

② 陟과 栗의 반절이다. 제12部에 있다.
陟栗切. 十二部.

04-038-1256 (齰)〔뼈 씹는 소리/**할**〕

'뼈를 씹는 소리'이다. 齒・骨을 따르며, 骨(골)은 또한 소리이다.

齧骨聲.① 从齒骨, 骨亦聲.②

① ≪禮記≫〈曲禮 上〉에 "뼈를 씹지 말라."에 대한 鄭玄 注에 "소리를 내는 것은 공경스럽지 못하기 때문이다."라고 하였다.
曲禮曰, "毋齧骨." 鄭云, "爲有聲響不敬."

② 戶와 八의 반절이다. 제15部에 있다.
戶八切. 十五部.

04-038-1257 (䶜)〔씹는 소리/**괄**〕

'씹는 소리'이다. 齒를 따르고, 昏(괄)이 소리이다.

噍聲.① 从齒, 昏聲.②

① ≪廣韻≫에 "〈䶜은〉 '뼈의 끄트머리'이다."라고 하였다.
廣韻曰, "骨端."

② 古와 活의 반절이다. 제15部에 있다.
古活切. 十五部.

04-038-1258 齲(齵)〔씹을/박〕

'딱딱한 것을 씹다'이다. 齒를 따르고 尃(부)가 소리이다.

噍堅也.① **从齒, 尃聲.**②

① 口部에 "嚩(박)은 嗛(집)이니, '씹는 모양'이다."라고 하였다. ≪廣韻≫에 "齵은 '嚩'은 같다."라고 하였다.
口部, "嚩, 嗛, 噍皃." 廣韻曰, "齵同嚩."

② 補와 莫(모)의 반절이다. 제5部에 있다. 살펴보건대, 이는 대체로 嚩의 或體인 듯한데 후인이 몰래 넣은 것이다.
補莫切. 五部. 按此蓋嚩之或字, 後人竄入者也.

齒部에서 다룬 표제자는 44자이고, 重文은 2자이다.

文四十四,① **重二.**

① 지금 齹(차)를 산삭하였으니,[23] 43자이다.
今刪齹字, 則四十三.

23) 지금……산삭하였으니 : 앞에 나온 '齹(04-038-1229)'자에 대한 段玉裁 注를 참조.

【039. 牙部】

04-039-1259 (牙)〔어금니/아〕補【重文 1】

'어금니'이다. 위아래 어금니가 서로 어긋나 있는 모양을 본떴다. 牙에 속하는 글자는 모두 牙를 따랐다. (𤘗)는 牙의 古文이다.

壯齒也.① 象上下相錯之形.② 凡牙之屬, 皆从牙. , 古文牙.③

① 壯은 각 판본에 '牡'로 잘못되어 있다. 今本의 ≪玉篇≫과 ≪廣韻≫에는 모두 잘못되어 있고,[1] 오직 石刻의 ≪九經字樣≫[2]〈雜辨部〉만 잘못되지 않았는데 馬曰璐의 판본[3]에서는 이를 함부로 고쳤다. 士部에 "壯은 '크다'이다."라고 하였으니, 壯齒는 이〔齒〕 중에 큰 것이다. 합해서 말하면 모두 '齒'라 하고 '牙'라 한다. 나누어서 말하면 앞쪽 입술에 닿은 이를 '齒'라고 일컫고, 뒤쪽의 輔車(광대뼈와 잇몸/보거)에 있는 이를 '牙'라고 일컫는데, 牙가 비교적 齒보다 크며, 암수가 있는 것은 아니다.

≪釋名≫〈釋形體〉에 "牙는 '樝牙(사아)'이다. 〈이를〉 모양에 따라 말한 것이다. 輔車를 혹은 '牙車(아래턱뼈)'라고도 하는데, 牙가 실려 있는 곳이다."라고 하였다. ≪詩經≫〈召南 行露〉에 "누가 참새에게 뿔〔角〕이 없다고 하였나. 누가 쥐에게 牙가 없다고 하였나."라고 하였는데, 참새는 본래 뿔이 없고 쥐는 본래 牙가 없는데 지붕을 뚫고 담장을 뚫는 것이 뿔과 牙가 있는 것과 같음을 이른다. 그런데 쥐의 이빨은 크지 않기 때문에 牙가 없다고 말한 것이다. 東方朔이 騶牙(짐승 이름/추아)를 설명하기를 "그 이빨〔齒〕은 앞뒤가 동일하고, 크기가 가지런하며 어금니〔牙〕가 없다."라고 하였으니, 이

---

1) 玉篇과……있고 : ≪玉篇≫ 牙部 60에 "牙는 수컷의 이이다.〔牙 牡齒也〕"라고 하였고, ≪廣韻≫ 下平 9麻에 "牙는 牙齒이고 또는 牙旗이다.〔牙 牙齒 又牙旗〕"라고 한 것을 가리킨다.

2) 九經字樣 : 唐의 唐玄度가 편찬한 字書이다. 張參의 ≪九經文字≫를 보충하고 교정한 책으로, 수록 문자는 76部 421자이며, 한자 형체의 변천을 연구하는 데 중요한 문헌이다. 明나라 嘉靖 연간에 지진으로 唐石經과 함께 파손되었다.

3) 馬曰璐의 판본 : 馬曰璐의 小玲瓏山館叢書本을 가리킨다. 마왈로는 淸나라 사람으로, 자는 佩兮, 호는 半槎・南齋이다. 馬曰琯의 동생으로 시를 잘 썼으며, 형과 함께 명성이 높았고, 도서 수집가였다. 저서로 ≪南齋集≫이 있다.

것이 齒는 작고 牙는 크다는 명확한 증거이다.

壯各本譌作牡. 今本篇・韻皆譌, 惟石刻九經字㨾不誤, 而馬氏版本妄改之. 士部曰, "壯, 大也." 壯齒者, 齒之大者也. 統言之, 皆偁齒, 偁牙. 析言之則前當脣者偁齒, 後在輔車者偁牙, 牙較大於齒, 非有牝牡也. 釋名"牙, 樝牙也. 隨形言之也. 輔車或曰牙車, 牙所載也." 詩"誰謂雀無角, 誰謂鼠無牙." 謂雀本無角, 鼠本無牙, 而穿屋穿墻, 似有角牙者. 然鼠齒不大, 故謂無牙也. 東方朔說騶牙曰, "其齒前後若一, 齊等無牙." 此爲齒小牙大之明證.

② 五와 加의 반절이다. 古音은 제5部에 있다.

五加切. 古音在五部.

③ 齒를 따르고 그 형태를 본떴다. (𠚕)는 齒의 古文이다.

从齒而象其形也. , 古文齒.

04-039-1260 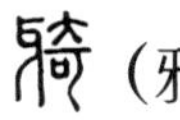(䶩)〔송곳니/기〕

'송곳니'이다. 牙・奇를 따르며, 奇(기)는 또한 소리이다.

虎牙也.① **从牙奇, 奇亦聲.**②

① 虎는 다른 판본에는 '武'로 되어 있는데, 이는 唐의 諱[4]를 피한 것이다. 지금 민간에서는 門齒[5] 바깥쪽으로 돌출한 이를 '虎牙'라고 하니, 古語이다. ≪楚辭≫ 〈大招〉에 "보조개에 奇牙(아름다운 이)가 있고, 기쁘게 웃는 모습이 마땅하도다."라고 하였고, ≪淮南子≫ 〈修務訓〉에 "奇牙가 드러나고 보조개가 움직이도다."라고 하였는데, 高誘 注에 "웃으려고 했기 때문에 예쁜 이가 드러났다."라고 하였다.

살펴보건대, 奇牙가 이른바 '䶩'이다. 可部에 "奇는 '기이하다'이다. 일설에는 '짝수가 아닌 것'이라고도 한다."라고 하였다. 웃으면 이가 드러나는 것이 유독 예쁘기 때문에 '奇牙'라고 하는 것이다.

虎一本作武, 避唐諱耳. 今俗謂門齒外出爲虎牙, 古語也. 大招云, "靨輔奇牙, 宜笑嘕只." 淮南云, "奇牙出, 䤾酺搖." 高注"將笑故好齒出也." 按奇牙所謂䶩也. 可部曰, "奇, 異也. 一曰不耦." 笑而露其齒獨好, 故曰奇牙.

② 去와 奇의 반절이다. 고음은 제17部에 있다.

去奇切. 古音在十七部.

---

4) 唐의 諱 : 唐 高祖 李淵의 祖父인 '李虎'의 諱를 가리킨다.

5) 門齒 : 앞쪽 위아래에 각각 네 개씩 앞니를 이른다.

04-039-1261 (瑀)〔충치/우〕【重文 1】

'이가 벌레 먹다'이다. 牙를 따르고 禹(우)가 소리이다. (齲)는 瑀의 或體이니 齒를 따랐다.

齒蠹也.① **从牙, 禹聲.**② **, 瑀或从齒.**

① ≪釋名≫ 〈釋疾病〉에 "瑀는 '썩다'는 뜻이다. 벌레가 갉아먹어 이지러지고 썩은 것이다."라고 하였다. ≪史記≫ 〈倉公傳〉에 "齊나라의 中大夫가 충치를 앓고 있다."라고 하였다. ≪淮南子≫ 〈說山訓〉에 "斲木(착목)[6]은 충치〔齲〕를 낫게 한다."라고 하였다. 司馬彪의 ≪後漢書≫ 〈五行志〉에 "桓帝 元嘉 중에 京都의 부녀들이 齲齒笑[7]를 지었다."라고 하였다.

釋名曰, "瑀, 朽也. 蟲齧之缺朽也." 史記"齊中大夫病齲齒." 淮南"斲木愈齲." 司馬彪五行志"桓帝元嘉中, 京都婦女作齲齒笑."

② 邱와 禹의 반절이다. 제5部에 있다.

邱禹切. 五部.

牙部에서 다룬 표제자는 3자이고, 重文은 2자이다.

文三, 重二.

---

6) 斲木(착목) : 새 이름으로 啄木鳥(탁목조), 즉 딱따구리이다. ≪東醫寶鑑≫ 〈外形篇 牙齒〉에 "이빨에 벌레가 먹어 구멍이 뚫리고 아픈 데는 딱따구리의 혀끝을 잘라 솜에 싸서 아픈 곳에 대고 물고 있으면 곧 낫는다.……딱따구리를 태워 가루를 내어 벌레 먹은 구멍에 넣으면 세 번을 넘지 않아 낫는다.〔蛀牙有孔痛 啄木鳥舌尖 綿裹 當痛處咬之 立差……啄木鳥燒爲末 納孔中 不過三度 差〕라고 하였다.

7) 齲齒笑 : 여자들이 일부러 마치 치통을 앓는 듯한 표정을 지으며 웃는 모습을 이른다. 남자들이 애처롭게 여겨 사랑스러운 감정을 갖도록 하기 위한 미소라고 한다.

【040. 足部】

04-040-1262  (足)〔사람의 발/족〕 補

'사람의 발'이다. 신체 아래에 있다. 口·止를 따랐다.[1] 足에 속하는 글자는 모두 足을 따랐다.

人之足也. 在體下. 从口止.① 凡足之屬, 皆从足.

① ≪玉篇≫에 의거하여 바로잡았다.[2] 口는 '사람〔人〕'이란 뜻과 같으니, 口를 들어 발〔足〕 위의 신체를 포괄한 것이다. 齒는 위가 止이고 아래가 口이다. 그 다음에 足을 배열하였는데 위가 口이고 아래가 止이기 때문이다. 그 다음에 疋을 배열하였으니 足과 유사하기 때문이다. 그 다음에 品을 배열하였는데 세 개의 口를 따랐기 때문이다. 지금 각 판본에 囗(에울/위)를 따른 것은 잘못이다. 卽과 玉의 반절이다. 제3部에 있다.
依玉篇訂. 口猶人也, 擧口以包足已上者也. 齒, 上止下口. 次之以足, 上口下止. 次之以疋, 似足者也. 次之以品, 从三口. 今各本从囗, 非也. 卽玉切. 三部.

04-040-1263  (蹏)〔굽/제〕

'발굽'이다. 足을 따르고 虒(제)가 소리이다.

足也.① 从足, 虒聲.②

① 민간에서는 蹄(발굽/제)로 쓴다.
俗作蹄.

---

1) 口……따랐다 : ≪六書尋源≫에서는 "足은 止를 따랐는데 止는 곧 趾의 古字이다. 囗를 따랐는데 囗는 圍의 古字이고 또 '國'자이다. 발가락이 감싼 속에 들어 있어 비좁은 모양을 가리킨다.〔此从止 止卽古趾字 从囗 囗卽古圍字 亦國字也 乃足指在包圍中 而局促之象〕"라고 하여, 段玉裁의 '囗(에울/위)를 따른 것은 잘못이다.'는 주장을 따르지 않았다.

2) 바로잡았다 : 大徐本(徐鉉本)과 小徐本(徐鍇本)에 "사람의 발이다. 아래에 있으며 止와 口를 따른다.〔人之足也 在下 从止口〕"로 되어 있는 것을 바로잡았다는 뜻이다.

② 杜와 兮의 반절이다. 제16部에 있다.
杜兮切. 十六部.

04-040-1264  (跟) 〔발꿈치/근〕【重文 1】

'발꿈치'이다. 足을 따르고 艮(간)이 소리이다. (𧿳)은 跟의 或體이니 止를 따랐다.

足踵也.① **从足, 艮聲.**② , **跟或从止.**

① 踵은 각 판본에 '踵'으로 되어 있는데 잘못이다. 止部에 "歱는 '발꿈치'이다."라고 하였다. ≪釋名≫ 〈釋形體〉에 "발 뒤쪽을 '跟'이라고 하며, 〈跟이〉 온몸을 감당한다. 발꿈치 모양을 본뜬 것이다."라고 하였다.
歱, 各本作踵, 誤. 止部曰, "歱, 跟也." 釋名曰, "足後曰跟, 一體任之. 象本根也."
② 古와 痕(흔)의 반절이다. 제13部에 있다.
古痕切. 十三部.

04-040-1265  (踝) 〔복사뼈/과〕

'복사뼈'이다. 足을 따르고 果(과)가 소리이다.

足踝也.① **从足, 果聲.**②

① ≪釋名≫ 〈釋形體〉에 "踝는 '단단하다'는 뜻이다. 발 양쪽 옆에 있는 메마르고 단단한 부분이다."라고 하였다. 살펴보건대, 踝는 사람의 발 좌우측으로 뼈가 솟아 둥근 부분이다. 바깥쪽에 있는 것을 '外踝'라 하고 안쪽에 있는 것을 '內踝'라 한다. 丮部(극부)에 "𠫷(과)는 '踝를 두드리다'이다."라고 하였다.
釋名曰, "踝, 确也. 居足兩旁磽确然也." 按踝者, 人足左右骨隆然圜者也. 在外者謂之外踝, 在內謂之內踝. 丮部曰, "𠫷, 擊踝也."
② 胡와 瓦의 반절이다. 제17部에 있다.
胡瓦切. 十七部.

04-040-1266  (跖) 〔발바닥/척〕

'발바닥'이다. 足을 따르고 石(석)이 소리이다.

足下也.① **从足, 石聲.**②

① 지금의 이른바 '발바닥'이라는 것이다. ≪史記≫ 〈蘇秦傳〉에 "굳센 쇠뇌를 밟는다.〔跖勁弩〕"[3]라고 하였다. 살펴보건대, 쇠뇌를 발로 밟고 〈손으로 활줄을〉 잡아당기기 때문에 '跖'이라고 한 것이다. 跖은 간혹 蹠을 가차하여 쓰기도 한다. 〈跖은〉 또 蹳(척)으로 쓰기도 하는데, ≪漢書≫ 〈賈誼傳〉에 "질병은 단지 다리가 부은 것만이 아니다. 또한 발바닥이 어긋나는 것이 고통스럽다.〔又苦蹳盭〕"라고 하였다.[4] 蹳은 '跖'자의 異體字이다. 발바닥〔足跖〕이 어긋나 걸을 수가 없다.

今所謂脚掌也. 史記曰, "跖勁弩." 按弩以足蹋張之, 故曰跖. 跖或借蹠爲之, 又作蹳. 賈誼傳曰, "病非徒瘇也. 又苦蹳盭." 蹳, 跖字之異者也. 足跖反戾, 不可行.

② 之와 石의 반절이다. 古音은 제5部에 있다.

之石切. 古音在五部.

04-040-1267  (踦)〔한쪽 발/기〕

'한쪽 발'이다. 足을 따르고 奇(기)가 소리이다.

一足也.① **从足, 奇聲.**②

① ≪管子≫ 〈侈靡〉에 "帝佶[5]과 堯임금 때에는 한쪽 발은 베이는 형벌을 받고 한쪽 발은 신을 신었으면 죽어야 한다."라고 하였는데, 이는 한쪽 발은 베이는 형벌을 받고 한쪽 발은 신을 신었으면 죽을죄에 해당한다는 것이다. 인신하여 대체로 〈쌍으로 된〉 사물의 한쪽을 '踦'라고 한다.

≪方言≫ 권2에 "倚·踦는 '홀수〔奇〕'이다. 函谷關 서쪽 지역에서는 대체로 온전한 사물인데 몸체가 불구인 것을 '倚'라 말하고, 梁·楚 지역에서는 '踦'라 말하며, 雍·梁의 서쪽 교외에서는 대체로 짐승의 다리가 불구인 것을 '踦'라고 말한다."라고 하였다. ≪春秋公羊傳≫ 僖公 33년에 "말 한 필〔匹馬〕과 수레바퀴 한 짝〔隻輪〕도 돌아온 것이 없었다."라고 하였는데, 何休는 "匹馬는 '한 마리의 말'이다. 隻은 '踦'이다."라고 하였다. 또 ≪春秋公羊傳≫ 成公 2년에 "서로 함께 踦閭하고 말하였다.〔相與踦閭而語〕"라고

---

3) 跖勁弩 : 今本 ≪史記≫ 〈蘇秦傳〉에는 '蹠勁弩'로 되어 있다.

4) 漢書……하였다 : ≪漢書≫ 〈賈誼傳〉의 顔師古 注에 "蹳은 蹠의 古字이다.……盭는 戾의 古字이다. 발바닥이 어긋나 걸을 수 없는 것을 말한다.〔蹳 古蹠字也……盭 古戾字 言足蹠反戾不可行也〕"라고 하였다.

5) 帝佶 : 고대 帝王의 이름으로, '帝嚳'으로도 쓴다. 黃帝의 증손이고, 호는 高辛이다.

하였는데, 何休는 "〈踦閭는〉 한쪽 사립문은 닫고 한쪽 사립문은 열고서, 한 사람은 안에 있고 한 사람은 밖에 있는 것이다."라고 하였다. ≪戰國策≫ 〈趙策 4〉에 "반드시 踦重된 자가 있을 것이다."라고 하였는데, 踦重은 '한쪽으로 치우치다'는 뜻이다. 衣部에 "襱은 '바짓가랑이 한쪽〔絝踦〕'이다."라고 하고, 毛傳[6]에 "蠨蛸(거미/소소)는 한쪽 다리가 길다."라고 한 경우는 모두 다리를 말하는데, 반드시 한쪽 다리만은 아니다.

管子"佶堯之時, 一踦腓, 一踦屨, 而當死." 謂一足剕, 一足屨, 當死罪也. 引伸之凡物單曰踦. 方言"倚・踦, 奇也. 自關而西凡全物而體不具謂之倚, 梁楚之閒謂之踦, 雍梁之西郊凡嘼支體不具者謂之踦." 公羊傳"匹馬隻輪無反者." 何曰, "匹馬, 一馬也. 隻, 踦也. 又相與踦閭而語. 何云, "閉一扇, 開一扇. 一人在內, 一人在外." 戰國策"必有踦重者矣." 踦重, 偏重也. 若衣部曰, "襱, 絝踦也." 毛傳曰, "蠨蛸, 長踦也." 則皆謂足, 不必一足.

② 去와 奇의 반절이다. 古音은 제17部에 있다.

去奇切. 古音在十七部.

04-040-1268  (跪) 〔절할/궤〕

'절하다'이다. 足을 따르고 危(위)가 소리이다.

拜也.① **从足, 危聲.**②

① 手部에 "𢷎(拜)는 머리가 손에 이르는 것이다."라고 하였다. 살펴보건대, 跪(꿇어앉을/궤)와 拜는 두 가지의 일이니, 동일하게 여겨서는 안 된다. 아마도 '절을 하는 것이다〔所以拜也〕'라고 말해야 하는데, 後人이 ≪설문해자≫에서 '所以'라는 글을 이해하지 못하고 가끔 이를 산삭해버렸다. ≪釋名≫ 〈釋姿容〉에 "跪는 '무릎을 꿇다〔危〕'는 뜻이다. 양쪽 무릎을 땅에 의지하고 신체가 불안한 것이다."라고 하였다.

手部曰, "𢷎, 首至手也." 按跪與拜二事, 不當一之. 疑當云所以拜也, 後人不達此書所以字, 往往刪之. 釋名"跪, 危也. 兩膝隱地, 體危陧也."

② 去와 委의 반절이다. 제16部에 있다.

去委切. 十六部.

04-040-1269  (跽) 〔꿇어앉을/기〕

6) 毛傳 : ≪詩經≫ 〈豳風 東山〉의 "거미가 문에 있다.〔蠨蛸在戶〕"에 대한 毛亨 傳을 가리킨다. 여기의 '蠨'자는 단옥재가 제시한 蠨와 차이가 있다.

'신체를 꼿꼿이 하고 꿇어앉다'이다. 足을 따르고 忌(기)가 소리이다.

長跽也.① 从足, 忌聲.②

①"長跽"는 각 판본에는 '長跪'로 되어 있는데, 지금 바로잡았다. 살펴보건대, 절〔拜〕로 이어지는 것을 '跪'라 하고, 절로 이어지지 않는 것을 '跽'라 한다. ≪史記≫ 〈范雎傳〉에서 네 번이나 "진왕이 꿇어앉았다.〔秦王跽〕"를 언급한 뒤에 "秦王이 再拜하였다."라고 한 말이 이것이다.

長跽는 바로 古語이다. 長은 민간에서 踉(무릎 꿇을/장)으로 쓴다. 사람이 편안히 앉아 있으면 몸이 해이해지고, 공경하면 조금 무릎을 꿇어 몸을 더 높여 곧추세우기 때문에 '長跽'라고 한다. ≪方言≫ 권7에 "東齊[7]·海岱[8]·北燕[9]의 郊外에서는 跪를 '踉躄(장무)'라고 한다."에 대한 郭璞 注에 "지금 東郡[10] 사람들도 長跽를 '踉躄(장무)'라고 부른다."라고 하였다. ≪釋名≫ 〈釋姿容〉에 "跽는 '조심하다〔忌〕'는 뜻이다. 공경하거나 조심하는 사람을 뵈면, 감히 스스로 편하지 못하다."라고 하였다.

≪史記≫ 〈滑稽列傳〉의 "鞠䠐"[11]에 대한 徐廣[12]의 ≪史記音義≫에 "䠐(기)는 其와 紀의 반절이고, 跽와 같은 글자이며, '조금 무릎 꿇는 것'을 이른다."라고 하였다. ≪廣雅≫ 〈釋詁〉에 "踉躄는 '무릎을 꿇고 절하는 것'이다."라고 하였다. 이와 같은 말들은 합쳐서 말한 것이다. 그런데 許愼은 跪와 跽를 나누어 말하였다.

"長跽"各本作長跪, 今正. 按係於拜曰跪, 不係於拜曰跽. 范雎傳四言秦王跽, 而後乃云, "秦王再拜"是也. 長跽乃古語. 長俗作踉. 人安坐則形弛, 敬則小跪聳體若加長焉, 故曰長跽. 方言"東齊海岱北燕之郊, 跪謂之踉躄." 郭曰, "今東郡人亦呼長跽爲踉躄." 釋名"跽, 忌也. 見所敬忌不敢自安也." 徐廣注滑稽傳"鞠䠐"曰, "䠐, 其紀反, 與跽同. 謂小跪也." 廣雅"踉躄, 跪拜也." 此統言之. 許跪跽析言之.

② 渠와 几의 반절이다. 古音은 제1부에 있다. 徐廣의 ≪史記音義≫에서 말한 音이 옳다. 渠几切. 古音在一部. 徐廣音是也.

---

7) 東齊 : 周代의 齊나라를 가리킨다. 땅이 周의 동쪽에 있기 때문에 '東齊'라고 칭하였다.

8) 海岱 : 東海(黃海)에서 泰山까지의 사이에 있는 땅으로, 지금의 山東省을 가리킨다.

9) 北燕 : 周代의 燕나라를 가리킨다. 땅이 周의 북쪽에 있기 때문에 北燕이라고 칭하였다. 지금의 北京市 房山區 琉璃河 유적에서 燕나라 초기의 유물이 대량으로 발견되었다.

10) 東郡 : 郡名으로, 대략 지금의 河南省 東北部와 山東省 西部 일부 지역에 해당한다.

11) 鞠䠐 : ≪史記≫ 〈滑稽列傳〉에 "순우곤이 토시를 걷고 몸을 굽혀 꿇어앉다.〔髡帣韝鞠䠐〕"라는 구절을 가리킨다.

12) 徐廣 : 352~425. 晉나라의 학자이며, 저서로 ≪史記音義≫가 있다.

04-040-1270 (踧)〔길이 평탄할/축〕

'길이 평탄하다'이다. 足을 따르고 叔(숙)이 소리이다. ≪詩經≫ 〈小雅 小弁〉에 "다니기에 평탄한 周나라 도로여!"라고 하였다.

行平易也.[①] **从足, 叔聲.**[②] **詩曰, "踧踧周道."**[③]

① ≪詩經≫ 〈小雅 小弁〉의 毛亨 傳에 "踧踧은 '평탄하다'는 뜻이다."라고 하였다.
小雅毛傳曰, "踧踧, 平易也.

② 子와 六의 반절이다. 제3部에 있다.
子六切. 三部.

③ ≪詩經≫ 〈小雅 小弁〉의 구절이다.
小弁.

04-040-1271 (躣)〔가는 모양/구〕

'가는 모양'이다. 足을 따르고 瞿(구)가 소리이다.

行皃.[①] **从足, 瞿聲.**[②]

① ≪楚辭≫ 〈九辯〉에 "꿈틀거리며 가는 蒼龍을 우측에 두었다."라고 하였다.
九辯"右蒼龍之躣躣."

② 其와 俱의 반절이다. 제5部에 있다.
其俱切. 五部.

04-040-1272 (踖)〔조심스럽게 걸어갈, 공경하고 두려워하는 모양/석〕

'긴 다리로 조심스럽게 가다'이다. 足을 따르고 昔(석)이 소리이다. 일설에는 '공경하고 두려워하는 모양'이라고도 한다.

長脛行也.[①] **从足, 昔聲.**[②] 一曰踧踖.[③]

① ≪詩經≫ 〈小雅 楚茨〉에 "의젓하게 주방일을 집행한다."라고 하였는데, 毛亨 傳에 "踖踖은 '주방일에 의젓함이 있는 것'을 말한다."라고 하였다.
小雅"執爨踖踖." 毛曰, "踖踖, 言爨竈有容也."

② 資와 昔의 반절이다. 古音은 제5部에 있다.
資昔切. 古音在五部.

③ ≪論語≫ 〈鄕黨〉에 보이는데, 〈'踧踖'에 대하여〉 馬融은 "공경하는 모습이다."라고 하였고, ≪廣韻≫ 一屋에 "踧踖은 '행동으로 공경하는 것'이다."라고 하였다. 살펴보건대, ≪春秋左氏傳≫ 隱公 4년에 "石碏"[13]이 보이는데, 漢石經[14] ≪春秋公羊傳≫에는 "石踖"으로 되어 있다.[15] 石을 따른 '碏'자는 잘못된 글자이다.
見論語鄕黨, 馬融曰, "恭敬皃也." 廣韻一屋曰, "踧踖, 行而謹敬." 按左傳石碏. 漢石經公羊作"石踖", 从石, 誤字也.

04-040-1273 踽(踽)〔쓸쓸히 가는 모양/우〕

'친한 사람 없이 가는 모양'이다. 足을 따르고 禹(우)가 소리이다. ≪詩經≫ 〈唐風 杕杜〉에 "친한 사람 없이 홀로 간다."라고 하였다.

疏行皃.① **从足, 禹聲.**② **詩曰, "獨行踽踽."**

① ≪詩經≫ 〈唐風 杕杜〉에 "친한 사람 없이 홀로 간다."라고 하였는데, 毛亨 傳에 "踽踽는 '친한 사람이 없는 것'이다."라고 하였다. 살펴보건대, 許愼이 경전에 합치되게 말한 것이다. 疏는 '통하다'는 뜻이다. 인신하여 '親疏'의 疏의 뜻으로 쓰이는데, ≪孟子≫ 〈盡心 下〉에 "행실을 어찌하여 이처럼 외롭고 쓸쓸하게 하는가."라고 한 뜻과 동일하다.
唐風"獨行踽踽." 毛曰, "踽踽, 無所親也." 按許合經傳云爾. 疏, 通也. 引伸爲親疏, 孟子"行何爲踽踽涼涼."義同.

② 區와 主의 반절이다. 제5部에 있다.
區主切. 五部.

---

13) 石碏 : ?~? 춘추시대 衛나라의 大夫이다. 衛 莊公의 正妃인 莊姜이 아들이 없자, 후처 소생인 桓公을 아들로 삼았다. 장공의 첩의 아들인 州吁가 싸움하기를 좋아했고, 석작의 아들 石厚가 주우와 어울리기를 좋아하자, 석작이 이를 말렸다. 뒤에 주우가 환공을 죽이자, 석작은 석후를 죽였다.(≪春秋左氏傳≫ 隱公 4년)

14) 漢石經 : 돌에 새긴 經書를 말한다. 漢 平帝 元始 원년에 王莽이 甄豐에게 명해 ≪易經≫ · ≪書經≫ · ≪詩經≫ · ≪左傳≫을 돌에 새기게 한 것이 그 효시이다. 그 뒤 漢 靈帝 熹平 4년(175)에 諸儒들에게 詔令을 내려 ≪易經≫ · ≪書經≫ · ≪詩經≫ · ≪儀禮≫ · ≪公羊傳≫ · ≪論語≫ 등 六經을 正定하여, 蔡邕이 隸書로 써서 비석에 새겨 太學의 문밖에 세웠다.

15) 漢石經……있다 : ≪隸釋≫ 〈石經公羊殘碑〉에 보인다.

04-040-1274  (蹡) 〔가는 모양/장〕

'가는 모양'이다. 足을 따르고 將(장)이 소리이다. ≪詩經≫ 〈周頌 執競〉에 "피리와 석경 소리 울려퍼지네."라고 하였다.

行皃.① **从足, 將聲.**② **詩曰, "管磬蹡蹡."**③

① ≪儀禮≫ 〈聘禮〉에 "北面한 衆介[16]는 여유〔蹌〕가 있다."에 대한 鄭玄 注에 "〈蹌은〉 '용모에 여유가 있다'는 뜻이다."라고 하였다. ≪禮記≫ 〈曲禮 下〉에 "천자는 穆穆하고 제후는 皇皇하고, 大夫는 濟濟하고 士는 蹌蹌하다."[17]에 대한 鄭玄 注에 "모두 행동거지와 용모의 모습이다."라고 하였다.

살펴보건대, 許愼은 '蹡'을 '가는 모양'이라고 하였고, 蹌을 '움직이다'는 뜻이라고 풀이하였다. 그렇다면 ≪禮記≫에서 '行容'이라고 말한 것은 모두 蹡이 正字가 되고, 蹌은 假借字가 된다. ≪廣雅≫ 〈釋訓〉에 "蹡蹡은 '달리다'는 뜻이다."라고 하였다.

聘禮"衆介北面蹌焉." 鄭云. "容皃舒揚." 曲禮"天子穆穆, 諸侯皇皇, 大夫濟濟, 士蹌蹌." 鄭曰, "皆行容止之皃也." 按許蹡爲行皃, 蹌訓動也. 然則禮言行容者, 皆蹡爲正字, 蹌爲叚借字. 廣雅"蹡蹡, 走也."

② 七과 羊의 반절이다. 제10部에 있다.

七羊切. 十部.

③ ≪詩經≫ 〈周頌 執競〉의 글이다. 지금 ≪시경≫에는 "석경과 피리 소리가 모이네.〔磬筦將將〕"로 되어 있고, 毛亨 傳에서는 "將將은 '모이다'는 뜻이다."라고 하였다.

周頌文. 今詩作"磬筦將將." 毛曰, "將將, 集也."

04-040-1275 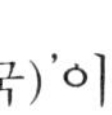 (躖) 〔발자국/단〕

'밟은 곳(발자국)'이다. 足을 따르고 斷(단)의 생략형이 소리이다.

踐處也.① **从足, 斷省聲.**②

① 이 글자는 疃(짐승 발자국/단)과 뜻이 같다. 田部에 "疃은 '짐승이 밟은 곳'이다."라고 하

16) 衆介 : '여러 士'를 가리키는 말이다. 士는 周官名으로, 司馬에 소속된 관원이다.

17) 천자는……蹌蹌하다 : 陳澔는 ≪禮記集說≫ 注에서 "穆穆은 '그윽하고 깊고 화목하고 공경하는 모습'이고, 皇皇은 '웅장하고 顯明한 모습'이고, 濟濟는 '정돈되고 꾸미고 가지런하고 한결같은 모습'이고, 蹌蹌은 '나래를 펴고 드날리는 모양'이다.〔穆穆 幽深和敬之貌 皇皇 壯盛顯明之貌 濟濟 修飾齊一之貌 蹌蹌 翔擧舒揚之貌〕"라고 하였다.

였다. 王逸[18]의 ≪楚辭≫ 〈九思〉에 "사슴이 다니는 작은 길에 발자국들〔躖躖〕"이라고 하였는데, 躖은 또한 '𨆢'으로도 쓴다. 살펴보건대, 단지 "踐處"라고만 한 것은 '疃'자와 구별한 것이며, 〈疃은〉 오로지 짐승에만 해당하는 글자이기 때문이다.

此與疃同義. 田部曰, "疃, 禽獸所踐處也." 王逸九思"鹿蹊兮躖躖." 亦作𨆢. 按衹云"踐處", 別於疃字, 專屬禽獸.

② '㡭聲(절성)'이라고 하지 않은 것은 㡭은 絶의 古文이기 때문이다. 徒와 管의 반절이다. 제14部에 있다.

不云㡭聲者, 㡭古文絶也. 徒管切. 十四部.

04-040-1276 (趴)〔빠르게 넘는 모양/부〕

'바르게 넘는 모양'이다. 足을 따르고 卜(복)이 소리이다.

趣越皃.① 从足, 卜聲.②

① 趣(취)는 '빠르다'는 뜻이다. 小徐(徐鍇)의 ≪說文解字系傳≫에는 趨(달릴/추)로 되어 있다. 趴는 赴와 音義가 대략 같다.

趣, 疾也. 小徐作趨. 趴與赴音義略同.

② 芳과 遇의 반절이다. 古音은 제3部에 있다.

芳遇切. 古音在三部.

04-040-1277 (踰)〔넘을/유〕

'넘다'이다. 足을 따르고 兪(유)가 소리이다.

越也.① 从足, 兪聲.②

① 越은 '넘다'는 뜻이다. 踰는 逾와 音義가 대략 같다.

越, 度也. 踰與逾音義略同.

② 羊과 朱의 반절이다. 제4部에 있다.

羊朱切. 四部.

---

18) 王逸 : 89?~158? 後漢 때의 저명한 문학가이다. 자는 叔師이며, 벼슬은 豫州刺史와 豫章太守를 지냈다. 저서로 ≪楚辭章句≫, ≪王叔師集≫, 〈九思〉 등이 있다.

04-040-1278 (跋) 〔가벼울/월〕

'가볍다'이다. 足을 따르고 戉(월)이 소리이다.

輕也.① **从足, 戉聲.**②

① ≪廣韻≫ 入聲 10月에 "娍은 '가볍다'는 뜻이다."라고 하였으니, 글자가 女를 따랐다.
廣韻"娍, 輕也." 字从女.

② 王과 伐의 반절이다. 제15部에 있다.
王伐切. 十五部.

04-040-1279 (蹻) 〔발을 조금 들/교〕

'발을 조금 높이 들다'이다. 足을 따르고 喬(교)가 소리이다. ≪詩經≫ 〈大雅 板〉에 "小子[19]는 매우 교만하다."라고 하였다.

擧足小高也.① **从足, 喬聲.**② **詩曰, "小子蹻蹻."**③

① 蹻와 高는 疊韻이다. 각 판본에는 "行高"로 되어 있다. ≪漢書≫ 〈高帝紀 下〉의 晉灼 注[20]에는 "小高"로 되어 있다. 玄應의 ≪一切經音義≫에서 "文穎이 '蹻는 「翹(꼬리 긴 깃털/교)」와 같다.'[21]라고 하였다."는 말을 인용하였다. 또 ≪三蒼解詁≫의 "蹻는 '발을 들다'는 뜻이다. 丘와 消의 반절이다."라고 한 말을 인용하였는데, 살펴보건대, 지금의 俗語도 여전히 이와 같다.
蹻高疊韻. 各本作"行高", 晉灼注漢書高帝紀作"小高". 玄應引文穎曰, "蹻猶翹也." 又引三蒼解詁云, "蹻, 擧足也. 丘消切." 按今俗語猶然.

② 丘와 消의 반절이다. 大徐(徐鉉)은 居와 勺(작)의 반절이라고 하였는데, 잘못이다. 제2

---

19) 小子 : 幼弱하고 無知한 사람을 일컫는 말이다. ≪詩經≫ 〈大雅 板〉의 孔穎達 疏에 "小子는 幼弱하고 無知한 사람을 일컫는 말이다. 가르칠 수가 없기 때문에 '小子'라고 이른다.〔小子 是幼弱無知之稱 以其不可敎誨 故謂之小子〕"라고 하였다.

20) 晉灼 注 : ≪漢書≫ 〈高帝紀 下〉의 "대신들은 안에서 배반하고 장수들은 밖에서 반란을 일으키면 망하는 것은 발을 들고 기다릴 수 있다.〔大臣內畔 諸將外反 亡 可蹻足待也〕"에 대한 晉灼 注이다.

21) 文穎이……같다 : ≪漢書≫ 〈高帝紀 下〉의 "대신들은 안에서 배반하고 장수들은 밖에서 반란을 일으키면 망하는 것은 발을 들고 기다릴 수 있다.〔大臣內畔 諸將外反 亡 可蹻足待也〕"에 대한 文穎 注이다.

部에 있다.

丘消切. 大徐居勺切, 非也. 二部.

③ ≪詩經≫ 〈大雅 板〉의 글이다. 毛亨 傳에 "蹻蹻는 '교만한 모양'이다."라고 하였는데, 이는 引伸된 뜻이다.

大雅文. 毛曰, "蹻蹻, 驕皃." 此引伸之義.

04-040-1280  (跾) 〔빠를, 길/숙〕

'빠르다'이며 '길다'이다. 足을 따르고 攸(유)가 소리이다.

疾也, 長也.① **从足, 攸聲.**②

① 두 가지 뜻이 상반되면서 서로 이루어준다. ≪周易≫ 頤卦의 "하고자 함이 쫓고쫓아 계속되면〔其欲逐逐〕"이라고 하였는데, 이에 대한 ≪經典釋文≫ 〈周易音義〉에 "薛虞[22]는 '〈逐은〉 「빠르다〔速〕」는 뜻이다.'라고 하였다. ≪子夏易傳≫에는 '攸攸'로 되어 있고, 荀爽은 '悠悠'로 썼다. 劉表는 跾으로 쓰고 〈跾은〉 '멀다'는 뜻이다."라고 하였다.

살펴보건대, ≪方言≫ 권2에 "透는 '놀라다'는 뜻이다."에 대한 郭璞 注에 "式과 竹의 반절이다."라고 하였다. 左思의 〈吳都賦〉에 "놀랍고 어수선하고 소란스럽다.〔驚透沸亂〕"라고 하였는데, 透은 바로 '跾'자이며, 音義가 똑같다. 지금 사람들은 이를 透漏(새다, 누설하다)의 '透'자로 쓰는데, 〈透는〉 他와 候(候)의 반절이다.

二義相反而相成. 易"其欲逐逐." "薛云, '速也.' 子夏傳作攸攸, 荀作悠悠. 劉作跾, 云遠也." 按方言"透, 驚也.", "式竹切." 吳都賦"驚透沸亂." 透卽跾字, 音義正同. 今人以爲透漏字. 他候切.

② 式과 竹의 반절이다. 제3部에 있다.

式竹切. 三部.

04-040-1281  (蹌) 〔움직일/창〕

'움직이다'이다. 足을 따르고 倉(창)이 소리이다.

動也. 从足, 倉聲.①

---

22) 薛虞 : ?~? 後漢 말과 魏나라 초기 사람이다. ≪周易≫에 주석을 달았으나 散逸되었고, 그의 해설이 ≪經典釋文≫과 ≪周易正義≫에 간혹 보인다. 저본의 '薛'은 '薛'의 이체자로, ≪字彙≫ 〈艸部〉에 "薛은 薛과 같다.〔薛 與薛同〕"라고 하였다.

① 七과 羊의 반절이다. 제10部에 있다.
七羊切. 十部.

04-040-1282 踊(踊)〔뛸/용〕

'뛰다'이다. 足을 따르고 甬(용)이 소리이다.

跳也.① **从足, 甬聲.**②

① 走部의 踴(용)[23]과 다르다.
與走部踴別.

② 余와 隴의 반절이다. 제9部에 있다.
余隴切. 九部.

04-040-1283 躋(躋)〔오를/제〕

'오르다'이다. 足을 따르고 齊(제)가 소리이다. ≪書經≫ 〈商書 微子〉에 "나(微子)에게 殷나라가 몰락함〔顚躋〕을 표시하여 알려줌이 없다."라고 하였다.

登也. 从足, 齊聲.① **商書曰,**② **"予顚躋."**③

① 祖와 雞의 반절이다. 제15部에 있다.
祖雞切. 十五部.

② 살펴보건대, 口部의 '咈'자에서 ≪書經≫ 〈商書 微子〉에 "老成한 사람을 거스르다.〔咈其耇長〕"를 인용하였고, 辵部의 '逭'자에서 ≪서경≫ 〈상서 미자〉에 "내가 일어나 그 敗頹를 받아들이겠다.〔我興受其逭〕"를 인용하였는데, 모두 〈周書〉에 소속시켰다. 여기에는 〈商書〉로 되어 있는데, 아마도 이것이 옳은 듯하다.
按口部引"咈其耇長", 辵部引"我興受其逭", 皆系之周書. 此作商書, 恐此爲是.

③ ≪尙書≫ 〈商書 微子〉의 글이다. 지금의 ≪상서≫에는 '隮'로 되어 있다. 注解한 사람은 "굴러서 떨어지고 올랐다가 떨어진다.〔顚隕隮墜〕"라고 하였다.[24] 살펴보건대, '오르

---

23) 走部의 踴(용) : 踴은 초상 때 빈소에 가서 가슴을 치고 세 번 뛴다는 뜻이다. 走部에는 "喪擗"으로 되어 있다.

24) 注解한……하였다 : ≪書經≫에 傳을 단 孔安國을 가리킨다. 이 구절에 대해 孔安國 傳에 "당신들의 의사를 표시하며 고함이 없으면 우리 殷나라가 몰락할 것이니, 어떻게 구제

다〔升〕'와 '내리다〔降〕'를 모두 '躋'라고 하니, '다스리다〔治〕'와 '어지럽다〔亂〕'를 모두 '亂'이라고 하는 것과 같다. 세속에서는 '隮'로 쓴다. ≪尙書≫ 〈周書 顧命〉에 "서쪽 계단〔賓階〕을 따라 오르다.〔由賓階隮〕"라고 하였고, ≪毛詩≫ 〈鄘風 蝃蝀〉에 "아침에 무지개가 서쪽에 떠오르니〔朝隮於西〕"라고 하였고, ≪모시≫ 〈曹風 侯人〉에 "남산에서 아침에 구름 기운이 올라가도다.〔南山朝隮〕"라고 하였으며, ≪周禮≫ 〈春官 眡祲〉에 "아홉 번째는 '기운이 올라가는 것〔隮〕'[25]이다.〔九曰隮〕"라고 한 것은 모두 '오르다'는 뜻으로 풀이한 것이다. ≪春秋左氏傳≫ 昭公 13년의 "도랑과 골짜기에 떨어져 죽는다는 것으로 알고 있다.〔知隮於溝壑矣〕"에서의 〈'隮'는〉 '추락하다, 떨어지다〔降〕'는 뜻이다.

微子篇文, 今尙書作隮. 注家云, "顚隕隮墜." 按升降同謂之躋, 猶治亂同謂之亂. 俗作隮. 顧命"由賓階隮", 毛詩"朝隮于西", "南山朝隮", 周禮"九曰隮", 皆訓升. 左傳"知隮於溝壑矣", 則訓降.

04-040-1284 躍(躍)〔빠를/약〕

'빠르다'이다. 足을 따르고 翟(적)이 소리이다.

迅也.① **从足, 翟聲.**②

① 迅은 '빠르다〔疾〕'는 뜻이다.
迅, 疾也.

② 以와 灼의 반절이다. 제2部에 있다.
以灼切. 二部.

04-040-1285 跧(跧)〔밟을, 낮을, 구부릴/전〕

'밟다'이다. 足을 따르고 全(전)이 소리이다. 일설에는 '낮다〔卑〕, 구부리다〔絭〕'는 뜻이라고도 한다.

蹴也.① **从足, 全聲.**② **一曰卑也, 絭也.**③

하겠는가.〔汝無指意告 我殷邦顚隕隮墜 如之何其救之〕"라고 하였다.

25) 기운이……것〔隮〕: ≪周禮≫ 〈春官 眡祲〉의 "九曰隮"에 대한 鄭玄 注에 "鄭衆은……'隮'는 '기운이 올라가다'는 뜻이다.〔鄭司農云……隮者 升氣也〕'라고 하였다."라고 하였다. 이와는 달리 鄭玄 注에 "隮는 무지개이다.〔隮 虹也〕"라고 하였다.

① 蹴은 '밟다〔躡〕'는 뜻이다.
 蹴, 躡也.

② 莊과 緣의 반절이다. 제14部에 있다.
 莊緣切. 十四部.

③ 豢은 拳曲의 '拳(구부릴/권)'이 되어야 한다. 王延壽의 <魯靈光殿賦>에 "교활한 토끼가 몸을 구부리고〔跧〕 가로목 옆에 엎드려 있다."라고 하였다. 注에서는 "卑也 豢也"를 인용해야 하니, 李善이 "蹴也"를 인용한 것은 잘못이다.
 豢當爲拳曲之拳. 魯靈光殿賦"狡兎跧伏於柎側." 注當引"卑也, 豢也." 李善引"蹴也", 非.

04-040-1286  (蹴) 〔밟을/축〕

'밟다'이다. 足을 따르고 就(취)가 소리이다.[26]

躡也.① 从足, **就聲.**②

① 玄應의 ≪一切經音義≫에서 "≪說文解字≫에 '蹴은 「밟다〔蹋〕」이다. 발로 맞이하여 밟는 것을 「蹴」이라 한다.'라고 하였다."라고 하였다.
 玄應云, "說文'蹴, 蹋也. 以足逆蹋之曰蹴.'"

② 七과 宿의 반절이다. 제3部에 있다.
 七宿切. 三部.

04-040-1287  (蹋) 〔밟을/답〕

'밟다'이다. 足을 따르고 𦐇(탑)이 소리이다.

踐也. 从足, **𦐇聲.**①

① 徒와 盍의 반절이다. 제8部에 있다. 세속에서는 '踏'으로 쓴다.
 徒盍切. 八部. 俗作踏.

---

26) 足을……소리이다. : ≪六書尋源≫에서는 "蹴을 '躡'이라고 풀이하였는데 躡은 '밟음'이며 '오름'이니 바로 '높이 나아가다'는 뜻이므로 '就'를 따랐다.〔此訓躡 躡 蹈也 登也 卽高蹈進就之義 故从就也〕"라고 하여, 회의로 설명하고 ≪說文解字≫의 "从足 就聲"의 형성을 취하지 않았다.

04-040-1288 躡 (躡) 〔밟을/섭〕

'밟다'이다. 足을 따르고 聶(섭)이 소리이다.

蹈也.① **从足, 聶聲.**②

① ≪史記≫ 〈淮陰侯列傳〉에 "張良과 陳平이 漢王의 발을 밟았다.〔躡〕"는 것이 이 용례이다. 潘嶽의 〈藉田賦〉에서 "발꿈치를 밟고 몸을 옆으로 굴리다.〔躡踵側肩〕"에 대한 李善注에 인용된 "≪說文解字≫에 '躡은 「뒤쫓다〔追〕」는 뜻이다.'라고 하였다."라고 하였는데, 여기에서 '蹈'라고 한 것과 같지 않다.
史記"張良·陳平躡漢王足"是也. 藉田賦注引"說文'躡, 追也.'" 不同.

② 尼와 輒의 반절이다. 제8部에 있다.
尼輒切. 八部.

04-040-1289 跨 (跨) 〔넘을/과〕

'넘어가다'이다. 足을 따르고 夸(과)가 소리이다.

渡也.① **从足, 夸聲.**②

① 양쪽 넓적다리 사이를 크게 벌려 넘어가는 바가 있는 것을 이른다. 이로 인하여 양쪽 넓적다리 사이를 '跨下'라고 이른다. ≪史記≫ 〈淮陰侯列傳〉에는 〈'跨下'가〉 '胯下'로 되어 있다. 夊部에 "𡕒(과)는 '큰 보폭으로 걷다〔跨步〕'이다. 苦와 瓦의 반절이다."라고 하였다.
謂大其兩股閒以有所越也, 因之兩股閒謂之跨下. 史記陰侯傳作胯下. 夊部曰, "𡕒, 跨步也. 苦瓦切."

② 苦와 化의 반절이다. 살펴보건대, 古音은 제5部에 있으니, 音이 제17部로 轉入되었다.[27] ≪五經文字≫ 卷下의 足部에 "≪說文解字≫에는 踤로 되어 있다. 經典에서 서로 이어받고 篆書에서 隸書로 바뀌는 과정에서 '跨'가 되었다."라고 하였는데, 이는 실제로 그렇지 않다. 夸聲은 제5部에 있고, 𡕒聲은 제17部에 있으며, 절대로 '㚔'자는 없다. 심지어 ≪五經文字≫ 卷上의 肉部에 "≪說文解字≫의 脺가 篆書에서 隸書로 바뀌는 과정에서 '胯'로 되어 있다."라고 한 것은 더욱 잘못되었다. ≪說文解字≫에 '𡕒'자는 있으나 '脺'·'胯'자는 없다. 胯는 𡕒의 俗字이다.

---

27) 제5部에……轉入되었다 : 夸는 제5部에 있고, 𡕒는 제17部에 있다.

≪廣韻≫ 去聲 14禡에서 "〈胯는〉 양쪽 넓적다리 사이〔兩股閒〕이다."라고 하였는데, 내(단옥재)가 또 살펴보건대, 蹴·躡·蹦·踄·蹈·躔·踐 일곱 글자는 같은 부류로 서로 연결되어, 중간에 '跨'자로 끊어서는 안 되며, 아마도 許愼의 ≪說文解字≫에는 '跨'자가 없었던 듯하다. 夂部의 '夅'자를 해설하여 "跨步이다."라고 하였는데, '跨步'는 '夸步'가 되어야 하며, '夸步'는 '큰 걸음'이다. 양쪽 넓적다리를 크게 벌리는 것을 '夅'라고 한다. 반드시 '夸步'라고 말하고 '大步'라고 말하지 않은 것은 夅와 夸가 雙聲이기 때문이다. 후세 사람이 夅를 고쳐 '跨'로 쓴 것이다.

≪玉篇≫ 夂部 에서 "夅는 跨와 같다."라고 한 것이 바로 명확한 증거이다. 또한 오로지 '양쪽 넓적다리 사이'를 말할 때에만 '胯'로 쓰고, '夅'자의 뜻을 고쳐 '跨步'라고 하는 것은 모두 후세 사람이 추가하고 고친 데서 나온 것이다. 이는 張參本이 지금 판본과 서로 어긋나고 다른 것이지, 모두가 반드시 이렇지만은 않을 것이다.

苦化切. 按古音在五部, 音轉入於十七部耳. 五經文字云, "說文作跨. 經典相承, 隸省作跨." 此實不然. 夸聲在五部, 夅聲在十七部, 絶無夆字. 至肉部云, "說文胯, 隸省作胯."則更誤. 說文有夅字, 無胯·胯字. 胯卽夅之俗, 廣韻曰, "兩股閒也." 玉裁又按, 蹴躡蹦踄蹈躔踐七字一氣銜接, 不當中絶以跨字, 疑許書本無跨字. 夂部之夅釋曰, "跨步也." 跨步當爲夸步, 夸步者, 大步也. 大張其兩股曰夅. 必云夸步不云大步者, 夅夸雙聲也. 後人改夅作跨, 玉篇云, "夅與跨同." 其明證也. 又專言兩股閒則作胯, 夅字之訓則改之曰跨步, 皆出後人增竄. 此所以張參本與今本參差乖異而皆不必是歟.

04-040-1290 踄 (踄)〔밟을/박·보〕

'밟다'이다. 足을 따르고 步(보)가 소리이다.

蹈也. 从足, 步聲.①

① 旁과 各의 반절이다. 또한 음은 步(보)이다. 제5部에 있다.
旁各切. 又音步. 五部.

04-040-1291 蹈 (蹈)〔밟을/도〕

'밟다'이다. 足을 따르고 舀(요)가 소리이다.

踐也.① **从足, 舀聲.**②

① ≪釋名≫ 〈釋姿容〉에 "蹈는 '도로〔道〕'이다. 발로 밟는 것이 도로와 같은 것이다."라고

하였다.

釋名"蹈, 道也. 以足踐之如道."

② 徒와 到의 반절이다. 古音은 제3部에 있다.

徒到切. 古音在三部.

04-040-1292 (躔)〔밟을/전〕

'밟다'이다. 足을 따르고 廛(전)이 소리이다.

踐也.① **从足, 廛聲.**②

① ≪方言≫ 권12에 "躔은 '지나가다〔歷行〕'는 뜻이다. 해가 운행하는 궤적을 '躔'이라 한다."라고 하였다.

方言"躔, 歷行也. 日運爲躔."

② 直과 連의 반절이다. 제14部에 있다.

直連切. 十四部.

04-040-1293 (踐)〔밟을/천〕

'밟다'이다. 足을 따르고 戔(전)이 소리이다.

履也.①**从足, 戔聲.**②

① 신발이 땅에 닿는 것을 '履'라고 한다. 履는 '발이 의지하는 것'이다.

履之箸地曰履. 履, 足所依也.

② 慈와 衍의 반절이다. 제14部에 있다.

慈衍切. 十四部.

04-040-1294 (踵)〔뒤쫓을, 왕래하는 모습/종〕

'뒤쫓다'이다. 足을 따르고 重(중)이 소리이다. 일설에는 '왕래하는 모습'이라도 한다.

追也.① **从足, 重聲.**② **一曰往來**皃.

① 止部의 歱(발꿈치/종)과 다른 글자이다.

與止部歭別.

② 之와 隴의 반절이다. 제9部에 있다.
之隴切. 九部.

04-040-1295 (踔)〔밟을/초〕

'밟다'이다. 足을 따르고 卓(작)이 소리이다.

踶也.① 从足, **卓聲.**②

① 許愼은 踔가 蹈와 뜻이 같다고 생각하였다.
許意踔與蹈義同.

② 知와 教의 반절이다. 제2部에 있다. ≪廣韻≫ 去聲 36效에는 '丑과 教의 반절'이고 "원숭이가 뛰다〔蝯跳〕는 뜻이다."라고 하였다. ≪漢書≫〈上林賦〉에 "나뭇가지가 드문 곳을 밟다.〔趠希間〕"라고 하였는데, ≪史記≫에는 "踔希間"으로 되어 있는 것이 이 용례이다. 또 ≪莊子≫〈秋水〉에 "외발로 껑충거리며 다닌다."라고 하였는데, 다리가 길게 하고 짧게 함을 이른다. 敕과 甚, 敕과 角 두 가지의 반절이다.
知教切. 二部. 廣韻丑教切, "蝯跳也." 漢書上林賦"趠希間"[28), 史記作"踔希間"是也. 又莊子"一足趻踔而行." 謂脚長短也. 敕甚敕角切.

04-040-1296 (蹛)〔밟을/대〕

'밟다'이다. 足을 따르고 帶(대)가 소리이다.

踶也.① 从足, **帶聲.**②

① 玄應은 "躛는 ≪三蒼≫[29)에 音이 '帝'로 되어 있다. 郭訓[30)의 ≪古文奇字≫에서는 躛를 '逝'자의 古文이라고 하였다. ≪漢書≫에서 韋昭는〈躛의〉音이 徒와 計의 반절이라고 하였다."라고 하였다.[31) 살펴보건대, 蹛는 바로 '躛'자이다. ≪漢書≫〈王莽傳 下〉에서

---

28) 趠希間 : 今本〈上林賦〉에는 "掉希間"으로 되어 있다.

29) 三蒼 : 漢나라 초기의 辭典으로, 李斯의 ≪倉頡篇≫과 趙高의 ≪爰歷篇≫과 胡母敬의 ≪博學篇≫을 합하여 하나로 만든 책이다.

30) 郭訓 : ?~? 東漢 때 사람으로, 字는 顯卿이다. 저서로 ≪古文奇字≫, ≪雜字旨≫가 있으나, 모두 전하지 않는다.

31) 玄應은……하였다 : ≪一切經音義≫ 권3,〈道行般若經〉제2권 '須躛天'의 音義에 보인다.

蹩惲[32]의 蹩로, ≪漢書≫ 〈匈奴傳 上〉에서 蹛林[33]의 蹛로 되어 있다.[34]

玄應曰, "蹩三蒼音帝. 郭訓古文奇字, 以爲古文逝字. 漢書韋昭音徒計切." 按蹛卽蹩字. 漢書蹩惲作蹩, 蹛林作蹛.

② 當과 蓋의 반절이다. 제15部에 있다.

當蓋切. 十五部.

04-040-1297 (蹩)〔밟을, 절름발이/별〕

'밟다'이다. 足을 따르고 敝(별)이 소리이다. 일설에는 '절름발이〔跛〕'라고도 한다.

蹍也.[①] 从足, 敝聲.[②] 一曰㢘[35]也.

① ≪集韻≫ 入聲16屑에는 蹩(절름발이/별)로 되어 있으며, "'발을 안쪽으로 어긋나게 하여 밟다'는 뜻이다. 匹과 蔑의 반절이다."라고 하였다. ≪莊子≫ 〈馬蹄〉에 "마음을 다하고 힘을 써서〔蹩躠〕 仁을 행한다."[36]라고 하였는데, 蹩躠를 또한 '弊薛'로도 쓴다.

集韻作蹩, 云, "反足蹍也, 匹蔑切." 莊子"蹩躠爲仁." 亦作弊薛.

② 蒲와 結의 반절이다. 제15部에 있다.

蒲結切. 十五部.

04-040-1298 (蹍)〔밟을/제〕

'밟다'이다. 足을 따르고 是(시)가 소리이다.

躗也.[①] 从足, 是聲.[②]

---

32) 蹩惲 : ?~? 사람의 이름으로, 어떤 인물인지는 자세하지 않다.

33) 蹛林 : 匈奴가 가을에 土神에게 제사를 지내는 곳이다.

34) 漢書……있다 : ≪漢書≫ 〈匈奴傳 上〉에 "가을에 말이 살찌면 蹛林에서 大會를 열었다.〔秋馬肥 大會蹛林〕"라고 하였는데, 顔師古 注에 "蹛는 林木을 에워싸고 제사를 지내는 것이다.〔蹛者 繞林木而祭也〕"라고 하였다.

35) 㢘 : 尳로도 쓰며, 跛(절뚝발이/파)와 같은 글자이다. ≪說文解字注≫에 표제자로 '尳'자는 있지만 '跛'자는 없으며, '尳'자에 대한 段玉裁 注에 "尳는 민간에서 '跛'로 쓴다.〔尳 俗作跛〕"라고 하였다.

36) 힘을……행한다 : ≪莊子≫ 〈馬蹄〉의 "성인이 힘을 다해 인을 행하고 발돋움하여 의를 행함에 이르러 천하가 비로소 의심하였다.〔及至聖人 蹩躠爲仁 踶跂爲義 而天下始疑矣〕"에 대한 成玄英 疏에 "蹩躠는 '힘 쓰는 모양'이다.〔蹩躠 用力之貌〕"라고 하였다.

① 李軌는 "踶는 '밟다〔蹋〕'는 뜻이다."라고 하였다. ≪通俗文≫에 "약하게 밟는 것을 '踶'라고 한다."라고 하였다.[37]

李軌曰, "踶, 蹋也." 通俗文曰, "小蹋謂之踶."

② 特과 計의 반절이다. 제16部에 있다.

特計切. 十六部.

04-040-1299 (躛)〔밟을/위〕

'지키다'이다. 足을 따르고 衛(위)가 소리이다.

衛也.① **从足, 衛聲.**②

① 살펴보건대, 여기에는 반드시 빠지거나 틀린 글자가 있으니, 응당 "'밟다'이다.〔躛踶也〕"라고 해야 한다. 牛部의 ⿴衛牛자 해설에 "소가 밟는 것이 '⿴衛牛'이다."라고 하였다. 그렇다면 躛와 ⿴衛牛는 뜻이 대략 같다.

按此必有脫誤, 當云, "躛踶也." 牛部⿴衛牛下云, "牛踶, ⿴衛牛也." 然則躛⿴衛牛義略同.

② 于와 歲의 반절이다. 제15部에 있다.

于歲切. 十五部.

04-040-1300 (⿱執足)〔종종걸음 칠/첩〕

'종종걸음 치다'이다. 足을 따르고 執(집)이 소리이다.

⿱執足足也.① **从足, 執聲.**②

① 살펴보건대, 이 세 글자가 한 구절이다. ⿱執足은 바로 '蹀(종종걸음칠/접)'자이다. 가차하여 '啑(밟을/첩)'으로 쓰고 '喋(밟을/첩)'으로 쓰기도 한다. ≪漢書≫ 〈文帝紀〉에 "〈지금 이미 여러 呂氏들을 죽여〉 새로 도읍에 피가 낭자하다"라고 하였는데, 服虔은 "喋의 音은 蹀이며, 屣履(신발을 신고 발을 디디다)는 뜻의 '蹀'이다."라고 하였고, 如淳은 "사람을 죽여 피가 질펀하게 흐르는 것을 '喋血'이라고 한다."라고 하였다. 司馬貞이 인용한 ≪廣雅≫에 "喋은 '밟다〔履〕'는 뜻이다."라고 하였으니, 그렇다면 喋血은 ⿱執足血이니, 피가 흘러 땅에 가득하여 발밑을 더럽히는 것을 이른다.

37) 李軌는……하였다 : 李軌와 ≪通俗文≫은 모두 ≪莊子≫ 〈馬蹄〉의 "성나면 등지고 서로 밟아버린다.〔怒則分背相踶〕"의 '釋文'에 보인다. ≪通俗文≫은 東漢 말엽의 服虔이 지은 俗語 사전이다.

案此三字一句. 蹵卽蹀字也. 叚借作啑作喋. 文帝紀“新喋血京師.” 服虔曰, “喋音蹀, 屣履之蹀.” 如淳曰, “殺人流血滂沱爲喋血.” 司馬貞引廣雅“喋, 履也.” 然則喋血者, 蹵血也. 謂流血滿地汚足下也.

② 徒와 叶의 반절이다. 제7部에 있다.
徒叶切. 七部.

04-040-1301 (𧿹)〔설/시〕

‘서다’이다. 足을 따르고 氏(씨)가 소리이다.

𧿹也.① **从足, 氏聲.**②

① 〈𧿹는〉 峙(머뭇거릴/치)・徛(기다릴/치)와 雙聲이며, 뜻이 대략 같다.
與峙徛雙聲, 義略同.

② 承과 旨의 반절이다. 살펴보건대, 旨는 紙가 되어야 한다. 제16部에 있다.
承旨切. 按旨當作紙. 十六部.

04-040-1302 (蹢)〔머뭇거릴/적〕

‘머뭇거리다〔蹢躅〕’이니, ‘발을 멈추는 것’이다. 足을 따르고 啻(시)가 소리이다. 혹은 ‘蹢躅(척촉)’이라고도 한다. 賈侍中(賈逵)은 “발이 더럽혀진 것이다.”라고 해설하였다.

蹢躅,① **逗足也.**② **从足, 啻聲.**③ **或曰蹢躅.**④ **賈侍中說“足垢也.”**⑤

① 각 판본에는 ‘蹢躅’ 두 글자가 빠져 있는데, ≪文選≫ 注에서 네 번 인용한 글에는 모두 있다.
各本奪此二字, 文選注四引皆有.

② 逗가 각 판본에는 ‘住’로 되어 있으나 지금 바로잡았다. 逗는 ‘발을 멈추다’는 뜻인데, ≪說文解字≫에는 ‘住’자가 없다. 人部에 侸(수)가 있고, 侸는 ‘서다〔立〕’는 뜻이니, 이것이 轉注이다. 侸는 ‘蹐躅’[38]의 뜻이 아니다. ≪周易≫ 姤卦 初六爻辭에 “암퇘지가 조급함에 힘써 날뛴다.〔蹐躅〕”라고 하였고, ≪禮記≫ 〈三年問〉에 “소리 내어 슬피 울며 가지 못하고 서성거리다.〔蹢躅〕”라고 하였다. 蹢躅의 雙聲疊韻으로는 踟蹰(지주), 跢跦(다

---

38) 蹐躅 : ‘蹢躅’과 같다. ≪康熙字典≫의 ‘蹐’자 해설에 “≪集韻≫에 蹢은 옛날에 蹐으로 썼다.〔集韻 蹢 古作蹐〕라고 하였다.

주), 峙躇(치저), 籌箸(주저)라고 하는데, 세속에서는 '躊躇'로 쓴다.

逗各本作住, 今正. 逗者, 止足也, 說文無住字. 人部有侸, 侸者, 立也, 立者, 侸也, 是爲轉注. 侸非蹢躅之義. 易曰, "羸豕孚蹢躅." 三年問"鳴號焉, 蹢躅焉." 蹢躅之雙聲疊韻曰踟躕, 曰跢跦, 曰峙躇, 曰籌箸. 俗用躊躇.

③ 俗本에는 "適의 생략형이 소리이다.〔適省聲〕"로 되어 있는데, 잘못이다. 直과 隻의 반절이다. 제16部에 있다.

俗本作"適省聲", 非是. 直隻切. 十六部.

④ 살펴보건대, 네 글자(或曰蹢躅)는 衍文이다.

按四字衍文.

⑤ 賈逵는 '足垢'를 '蹢躅'이라고 생각한 것이다.

賈謂足垢爲蹢躅.

04-040-1303  (躅) 〔머뭇거릴/촉〕

'머뭇거리다'이다. 足을 따르고 蜀(촉)이 소리이다.

蹢躅也.[①] **从足, 蜀聲.**[②]

① 蹢과 躅은 雙聲이다.

蹢躅雙聲.

② 直과 錄의 반절이다. 제3部에 있다.

直錄切. 三部.

04-040-1304  (踤) 〔부딪칠, 놀랄, 갑자기/졸〕

'부딪치다'이다. 足을 따르고 卒(졸)이 소리이다. 일설에는 '놀라다〔駭〕'는 뜻이라고 하고, 일설에는 '갑자기〔倉卒〕'라는 뜻이라고도 한다.

觸也.[①] **从足, 卒聲.**[②] **一曰駭也. 一曰倉踤.**[③]

① 揚雄의 ≪長楊賦≫에 "군사를 인솔하여 우리에 모였다.〔帥軍踤阹〕"라고 하였는데, 裴駰의 ≪史記集解≫에 인용된 ≪漢書音義≫에서는 "踤은 '모이다〔聚〕'는 뜻이다."라고 하였고, 顔師古는 "踤은 '발로 차다〔足蹴〕'는 뜻이다."라고 하였다.

長楊賦"帥軍踤阹." 漢書音義曰, "踤, 聚也." 師古曰, "踤, 足蹴也."

② 昨과 沒(沒)의 반절이다. 제15部에 있다.
昨沒切. 十五部.

③ 지금 사람들은 '蒼猝'을 많이 쓰는데, 古書에서는 '倉卒'을 많이 썼다.
今人多用蒼猝, 古書多用倉卒.

04-040-1305 (蹷)〔넘어질, 뛸/궐〕【重文 1】

'넘어지다'이다. 足을 따르고 厥(궐)이 소리이다. 일설에는 '뛰다'는 뜻이라고도 한다. 또한 橜(궐)과 같이 읽기도 한다. 𨇾(蹶)은 蹷의 或體이니, 闕을 따랐다.

僵也.[①] **从足, 厥聲.**[②] **一曰跳也.**[③] **讀亦若橜.**[④] **𨇾蹶, 蹷或从闕.**

① 僵은 '넘어지다'는 뜻이다. ≪方言≫ 권13에 "跌은 '넘어지다'는 뜻이다."라고 하였다. ≪春秋左氏傳≫ 襄公 19년에 "이를 일러 그 근본을 넘어뜨리는〔蹷〕 것이라고 한다."라고 하였다.
僵, 偾也. 方言"跌, 蹷也." 左傳"是謂蹷其本."

② 居와 月의 반절이다. 제15部에 있다.
居月切. 十五部.

③ ≪孟子≫ 〈公孫丑 上〉에 "지금 넘어지고〔蹶〕 달리는 것은 氣의 작용이지만, 도리어 그 마음을 움직이게 하는 것이다."라고 하였다.
孟子"今夫蹶者趨者, 是氣也, 而反動其心."

④ 亦은 厥과 같이 읽고 또 橜과 같이 읽음을 이른다. 橜은 瞿와 月의 반절이다.
亦者, 謂讀若厥矣, 又讀若橜也. 橜, 瞿月切.

04-040-1306 (跳)〔뛸, 빠를/도〕

'뛰다'이다. 足을 따르고 兆(조)가 소리이다. 일설에는 '빠르다'는 뜻이라고도 한다.

蹷也[①] **从足, 兆聲.**[②] **一曰躍也.**[③]

① ≪方言≫ 권1에 "函谷關 서쪽과 秦·晉 지역에서는 〈蹷을〉 '跳'라고 한다."라고 하였다.
方言"自關而西秦晉之閒曰跳."

② 徒와 遼의 반절이다. 제2部에 있다.
徒遼切. 二部.

③ 躍은 '빠르다'는 뜻이다.
躍, 迅也.

04-040-1307 (踬)〔움직일/**진**〕

'움직이다'이다. 足을 따르고 辰(신)이 소리이다.

動也.① **从足, 辰聲.**②

① 〈踬은〉 口部의 唇, 雨部의 震, 手部의 振과 音義가 대략 같다.
與口部唇, 雨部震, 手部振音義略同.

② 側과 鄰의 반절이다. 제12部에 있다.
側鄰切. 十二部.

04-040-1308 (躇)〔멈출/**저**〕

'머뭇거리며 나아가지 못하다'이다. 足을 따르고 屠(도)가 소리이다.

峙躇,① **不前也.**② **从足, 屠聲.**③

① 句讀이다.
逗.

② 峙는 止部에 보이며 "〈峙는〉 '멈추다'이다."라고 하였다. 지금 살펴보건대, '峙躇也'라고 해야 한다. 식견이 얕은 자가 한 글자〔也〕를 산삭한 것이다.
峙見止部. 云, "躇也." 今按當云峙躇也. 淺人刪一字耳.

③ 直과 魚의 반절이다. 제5部에 있다.
直魚切. 五部.

04-040-1309 (跸)〔뛸/**불**〕

'뛰다'이다. 足을 따르고 弗(불)이 소리이다.

跳也.① **从足, 弗聲.**②

① ≪方言≫ 권1에 "踏·蹠·跸은 '뛰다〔跳〕'는 뜻이다."라고 하였다.

方言"踏・䠛・蹛, 跳也."

② 敷와 勿의 반절이다. 제15部에 있다.

敷勿切. 十五部.

04-040-1310  (蹠) 〔뛸/척〕

楚나라 사람들은 跳・躍을 '蹠'이라고 한다. 足을 따르고 庶(서)가 소리이다.

楚人謂跳躍曰蹠.① 从足, 庶聲.②

① ≪方言≫ 권1에 보인다.

見方言.

② 之와 石의 반절이다. 古音은 제5部에 있다.

之石切. 古音在五部.

04-040-1311  (踏) 〔발가락으로 집을/탑〕

'발을 뻗어 발가락으로 집다'이다. 足을 따르고 荅(답)이 소리이다.

趿也.① 从足, 荅聲.②

① 살펴보건대, 趿(삽)은 跳(뛸/도)가 되어야 한다. ≪方言≫ 권1에 "踏은 '뛰다〔跳〕'는 뜻이다. 函谷關 서쪽 秦나라와 晉나라 지역에서는 '跳'라고 하며 혹은 '踏'이라고 한다."라고 하였다.

按趿當作跳. 方言"踏, 跳也. 自關而西秦晉之閒曰跳, 或曰踏."

② 他와 合의 반절이다. 제7部에 있다.

他合切. 七部.

04-040-1312  (䠛) 〔뛸/요〕

'뛰다'이다. 足을 따르고 䍃(요)가 소리이다.

跳也.① 从足, 䍃聲.②

① ≪方言≫ 권1에 "䠛는 '뛰다〔跳〕'는 뜻이다. 陳나라와 鄭나라 지역에서는 '䠛'라고 한

다."라고 하였다.

方言"䍃, 跳也. 陳鄭之閒曰䍃."

② 余와 招의 반절이다. 제2部에 있다.

余招切. 二部.

04-040-1313 𨀁(䟲)〔발가락으로 집을/삽〕

'발을 뻗어 발가락으로 집다'이다. 足을 따르고 及(급)이 소리이다. ≪爾雅≫〈釋器〉에 "䟲을 '擷'이라고 한다."[39)]라고 하였다.

進足有所擷取也.① 从足, **及聲.**② **爾雅**曰, "**䟲謂之擷.**"③

① ≪爾雅≫〈釋器〉와 ≪詩經≫의 毛亨 傳[40)]에 "옷섶을 잡는 것을 '袺(결)'이라 하고, 옷섶을 띠에 끼우는 것을 '襭(힐)'이라 한다."라고 하였다. 衣部에 "옷섶으로 물건을 담는 것을 '襭'이라 한다. 襭은 간혹 '擷'로 쓰기도 한다."라고 하였다.

爾雅·毛傳, 皆云, "執衽曰袺, 扱衽曰襭." 衣部云, "以衣衽扱物謂之襭. 襭或作擷."

② 穌와 合의 반절이다. 제7部에 있다.

穌合切. 七部.

③ 살펴보건대, 許愼이 근거한 ≪爾雅≫에는 扱(급)이 '䟲'으로 되어 있고 '衽'자가 없으니, 지금의 판본과 다르고, 또한 衣部의 '襭'자 해설과도 다르다. 이는 대체로 衣部에서는 毛亨 傳을 쓴 것이며, 여기서는 ≪爾雅≫에 의거한 것이다.

按所據爾雅扱作䟲, 無衽字, 與今本異, 亦與衣部說異, 蓋衣部用毛傳, 此據爾雅也.

04-040-1314 𧿹(䟺)〔걸어가다가 밟을/패〕

'걸어가다가 밟다'이다. 足을 따르고 貝(패)가 소리이다.

步行獵跋也.① 从足, **貝聲.**②

---

39) 䟲을……한다 : 今本 ≪爾雅≫〈釋器〉에는 "옷섶을 잡는 것을 '袺(결)'이라 한다.〔執衽謂之袺〕"라고 하였고, 또 "허리띠에 옷섶을 끼워 넣는 것을 '襭(힐)'이라 한다.〔扱衽謂之襭〕"라고 하였다.

40) 毛亨 傳 : ≪詩經≫〈周南 芣苢〉의 "옷섶을 잡고 질경이를 담네.〔薄言袺之〕"에 대한 毛亨 傳에 "袺 執衽也"라고 하였고, "옷섶을 띠에 끼워 넣고 질경이를 담네.〔薄言襭之〕"에 대한 모형 전에 "扱衽曰 襭"라고 하였다.

① 獵은 지금의 '躐(밟을/렵)'자이니, '밟다〔踐〕'는 뜻이다. 毛亨 傳[41]에 "跋은 '밟다〔躐〕'는 뜻이다. 늙은 이리가 앞으로 나아가면 그 턱밑에 늘어진 살〔胡〕을 밟는다."라고 하였다. '獵跋'은 '踐踏'과 같다.

獵今之躐字, 踐也. 毛傳曰, "跋, 躐也. 老狼進則躐其胡." 獵跋猶踐踏也.

② 博과 蓋의 반절이다. 제15部에 있다.

博蓋切. 十五部.

04-040-1315 (躓)〔넘어질/지〕

'넘어지다'이다. 足을 따르고 質(질)이 소리이다. ≪詩經≫ 〈豳風 狼跋〉에 "뒷걸음 치다가 제 꼬리 밟아 넘어지네.〔躓〕"라고 하였다.

跲也.① **从足, 質聲.**② **詩曰, "載躓其尾."**③

① ≪爾雅≫ 〈釋言〉과 毛亨 傳[42]에 모두 "疐(치)는 '넘어지다〔跲〕'는 뜻이다."라고 하였다. 疐는 躓의 假借字이다.

釋言・毛傳皆曰, "疐, 跲也." 疐者躓之叚借字.

② 陟과 利의 반절이다. 古音은 제12部에 있다. ≪詩經≫ 〈豳風 狼跋〉의 ≪毛詩正義≫에 인용된 글에는 "竹과 二의 반절이다."로 되어 있다.

陟利切. 古音在十二部. 詩正義引"竹二反."

③ "載躓其尾"가 ≪詩經≫ 〈豳風 狼跋〉에는 "載疐其尾"로 되어 있는데, 許愼이 근거한 ≪詩經≫에는 '躓'로 되어 있었던 것이다.

豳風"載疐其尾." 許所據作躓.

04-040-1316 (跲)〔넘어질/겁〕

'넘어지다'이다. 足을 따르고 合(합)이 소리이다.

躓也.① **从足, 合聲.**②

① ≪中庸≫에 "말을 미리 정하면 차질이 없다."라고 하였다.

---

41) 毛亨 傳 : ≪詩經≫ 〈豳風 狼跋〉의 "이리가 턱밑에 늘어진 살을 밟고〔狼跋其胡〕"에 대한 毛亨 傳을 가리킨다.

42) 毛亨 傳 : ≪詩經≫ 〈豳風 狼跋〉의 "載疐其尾"에 대한 毛亨 傳을 가리킨다.

中庸"言前定, 則不跲."

② 居와 怯의 반절이다. 제7部에 있다.

居怯切. 七部.

04-040-1317 (跇) 〔넘을/체〕

'넘다'이다. 足을 따르고 世(세)가 소리이다.

迣也.① 从足, 世聲.②

① 迣은 '逑'이 되어야 하니, 글자가 잘못된 것이다. ≪史記≫ 〈樂書〉에는 "달리는 모습, 만 리를 뛰어넘네.〔跇〕"라고 하였는데, 裴駰의 ≪史記集解≫에 인용된 글에서 如淳은 "跇는 '뛰어넘는 것'을 이른다."라고 하였다. 左思의 〈吳都賦〉에서 사냥을 "짐승들이 대나무와 측백나무를 뛰어넘고〔跇踰〕, 기나무와 녹나무 사이로 달아나네."라고 설명하였다.

迣當作逑, 字之誤也. 樂書"騁容與兮, 跇萬里." 裴引如淳曰, "跇謂超逾也." 吳都賦說田獵曰, "跇踰竹柏, 獮猭杞柟."

② 丑과 例의 반절이다. 제15部에 있다. 鄒誕生은 "跇는 어떤 판본에 '世'로 되어 있다."[43] 라고 하였다.

丑例切. 十五部. 鄒誕生云, "跇, 一作世."

04-040-1318 (蹎) 〔넘어질/전〕

'넘어지다'이다. 足을 따르고 眞(진)이 소리이다.

跋也.① 从足, 眞聲.②

① 경전에서는 대부분 '顚'자를 가차하여 '蹎'의 뜻으로 썼다. 예컨대 ≪春秋左氏傳≫ 隱公 11년에 "子都가 밑에서 그를 쏘아 넘어뜨렸다."라고 할 때의 '顚'이 이것이다. ≪漢書≫ 〈貢禹傳〉에 "진실로 하루아침에 넘어져〔蹎仆〕 기력이 다할까 두려워하였다."라고 하였다.

經傳多叚借顚字爲之, 如左傳"子都自下射之顚"是也. 貢禹傳"誠恐一旦蹎仆氣竭."

② 都와 年의 반절이다. 제12部에 있다. ≪詩經≫ 〈豳風 狼跋〉의 ≪毛詩正義≫에 인용된

---

43) 鄒誕生은……있다 : ≪史記≫ 〈樂書〉의 ≪史記集解≫에 인용된 글이다.

글에는 "丁과 千의 반절이다."로 되어 있다.

都年切. 十二部. 豳風正義引"丁千反."

04-040-1319 𨁒(跋)〔넘어질/발〕

'넘어지다'이다. 足을 따르고 犮(발)이 소리이다.

蹎也.① 从足, 犮聲.②

①〈大徐本(徐鉉本)과 小徐本(徐鍇本)에는 "蹎跋也"로 되어 있는데〉≪詩經≫〈豳風 狼跋〉의 ≪毛詩正義≫에 의거하여 바로잡았다. 경전에서는 대부분 沛를 가차하여 '跋'의 뜻으로 썼다. ≪시경≫〈大雅 蕩〉과 ≪論語≫〈里仁〉의 "顚沛"는 모두 바로 "蹎跋"이다. 毛亨 傳에 "顚은 '넘어지다'는 뜻이다. 沛는 '拔(넘어질/발)'의 뜻이다."라고 하였는데, 拔은 跋과 같다.

≪시경≫〈豳風 狼跋〉에서 "狼跋"의 跋은 또한 간혹 '拔'로도 쓴다. ≪論語≫의 馬融[44] 注[45]에 "顚沛는 '넘어지다〔僵仆〕'는 뜻이다."라고 하였다. 살펴보건대, ≪시경≫〈豳風 狼跋〉에서 "이리가 턱밑에 늘어진 살을 밟고〔狼跋其胡〕"의 跋을 '纙(현)'이라고 이르니, 纙은 '넘어지다'는 뜻이다. 引伸하여 가까운 사람의 '題跋'이라고 할 때의 '跋'자로 쓴다. 題는 그 앞에 글을 쓰는 것이고, 跋은 그 뒤에 써서 붙이는 것이다. ≪시경≫〈鄘風 載馳〉의 "대부가 跋涉하니〔大夫跋涉〕"에 대한 毛亨 傳에 "풀이 우거진 길을 가는 것을 跋이라고 한다."라고 할 때의 跋은 별도의 다른 뜻이다.

依豳風正義訂. 跋, 經傳多叚借沛字爲之. 大雅·論語"顚沛", 皆卽"蹎跋"也. 毛傳"顚, 仆也. 沛, 拔也." 拔同跋. 豳風"狼跋"亦或作拔. 馬融論語注曰, "顚沛, 僵仆也." 按豳風"狼跋其胡"謂纙也, 纙則仆矣. 引伸爲近人題跋字. 題者標其前, 跋者系其後也.(邶)〔鄘〕[46]風傳"艸行曰跋." 別一義.

② 北과 末의 반절이다. ≪廣韻≫ 入聲 30末에서는 蒲와 撥의 반절이라고 하였다. 제15部에 있다.

北末切. 廣韻蒲撥切. 十五部.

---

44) 馬融 : 79～166. 後漢의 문신이자 학자로, 訓詁學의 시조이며 盧植·鄭玄 등 걸출한 제자를 배출했다. 저서로 ≪三傳異同說≫이 있고, ≪孝經≫ 등 많은 책에 주석을 달았다.

45) 論語의……注 : ≪論語≫〈里仁〉의 "위급할 때도 반드시 仁에 있어야 하고 넘어질 때도 반드시 인에 있어야 한다.〔造次必於是 顚沛必於是〕"에 대한 馬融 注를 가리킨다.

46) (邶)〔鄘〕: 저본에는 '邶'로 되어 있으나, ≪詩經≫에 의거하여 '鄘'으로 바로잡았다.

04-040-1320  (蹐)〔잔걸음 칠/척〕

'잔걸음을 치다'이다. 足을 따르고 脊(척)이 소리이다. ≪詩經≫에 "감히 잔걸음을 치지〔蹐〕 않을 수가 없다."라고 하였다.

小步也.① **从足, 脊聲.**② **詩曰, "不敢不蹐."**③

① ≪詩經≫ 〈小雅 正月〉의 "不敢不蹐"에 대한 毛亨 傳에 "蹐은 '발을 포개다〔絫足〕'는 뜻이다."라고 하였다. 살펴보건대, 絫와 蹐은 첩운이다. 絫足는 '발걸음을 매우 작게 떼다'는 뜻이다.
毛傳"蹐, 絫足也." 按絫蹐疊韻. 絫足者, 小步之至也.

② 資와 昔의 반절이다. 제16部에 있다.
資昔切. 十六部.

③ ≪詩經≫ 〈小雅 正月〉의 글이다. 走部에 인용된 글에는 趚로 되어 있다.[47]
小雅. 走部引作趚.

04-040-1321  (跌)〔넘어질, 넘을/질〕

'넘어지다'이다. 足을 따르고 失(실)이 소리이다. 일설에는 '넘다'는 뜻이라고도 한다.

踢也. 从足, 失聲.① **一曰越也.**②

① 徒와 結의 반절이다. 제12部에 있다.
徒結切. 十二部.

② 별도의 다른 뜻이다.
別一義.

04-040-1322  (踢)〔넘어질, 막을/탕〕

'넘어지다'이다. 足을 따르고 昜(양)이 소리이다. 일설에는 '막다〔搶〕'는 뜻이라고도 한다.

---

47) 走部에……있다 : ≪說文解字≫ 走部 '趚'자에 대한 해설에 "≪詩經≫ 〈小雅 正月〉에 '땅이 두텁다고 하지만 감히 발을 포개 딛지 않을 수 없노라.〔詩曰謂地蓋厚 不敢不趚〕'라고 하였다."라고 하였다.

跌也.① **从足, 昜聲.**② **一曰槍也.**③

①"跌也"가 今本에는 "跌踼也"로 되어 있는데,[48] 아마도 잘못 도치시킨 듯하다.[49] 左思의 <吳都賦>에 "혼을 뺏기고 기가 질려 스스로 넘어지는〔踼跌〕 자"라고 하였는데, 劉良 注에 "踼跌(탕복)은 '넘어지다〔頓伏〕'는 뜻이다."라고 하였고, 李善 注에서는 ≪聲類≫[50]를 인용하여 "踼은 '넘어지다〔跌〕'는 뜻이다."라고 하였으며, 晉灼의 ≪漢書音義≫에서는 "跌은 '무너지다〔崩〕'는 뜻이다."라고 하였다.

今本作"跌踼也", 恐是誤倒. 吳都賦"魂褫氣懾而自踼跌者." 劉曰, "踼跌, 頓伏也." 李引聲類"踼, 跌也." 漢書音義"跌, 崩也."

② 徒와 郞의 반절이다. 제10部에 있다.

徒郞切. 十部.

③ 별도의 다른 뜻이다. 木部에 "槍은 '막다〔歫〕'이다."라고 하였고, 止部에 "歫는 '槍'이다." 라고 하였다. 살펴보건대, 踼은 堂과 音義가 같다. 堂은 '막다〔歫〕'는 뜻이다.

別一義. 木部曰, "槍, 歫也." 止部曰, "歫, 槍也." 按踼與堂音義同. 堂, 歫也.

04-040-1323  (蹲) 〔앉을/준〕

'앉다'이다. 足을 따르고 尊(준)이 소리이다.

居也.① **从足, 尊聲.**②

① 尸部에 "居는 '앉다〔蹲〕'이다."라고 하였는데, 이것이 轉注이다. 각 판본에는 '踞'로 되어 있는데[51] 이는 俗字로써 正字를 고친 것이고, 또 '蹲'자 뒤에 한 개의 표제자 踞를 추가했으므로,[52] 지금 踞를 바로잡고 표제자 '踞'를 산삭하였다. ≪春秋左氏傳≫ 成公 16년에 "갑옷을 쌓아놓고〔蹲甲〕 활을 쏘았다."라고 하였는데, 蹲은 '쌓다〔居〕'는 뜻이

---

48) 今本에는……있는데 : 徐鉉本과 徐鍇本에 모두 "跌踼也"로 되어 있다.

49) 跌踼也로……듯하다 : ≪설문해자≫의 체계는 표제자 다음에 표제자를 거듭 표기하지 않고 곧바로 해설이 실려 있다. 그러나 徐鉉本과 徐鍇本에서는 '거듭 표기한 표제자'를 삭제하지 않고 "踼 踼 跌也"라고 하였는데, 이는 "踼 跌也"의 잘못이며 또한 "踼 跌也"를 도치시켜 "跌 踼也"라고 하였다는 뜻이다.

50) 聲類 : 魏나라 李登이 지은 책으로, 원본은 산실되고 佚篇이 ≪玉函山房輯佚書≫에 수록되어 있다.

51) 각……있는데 : 徐鉉本과 徐鍇本에 모두 "蹲 踞也"로 되어 있다.

52) 蹲자……추가했으므로 : 徐鉉本과 徐鍇本에 모두 '蹲'자 바로 뒤에 표제자 '踞'자가 더 있고 "踞 蹲也"라고 하였다.

다. 인신하여 '쌓아두다〔居積〕'는 뜻으로 쓰인다.

尸部曰, "居, 蹲也." 是爲轉注. 各本作踞也, 以俗改正, 又增一踞篆於蹲後, 今正而刪之. 左傳"蹲甲而射之." 蹲, 居也. 引伸爲居積之義.

② 徂와 尊의 반절이다. 제13部에 있다. ≪山海經≫에는 '踆(준)'으로 되어 있다.[53)]

徂尊切. 十三部. 山海經作踆.

04-040-1324 (跨)〔앉을/과〕

'앉다'이다. 足을 따르고 夸(과)가 소리이다.

居也. 从足, 夸聲.①

① 苦와 化의 반절이다. 살펴보건대, 이〔跨〕는 아마도 또한 '跨'자의 異體인 듯하다.

苦化切. 按此恐又跨字之異體.

04-040-1325 (躩)〔발걸음 조심하는 모양/곽〕

'발걸음을 조심하는 모양'이다. 足을 따르고 矍(확)이 소리이다.

足躩如也.① **从足, 矍聲.**②

① ≪論語≫ 〈鄕黨〉에 "足躩如也"에 대하여 苞咸은 "躩은 '발걸음을 조심하는 모양'이다." 라고 하였다.[54)]

論語苞氏曰, "躩, 盤辟皃也."

② 丘와 縛의 반절이다. 제5部에 있다.

丘縛切. 五部.

04-040-1326 (踣)〔넘어질/북〕

'넘어지다'이다. 足을 따르고 咅(부)가 소리이다. ≪春秋左氏傳≫에 "晉나라 사람이

---

53) 山海經에는……있다 : ≪山海經≫ 〈南山經〉에 "箕尾山은 그 꼬리가 동해까지 닿아 있다.〔曰箕尾之山 其尾踆于東海〕"에 대한 郭璞 注에 "踆은 蹲의 古字로, '바닷가에까지 닿아 있다'는 뜻이고 발음은 '存(존)'이다.〔踆 古蹲字 言臨海上 音存〕"라고 하였다.

54) 苞咸은……하였다 : 魏나라 何晏의 ≪論語集解≫에 인용된 글이다. 苞氏는 東漢의 經學家인 包咸을 가리키며 字는 子良이다. 저서로 ≪論語包氏章句≫가 있으나 지금은 전하지 않는다.

그것을 넘어뜨린다."라고 하였다.[55]

僵也.① **从足, 音聲.**② **春秋傳曰, "晉人踣之."**③

① 僵은 '뒤로 넘어지다'는 뜻이다.
僵, 卻偃也.

② 蒲와 北의 반절이다. 살펴보건대, 踣의 古音은 제4部에 있다. ≪爾雅≫ 〈釋言〉에 보이는 踣에 대하여 ≪經典釋文≫ 〈爾雅音義〉에 踣은 "音이 赴(부)이고, 혹은 孚와 豆, 蒲와 侯 두 개의 반절이다."라고 한 말이 이것이다. 그렇다면 踣은 仆와 音義가 모두 같다. 孫炎은 "앞으로 넘어지는 것을 '仆'라고 한다."라고 하였고, 孔穎達의 ≪春秋左傳正義≫에서는 "앞으로 넘어지는 것을 '踣'이라 한다."라고 하였다. 구분해서 말하면〔對文〕 偃은 仆(부)와 구별되고, 통틀어 말하면〔散文〕 통용한다. 走部의 趏(넘어질/북)과 같다.
蒲北切. 按古音在四部. 爾雅釋文"音赴, 或孚豆蒲侯二反."是也. 然則踣與仆音義皆同. 孫炎曰, "前覆曰仆." 左傳正義曰, "前覆謂之踣." 對文則偃與仆別, 散文則通也. 走部趏同.

③ ≪春秋左氏傳≫ 襄公 14년의 글이다.
左傳襄十四年文.

04-040-1327 (蹇)〔다리 절/건〕

'다리를 절다'이다. 足을 따르고 寒(한)의 생략형이 소리이다.

尳[56]也.① **从足, 寒省聲.**②

① 尣部(尢部)에 "尳(파)는 '다리를 절다'이다."라고 하였으니, 이것이 轉注이다. 尳(尳)는 '다리를 굽히다'이다. ≪周易≫ 〈雜卦傳〉에 "蹇은 '어렵다〔難〕'는 뜻이다."라고 하였다. 걷기 어려운 것을 '蹇'이라 이르고, 말하기가 어려운 것도 '蹇'이라 한다. 세속에서 謇(건)으로 쓰는 것은 잘못이다.
尣部曰, "尳, 蹇也." 是爲轉注. 尳, 曲脛也. 易曰, "蹇, 難也." 行難謂之蹇, 言難亦爲之蹇. 俗作謇, 非.

② 九와 輦의 반절이다. 제14部에 있다. 살펴보건대, 각 판본에 尳가 跛로 되어 있고, 또

55) 春秋左氏傳에……하였다 : 지금의 ≪春秋左氏傳≫ 襄公 14년에 "사슴 잡는 일에 비유하면, 晉나라 사람은 사슴의 뿔을 잡고, 모든 융족은 다리를 잡아끌어, 진나라 사람과 함께 사슴을 넘어뜨리는 것과 같다.〔譬如捕鹿 晉人角之 諸戎掎之 與晉踣之〕"라고 하였다.

56) 尳 : ≪說文解字≫ 尢部의 '尳'자와 같은 글자이다. 段玉裁 注에서 말한 尣部의 尣도 尢과 같은 글자이다.

표제자 '蹇' 앞에 표제자 '跛'가 나오고[57] "〈跛는〉 '걷는 것이 바르지 못하다'이다. 足을 따르고 皮(피)가 소리이다. 일설에는 '발로 밀치다'는 뜻이라고도 한다. 彼(피)와 같이 읽는다."라고 하였다.[58] 이는 후세 사람이 跛가 바로 彼의 隷變이라는 것을 모르고 추가한 것이다. 그러므로 이를 산삭하였다. ≪禮記≫ 〈曲禮 上〉에 "서 있을 때에는 짝다리를 짚지 말라.〔立毋跛〕"에 대한 鄭玄 注에 "跛는 '몸무게를 한쪽으로 치우치게 서는 것'이다."라고 하였다. 이는 형체가 한쪽으로 쏠리게 하는 것이 절름발이와 같은 것을 이른다. 대체로 經傳에는 대부분 跛로 되어 있다.

九輂切. 十四部. 按各本彼作跛, 又於蹇篆之上出跛篆, 云, "行不正也. 从足皮聲. 一曰足排之. 讀若彼." 此後人不知跛卽彼之隷變而增之耳. 今刪. 曲禮"立毋跛." 鄭云, "跛, 偏任也." 此謂形體偏任一邊如彼者然. 凡經傳多作跛.

04-040-1328 蹁(蹁)〔발 바르지 못할, 뒷다리 끄는 말/변·편〕

'발이 바르지 못하다'이다. 足을 따르고 扁(편)이 소리이다. 일설에는 '뒷다리를 끄는 말'이라고도 한다. 苹(평)과 같이 읽는다. 혹은 徧(편)과 같이 읽기도 한다.

足不正也.① **从足, 扁聲.**② **一曰拖後足馬.**③ **讀若**苹.④ **或曰**徧.⑤

① 張衡의 <南都賦>에서 춤을 설명하여 "빙빙 돌고 빙 돈다.〔蹴蹜蹁躚〕"라고 하였는데, 〈여기의 '蹁'이〉 바로 司馬相如의 〈上林賦〉의 "옷자락이 하늘하늘 나부낀다.〔便跚蹩屑〕"의 '蹩(별)'의 뜻이다.
南都賦說舞曰, "蹴蹜蹁躚." 卽上林賦之"便跚蹩屑"也.

② 部와 田의 반절이다. 제12部에 있다.
部田切. 十二部.

③ 拖는 俗字이니 拕가 되어야 한다.
拖, 俗字, 當作拕.

④ 苹은 제11部에 있으니, 제12部와 合韻이다.
此十一部十二部合韻.

⑤ 徧(편)과 같이 읽는다는 뜻이다.
讀如徧也.

57) 표제자……나오고 : 徐鉉本과 徐鍇本이 모두 '蹇' 앞에 표제자 '跛'가 있다.

58) 跛는……하였다 : 徐鍇本, 즉 ≪說文解字繫傳≫에 "跛 行不正也 从足 皮聲 讀若罷 一曰足排之 讀若彼"라고 한 것을 가리킨다.

04-040-1329 (踦)〔정강이살, 굽은 다리/구〕

'정강이살'이다. 足을 따르고 奔(구)가 소리이다. 일설에는 '굽은 다리'라고도 한다. 逵(규)와 같이 읽는다.

脛肉也. 从足, 奔聲. 一曰曲脛也.① **讀若逵.**②

① ≪廣韻≫ 上平 6脂에 "왼쪽 다리가 굽은 것이다.〔左脛曲〕"로 되어 있다.
廣韻作"左脛曲."

② 渠와 追의 반절이다. 古音은 제3部에 있다. 살펴보건대, "一曰曲脛也"는 뜻이 막혀서 통하지 않으니, 대체로 이 구절은 아마도 모두 후세 사람이 함부로 추가한 것 같다.
渠追切. 古音在三部. 按"一曰曲脛也", 横梗不貫, 凡似此者疑皆後人所妄增.

04-040-1330 (踒)〔발이 삘/위〕

'발이 삐다'이다. 足을 따르고 委(위)가 소리이다.

足跌也.① **从足, 委聲.**②

① 跌은 胅(질)이 되어야 하니, 글자가 오류이다. 肉部에 "胅은 '뼈가 어긋나다'이다."라고 하였다. 踒는 뼈가 꺾이어 본래의 모습을 잃은 것이므로 '胅'이라 하고 또 '差跌'이라고도 한다.
跌當爲胅, 字之誤也. 肉部曰, "胅, 骨差也." 踒者, 骨委屈失其常, 故曰胅, 亦曰差跌.

② 烏와 過의 반절이다. 제17部에 있다.
烏過切. 十七部.

04-040-1331 (跣)〔맨발/선〕

'발이 직접 땅에 닿다'이다. 足을 따르고 先(선)이 소리이다.59)

足親地也.① **从足, 先聲.**②

① 親과 跣은 첩운이다. 옛날에, 앉을 때는 반드시 신을 벗고, 한가히 앉아 있을 때는 버

59) 足을……소리이다. : ≪六書尋源≫에서는 "발을 들어 앞을 다투는 것은 맨발로 땅을 밟는 것만한 것이 없으므로 跣은 先을 따랐다.〔擧足而爭先者 莫如徒足履地 故此从先也〕"라고 하여, 회의로 설명하고 ≪說文解字≫의 "从足先聲"의 형성을 취하지 않았다.

선을 벗었으니, 이는 모두 '跣'을 말하는 것이다. 예컨대 ≪春秋左氏傳≫ 宣公 2년에, 趙盾이 酒筵에서 군주를 모시고 있다가 "맨발로 내려갔다."[60]라고 하였으니, 이것이 버선을 벗은 맨발이다. 예컨대 ≪春秋左氏傳≫ 襄公 3년에, "晉 悼公이 맨발로 나갔다."라고 하였으니, 이것은 신발을 신을 겨를이 없어 맨발로 나간 것이다. ≪禮記≫ 〈喪大記〉에 "主人이 맨발에"[61]라고 하였는데, 이 또한 '버선을 벗은 것'을 이른다.

親跣疊韻. 古者坐必脫屨, 燕坐必褫韈, 皆謂之跣. 如趙盾(돈)侍君燕, "跣以下." 此褫韈之跣也. 如"晉悼公跣而出." 此不暇屨之跣也. 喪大記"主人徒跣." 亦謂褫韈.

② 穌와 典의 반절이다. 제12部에 있다.

穌典切. 十二部.

04-040-1332  (跔) 〔발 곱을/구〕

'날씨가 추워 발이 곱다'이다. 足을 따르고 句(구)가 소리이다.

天寒足跔也.① **从足, 句聲.**②

① ≪逸周書≫ 〈太子晉解〉에 "師曠이 자신의 발을 동동 구르며 '좋다, 좋다!'라고 하자, 태자가 '大師께서는 어찌 발을 자주 들어올리십니까?'라고 하니, 사광이 '날씨가 추워 발이 곱아 자주 들어 올리는 것이다.'라고 하였다."라고 하였다. 이것이 許愼이 근거한 글이다. ≪莊子≫ 〈逍遙遊〉의 "송나라 사람 중에 손이 트지 않는 약을 잘 만드는 사람이 있다.〔宋人有善爲不龜手之藥者〕"에 대한 ≪經典釋文≫ 〈莊子音義〉에서도 ≪逸周書≫의 "天寒足跔"를 인용하였다. 지금 ≪逸周書≫에는 "足躅"으로 되어 있으나 잘못이다. '跔'는 '굽어서 펴지지 않는다'는 뜻이다.

周書大子晉解"師曠東躅其足曰, '善哉善哉.' 大子曰, '大師何擧足驟.' 師曠曰, '天寒足跔, 是以數也.'" 此許所本. 莊子音義亦引周書"天寒足跔." 今本周書作"足躅", 誤也. 跔者, 句曲不伸之意.

② 其와 俱의 반절이다. 제4部에 있다.

其俱切. 四部.

---

60) 趙盾이……내려갔다 : ≪春秋左氏傳≫ 宣公 2년에, "晉侯가 술자리를 마련해 趙盾에게 술을 대접할 때……마침내 조돈을 부축해 堂下로 내려갔다.〔晉侯飮趙盾酒……遂扶以下〕"라고 하였는데, 〈正義〉에 "服虔本에는 扶가 '跣'로 되어 있다.〔服虔本扶作跣〕"라고 하였다.

61) 主人이 맨발에 : ≪禮記≫ 〈喪大記〉에 "주인이 나갈 때에 맨발에 옷의 앞자락을 띠에 꽂고 가슴을 치면서 서쪽 계단으로 내려간다.〔凡主人之出也 徒跣 扱衽 拊心 降自西階〕"라고 하였다.

04-040-1333 (䠓)〔발 동상 걸릴/곤〕

'발이 凍傷에 걸리다'이다. 足을 따르고 困(균)이 소리이다.

瘃足也.① 从足, 困聲.②

① 疒部에 "瘃(촉)은 '찬 기운을 맞아 부스럼이 생기면 과일 속에 씨가 있는 것처럼 살 속이 단단해지는 것이다'이다."[62]라고 하였다. ≪漢書≫ 〈趙充國傳〉에 의거하면, 손과 발에 모두 凍傷의 질환이 있는 것이다.[63] 이 글자〔䠓〕가 足을 따랐기 때문에 '발이 동상에 걸리다〔瘃足〕'라고 뜻을 풀이한 것이다.

疒部曰, "瘃, 中寒腫覈也." 據趙充國傳, 手足皆有皸瘃之患. 此字从足, 故訓爲瘃足.

② '困聲'이 徐鍇本에는 '囷聲'으로 되어 있으나, 잘못이다. 古音이 입을 적게 벌려〔斂〕 발음하던 것으로부터 입을 크게 벌려〔侈〕 발음하게[64] 되면서 困聲의 글자들이 대부분 魂韻에 轉入되었다. 苦와 本의 반절이다. 제13部에 있다.

困聲鍇本作"囷聲", 非. 古音由斂而侈, 困聲字多轉入䰟韻. 苦本切. 十三部.

04-040-1334 (距)〔며느리발톱/거〕

'며느리발톱'이다. 足을 따르고 巨(거)가 소리이다.

雞距也.① 从足, 巨聲.②

① ≪春秋左氏傳≫ 昭公 25년에, "季氏가 자기 닭에 갑옷을 입혀서 상대의 닭이 찍지 못

---

62) 찬……것이다이다 : 疒部에 "瘃은 '동상에 걸려 살이 단단해지다'이다.〔瘃 中寒腫覈〕"이라고 하였는데, 段玉裁 注에 "살펴보건대, 腫覈은 부스럼이 생기면 과일 속에 씨가 있는 것처럼 살 속이 단단해지는 것이다.〔按腫覈者 腫而肉中鞕 如果中有覈也〕"라고 한 해설에 의거하여 풀이하였다.

63) 趙充國傳에……것이다 : ≪漢書≫ 〈趙充國傳〉에 "손과 발의 凍傷〔手足皸瘃〕"이라고 하였다.

64) 입을……발음하게 : '斂侈'는 漢語 音韻 學術語로, 발음할 때 입을 적게 벌리는 것을 '斂'이라 하고, 입을 크게 벌리는 것을 '侈'라 한다. 이는 淸나라 古音學者인 江永이 제기한 학설로, 그가 지은 ≪古韻標準≫ 平聲第4部의 總論에 "입을 적게 벌리면 소리가 작고〔口斂而聲細〕", "입을 많이 벌리면 소리가 크다.〔口侈而聲大〕"라는 말이 보인다. 한편 段玉裁는 ≪六書音韻表≫一의 '古十七部音變'에서 "音에는 正과 變이 있다. 音의 斂과 侈는 반드시 정도가 꼭 알맞아야 하니, 斂이 지나치면 音이 변하고 侈가 지나치면 音이 변한다.……諄·文·欣은 音이 바른 것이고, 魂·痕은 諄·文·欣이 변한 것이다.〔音有正變也 音之斂侈必適中 過斂而音變矣 過侈而音變矣……諄文欣者 音之正也 魂痕者 諄文欣之變也〕"라고 하였다. '斂侈'는 '弇侈'라고도 한다.

하게 하니, 郈氏가 닭의 발톱에 쇠붙이를 끼워 공격하였다."라고 하였는데, 服虔 注에 "쇠붙이를 발톱에 끼우는 것이다."라고 하였다. 살펴보건대, 새의 발톱은 사람과 짐승의 손발톱과 같다. 이 距는 止部의 歫(막을/거)와 뜻이 다른데, 다른 사람들은 대부분 距를 '歫'라고 한다.

左傳"季氏介其雞, 郈氏爲之金距." 服曰, "以金沓距也." 按鳥距如人與獸之叉. 此距與止部之歫異義, 他家多以距爲歫.

② 求와 許의 반절이다. 제5部에 있다. 距를 또한 '䟊'로 쓰기도 하고 '躆'로 쓰기도 한다.
求許切. 五部. 亦作䟊・作躆.

04-040-1335 躧(躧)〔춤출 때 신는 신/사〕【重文 1】

'춤출 때 신는 신'이다. 足을 따르고 麗(려)가 소리이다. ⿰革麗(⿰革麗)는 躧의 或體이니 革을 따랐다.

舞履也.① **从足, 麗聲.**② **⿰革麗, 或从革.**

① ≪周禮≫ 〈春官 序官〉의 "鞮鞻氏"에 대한 鄭玄 注에 "鞮屨(제구)는 사방 오랑캐의 춤추는 자가 신는 신발〔屝〕이다."라고 하였다. ≪史記≫ 〈貨殖傳〉에 "利屣를 신고 다녔다.〔躡利屣〕"라고 하였는데, 〈≪史記集解≫에 인용된 글에서〉 徐廣은 "춤출 때 신는 신이다. 躡은 어떤 판본에 '跕(접)'으로 되어 있는데 跕은 吐와 協의 반절이다."라고 하였다. ≪漢書≫ 〈地理志 下〉에 "躧를 신다〔跕躧〕"라고 하였는데, 臣瓚[65]은 "신발의 뒤축을 꺾어서 신다.〔躡跟爲跕〕"라고 하였다.

살펴보건대, 춤출 때는 신발을 신지 않는다. 그러므로 대체로 발꿈치까지 신지 않고 신을 끌며 다니는 것을 '躧履'라고 하니, 예컨대 ≪漢書≫ 〈雋不疑傳〉의 "暴勝之가 신발을 질질 끌며 맞이하였다.〔勝之躧履起迎〕"와 司馬相如의 〈長門賦〉에 "일어나 신발을 끌며 방황하였다.〔蹝履起而彷徨〕"라고 한 말이 모두 이것이다. 張衡의 〈西京賦〉에 춤을 설명하여 "宴席에서 朱屣를 흔들고"라고 하였는데, 薛綜 注에 "朱屣는 '붉은 실로 짠 신'이다."라고 하였다.

鄭注周禮曰, "鞮屨, 四夷舞者屝也." 史記貨殖傳"躡利屣." 徐廣曰, "舞屣也. 躡一作跕. 跕, 吐協反." 地理志"跕躧" 臣瓚曰, "躡跟爲跕." 按舞不納履, 故凡不著跟, 曳之而行曰躧履, 如雋不疑傳・長門賦, 皆是也. 西京賦說舞曰, "振朱屣於盤樽." 薛曰, "朱屣, 赤絲履也."

---

65) 臣瓚 : ?~? 西晉 사람으로, 姓은 미상이다. ≪漢書≫의 諸家音義를 모으고 자신의 견해를 추가하여 ≪漢書集解音義≫를 지었다.

② 所와 綺의 반절이다. 제16部에 있다.
所綺切. 十六部.

04-040-1336  (⿰𧾷叚)〔발밑/하〕

'발이 밟는 곳'이다. 足을 따르고 叚(가)가 소리이다.

足所履也. 从足, 叚聲.[①]

① 乎와 加의 반절이다. 대체로 叚聲은 옛날에 제5部에 있었다. 살펴보건대, ⿰𧾷叚는 아마도 '⿰𧾷段'의 잘못인 듯하다. ≪玉篇≫과 ≪廣韻≫에 '踹'자가 있고 丁과 貫의 반절로 되어 있다. 지금 민간에서는 힘껏 땅을 밟는 것을 '踹'이라고 말하는데, ⿰𧾷段의 音이 '踹'과 같다. 許愼의 ≪說文解字≫에는 '碫(단)'자가 碬(하)로 잘못되어 있고 鍛(단)과 鍜(하)가 섞여 나오는데, 이것이 그와 비슷한 경우일 것이다.
乎加切. 凡叚聲古在五部. 按⿰𧾷叚疑⿰𧾷段之誤. 篇・韻有踹字. 丁貫切. 今俗謂語用力踏地曰踹. ⿰𧾷段音同也. 許書碫字譌碬. 鍛鍜錯出, 是其比矣.

04-040-1337  (䠊)〔발 자를/비〕

'발을 자르다'이다. 足을 따르고 非(비)가 소리이다.

跀**也.**[①] **从足, 非聲.**[②]

① 글자를 또한 '剕'로도 쓴다.
字亦作剕.
② 扶와 味의 반절이다. 제15部에 있다.
扶味切. 十五部.

04-040-1338 (跀)〔발 자를/월〕【重文 1】

'발을 자르다'이다. 足을 따르고 月(월)이 소리이다. (䟘)은 跀의 或體이니 兀(올)을 따랐다.

斷足也.[①] **从足, 月聲.**[②] , 跀**或, 从兀.**[③]

① 이 글자(刖)는 刀部의 刖과 뜻이 다르니, "刖은 '끊다〔絕〕'이다."라고 하였다. 經傳에서는 대부분 刖을 '刖'로 썼다. ≪周禮≫ 〈秋官 司刑〉의 鄭玄 注[66]에 "周나라에서 종지뼈를 베는 형벌인 臏刑(빈)을 고쳐 '刖刑'으로 만들었다."라고 하였다. 살펴보건대, 堯舜시대와 夏나라 때에는 髕刑(빈형)을 써서 종지뼈를 제거하였고, 周나라 때에는 刖刑을 써서 발을 잘랐다. 대체로 周나라에 대하여 臏을 언급한 것은 본래 명칭을 든 것이다.

≪莊子≫ 〈德充符〉에 "魯나라에 兀者인 叔山無趾란 사람이 있는데 자주 仲尼를 찾아와 뵈었다."라고 하였는데, 崔譔은 "발가락이 없어서 발뒤꿈치로 걸어간 것이다.〔無趾故踵行〕"라고 하였다. 그렇다면 刖刑은 바로 漢나라에서 발가락을 벤 형벌이다. 발가락이 없기 때문에 발뒤꿈치로 걷는 것이다. 발가락이 없으면 걸을 수가 없기 때문에 특별히 발을 잘린 자들의 신을 만들어 걷는 것을 보조한 것이니, ≪春秋左氏傳≫ 昭公 3년에 "刖刑을 당한 자가 신는 목발〔踊〕은 비싸고 신발은 싸다."라고 한 말이 이것이다. 髕刑을 당하면 발을 못써 걸을 수가 없고, 刖刑을 받으면 踊을 사용하여 그래도 걸을 수가 있다. 그러므로 刖刑은 髕刑보다 가벼운 것이다. 刖은 일명 '跳(비)'라고 하는데, 跳는 한편에서는 '剕'라고 쓴다.

鄭玄의 ≪駁五經異義≫에 "皐陶가 臏刑을 고쳐 剕刑으로 만들었고, ≪書經≫ 〈周書 呂刑〉에 剕刑이 있는데, 周나라에서 剕刑을 고쳐 刖刑으로 만들었다."라고 하였다. 이는 아마도 잘못인 듯하니, ≪周禮≫ 〈秋官 司刑〉의 鄭玄 注와 맞지 않기 때문이다.

此與刀部刖異義, "刖, 絕也." 經傳多以刖爲刖. 周禮司刑注云, "周改臏作刖." 按唐虞夏刑用髕, 去其厀頭骨也. 周用刖, 斷足也. 凡於周言臏者, 擧本名也. 莊子"魯有兀者叔山無趾, 踵見仲尼." 崔譔云, "無趾故踵行." 然則刖刑, 卽漢之斬趾. 無足指, 故以足跟行也. 無足指不能行, 故別爲刖足者之屨, 以助其行, 左氏云, "踊貴屨賤"是也. 髕則足廢不能行, 刖則用踊尙可行, 故刖輕於髕也. 刖一名跳, 跳一作剕. 鄭駁異義云, "皐陶改臏爲剕, 呂刑有剕, 周改剕爲刖." 此恐誤, 與司刑注不合.

② 魚와 厥을 따랐다. 제15部에 있다.

魚厥切. 十五部.

③ 또한 形聲이다. ≪莊子≫ 〈養生主〉의 "어찌하여 한쪽 발을 베였는가?〔惡乎介也〕"에 대한 郭象 注에 "介는 '한쪽 발이 잘린 것〔偏刖〕'을 말한다."라고 하였다. 여기의 '刖'에 대한 ≪經典釋文≫ 〈莊子音義〉에 "崔本에는 兀로 되어 있고 또 刖로 되어 있기도 하며, '다리를 자르다'는 뜻이다."라고 하였다. ≪莊子≫ 〈德充符〉에 "申徒嘉는 발이 잘린 사람〔兀者〕이다."라고 하였는데, 李頤는 "발을 자르는 것을 '兀'이라고 한다."라고 하였다.[67]

---

66) 鄭玄 注 : ≪周禮≫ 〈秋官 司刑〉의 "발을 자르는 벌을 받은 사람이 500명이다.〔刖罪五百〕"에 대한 鄭玄 注를 가리킨다.

67) 李頤는……하였다 : ≪莊子≫ 〈德充符〉의 "魯나라에 刖刑을 받은 王駘라는 사람이 있었다.〔魯有兀者王駘〕"에 대한 陸德明의 ≪經典釋文≫ 〈莊子音義〉에 보인다.

亦形聲. 莊子養生主注曰, "介, 偏刖之名." "崔本作兀, 又作趴, 云, 斷足也." 德充符"申徒嘉, 兀者也." 李云, "刖足曰兀."

04-040-1339  (趽) 〔다리 굽은 말/방〕

'다리가 굽은 말'이다. 足을 따르고 方(방)이 소리이다. 彭(팽)과 같이 읽는다.

曲脛馬也.① 从足, 方聲. 讀與彭同.②

① ≪廣雅≫ 〈釋言〉에 "趽・踌(구)는 '헛디뎌 넘어지다〔躂(蹉)〕'는 뜻이다."라고 하였다. 踌는 앞에 나왔다. 躂은 俱와 達의 반절이다.[68]
廣雅曰, "趽・踌, 躂也." 踌見上. 躂, 俱達切.

② 薄과 庚의 반절이다. 古音은 제10部에 있다.
薄庚切. 古音在十部.

04-040-1340  (趹) 〔말이 가는 모양/결〕

'말이 가는 모양'이다. 足을 따르고 夬(쾌)가 소리이다.

馬行皃.① 从足, 夬聲.②

① ≪戰國策≫ 〈韓策〉과 ≪史記≫ 〈張儀列傳〉에 "秦나라의 말은 좋은 말〔良馬〕인데, 앞발을 쳐들고 뒷발로 땅을 차고 달려가면〔趹後〕 말굽의 거리가 세 길이나 된다."라고 하였다. 班固의 〈西都賦〉에 "말을 달려〔趹〕 追蹤해야 한다."라고 하였는데, ≪廣雅≫에 "趹은 '달리다〔奔〕'는 뜻이다."라고 하였다.[69]
戰國策・史記云, "秦馬之良, 探前趹後, 蹄閒三尋."[70] 西都賦"要趹追蹤." 廣雅"趹, 奔也."

② 각 판본(徐鉉本과 徐鍇本)에는 "夬聲"이 "決의 생략형이 소리이다.〔決省聲〕"라고 되어 있는데, 학식이 얕은 사람이 고친 것이다. 古와 穴의 반절이다. 제15部에 있다.
各本作"決省聲", 淺人改也. 古穴切. 十五部.

---

68) 躂은……반절이다 : ≪康熙字典≫에는 他와 達의 반절로 되어 있다.

69) 廣雅에……하였다 : ≪後漢書≫ 〈班固傳〉의 "要趹追蹤"에 대한 李賢 注에 인용된 글이며, 지금의 ≪廣雅≫에는 보이지 않는다.

70) 秦馬之良……蹄閒三尋 : 저본에는 "秦馬之良 探前趹後 蹄閒三尋"로 되어 있으나, 今本 ≪戰國策≫ 〈韓策〉과 ≪史記≫ 〈張儀列傳〉에는 "秦馬之良 戎兵之衆 探前趹後 蹄閒三尋"으로 되어 있다.

04-040-1341 𨂝(趼)〔짐승 발에 굳은살 박힐/연〕

'짐승 발에 굳은살이 박히다'이다. 足을 따르고 幵(견)이 소리이다.

獸足企也.① 从足, 幵聲.②

① ≪爾雅≫ 〈釋畜〉에 "騉蹄(말이름/곤제)는 굳은살이 박혀 경사진 산을 잘 오른다."라고 하였고, 또 "騉駼(말이름/곤도)는 갈라진 발굽에 굳은살이 박혀 경사진 산을 잘 오른다."라고 하였다. 趼은 '발에 굳은살이 박힌 것'이다. 企는 '발꿈치를 들어 올리는 것'이다. 그러므로 높은 곳에 잘 오른다. 趼은 판본에 따라 '研'으로 된 곳도 있다. 研은 '매끄러운 돌(벼루)'이다. 舍人·李巡·孫炎[71]·郭璞·顔師古[72]는 모두 발굽 밑이 평평하고 반듯한 것이 研과 같다고 풀이하였다.

釋嘼"騉蹏, 趼, 善陞甗." 又"騉駼, 枝蹏, 趼, 善陞甗." 趼者謂其足企. 企, 擧踵也, 故善登高. 趼本或作研. 研, 滑石也. 舍人·李巡·孫炎·郭(樸)〔璞〕[73]·顔師古, 皆以蹄下平正如研釋之.

② 五와 甸의 반절이다. 제14部에 있다.

五甸切. 十四部.

04-040-1342 𨂴(路)〔길/로〕

'길'이다. 足을 따르고 各(각)이 소리이다.

道也.① 从足, 各聲.②

---

71) 舍人……孫炎 : ≪爾雅≫ 〈釋畜〉의 '騉蹄'에 대한 〈音義〉에 "사인은 "곤제는 '혼제'이다. 趼은 평평함이니, 발굽이 평평하고 반듯함을 말한다.……이순은 "騉은 그 발굽이 반듯하고 굳으면서 평평하기가 벼루와 같다.〔舍人云 騉蹄者 溷蹄也 趼 平也 謂蹄平正……李巡云 騉者其蹄正堅而平似研也〕"라고 하였다. 또한 ≪爾雅≫ 〈釋畜〉의 '騉駼'에 대한 〈音義〉에서 "孫炎은 '곤도'라는 말은 그 발굽이 소처럼 갈라져 있고 밑바닥이 평평하다.〔孫炎云 騉駼之馬 枝蹄如牛而下平〕"라고 하였다.

72) 郭璞·顔師古 : ≪爾雅≫ 〈釋畜〉의 '騉蹄'에 대한 郭璞 注에 "곤제는 발굽이 못이 박힌 것과 같아서 산에 씩씩하게 오른다.〔騉蹄 蹄如趼而健上山〕"라고 하였다. ≪漢書≫ 〈百官公卿表 上〉의 "昆蹏令丞"에 대한 顔師古 注에 "蹏研은 발굽 밑이 평평한 것을 이른다.〔蹏研者謂其蹏下平也〕"라고 하였다.

73) (樸)〔璞〕 : 저본에는 '樸'으로 되어 있으나, ≪爾雅≫의 郭璞 注에 의거하여 '璞'으로 바로잡았다.

① ≪爾雅≫ 〈釋宮〉에 "한 갈래의 길을 '道路'라고 한다."라고 하였는데, 이는 합하여 말한 것이다. ≪周禮≫ 〈地官 遂人〉에 "봇도랑〔澮〕 가에는 '道'를 두고, 내〔川〕 가에는 '路'를 둔다."라고 하였는데, 이는 나누어 말한 것이다. ≪爾雅≫ 〈釋詁〉와 毛傳[74]에 "路는 '크다〔大〕'는 뜻이다."라고 하였는데, 이는 引伸된 뜻이다.
釋宮"一達謂之道路." 此統言也. 周禮"澮上有道, 川上有路." 此析言也. 爾雅・毛傳"路, 大也." 此引伸之義也.

② 洛과 故의 반절이다. 제5部에 있다.
洛故切. 五部.

04-040-1343 (躪)〔수레 자국/린〕

'수레의 자국'이다. 足을 따르고 粦(린)이 소리이다.

轢也.①**从足, 粦聲.**②

① 車部에 "轢은 '수레가 지나간 곳'이다."라고 하였다.
車部曰, "轢, 車所踐也."

② 良과 忍의 반절이다. 제12部에 있다.
良忍切. 十二部.

04-040-1344 (跂)〔육발이/기〕

'발에 발가락이 많다'이다. 足을 따르고 支(지)가 소리이다.

足多指也. 从足, 支聲.①

① 巨와 支의 반절이다. 제16部에 있다. 살펴보건대, 足部는 '路'자에서 끝나야 하며, '躪'자와 '跂'자는 여기에 배열해서는 안 된다. ≪莊子≫ 〈騈拇〉에 "騈拇(변무)와 枝指(지지)"[75]라고 하여, 글자가 단지 枝로 되어 있을 뿐이고 跂는 대체로 俗體이다.
巨支切. 十六部. 按足部當終於路, 躪字跂字不當廁此. 莊子"騈拇枝指." 字只作枝, 跂蓋俗體.

---

74) 毛傳 : ≪詩經≫ 〈大雅 皇矣〉의 "환이가 길 가득히 도망갔다.〔串夷載路〕"에 대한 毛亨 傳을 가리킨다.

75) 騈拇(변무)와 枝指(지지) : '변무'는 엄지발가락이 둘째발가락과 붙어 하나가 된 것을 가리키고, '지지'는 엄지손가락 옆에 작은 손가락 하나가 더 생겨 육손이가 된 것을 가리킨다.

足部에서 다룬 표제자는 85자이고, 重文은 4자이다.

文八十五,[①] 重四.

① 살펴보건대, 踞와 跛 두 글자를 제외하면 83자이다.
按去踞跛二字則八十三.

【041. 疋部】

04-041-1345  (疋)〔발, 통할/소〕補

'발'이다. 위쪽은 장딴지를 본떴고, 아래는 止를 따랐다.[1)]〈弟子職〉에 "발을 어느 쪽으로 둘 것인가를 묻는다."라고 하였다. 古文에서는 ≪詩經≫〈大雅〉의 '雅'자로 썼다. 또한 '足'자로 여기기도 하고, 혹은 '胥'자라고도 한다. 일설에 疋는 '기록하다〔記〕'는 뜻[2)]이라고도 한다. 疋에 속하는 글자는 모두 疋를 따랐다.

足也. 上象腓腸,① 下从止.② 弟子職曰,③ "問疋何止."④ 古文㠯爲詩大雅字.⑤ 亦㠯爲足字.⑥ 或曰胥字.⑦ 一曰疋記也.⑧ 凡疋之屬, 皆从疋.⑨

① 肉部에 "腨(천)은 '장딴지'이다."라고 하였다.
肉部曰, "腨, 腓腸也."

② 止는 '아래의 터'이다.
止, 下基也.

③〈弟子職〉은 ≪管子≫의 편명이다. ≪漢書≫〈藝文志〉에서 ≪管子≫를 ≪孝經≫ 11家에 나열하였으니, 이것이 단행본으로 통행된 지 오래되었다.
弟子職, 管子書篇名. 漢藝文志以列於孝經十一家, 是其單行久矣.

④ 尊長이 누우면 발을 어느 쪽으로 두실 지를 여쭈는 것을 이른다. ≪禮記≫〈內則〉에

---

1) 위쪽은……따랐다 : ≪六書尋源≫에서는 "살펴보면 '足'자는 止를 따랐는데 止는 곧 趾의 古字이다. 口를 따랐는데 口는 圍의 古字이고 또 '國'자이다. 발이 감싼 속에 들어 있어 비좁아 움켜쥔 것과 같은 뜻을 가리키므로 또한 풀이를 '가득하다', '결함이 없다'라고 한다.……'疋'자는 口를 따라서 조금 결여되어 있으니 바로 발가락이 느슨한 모양이다.〔按足字从止 止卽古趾字也 从口 口卽古圍字 亦國字也 乃是足指在包圍中而局促如豳之義 故亦訓滿也 無欠也……此字从口而微缺 卽足指閒闊之象〕"라고 하여, ≪說文解字≫의 '장딴지〔腓腸〕' 부분을 '口의 조금 결여된 모양'으로 설명하였다.

2) 疋는……뜻이다 : ≪說文解字≫ 言部에 "記는 '기록하다'이다.〔記 疋也〕"라고 하였고, 이에 대한 段玉裁 注에 "疋의 今字는 疏로 쓰며, 일의 시비를 조목조목 설명하여 기록하는 것을 이른다.〔疋今字作疏 謂分疏而識之也〕"라고 하였다.

"고쳐 누우려 하시거든〔將衽〕, 나이 많은 자는 돗자리를 받들어 들고 어느 쪽으로 발〔止〕을 두실 지를 여쭌다."라고 하였다. 止는 어떤 판본에는 趾로 되어 있는데, 趾는 '발'이다.

謂問尊長之臥, 足當在何方也. 內則曰, "將衽, 長者奉席, 請何止." 止一作趾, 足也.

⑤ 大雅의 雅가 각 판본에 疋로 되어 있으나 잘못이다. 이는 古文에서 疋를 가차하여 '雅' 자의 뜻으로 쓴 것을 이르니, 〈雅・疋의〉 古音은 똑같이 제5部에 있다.

雅各本作疋, 誤. 此謂古文叚借疋爲雅字, 古音同在五部也.

⑥ 足은 형태가 疋와 서로 비슷하여 가차한 것이니, 常例가 아닌 變例이다.

此則以形相似而叚借, 變例也.

⑦ 胥는 또한 同音假借이니, 예컨대 '府・史・胥・徒'[3]의 胥와 같으며, 곧장 '疋'라고 써도 괜찮다.

此亦謂同音叚借, 如府史胥徒之胥, 徑作疋可也.

⑧ ≪說文解字≫ 言部의 '記'자 해설에 "〈記는〉 '疋'이다."라고 하였으니, 이것이 轉注이다. 후대에 疋을 고쳐 疏로 쓴 것이다. 疋와 疏는 古今字 관계이다. 이는 '발〔足〕'이라는 뜻과는 별도의 다른 뜻이다.

記下云, "疋也." 是爲轉注. 後代改疋爲疏耳. 疋疏古今字. 此與足也別一義.

⑨ 所와 菹의 반절이다. 제5部에 있다.

所菹切. 五部.

04-041-1346  (𤕟) 〔창살 성긴 문/소〕

'창살이 성긴 격자 창문'이다. 疋를 따랐다. 疋(소)는 또한 소리이다. 囱은 창살이 성긴 문 모양을 본떴다. 疏(소)와 같이 읽는다.

門戶青疏窗也.① **从疋.**② **疋亦聲.** **囱象𤕟形.**③ **讀若疏.**④

① '青'자는 ≪玉篇≫ 疋部와 ≪廣韻≫ 上平 9魚에 의거하여 보충하였다. 문짝에 조각하여 창문의 모양을 만들고 청색으로 꾸민 것이다. 㐬部에 "疏는 '통하다〔通〕'이다."라고 하였다. 〈西京賦〉의 薛綜 注[4]에 "疏는 '깎아서 뚫다'는 뜻이다."라고 하였다. ≪楚辭≫ 〈招魂〉에 "가장자리는 붉은 장식물로 꾸미고 그물 모양의 무늬를 새긴 창문, 문설주에는 아름다운 무늬 새겨져 있네."라고 하였다. 古詩에 "성근 화려한 창문"이라고 하였다.

---

3) 府……徒 : ≪周禮≫ 〈天官〉에 규정되어 있는 하급 관직들로, 재화 관리와 문서 출납을 맡거나 관의 徭役에 응하는 자들이다.

4) 薛綜 注 : 張衡의 〈西京賦〉에 "창은 확 뚫려 있다.〔交綺豁以疏寮〕"에 대한 薛綜 注를 가리킨다.

青字依篇・韻補. 於門戶刻鏤爲窻牖之形, 而以青飾之也. 㐬部曰, "疏, 通也." 薛注西京賦曰, "疏, 刻穿之也." 招魂"網戶朱綴, 刻方連些." 古詩曰, "交疏結綺窻."

② "疋를 따랐다."는 것은 '화려한 무늬가 서로 이어진 것'이 '足跡이 서로 이어지는 것'과 같다는 뜻이다.

"从疋"者, 綺文相連, 如足跡相偅也.

③ 囪部에 "벽에 있는 것은 '牖'이라 하고, 지붕에 있는 것은 '囪'이라 한다."라고 하였으니, 囪과 疋는 會意가 된다. 그러나 象形이라고 한 것은 바로 문짝에 무늬를 조각한 것이 창문과 같기 때문이다.

囪部曰, "在牆曰牖, 在屋曰囪." 則囪疋爲會意矣. 而云象形者, 正謂門戶刻文, 如囪牖也.

④ 所와 菹의 반절이다. 제5部에 있다.

所菹切. 五部.

04-041-1347  (𤕟) 〔통할/소〕

'통하다'이다. 爻・疋를 따랐다. 疋(소)는 또한 소리이다.

通也.① **从爻疋,**② **疋亦聲.**③

① 𤕟는 㐬部의 疏와 音義가 모두 같다. ≪玉篇≫ 疋部에서는 ≪禮記≫ 〈月令〉의 "그릇의 무늬를 성글게 하여 통하게 한다."는 구절을 인용하였는데, 지금의 〈月令〉에는 𤕟가 '疏'로 되어 있다. 여러 책에 있는 "扶疏"가 揚雄의 ≪太玄經≫ 권1에는 "扶𤕟"[5]로 되어 있다. ≪太玄經≫에 또 "𤕟首"가 있는데 轉寫할 때 잘못하여 䟽(서)로 쓴 것이다.

此與㐬部疏音義皆同. 玉篇引月令"其器𤕟以達." 今月令作疏. 諸書"扶疏"字, 太玄作扶𤕟. 太玄又有"𤕟首", 轉寫譌作䟽.

② 爻는 조각한 무늬가 서로 교차된 것이다.

爻者, 刻文相交也.

③ 所와 菹의 반절이다. 제5部에 있다.

所菹切. 五部.

疋部에서 다룬 표제자는 3자이다.

文三.

---

5) 扶𤕟 : 큰 나뭇가지가 사방으로 퍼진 모양을 이른다.

【042. 品部】

04-042-1348  (品)〔많은 사람/품〕補

'많은 사람'이다. 세 개의 口를 따랐다. 品에 속하는 글자는 모두 品을 따랐다.

衆庶也. 从三口.① 凡品之屬, 皆从品.

① 사람 세 명을 衆이라 하므로 세 개의 口를 따른 것이다. 會意이다. 丕와 飮의 반절이다. 제7部에 있다.
人三爲衆, 故从三口. 會意. 丕飮切. 七部.

04-042-1349  (嵒)〔말이 많을/녑〕

'말이 많다'이다. 品이 서로 이어진 것을 따랐다. ≪春秋左氏傳≫에 "嵒北에 주둔하였다."라고 하였다. 聶(녑)과 같이 읽는다.

多言也.① 从品相連.② 春秋傳曰, "次于嵒北."③ 讀與聶同.④

① 嵒은 言部의 讘과 音義가 모두 같다.
此與言部讘音義皆同.

② 會意이다.
會意.

③ ≪春秋左氏傳≫ 僖公 원년의 글이다. 지금의 ≪春秋左氏傳≫에는 '聶'으로 되어 있다. "聶北은 邢州의 땅이다."라고 한 것은 杜預의 해설이다.
僖元年左傳文, 今左作聶. "聶北, 邢地." 杜氏說.

④ 音이 같다는 뜻이다. 尼와 輒의 반절이다. 제7部에 있다.
音同也. 尼輒切. 七部.

04-042-1350  (喿)〔새 무리 지어 울/조〕

'새가 무리 지어 울다'이다. 品이 나무 위에 있는 것을 따랐다.

鳥羣鳴也.① **从品在木上.**②

① 喿는 雧과 뜻이 같으며, 민간에서는 噪로 쓴다. ≪方言≫ 권5에서는 喿를 가차하여 '鍬臿(가래)'의 '臿'자로 쓴다.
此與雧同意, 俗作噪. 方言假喿爲鍬臿字.

② 穌와 到의 반절이다. 제2部에 있다.
穌到切. 二部.

品部에서 다룬 표제자는 3자이다.

文三.

【043. 龠部】

04-043-1351 龠 (龠)〔피리/약〕 補

'악기 중에 竹管 악기(피리)'이다. 구멍이 세 개이다. 이것으로 여러 악기 소리를 조화롭게 한다.[1] 品·侖을 따랐다. 侖은 條理이다. 龠에 속한 글자는 모두 龠을 따랐다.

樂之竹管,① 三孔,② 㠯和衆聲也.③ 从品侖.④ 侖, 理也.⑤ 凡龠之屬, 皆从龠.

① 龠은 竹部의 籥과 뜻이 다르다. 지금 경전에서는 대부분 '籥'자를 쓰는데 잘못이다. 此與竹部籥異義. 今經傳多用籥字, 非也.

② 孔은 空과 같다. 살펴보건대, ≪周禮≫〈春官 笙師〉 및 ≪禮記≫의 〈少儀〉와 〈明堂位〉의 鄭玄 注, ≪爾雅≫〈釋樂〉의 郭璞 注, 應劭의 ≪風俗通≫에서는 모두 "구멍이 세 개이다."[2]라고 하였는데, 오직 毛亨 傳에 "구멍이 여섯 개이다."[3]라 하고 ≪廣韻≫에 "구멍이 일곱 개이다."[4]라고 하였다.

---

1) 악기……한다 : ≪六書尋源≫에서는 "籥은 大·中·小 樂管의 總名으로 本字가 '龠'이다.〔籥是大中小樂管之總名 而字本作龠〕"라고 하여, 段玉裁와 달리 籥의 본자라고 하였다.

2) 구멍이 세 개이다 : ≪周禮≫〈春官 笙師〉의 "笙師는 龡·竽·笙·塤·籥·簫·篪·篴·管을 맡아서 가르친다.〔笙師掌教龡竽笙塤籥簫篪篴管〕"에 대한 鄭玄 注에 "籥은 篴과 같으며 구멍이 세 개이다.〔籥如篴 三空〕"라 하였다. ≪禮記≫〈少儀〉의 "笏·書冊·脯脩·苞苴……櫝·筴·籥이다.〔笏書脩苞苴……櫝筴籥〕"에 대한 鄭玄 注에 "籥은 篴과 같으며 구멍이 세 개이다.〔籥如篴 三孔〕"이라고 하였으며, ≪禮記≫〈明堂位〉의 "흙으로 만든 북과 흙덩이로 만든 북채와 갈대로 만든 피리〔土鼓 蕢桴 葦籥〕"에 대한 鄭玄 注에 "籥은 篴과 같으며 구멍이 세 개이다.〔籥如篴 三孔〕"이라고 하였다. ≪爾雅≫〈釋樂〉의 "큰 籥을 産이라고 한다.〔大籥謂之産〕"에 대한 郭璞 注에 "籥은 篴과 같으며 구멍이 세 개이면서 짧고 작다.〔籥如篴 三孔而短小〕"라고 하였고, 應劭의 ≪風俗通≫ 聲音 제6에 "籥은 악기로 죽관악기이면서 구멍이 세 개로, 여러 음악소리를 조화롭게 하기 위함이다.〔籥 樂之器 竹管三孔 所以和衆聲也〕"라고 하였다.

3) 구멍이 여섯 개이다 : ≪詩經≫〈邶風 簡兮〉에 "왼손으로 籥을 잡는다.〔左手執籥〕"에 대한 毛亨 傳에 "籥은 구멍이 여섯 개이다.〔籥 六孔〕"이라고 하였다.

孔同空. 按周禮笙師・禮記少儀・明堂位鄭注・爾雅郭注・應氏風俗通皆云, "三孔", 惟毛傳云, "六孔", 廣雅云, "七孔."

③ 여러 악기 소리를 조화롭게 한다는 것은 악기를 연주할 때를 말한다. 萬舞[5]를 출 때에는 단지 '피리〔龠〕'만 사용하여 춤을 조절하므로, 다른 악기 소리는 없다.
和衆聲, 謂奏樂時也. 萬舞時祇用龠以節舞, 無他聲.

④ 오직 龠으로만 여러 악기 소리를 조화롭게 하기 때문에 品을 따른 것이다.
惟以和衆聲, 故从品.

⑤ 亼部에 "侖은 '조리〔思〕'이다."라고 하였다. 살펴보건대, 思는 䚡(뿔의 심/새)와 같고, 䚡와 理는 뜻이 같다. ≪詩經≫ 〈大雅 靈臺〉에 "아, 질서 있게 종을 치도다.〔於論鼓鍾〕"라고 하였는데, 毛亨 傳에 "論은 '조리〔思〕'이다."라고 하였고, 鄭玄 箋에는 "論이란 말은 '질서〔倫〕'이다."라고 하였으니, 毛亨과 鄭玄의 생각은 동일하다. 侖을 따랐다는 것은 조리를 얻은 것을 이른다. 以와 灼의 반절이다. 제2部에 있다.
亼部曰, "侖, 思也." 按思猶䚡, 䚡理一也. 大雅"於論鼓鍾." 毛傳曰, "論, 思也." 鄭曰, "論之言倫也." 毛鄭意一也. 从侖, 謂得其倫理也. 以灼切. 二部.

04-043-1352 𪛗 (龡)〔악기 불어 연주할/취〕

'음률에 맞게 관악기와 질나발 악기를 불어 연주하다'이다. 龠을 따르고 炊(취)가 소리이다.

龡音律管壎之樂也.① **从龠, 炊聲.**②

① 여덟 글자가 한 句이다. 音律이란, 예컨대 "王者가 대규모로 군사를 출동시킬 때, 大師가 律管을 불어 音을 조화롭게 한다."[6]라고 한 말이 이것이다. 竽・笙・簫・籥・篪・

4) 구멍이 일곱 개이다 : ≪廣韻≫ 〈釋樂〉에 "龠은 '笛'이라고 하니 구멍이 일곱 개다.〔龠謂之笛 有七孔〕"이라고 하였다.

5) 萬舞 : 고대의 춤 이름이다. 먼저 춤추는 사람이 손에 병기를 들고 武舞를 추고 뒤에 춤추는 사람이 손에 새 깃털과 악기를 들고 文武를 춘다.

6) 王者가……한다 : ≪周禮≫ 〈太師〉에 "대규모의 군사가 출동할 때, 大師가 律呂를 잡고 軍樂을 듣고서 길흉을 왕에게 보고한다.〔大師 執同律以聽軍聲 而詔吉凶〕"라고 하였는데, 이에 대한 鄭玄 注에 "≪兵書≫에 '王者가 군사를 동원하여 출동시키는 날 將帥에게 활과 화살을 주면, 士卒들이 정돈된 뒤 장수가 활을 당기며 크게 외치고, 大師가 律管을 불어 音을 조화롭게 한다. 〈軍樂이 五音(宮・商・角・徵・羽) 중에서〉 商에 해당하면 싸움에서 이기고 군사들이 강해진다. 角에 해당하면 군대가 소요하고 변화가 많으며 사졸들의 마음을 잃게 된다. 宮에 해당하면 군대가 화합하고 사졸들이 마음을 같이하게 된다. 徵에 해당하면 장수가 급해지고 자주 성내어 군사들이 피로해진다. 羽에 해당하면 병사들이 약해지고

篴(笛)・管이 모두 竹에 속하는 악기[7]인데, 유독 '管만 말한 것'은 하나를 들어서 여섯 가지 악기를 포괄한 것이다. 土에 속하는 악기는 오직 질나발〔壎〕 뿐인데 불 수가 있다. 小師[8]의 경우 치는 악기를 말하고,[9] 瞽矇의 경우 흔드는 악기를 말하고,[10] 笙師의 경우 부는 악기를 말하는데,[11] 이는 각각 그 악기를 연주하는 방식을 따른 것이다. 사람이 내쉬는 기운으로 音을 내는 것을 '吹'라고 한다.

八字一句. 音律者, 如"王者行師, 大師吹律合音."是也. 竽・笙・籥・簫・篪・篴・管, 皆竹屬, 獨言管者, 擧一以該六也. 土屬則惟壎可吹. 小師言鼓, 瞽矇言播, 笙師言歈者, 各因其文也. 以人氣作音曰吹.

② 昌과 垂의 반절이다. 古音은 제17部에 있다.

昌垂切. 古音在十七部.

04-043-1353  (䶵)〔피리/지〕【重文 1】

'관악기'이다. 龠을 따르고 虒(사)가 소리이다. (篪)는 䶵의 或體이니, 竹을 따랐다.

管樂也.① 从龠, **虒聲.**② , 䶵**或从竹.**③

① 管은 箫과 같기 때문에 龠・䶵・簫를 모두 '관악기'라고 한다. ≪周禮≫의 鄭司農(鄭衆) 注에 "篪는 구멍이 일곱 개이다."라고 하고, ≪廣雅≫ 〈釋樂〉에서는 "구멍이 여덟 개이다."라고 하였으며, ≪周禮≫ 〈春官 笙師〉의 賈公彦 疏에서는 ≪禮圖≫[12]를 인용하여

위엄과 明察이 적어진다.'라고 하였다.〔王者 行師出軍之日 授將弓矢 士卒振旅 將張弓大呼 大師吹律合音 商則戰勝 軍士强 角則軍擾多變 失士心 宮則軍和 士卒同心 徵則將急數怒 軍士勞 羽則兵弱少威明〕"라고 하였다.

7) 竹에……악기 : 악기의 재료가 되는 金(쇠)・石(돌)・絲(실)・竹(대나무)・匏(박)・土(흙)・革(가죽)・木(나무) 가운데, 竹으로 만든 관악기를 가리킨다.

8) 小師 : 樂官을 이른다. ≪周禮≫ 〈春官 樂師〉에 大師・小師・磬師・鐘師・笙師・籥師・瞽矇 등 여러 악관이 있다.

9) 小師의……말하고 : ≪周禮≫ 〈春官 小師〉에 "小師는 鼓・鞀・柷・敔・塤・簫・管・弦・歌를 맡아서 가르친다.〔小師掌教鼓鞀柷敔塤簫管弦歌〕"라고 하였다.

10) 瞽矇의……말하고 : ≪周禮≫ 〈春官 瞽矇〉에 "瞽矇은 播鞀・柷・敔・塤・簫・管・絃・歌를 맡는다.〔瞽矇掌播鞀柷敔塤簫管絃歌〕"라고 하였다.

11) 笙師의……말하는데 : ≪周禮≫ 〈春官 笙師〉에 "笙師는 歈・竽・笙・塤・籥・簫・篪・笛・管을 맡아서 가르친다.〔笙師掌教歈竽笙塤籥簫篪笛管〕"이라고 하였다.

12) 禮圖 : 언제 누가 지은 책인지 자세하지 않다.

"구멍이 아홉 개이다."라고 하였다. 그 말들이 대부분 轉寫할 때 뒤섞여 혼란하게 되었으니, 아마도 구멍의 개수를 밝힐 수 없을 듯하다. ≪世本≫[13]에는 "暴辛公이 塤(壎)을 만들고 蘇成公이 箎를 만들었다."라고 하였는데, 譙周[14]의 ≪古史考≫에는 "두 사람은 塤도 잘 불고 箎도 잘 불었다."라고 하였으니, 기록하는 자가 따라서 善을 '作'이라고 쓴 것은 잘못이다.[15]

살펴보건대, 許愼이 壎과 鯱의 해설에서 모두 ≪世本≫을 인용하지 않았고, 鐘·磬·笙·簧·琴·瑟의 해설에서는 인용하였으니, 아마도 오류를 바로잡은 것이 允南(譙周의 字) 이전에는 있지 않은 듯하다.

管猶笛也, 故龠·鯱·籥, 皆曰, 管樂. 鄭司農注周禮云, "箎七空." 廣雅云, "八孔", 賈公彦引禮圖云, "九孔", 其言多轉寫錯亂, 疑不能明也. 世本云, "暴辛公作塤, 蘇成公作箎." 譙周云, "二人善塤善箎", 記者因以爲作, 謬矣. 按許於壎·鯱下, 皆不引世本, 於鐘·磬·笙·簧·琴·瑟則引之, 其匡謬不在允南之前乎.

② 直과 离의 반절이다. 제16部에 있다.
直离切. 十六部.

③ ≪禮記≫ 〈樂記〉에 또한 篪로 되어 있다.[16]
樂記又作篪.

04-043-1354 龢 (龢) 〔화합할/화〕

'화합하다'이다. 龠을 따르고 禾(화)가 소리이다. 和(화)와 같이 읽는다.

調也.① 从龠, **禾聲. 讀與**咊**同.**②

① 言部에 "調는 '화합하다〔龢〕'이다."라고 하였다. 龢는 口部의 和와 音이 같지만 뜻이 다르다.[17] 경전에서는 대부분 和를 가차하여 '龢'로 썼다.
言部曰, "調, 龢也." 此與口部和音同義別. 經傳多假和爲龢.

---

13) 世本 : ≪漢書≫ 〈藝文志〉 등 여러 문헌에 이름이 전하나, 책은 전하지 않는다.

14) 譙周 : 199?~270. 삼국시대 蜀의 정치가로, 자는 允南이다. 天文과 經書에 능했으며, 저서로 ≪五經論≫, ≪古史考≫ 등이 있다.

15) 世本에는……잘못이다 : 이 부분은 ≪詩經≫ 〈小雅 何人斯〉의 "伯氏는 塤을 불고, 仲氏는 箎를 분다.〔伯氏吹塤 仲氏吹箎〕"에 대한 〈正義〉에 인용된 글이다.

16) 樂記에……있다 : 〈樂記〉에는 篪가 보이지 않으며, ≪禮記≫ 〈月令 仲夏〉에 "樂師에게 명하여……竽笙篪簧을 조율하게 하였다.〔命樂師……調竽笙篪簧〕"이라고 하였다.

17) 龢는……다르다 : 口部에 "和는 '서로 응하다'이다.〔和 相應也〕"라고 하였다.

② 禾가 각 판본에는 和로 되어 있으나 지금 바로잡았다. 이(讀與咊同)는 그 音만 같을 뿐이라고 말한 것이다. 戶와 戈의 반절이다. 제17部에 있다.
禾各本作和, 今正. 此言其音同而已. 戶戈切. 十七部.

04-043-1355  (龤) 〔즐겁고 화평할/해〕

'즐겁고 화평하다'이다. 龠를 따르고 皆(개)가 소리이다. ≪書經≫ 〈虞書〉에 "여덟 가지 악기[18] 소리가 잘 조화를 이루다."라고 하였다.

樂龢也.① 从龠, **皆聲.**② **虞書曰,**③ **"八音克龤."**④

① 龤는 '龢'로 뜻풀이하고, 龢는 '調'로 풀이하고, 調는 '龢'로 풀이하였으니, 세 글자가 轉注이다. '龤와 龢'가 '諧와 和'로 된 것은 모두 古今字의 변화 때문이니, 許愼은 아직 변하지 않은 뜻을 해설한 것이다. 지금 판본에 '龤'자 해설과 '調'자 해설에 "和也"로 되어 있으니, '龢'자 해설의 "調也"와는 轉注가 되지 않는다. 龤는 言部의 諧[19]와 音이 같으나 뜻이 다르다. 여러 책에서는 대부분 諧를 '龤'로 썼다.
龤訓龢, 龢訓調, 調訓龢, 三字爲轉注. 龤龢作諧和者, 皆古今字變, 許說其未變之義. 今本龤下調下作"和也", 則與龢下"調也", 不爲轉注. 龤與言部諧音同義異. 各書多用諧爲龤.

② 戶와 皆의 반절이다. 제15部에 있다.
戶皆切. 十五部.

③ 虞書는 唐書가 되어야 한다.
虞書當作唐書.

④ 〈堯典〉의 글이다.[20]
堯典文.

龠部에서 다룬 표제자는 5자이고, 重文은 1자이다.

文五, 重一.

---

18) 여덟……악기 : 金(鍾)·石(磬)·絲(絃)·竹(管)·匏(笙)·土(壎)·革(鼓)·木(柷敔)을 가리킨다.

19) 言部의 諧 : 言部에 "諧는 '화합하다'이다.〔諧 詥也〕"라고 하였다.

20) 堯典의 글이다 : "八音克龤"가 今本 ≪書經≫에는 〈虞書 舜典〉에 있다.

【044. 冊部】

04-044-1356 𠕋 (冊) 〔부명/책〕 補 【重文 1】

'符命'이니, 諸侯가 왕에게 나아가 받는 것이다. 그 나무 조각이 하나는 길고 하나는 짧으며 가운데 2개의 가로선은 〈나무 조각을〉 엮은 모양을 본떴다. 冊에 속하는 글자는 모두 冊을 따랐다. 䇲(笧)은 冊의 古文이니 竹(죽)을 따랐다.

符命也, 諸侯進受於王者也.① 象其札一長一短,② 中有二編③ 之形.④ 凡冊之屬, 皆从冊. 䇲, 古文冊. 从竹.⑤

① '者'자는 ≪古今韻會擧要≫ 入聲 11陌에 의거하여 보충하였다. ≪尙書≫ 〈周書 洛誥〉에 "王이 周公의 후계자를 명하시고, 〈有司에게〉 冊書를 짓게 하고서 〈史官인〉 逸로 하여금 誥하게 하셨다."라고 하였고, ≪春秋左氏傳≫ 僖公 28년에 "왕이 尹氏와 왕자 虎·內史 叔興父에게 명하여 晉侯를 策命하여 侯伯으로 삼게 하였다."라고 하였고, ≪春秋左氏傳≫ 襄公 13년에 "周王이 劉定公을 보내어 齊侯에게 寵命(恩寵을 입히는 王命)을 내렸다."라고 하였고, ≪史記≫ 〈三王世家〉의 '策文'이라고 할 때 '策'자가 모두 '冊'자이다. 후인이 대부분 策을 가차하여 冊의 뜻으로 썼다.
者字依韻會補. 尙書, "王命周公後, 作冊逸誥", 左傳, "王命尹氏及王子虎內史叔興父策命晉侯爲侯伯", "王使劉定公賜齊侯命"及三王世家策文[1]皆是也. 後人多假策爲之.

② 다섯 개의 직선이 길고 짧음이 있는 것을 말한다.
謂五直有長短.

③ 두 개의 가로획을 이른다.
謂二橫.

④ 蔡邕의 ≪獨斷[2] 上≫에 "策은 '竹簡'이다. 그 규격이 긴 것은 2척이고 짧은 것은 절반이

---

1) 策文 : ≪史記≫ 〈三王世家〉에는 '策文'이라는 말은 없고, '右齊王策', '右燕王策', '右廣陵王策'이라고 한 것을 가리키는 것으로 보인다.

2) 獨斷 : 漢代 蔡邕이 황실의 복식 등급의 규정, 주요한 명절에 대한 설명, 漢代 역대 황제의 교체에 대한 전말과 시호에 관해 기술한 자료이다.

다. 그다음은 하나는 길고 하나는 짧게 하여 양쪽으로 묶고 다음에 붙인다."라고 하였다. '札'은 牒이니[3] 또한 '簡'이라고도 한다. '編'은 죽간을 차례로 배열하는 것이니, 죽간을 차례로 배열하는 것은 竹簡의 길고 짧은 것을 서로 섞어 나란히 배열한 뒤에 이것을 끈으로 가로로 연결하여 위아래로 각각 한 줄이 되게 하는 것이다. 1개의 죽간에는 많은 글자를 쓸 수 없기 때문에 반드시 차례대로 엮어야 많은 글자를 쓸 수 있다.

≪儀禮≫ 〈聘禮〉의 기록에 "100자〔名〕 이상은 策〔簡〕에 쓴다."는 것이 이것이다. 하나의 죽간에 다 쓸 수 있으면 簡에 쓴다. 그러나 매 簡이 行이라서 100자까지 쓸 수 없다. 方〔板〕에 쓴다면 약간의 행을 합하여 쓴다. 100자 이상은 策에다 쓰니, 方은 곧 '牘'이다. 牘은 나무판〔書版〕이니, 簡冊은 대나무로 만들고 牘은 나무로 만든다. 하나의 冊에 다 쓸 수 없으면 冊을 포개서 만드는데 國史를 기록하는 冊書가 대체로 이와 같다. ≪禮記≫ 鄭玄 注에 "策은 '簡'이다."라고 하였으니, 이것은 합하여 말하고 나누지 않은 것이다. '冊'자의 다섯 개 직선으로 1개는 길고 1개는 짧은 것을 본뜬 것이다. 이것은 그 의도를 나타낸 것일 뿐이니 簡의 길이가 얼마인지는 억측할 수 없다.

蔡邕이 "긴 것은 2척, 짧은 것은 절반이다."라고 하였는데, 이것은 漢代의 규격이 이와 같은 것이다. 鄭玄이 ≪孝經鉤命決≫[4]을 인용하면서 "≪周易≫, ≪詩經≫, ≪尙書≫, ≪禮記≫, ≪樂記≫, ≪春秋≫의 策은 모두 길이가 2척 4촌이며, ≪孝經≫은 절반으로 1척 2촌에 조금 모자라며, ≪論語≫의 策은 8촌이다. 1척 2촌의 3분의 2에 조금 모자란다."라고 하였는데, 이것은 옛날의 규격이다. ≪儀禮≫ 〈聘禮〉와 〈春秋左氏傳序〉에 대한 正義의 내용과 비교하면 차이가 있으나 지금 이처럼 바로잡은 것이 맞는지 틀렸는지의 여부는 알 수 없다.

≪尙書≫의 鄭玄 注에 "30자가 죽간 1개에 들어간다."라고 하였다.[5] ≪春秋左氏傳≫ 服虔[6] 注에 "古文 篆書는 죽간 1개에 8자를 썼다."라고 하였다. ≪漢書≫ 〈藝文志〉에 "劉向은 壁中의 古文尙書를 근거로 今文尙書를 교정하였는데, 古文 죽간에는 25자로 된 것도 있고 22자로 된 것이 있다."라고 하였는데,[7] 이것은 죽간의 길이가 같지 않아서

3) 札은 牒이니 : ≪說文解字≫ 糸部의 '編'자의 해설에 보인다.

4) 孝經鉤命決 : 漢代에 무명씨가 지은 讖緯書이다. 일명 ≪孝經緯鉤命決≫이라고도 한다.

5) 鄭玄 注에……하였다 : 이 내용은 ≪儀禮≫ 〈聘禮〉의 "束帛에 글씨를 쓸 때 명령이 내려지면 100명 이상은 '策'에 쓰고 100명이 안되면 '方'에 쓴다.〔束帛加書將命 百名以上書於策 不及百名書於方〕"의 疏에 나온다.

6) 服虔 : ?~? 後漢의 경학가로 자는 子愼이며, 初名은 重이고, 又名은 祇이다. 하남 滎陽 사람이다. 古文 경학에 밝았으며 특히 ≪春秋≫를 좋아하였다. 벼슬은 尙書侍郎・高平令・九江太守를 지냈다. 저서로 ≪春秋左氏解誼≫, ≪春秋左氏音≫, ≪通俗文≫, ≪漢書音訓≫ 등이 있다.

7) 漢書……하였는데 : ≪漢書≫ 〈藝文志〉에는 "劉向은 천자의 古文을 가지고 歐陽, 大小夏侯

글자의 수도 같지 않았던 것이다. 楚와 革의 반절이다. 제16部에 있다.

蔡邕獨斷曰, "策, 簡也. 其制, 長者(一)〔二〕[8)]尺, 短者半之. 其次一長一短, 兩編下附." 札, 牒也, 亦曰簡. 編, 次簡也. 次簡者, 竹簡長短相閒排比之, 以繩橫聯之, 上下各一道. 一簡容字無多, 故必比次編之, 乃容多字. 聘禮記云 "百名以上書於策"是也. 一簡可容書於簡, 每簡一行而已. 不及百名, 書於方, 則合若干行書之, 百名以上書於策, 方卽牘也. 牘, 書版也, 簡冊, 竹爲之, 牘, 木爲之. 一冊不容則絫冊爲之, 國史冊書葢如是. 鄭注禮云 "策, 簡也." 此渾言之, 不分別耳. 冊字五直, 象一長一短, 象其意而已, 簡之若干未可肊定也. 蔡氏云 "長者(一)〔二〕尺, 短者半之." 此漢法如是. 鄭引鉤命決云 "易詩書禮樂春秋策皆長二尺四寸, 孝經謙半之, 一尺二寸, 論語策八寸, 尺二寸者三分居二,[9)] 又謙焉." 此古制也. 見於聘禮・左傳序正義者乖異不同, 今訂之如是, 未知然否. 鄭注尙書云 "三十字一簡之文." 服注左氏云 "古文篆書一簡八字." 漢志, "劉向以中古文挍今文尙書, 古文簡有二十五字者, 有二十二字者," 是簡之長短不同而字數不同也. 楚革切. 十六部.

⑤ 〈春秋左氏傳序〉의 孔穎達 疏에 "典筴을 갖춘다.〔備物典筴〕"[10)]라고 하였는데, ≪經典釋文≫ 〈春秋音義〉에는 "筴은 판본에 따라 '冊'으로도 되어 있고, '策'으로도 되어 있고, 혹은 '篇'으로도 되어 있다."라고 하였다. 살펴보건대, 筴은 策의 俗字이다. 冊이 正字이고 策은 가차자이며 篇은 冊의 古文이다. 左氏가 고문으로 ≪春秋≫의 傳을 기술하였으니 그렇다면 篇이 옳을 것이다.

左傳, "備物典筴." 釋文 "筴本又作冊, 亦作策, 或作篇." 按筴者, 策之俗也. 冊者, 正字也, 策者, 叚借字也, 篇者, 冊之古文也. 左氏述春秋傳以古文, 然則篇其是歟.

04-044-1357 (嗣) 〔제후가 나라를 이을/사〕【重文 1】

'諸侯가 나라를 잇다'이다. 冊과 口를 따르고, 司(사)가 소리이다. (孠)는 嗣의 古文이니 子를 따랐다.

三家의 經文을 교정하였는데, 酒誥에는 1개의 죽간이 빠져 있었고, 召誥에는 2개의 죽간이 빠져 있었다. 대개 1개에 25자로 되어 있던 죽간은 빠진 글자도 25자이며, 1개에 22자로 되어 있던 죽간은 빠진 글자도 22자이다.〔劉向以中古文校歐陽大小夏侯三家經文 酒誥脫簡一 召誥脫簡二 率簡二十五字者 脫亦二十五字 簡二十二字者 脫亦二十二字〕라고 되어 있다.

8) (一)〔二〕: 저본에는 '一'로 되어 있으나, ≪獨斷 上≫에 의거하여 '二'로 바로잡았다. 아래도 같다.

9) 論語策八寸 尺二寸者三分居二 : 阮元의 校勘記의 "論語八寸 居六經之三分之一 非孝經更少四寸 故云又謙焉"라는 내용에 의거할 때 '三分居二'의 '二'는 '一'의 오류로 보인다.

10) 備物典筴 : ≪儀禮≫ 〈聘禮〉의 正義를 인용한 것이다.

諸侯嗣國也.[①] **从冊口,**[②] **司聲.**[③] **孠, 古文嗣. 从子.**

① 引伸하여 대체로 '잇는다는 말로 쓰였다.
引伸爲凡繼嗣之偁.

② 小徐(徐鍇)가 "冊은 반드시 宗廟에서 하는데 史가 그 冊을 읽기 때문에 口를 따른다."라고 하였다.[11] 살펴보건대, 이 글자는 囗(위)를 따르니 音이 圍이다. 囗는 나라를 형상한 것이다. 그렇기 때문에 '제후가 나라를 잇는다.'라고 한 것이다.
小徐曰, "冊必於廟, 史讀其冊, 故从口." 按當是从囗, 音圍. 囗者, 國象也. 故曰諸侯嗣國.

③ 祥과 吏의 반절이다. 제1部에 있다.
祥吏切. 一部.

04-044-1358 扁 (扁) 〔편액/편〕

'편액〔署〕'이다. 戶와 冊(책)을 따랐다. 戶冊은 門戶에 署書로 쓰는 글이다.

署也.[①] **从戶冊. 戶冊者, 署門戶之文也.**[②]

① 署는 '부서'라는 뜻이니 그물처럼 서로 이어진 것이 있는 것이다.[12]
署者, 部署, 有所网屬也.

② 門戶에 편액으로 거는 글자의 경우 秦의 서체에는 八體가 있는데 여섯 번째가 署書이다. 蕭子良[13]이 "署書[14]는 漢 高祖 6년에 蕭何가 제정한 것으로 '蒼龍闕'과 '白虎闕' 두 대궐문에 썼다."라고 하였다. 方과 沔의 반절이다. 古音은 제12部에 있다.
署門戶者, 秦書八體, 六曰署書. 蕭子良云 "署書, 漢高六年蕭何所定, 以題蒼龍・白虎二闕." 方沔切. 古音在十二部.

---

11) 小徐(徐鍇)가……하였다 : ≪說文繫傳≫에는 "≪尙書≫의 '祝冊'을 이른다. 冊은 반드시 廟에서 하는데 史가 그 책을 읽기 때문에 口를 따랐다.〔尙書 祝冊謂冊 必於廟 史讀其冊也 故从口〕"라고 되어 있다.

12) 署는……것이다 : ≪說文解字≫ 网部에 "署는 部署이다. 각기 그물처럼 서로 이어진 것이 있는 것이다. 网을 따르고 者는 소리이다.〔署 部署也 各有所网屬也 从网者聲〕"라고 되어 있다.

13) 蕭子良 : 460~494. 南齊 때 사람이다. 武帝의 둘째 아들로 字는 雲英이며 호는 淨住子이다. 竟陵王에 봉해졌다. 저서로 ≪內外文筆≫ 수십 권이 있다.

14) 署書 : 편액에 사용하는 서체를 가리킨다. 〈說文解字敍〉에 "이로부터 秦의 글자에는 여덟 가지 서체가 있었는데, 첫째는 大篆, 둘째는 小篆, 셋째는 刻符, 넷째는 蟲書, 다섯째는 摹印, 여섯째는 署書, 일곱째는 殳書, 여덟째는 隸書이다.〔自爾秦書有八體 一曰大篆 二曰小篆 三曰刻符 四曰蟲書 五曰摹印 六曰署書 七曰殳書 八曰隸書〕"라고 되어 있다.

冊部에서 다룬 표제자는 모두 3자이고, 重文은 2자이다.

文三, 重二.

지금까지 다룬 것은 30部이며, 표제자는 693자이고 重文은 87자로, 〈표제자・重文・해설한 글자는〉 모두 8,498자이다.

三十部, 文六百九十三,① 重八十七,② 凡八千四百九十八字.③

① 三이 小徐本(徐鍇本)[15]에는 二로 되어 있다.[16]
三小徐作二.

② 宋本에는 七이 八로 되어 있다. 小徐本(徐鍇本)에는 '重七十九'로 되어 있다.[17]
宋本七作八. 小徐作重七十九.

③ 이것은 제2편의 총수이다.
此第二篇都數.

---

15) 小徐本(徐鍇本) : ≪說文解字繫傳通釋≫을 가리킨다.

16) 小徐本(徐鍇本)에는……있다 : 小徐本에는 표제자가 692자로 되어 있고, ≪說文解字注≫에는 693자로 되어 있어 ≪說文解字注≫가 小徐本에 비해 1자가 더 많다.

17) 小徐本(徐鍇本)에는……있다 : 小徐本에는 重文이 79자로 되어 있고, ≪說文解字注≫에는 87자로 되어 있어 ≪說文解字注≫가 小徐本에 비해 8자가 더 많다.

【045. 㗊部】

05-045-1359 (㗊) 〔많은 입, 지껄일/집〕

'많은 입'이다. 네 개의 口(구)를 따랐다. 㗊에 속하는 글자는 모두 㗊을 따랐다. 戢(집)과 같이 읽는다. 일설에는 '지껄이는 것〔呶〕'이라고도 한다.

衆口也. 从四口. 凡㗊之屬, 皆从㗊. 讀若戢.① **一曰呶.**②

① 阻와 立의 반절이다. 제7部에 있다.
阻立切. 七部.

② 徐鍇가 "呶는 '지껄이다'이다.〔讙也〕"라고 하였는데, 徐鉉本에는 "또 呶(노)와 같이 읽는다."라고 되어 있다. ≪集韻≫ 下平 5肴에는 이 글자가 수록되어 있지 않다.
鍇曰, "呶, 讙也." 鉉本作又"讀若呶." 集韻五肴不載此字.

05-045-1360 (囂) 〔말 소리/은〕 【重文 1】

'말소리'이다. 㗊을 따르고 臣(신)이 소리이다. (嚚)은 嚚의 古文이다.

語聲也.① **从㗊, 臣聲.**② **, 古文嚚.**

① ≪春秋左氏傳≫ 僖公 24년에 "입으로 충성스럽고 믿음직한 말을 하지 않는 것을 '嚚'이라고 한다."라고 하였으니,[1)] 引伸된 뜻이다.
左傳曰, "口不道忠信之言爲嚚." 引伸之義也.

---

1) 春秋左氏傳에……하였으니 : ≪春秋左氏傳≫ 僖公 24년에 "귀로 五聲의 調和된 소리를 듣지 못하는 것을 '聾'이라 하고, 눈으로 五色의 문채를 구별하지 못하는 것을 '昧'라 하고, 마음으로 德義의 常道〔經〕를 본받지 않는 것을 '頑'이라 하고, 입으로 忠信한 말을 하지 않는 것을 '嚚'이라 하는데, 狄人은 이것을 모두 본받았으니 네 가지 간악이 갖추어져 있다.〔耳不聽五聲之和爲聾 目不別五色之章爲昧 心不則德義之經爲頑 口不道忠信之言爲嚚 狄皆則之 四姦具矣〕"라고 하였다.

② 語와 巾의 반절이다. 제12部에 있다.

語巾切. 十二部.

05-045-1361 𩔳(囂) 〔소리/효〕【重文 1】

'소리'이다. 기운이 머리 위로 나가는 것이다. 㗊·頁(혈)을 따랐다. 頁은 또한 머리이다. 𩑶(貫)는 囂의 或體이고 囂의 생략형이다.

聲也.① **气出頭上.**② **从㗊頁.**③ **頁, 亦首也.**④ **𩑶, 囂或省.**

① ≪春秋左氏傳≫ 昭公 3년에 "습하고 좁으며 시끄럽고 먼지가 많다.〔湫隘䚶塵〕"에 대한[2] 杜預 注에 "䚶는 '소리'이다."라고 하였다. ≪廣韻≫ 下平 4宵에 "〈囂는〉 '시끄럽다〔喧〕'이다."라고 하였다.

左傳, "湫隘䚶塵." 杜曰, "䚶, 聲也." 廣韻曰, "喧也."

② 欠部에 "歊歊는 '기운이 위로 나오는 모양'이다."라고 하였으니,[3] 歊(기운이 피어오르는 모양/효)는 䚶와 음이 같고 뜻이 비슷한 것이다. ≪孟子≫ 〈盡心 上〉에 "남이 알아주더라도 자족하고 남이 알아주지 않더라도 자족해야 한다."라고 하였으니, 사람이 자족하여 욕심이 없는 것〔自得無欲〕[4]이 마치 기운이 위로 나와 한적한 것과 같음을 말한 것이다. 㗊·頁을 따랐다.

欠部曰, "歊歊, 气上出皃." 歊與䚶音同義近. 孟子, "人知之亦囂囂, 人不知亦囂囂." 言人自得無欲, 如气上出悠閒也. 从㗊頁.

③ 소리가 나오면 氣가 그것을 따르기 때문에 㗊·頁을 따른 것이니 會意이다. 許와 嬌의 반절이다. 제2部에 있다.

聲出而气隨之. 故从㗊頁會意. 許嬌切. 二部.

④ 頁部에 "頁은 '머리'이다."라고 하였다.

頁部曰, "頁, 頭也."

---

2) 春秋左氏傳……대한 : ≪春秋左氏傳≫ 昭公 3년에 "當初에 齊 景公이 晏子의 住宅을 바꾸어 주고자 하여 "그대의 집이 市場과 가까워 습하고 좁으며 시끄럽고 먼지가 많아, 살기에 適合하지 않으니, 陽明하고 燥强한 곳으로 옮겨주기를 청하노라.〔初 景公欲更晏子之宅曰 子之宅近市 湫隘囂塵 不可以居 請更諸爽塏者〕"라고 하였다.

3) 欠部에……하였으니 : ≪說文解字≫ 欠部에 "歊歊는 기운이 위로 나오는 모양이다.〔歊歊 气上出皃〕"라고 하였다.

4) 사람이……것〔自得無欲〕 : 趙岐 注에 "囂囂는 자족하여 욕심이 없는 모양이다.〔囂囂 自得無欲之貌也〕"라고 하였다.

05-045-1362  (䚫)〔소리 높일, 크게 부르짖을/교〕

'소리를 높이다'이다. 일설에는 '크게 부르짖다'라고도 한다. 㗊를 따르고 丩(규)가 소리이다. ≪春秋公羊傳≫ 昭公 25년에 "魯 昭公이 크게 부르짖으며 통곡하였다."라고 하였다.

高聲也.① **一曰大嘑也.**② 从㗊, 丩**聲.**③ **春秋公羊傳曰,**④ **"魯昭公䚫然而哭."**⑤

① 이 글자는 口部의 叫・嘂와 소리는 같고 뜻은 다르다.[5]
此與口部叫嘂聲同義異.

② 嘑(호)는 각 판본에는 呼로 잘못되어 있어 지금 바로잡았다.[6] 이 글자는 叫・嘂와 뜻이 대략 같다. ≪詩經≫ 〈小雅 北山〉에 "누구는 소리를 높이는 것을 모르며"라고 하였고, ≪周禮≫ 〈秋官 司寇下 銜枚氏〉에 "도성 안에서 소리 높여 부르짖고 한탄하며 소리 지르는 것을 금한다."라고 하였고, ≪周禮≫ 〈春官 雞人〉에 "밤이 지나 아침이 되었다고 소리 높여 모든 관료들에게 소리쳐 알린다."라고 하였다.
嘑, 各本譌呼, 今正. 此與叫嘂義略同. 小雅, "或不知䚫[7]號." 周禮, "禁䚫呼歎嗚于國中者", "夜嘑旦以䚫百官."

③ 古와 弔의 반절이다. 古音은 제3部에 있다.
古弔切. 古音在三部.

④ "公羊"이라고 말한 것은 일반적으로 左氏를 일컬어 곧바로 ≪春秋傳≫이라고 말한 사례와 구분하기 위한 것이다.[8] 〈說文解字序〉의 말에서 春秋 중에 '左氏'라고 일컬은 것은 대체로 ≪春秋左氏傳≫을 위주로 하면서도 ≪春秋公羊傳≫도 폐하지 않은 것이다.
言"公羊"者, 以別於凡偁左氏徑云春秋傳也. 序言其偁春秋左氏, 蓋主左氏而不廢公羊.

⑤ 䚫는 각 판본에 叫로 되어 있는데 잘못이다. 지금 바로잡았다. ≪春秋公羊傳≫ 昭公 25년의 내용이다. 今本에는 "昭公이 이에 소리 높여 통곡하였다."라고 되어 있다. 何

---

5) 口部의……다르다 : ≪說文解字≫ 口部에 "叫는 '부르짖다'이다.〔叫 嘑也〕", "嘂는 '큰소리로 외치다'이다. 口를 따르고 敫가 소리이다. 일설에 嘂는 '부르다'이다.〔嘂 吼也 从口敫聲 一曰 嘂 呼也〕"라고 하였다. ≪字彙≫ 〈口部〉에 "嘂는 叫와 같다.〔嘂 與叫同〕"라고 하였다.

6) 嘑(호)는……바로잡았다 : ≪說文解字≫ 口部에 "呼는 날숨이다. 口를 따르고 乎는 소리이다〔呼 外息也 从口 乎聲〕"의 段玉裁 注에 "지금 사람들이 呼를 號嘑와 評召의 글자로 쓰는 것은 잘못이다.〔今人用此爲號嘑 評召字 非也〕"라고 되어 있다.

7) 䚫 : ≪毛詩正義≫에는 '叫'로 되어 있다.

8) 公羊이라고……것이다 : ≪說文解字≫ 示部 '祏'에서 언급한 '春秋傳'이 ≪春秋左氏傳≫이기 때문에 이와 구분하기 위해 '公羊'이라고 썼다는 뜻이다.

休가 "噭然은 곡소리를 내는 모습이다."라고 하였다.[9]
嘂, 各本作叫, 譌, 今正. 昭卄五年傳文. 今本, "昭公於是噭然而哭." 何云, "噭然, 哭聲皃."

05-045-1363 (𡅻)〔부르짖을/환〕

'부르짖다'이다. 㗊을 따르고 莧(환)이 소리이다. 讙(환)과 같이 읽는다.

嘑也.① 从㗊, 莧聲. 讀若讙.②

① 嘑는 각 판본에 '呼'로 되어 있어 지금 바로잡았다. 嘑는 '부르짖다〔號〕'이다. ≪廣雅≫ 〈釋詁 二〉에 "𡅻는 '鳴(울다)'이다."라고 하였고, ≪玉篇≫ 㗊部에는 "𡅻는 荒과 貫의 반절이다. 喚과 同字이다."라고 하였다. ≪廣韻≫도 같다.[10] 살펴보건대, ≪說文解字≫에는 '喚'자가 없다. 그렇다면 𡅻과 喚은 古今字이다.
嘑, 各本作呼, 今正. 嘑, 號也. 廣雅, "𡅻, 鳴也." 玉篇云, "𡅻, 荒貫切. 與喚同." 廣韻同. 按說文無喚字. 然則𡅻・喚古今字也.

② 呼와 官의 반절이다. 제14部에 있다.
呼官切. 十四部.

05-045-1364 (器)〔그릇/기〕

'그릇'이다. 〈㗊는〉 그릇의 아가리를 본떴고, 그것을 개가 지키고 있는 것이다.

皿也.① 象器之口,② 犬所㠯守之.③

① 皿部에 "皿은 '밥을 먹는 그릇'이다."[11]라고 하였다. 그렇다면 '皿'은 전적으로 식기만을 말한 것이고 '器'는 모든 그릇의 총칭이다. '器'자의 해설에 '皿也'라고 한 것은 통틀어 말한 것이지〔散文〕 나누어서 말한 것은 아니다. 木部에서 "담는 데가 있는 것을 '器'라고 하고, 담는 데가 없는 것을 '械'라고 하였는데,"[12] 陸德明本이 이와 같다.

---

9) 何休가……하였다 : ≪春秋公羊傳解詁≫에 보인다.

10) 廣韻도 같다 : ≪廣韻≫ 去聲 29換에 "嚾은 위의 〈𡅻과〉 같고, 𡅻은 위의 〈𡅻과〉 같다. 내용은 ≪說文解字≫에 나온다.〔嚾 上同 𡅻 上同 出說文〕"이라고 되어 있다.

11) 皿部에……그릇이다 : ≪說文解字≫ 皿部에 보인다.

12) 木部에서……하였는데 : ≪說文解字≫ 木部에는 "械는 차꼬와 수갑이다.……한편으로 담는 데가 있는 것을 '器'라고 하고 담는 데가 없는 것을 '械'라고 한다.〔械 桎梏也……一曰有所盛曰器 無所盛曰械〕"라고 하였다.

皿部曰, "皿, 飯食之用器也." 然則皿專謂食器, 器乃凡器統偁. 器下云 "皿也者, 散文則不別也." 木部曰, "有所盛曰器, 無所盛曰械." 陸德明本如是.

② 여러 그릇의 주둥이〔㗊〕를 이른다. 上文의 㗊〔집〕을 따른 글자와는 다르다.
謂㗊也. 與上文从㗊字不同.

③ 會意이다.[13] 去와 冀의 반절이다. 冀는 '旣'자가 되어야 한다.[14] 제15部에 있다.
會意. 去冀切. 冀當作旣. 十五部.

㗊部에서 다룬 표제자는 모두 6자이고, 重文은 2자이다.

文六, 重二.

---

13) 會意이다 : 許愼은 㗊을 文으로 인정하지 않아 合體象形으로 보았으나, 단옥재는 㗊을 文으로 인정하여 會意로 보았다.

14) 冀는……한다 : '冀'는 1部이고 '旣'는 15部이다.

【046. 舌部】

05-046-1365 (舌)[1] 〔혀/설〕 補

입안에서 있으면서 말을 하고 맛을 구별하는 것이다. 干(간)과 口(구)를 따랐다.[2] 干이 또한 소리이다. 舌에 속하는 글자는 모두 舌을 따랐다.

在口, 所已言別味者也.① 从干口.② 干亦聲.③ 凡舌之屬, 皆从舌.

①'言'자 다음에 각 판본에는 '也'가 있는데 필요 없는 글자이다.[3] '者'자는 ≪古今韻會擧要≫ 入聲 9舌에 의거하여 보충하였다. '口'자의 해설에서 "사람이 이것으로 말하고 먹는 것이다."라고 하였다.[4] 口의 해설에서는 '먹는다〔食〕'라고 하고, 舌의 해설에서는 '맛을 구별한다〔別味〕'라고 하였으니, 각각 자형에 따라 뜻을 풀이한 것이다. '舌'자와 '后'자는 서로 잘못 쓰인 사례가 있는데, 예를 들면 ≪春秋左氏傳≫에서 '舌庸'을 '后庸'으로 잘못 쓴 것과 같은 것이고,[5] ≪逸周書≫에 "미녀가 왕을 망친다.〔美女破后〕"의 '破后'를 '破舌'로 잘못 쓴 것[6]이 이러한 경우이다.

言下各本有也, 剩字. 者依韻會補. 口下曰, "人所以言食也." 口云食, 舌云別味, 各依文爲義. 舌后字有互譌者, 如左傳舌庸譌后庸, 周書"美女破后"譌破舌是也.

② 干은 '범하다'이다.[7] 말은 입을 범하여 나오고, 음식은 입을 범하여 들어간다.

---

1) 舌 : 혀가 입 속에서 나오는 모양을 형상한 것으로 상형자이다.(≪說文解字考正≫ 舌條)

2) 干(간)과……따랐다 : ≪六書尋源≫에서는 "口와 舌은 모두 말하며 먹는 것인데 말은 마땅히 적게 해야 하고 먹기는 마땅히 조절해야 한다. 만약 이를 반대로 하면 禁忌를 저촉하게〔干犯〕 되어 쉽게 凶咎에 이르기 때문에 이 '舌'자는 干을 따라서 '若干'의 뜻을 취하고 겸하여 犯干의 뜻을 취하였다.〔口與舌 皆所以言食 然言㝎寡而食㝎節也 若反是則干犯禁忌 易致凶咎 故此从干而取若干之義 兼取犯干之義也〕"라고 하여, 약간과 干犯의 뜻이 있게 됨을 설명하였다.

3) 言자……글자이다 : 徐鉉本과 徐鍇本에는 "입에 있으면서 말을 하고 맛을 구별하는 것이다.〔在口 所以言也 別味也〕"라고 되어 있다.

4) 口자의……하였다 : ≪說文解字≫ 口部에 보인다.

5) 春秋左氏傳에서……것이고 : ≪春秋左氏傳≫ 哀公 26년과 27년에 보인다.

6) 逸周書에……것 : ≪逸周書≫ 〈武僻〉에 보인다. ≪逸周書≫는 ≪汲冢周書≫라고도 한다.

干, 犯也. 言犯口而出之, 食犯口而入之.

③ 干은 제14部에 있는데, 15部와 合韻이다. 食과 列의 반절이다. 제15部에 있다.
干在十四部, 與十五部合韻. 食列切. 十五部.

05-046-1366 (䑙)〔마실/답〕

'마시다'이다. 舌을 따르고 沓(답)이 소리이다.

歠也.① 从舌, **沓聲.**②

① 歠은 '마시다'이다.[8] ≪禮記≫ 〈曲禮 上〉에 "국을 후루룩 들이마시지 말라."라고 하였는데, ≪廣韻≫ 入聲 27合에서는 "嚃(탑)은 '마시다〔歠〕'이다."라고 하였다. 그렇다면 嚃이 곧 '䑙'이다. ≪禮記≫ 〈曲禮 上〉에서 "나물이 없는 국은 젓가락을 사용하지 않고 바로 마실 뿐이다."라고 하였는데, 禮法에서 국을 들이마시지 못하도록 한 것은 어째서인가.[9] 䑙은 '단숨에 들이마시는 것'이니, 許愼이 합쳐서 말했을 뿐이다.
歠, 歓也. 曲禮曰, "毋嚃羹." 廣韻, "嚃, 歠也." 然則嚃卽䑙也. "羹之無菜者不用梜, 直歠之而已." 禮禁䑙羹者何也. 䑙者流歠, 許渾言之耳.

② 他와 合과 반절이다. 제8部에 있다.
他合切. 八部.

05-046-1367 (舓)〔핥을/지〕【重文 1】

'혀로 음식을 취하는 것'이다. 舌을 따르고 易(이)가 소리이다. (䑛)는 舓의 或體이니 也(야)를 따랐다.

曰舌取食也. 从舌, **易聲.**① 䑛, 舓**或从也.**②

① 神과 旨의 반절이다. 살펴보건대, 旨는 '紙'자가 되어야 한다.[10] 제16部에 있다.
神旨切. 按旨當作紙. 十六部.

---

7) 干은 범하다이다 : ≪說文解字≫ 干部에 보인다.

8) 歠은 마시다이다 : ≪說文解字≫ 歓部 '歠'에 보인다.

9) 禮法에서……어째서인가 : ≪禮記≫ 〈曲禮 上〉에 "밥숟가락을 크게 뜨지 말며, 국을 단숨에 들이마시지 말며……마른고기는 이로 끊지 마라.〔毋放飯 毋流歠……乾肉不齒決〕"라고 하였다.

10) 旨는……한다 : 旨는 15部이고 紙는 16部이다.

② 也의 소리는 옛날에는 제17部에 있었는데, 16部와 合韻된 것은 가장 가깝기 때문이다. 혹은 '舓'로도 쓰고, 혹은 '狧'로 쓴다. ≪漢書≫ 〈吳王濞傳〉에는 "겨와 쌀을 핥아 먹었다.〔狧康及米〕"라고 하였다.[11)]
也聲古在十七部, 與十六部合韻冣近. 或作舓, 或作狧. 漢書, "狧康及米."

舌部에서 다룬 표제자는 모두 3자이고, 重文은 1자이다.

文三, 重一.

11) 漢書……하였다 : ≪史記≫ 〈吳王濞列傳〉에는 "舓糠及米"로 되어 있다.

【047. 干部】

05-047-1368 干 (干) 〔범할/간〕 [補]

'침범하다'이다. 一을 따르고 入을 거꾸로 한 모양을 따랐다.[1] 干에 속하는 글자는 모두 干을 따랐다.

犯也.① 从一, 从反入.② **凡干之屬, 皆从干.**

① 犯은 '침범하다'이다.[2] ≪毛詩≫의 '干旄'와 '干旌'의 '干'은 竿의 假借字이다.[3]
犯, 侵也. 毛詩干旄・干旌假爲竿字.

② '入을 거꾸로 했다는 것〔反入〕'은 위로 침범한 모양을 가리킨다.[4] 古와 寒의 반절이다. 제14部에 있다.
反入者, 上犯之意. 古寒切. 十四部.

05-047-1369 羊 (羊) 〔찌를/임〕

'찌르다'이다. 干을 따랐다. 하나를 찌른 것이 '干'이고 둘을 찌른 것이 '羊'이다.

---

1) 침범하다이다……따랐다 : ≪六書尋源≫에서는 "이 까닭으로 이 干은 入을 거꾸로 한 것을 따랐으니, 바로 그 〈초목의〉 머리가 땅 밑으로 거꾸로 들어가는 뜻이다. 一을 따른 것은 곁가지의 모습이다. 또다시 더하여 一을 따르면 羊(찌를/임) 자가 되는데 바로 곁가지가 조금 심한 모습이다. 대저 나무 줄기는 높게 곧아서 위로 구름과 하늘을 침범하므로 이 자는 '침범한다〔犯〕'라고 풀이한다.〔是以此从倒入 卽其頭倒入于地底之義也 从一卽其徬枝之象也 又加从一 則爲羊字 卽徬枝稍甚之象也 大抵木幹聳直 能上犯雲霄 故此訓犯也〕"라고 하여, '犯'의 의미가 되는 이유를 설명하였다.

2) 犯은 침범하다이다 : ≪說文解字≫ 犬部 '犯'자의 해설에 보인다.

3) 毛詩의……가차자이다 : ≪毛詩≫ 〈鄘風 干旄〉에 보인다.

4) 入을……가리킨다 : ≪說文解字≫ 入部에 "入 內也 象从上俱下也"라고 되어 있다. "上犯之意"에서 '意'자는 일반적인 "……의미"를 나타내는 글자가 아니고, '모양', '상태' 등을 가리키는 것으로, "從某之意", "從某之故", "某之恉"와 유사한 용법이다.

飪(임)과 같이 읽는다. 〈干보다 찌른 것이〉 약간 심함을 말한 것이다.

敊也.① 从干. **入一爲干, 入二爲羊.**② **讀若**飪.③ **言稍甚也.**④

① 敊(치)는 '찌르다'이다.[5] 揚雄의 〈甘泉賦〉에 "큰 누대가 홀로 높이 솟아 있는데 북극성을 찌를 듯이 매우 높구나."라고 하였다.[6]
敊, 刺也. 甘泉賦, "洪臺崛其獨出兮, 敊[7]北極之嶟嶟."

② 會意의 뜻을 설명한 것이다.
說會意之恉.

③ 음이 같다. 如와 審의 반절이다. 제7部에 있다. 南은 羊(임)의 소리를 따랐다.
同音也. 如審切. 七部. 南从羊聲.

④ 飪과 甚은 同音이다. 둘을 찌르는 것은 하나를 찌르는 것보다 심하다. 그러므로 '飪과 같이 읽는다.'라고 한 것이니, 곧 甚과 같이 읽는다는 것이다.
飪甚同音. 入二甚於入一. 故讀若飪, 卽讀若甚也.

05-047-1370 屰 (屰) 〔따르지 않을/역〕 補

'따르지지 않다'이다. 干의 아래에 凵을 따랐으니, '거스르다'는 뜻이다.

不順也.① 从干下凵, 屰**之也.**②

① 후인이 '逆'자를 많이 사용하였는데 '逆'자가 통행되자 '屰'자는 쓰이지 않게 되었다.
後人多用逆, 逆行而屰廢矣.

② 凵은 口와 犯의 반절이다.[8] 凶의 해설에 "땅이 파여서 모두 그 속에 빠진 것을 본뜬 것이다."라고 하였으니,[9] 위로는 범하려 하고 아래로는 모함함이 있는 것이 '不順'이다. '거스르다〔屰之也〕'는 '거스르다는 뜻이다〔屰之意也〕'가 되어야 한다. 魚와 戟(극)의 반절이다. 古音은 제5部에 있다.
凵, 口犯切. 凶下云, "象地穿交陷其中也." 方上干而下有陷之者, 是爲不順. 屰之也當作屰

---

5) 敊(치)는 찌르다이다 : ≪說文解字≫ 手部 '敊'의 해설에 보인다.

6) 揚雄의……하였다 : ≪文選≫ 〈甘泉賦〉와 ≪漢書≫ 〈揚雄傳〉에 보인다.

7) 敊 : ≪文選≫ 〈甘泉賦〉에는 '이르다〔極〕'로 되어 있고, ≪漢書≫ 〈揚雄傳〉에는 '찌르다〔敊〕'로 되어 있으나 의미는 통한다.

8) 凵은……반절이다 : ≪說文解字≫ 凵部에 "凵은 입을 벌린 것이다. 상형이다.〔凵 張口也象形〕"의 段玉裁 注에 "口와 犯의 반절이다. 八部이다.〔口犯切 八部〕"라고 되어 있다.

9) 凶의……하였으니 : ≪說文解字≫ 凶部에 보인다.

之意也. 魚韓切. 古音在五部.

干部에서 다룬 표제자는 모두 3자이다.

文三.

【048. 𧮫部】

05-048-1371 𧮫 (𧮫)[1)] 〔입 위의 둥글게 말린 둔덕/갹〕 補 【重文 2】

‘입 위의 둥글게 말린 둔덕’이다. 口를 따랐다. 윗부분은 주름을 본뜬 것이다. 𧮫에 속하는 글자는 모두 𧮫을 따랐다. ⿰口卻(⿰口卻)은 𧮫의 或體이니 이렇게도 쓴다. 臄(臄)은 𧮫의 혹체이니 豦와 肉을 따랐다.

口上阿也.① 从口. 上象其理.② 凡𧮫之屬, 皆从𧮫. ⿰口卻, 𧮫或如此. 臄, 𧮫或, 从豦肉.③

① ≪詩經≫ 〈大雅 卷阿〉의 “有卷者阿”에 대한 鄭玄 箋에 “큰 언덕이 둥글게 굽이져 있는 것이다.”라고 하였으니, “口上阿”는 입술 위의 얼굴 살이 입을 따라 둥글게 굽이져 있는 것을 이르는 것이다. 毛亨 傳에 “臄은 圅(함)이다.”라고 하였고,[2)] ≪說文解字≫ 𢎘(함)部에서 “圅은 𧮫이다.”라고 하였으니[3)] 許愼의 설명은 毛亨 傳과 일치한다. 晉灼의 〈羽獵賦〉 注에 “입의 위와 아래를 ‘噱’이라고 한다.”라고 하였다.

살펴보건대, ≪通俗文≫[4)]에 “입의 윗부분을 ‘臄’이라 하고, 입의 아랫부분을 ‘圅’이라 한다.”라고 하였으니, 服虔은 나누어서 말한 것이고, 毛亨, 許愼, 晉灼(진작)은 모두 합쳐서 말한 것인데, 許愼은 〈입술의〉 윗부분을 거론함으로써 아래를 포함시킨 것일 뿐이다. 지금 ≪설문해자≫의 각 판본에는 ‘圅’의 아랫부분이 ‘舌’의 자형으로 잘못되어 있으나, 옛날에는 舌에 ‘圅’이라는 글자가 없었다.

≪儀禮≫ 〈特牲〉과 ≪의례≫ 〈少牢禮〉에 “도마에는 심장과 혀를 올린다.”라고 한 것과 ≪시경≫ 〈大雅 行葦〉에서 “아름다운 안주에 지라와 입술 살이 있으며.”라고 한 것

---

1) 𧮫 : 𧮫은 윗부분이 ‘人’자 2개가 상하로 겹친 仌의 자형이고, 谷은 八과 人이 상하로 겹친 ⿱八人의 자형이다.

2) 毛亨의……하였고 : ≪詩經≫ 〈大雅 行葦〉의 “아름다운 안주에 지라와 입술 살이 있으며〔嘉殽脾臄〕”에 대한 毛亨 傳에 보인다.

3) 說文解字의……하였으니 : ≪說文解字≫에 “圅은 舌이다.〔圅 舌也〕”라고 되어 있고, ≪毛詩正義≫ 毛亨 傳에도 “≪설문해자≫에 ‘圅은 舌이다.’라고 하였다.〔說文云 函 舌也〕”라고 되어 있다.

4) 通俗文 : 後漢의 학자 服虔이 편찬한 중국 최초의 통속어사전이다.

과는 쓰임이 다르다. 그러나 陸德明의 ≪經典釋文≫ 〈毛詩音義〉에 "≪설문해자≫에 '函은 혀〔舌〕이다.'"라고 하였고, 또 "입가의 살이다"라고 하였으니, 陸德明 시기의 ≪설문해자≫에 이미 착오가 있었던 것 같다. 단행본 ≪경전석문≫[5]에는 '口次'가 '口裏'라고 잘못되어 있으니 뜻이 완전히 잘못된 것이다. 책을 읽는 어려움이 이와 같다.

大雅 "有卷者阿", 箋云, "有大陵卷然而曲." "口上阿", 謂口吻已上之肉隨口卷曲. 毛傳, "臄, 函也." 马部, "函, 𧮫也." 與毛合. 晉灼注羽獵賦曰, "口之上下名爲噱." 按通俗文云 "口上曰臄, 口下曰函." 服析言之, 毛・許・晉, 皆渾言之, 許擧上以包下耳. 今說文各本函下譌作舌也, 古者舌無函名. 特牲少牢禮, 肵俎用心舌. 與(加)〔嘉〕[6]殽脾臄異用. 陸釋文云 "說文曰, '函, 舌也.'" 又云口次肉也, 似陸時說文已誤矣. 單行釋文口次譌口裏, 義全非. 讀書之難如是.

② 무늬결이다. 其와 虐의 반절이다. 제5部에 있다. 谻・綌은 𧮫의 소리를 따랐다.
文理. 其虐切. 五部. 谻綌从𧮫聲.

③ 噱・臄 두 글자는 모두 形聲字이다. '臄'자는 ≪詩經≫ 〈大雅 卷阿〉에 보인다.
二皆形聲. 臄見大雅.

05-048-1372 (㐁) 〔혀 모양, 대나무 겉껍질/**첨**〕【重文 1】

'혀의 모양'이다. 𧮫(갹)의 생략형을 따랐다. 象形字이다. (㐁)은 㐁의 古文이니, "三年導服"의 導(담)과 같이 읽는다.[7] 일설에는 '대나무의 겉껍질'이라고도 하며, 이때는 沾(첨)과 같이 읽는다. 일설에는 '誓(서)와 같이 읽는다.'라고 하였다. '弼(弼)'자는 이 형태〔㐁〕를 따랐다.

舌皃.① **从𧮫省. 象形.**② **, 古文㐁, 讀若三年導服之導.**③ **一曰竹上皮,**④ **讀若沾.**⑤ **一曰讀若誓,**⑥ **弼字从此.**⑦

① 王延壽의 〈魯靈光殿賦〉에 "검은 곰이 혀를 내밀며 웃는다."라고 하였는데, 李善이 "甜談(담담)은 혀를 내민 모양이다."라고 하였다. 吐와 玷, 吐와 誓 두 가지 반절이다. 살펴보건대, 甜은 아마도 곧 㐁의 俗子인 듯하다.

---

5) 단행본 經典釋文 : 明나라 葉林宗이 崇禎 연간에 文淵閣에 소장된 宋槧本에서 陸德明의 ≪經典釋文≫을 베껴 쓴 것을 가리키며, 이것이 바로 宋本 ≪經典釋文≫이다.

6) (加)〔嘉〕: 저본에는 '加'로 되어 있으나, ≪詩經≫ 〈大雅 行葦〉에 의거하여 '嘉'로 바로잡았다.

7) 三年導服의……읽는다 : ≪說文解字≫ 示部 '禫(01-003-0072)'자의 단옥재 注에 보인다.

魯靈光殿賦, "玄熊甜談以斷齗." 善曰, "甜談, 吐舌皃." 吐玷・吐暫二切. 按甜蓋卽西之俗也.

② '象形'이라는 것은 '㔾(지)'자가 혀를 내민 모양을 본떴음을 이른다. '谷의 생략형을 따랐다'라고 한 것은 〈丙의〉 '人(비문)'을 이른다. 혀가 입술 둔덕〔谷〕 밖으로 나왔기 때문에 안에 있을 때는 '谷'이고 밖에 있을 때는 '舌'이다. 他와 念의 반절이다. 제7部에 있다.
象形者, 謂㔾象吐舌也. 从谷省者, 謂人也. 舌出於谷外, 故內谷外舌. 他念切. 七部.

③ ≪儀禮≫ 〈士虞禮〉의 "中月에 禫祭를 지낸다."에 대한 鄭玄 注에 "古文의 禫은 간혹 '導(담)'으로 되어 있다."라고 하였고, ≪禮記≫ 〈檀弓〉과 ≪예기≫ 〈喪大記〉의 鄭玄 注에 모두 "禫은 간혹 '道(담)'으로 되어 있다."라고 하였으니,[8] 이것은 今文 ≪예기≫에는 '禫'으로 되어 있고, 古文 ≪예기≫에는 '導'으로 되어 있다는 것이다. 정현은 今文을 따랐기 때문에 注에 古文을 보이고, 허신은 古文을 따랐기 때문에 이곳 및 木部와 穴部에서 모두 "三年導服"이라고 하였다.[9]

示部에는 '禫'이 없는데, 지금의 ≪說文解字≫에 '禫'자가 있는 것은 後人이 추가한 것이다.[10] 導服(담복)은 凶을 인도하여 吉로 가게 하는 것이다. 棪(염)・㝭(심)・丙(첨)은 導服의 '導(담)'과 같이 읽으니, 모두 제7部・제8部와 제3部가 合韻하는 이치이다.[11] 앞글의 丙에서 이 내용을 말하지 않은 것은 '혀의 모양'이라는 의미로 사용될 때의 독음과 뒷글의 '대나무 겉껍질'의 의미로 사용될 때의 독음을 구별하여 사람들이 알기 쉽게 한 것이다. '導과 같이 읽는다.'라고 이르지 않고, '三年導服의 導(담)과 같이 읽는다.'라고 한 것은 三年導服의 導이 古語에서는 아마도 '澹'과 같이 읽었기 때문에 今文에서 바꾸어 '禫'자로 쓴 것이니, 이것은 그 音이 일반적으로 사용되는 導(도)와 같지 않은 것이다.

士虞禮注曰, "古文禫或爲導." 檀弓・喪大記注, 皆曰, "禫或作道." 是今文禮作禫, 古文禮作導. 鄭从今文, 故見古文於注, 許从古文, 故此及木・穴部, 皆云"三年導服", 而示部無禫, 今有者, 後人增也. 導服者, 導凶之吉也. 棪・㝭・丙讀若導服, 皆七・八部與三部合韻之理. 不於上文丙下言之者, 以舌皃之讀, 別下文竹上皮之讀, 使人易了也. 不云讀若導而云三年導服之導者, 三年導服之導, 古語蓋讀如澹, 故今文變爲禫字, 是其音不與凡導同也.

---

8) 禮記의……하였으니 : ≪禮記≫ 〈喪大記〉 注에는 "禫或皆作道"로 되어 있다. ≪禮記≫ 〈檀弓〉 注에는 이 내용이 없다.

9) 木部……하였다 : ≪說文解字≫ 穴部에 "㝭은 '깊다'이다. 일설에는 '굴뚝'이다. 穴・火・求의 생략형을 따랐다. ≪禮記≫ 〈士虞禮〉의 '三年導服'의 '導'과 같이 읽는다.〔㝭 深也 一曰竈突 从穴从火从求省 讀若禮三年導服之導〕"라고 되어 있고, ≪설문해자≫ 木部에는 "棪은 '遬其'이다. 木을 따르고 炎은 소리이다. ≪예기≫ 〈사우례〉의 '三年導服'의 '導'과 같이 읽는다.〔棪 遬其也 从木炎聲 讀若三年導服之導〕"라고 되어 있다.

10) 지금의……것이다 : ≪說文解字≫ 示部 '禫'자의 段玉裁 注에 "'禰'자 아래에 '禫'자가 나오는 것은 후세 사람이 추가한 듯하다.〔禰字下出禫字 疑是後人增益〕"라고 되어 있다.

11) 모두……이치이다 : 棪은 제8部이고, 㝭은 제7部, 道는 제3部이다.

④ 이것은 별도의 다른 뜻이다. 대나무 푸른 껍질을 ≪書經≫ 〈周書 顧命〉, ≪禮記≫ 〈禮器〉·〈聘義〉에서 모두 '筍'이라고 하였다.[12] 筍과 筠은 古今字이다.

此別一義. 竹上靑皮, 顧命·禮器·聘義, 皆謂之筍. 筍筠古今字.

⑤ 沾(첨)은 添의 古字이다.[13] 他와 兼의 반절이다.

沾, 古之添字. 他兼切.

⑥ 沾과 같이 읽기도 하고, 誓와 같이 읽기도 하니, 이것이 제7部·제8部가 제15部와 合韻하는 이치이다.[14]

讀沾又讀誓, 此七·八部與十五部合韻之理.

⑦ '弼'자가 㐁을 따라 소리로 삼은 것을 이른다. 弜(강)部에는 弻(필)로 되어 있다.[15] 그렇다면 㐁을 따른 것은 小篆이고, 㐁을 따라 弻로 쓴 것은 古文이다.

謂弼字从㐁爲聲也. 弜部作弻. 然則从㐁者小篆, 从㐁作弻者古文也.

谷部에서 다룬 표제자는 모두 2자이고, 重文은 3자이다.

文二, 重三.

---

12) 대나무……하였다 : ≪書經≫ 〈周書 顧命〉에 "서쪽 옆방에 남쪽으로 향하여 검정색을 섞어 선 두른 이중으로 된 대자리를 펴고 옻칠 한 궤는 그대로 두었다.〔西夾南嚮 敷重筍席 玄紛純 漆仍几〕"라고 하였다. ≪禮記≫ 〈禮器〉에 "사람에게 있어서는 큰 대나무와 작은 대나무에 푸른 껍질이 있는 것과 같이 〈밖을 꾸밀 수 있으며〉〔其在人也, 如竹箭之有筠也〕"의 正義에 "鄭玄이 '대나무의 푸른 껍질이다.'〔鄭云 竹之靑皮也〕"라고 하였다. ≪書經≫ 〈周書 顧命〉에 '검은 색 끈으로 짠 푸른 대자리〔敷重筍席〕'에 대해 鄭玄이 '筍은 대나무의 푸른 껍질을 쪼갠 것이다.'라고 하였는데, ≪禮記≫에 '대나무 화살에 푸른 껍질이 있다.'라고 한 것과 같은 것이다. 생각건대, 鄭玄이 ≪禮記≫의 筠을 인용하여 '靑皮'라고 하였으니 이것은 竹을 '筠'이라고 부른다는 것을 안 것이다.〔顧命云 敷重筍席 鄭云 筍 析竹靑皮也 禮記曰 如竹箭之有筠 按鄭引禮記之筠以爲靑皮 是知呼竹爲筠〕"라고 하였다. ≪禮記≫ 〈聘義〉에는 "옥의 광채가 두루 미침은 '信'이다."에 대한 鄭玄 注에 "孚는 浮와 같이 읽는다. 尹은 '竹箭之筠'라고 할 때의 '筠'과 같이 읽으니, 浮筠은 바로 玉采色이다.〔孚尹旁達 信也 孚 讀爲浮 尹 讀如竹箭之筠 浮筠 謂玉采色也〕"라고 하였다.

13) 沾은……古字이다 : ≪說文解字≫ 水部 '沾'의 "일설에는 沾이다.〔一曰沾〕"의 段玉裁 注에 "沾과 添은 고금자이다.〔沾添古今字〕"라고 되어 있다.

14) 이것이……이치이다 : '沾'은 제7部, '誓'는 제15部이다.

15) 弜部에는……있다 : ≪說文解字≫ 弜部에는 "弻은 古文의 弼이 이와 같다.〔弻 古文弼如此〕"라고 되어 있다.

【049. 只部】

05-049-1373  (只) 〔다만/지〕 補

'말이 그친다는 어조사'이다. 口를 따르고, 기운이 아래로 늘어지는 모양을 본뜬 것이다. 只에 속하는 글자는 모두 只를 따랐다.

語已䛐也.① 从口, 象气下引之形.② 凡只之屬, 皆从只.

① '已'는 '그치다'이다. '矣'와 '只'는 모두 '말이 그친다는 어조사'이다.[1] ≪詩經≫ 〈庸風 柏舟〉에 "어머니는 하늘이신데, 이처럼 사람 마음을 믿어주지 않으시네."[2]라고 한 것이 이것이다. 또한 只를 가차하여 '是'의 뜻으로 쓴다. ≪詩經≫ 〈小雅 南山有臺〉에 "즐거우신 이 군자〔樂只君子〕"에 대한 鄭玄 箋에 "只는 '是'의 뜻이다."라고 하였다. ≪詩經≫ 〈王風 君子陽陽〉의 "이것을 또한 즐거워하네.〔其樂只且〕"에 대한 鄭玄 箋에 "또한 이것을 즐거워할 따름이다."라고 하였다.

살펴보건대 '此'로 '只'를 해석한 것은 위의 ≪詩經≫ 〈小雅〉의 箋과 같다. 宋나라 사람의 詩에는 '只'를 '衹'자로 썼는데 '다만', '단지'의 뜻이다. 지금 사람들도 그대로 따르는데 '隻(척)'과 같이 읽는다.

已, 止也. 矣只皆語止之詞. 庸風, "母也天只, 不諒人只." 是也. 亦借爲是字. 小雅, "樂只君子." 箋云, "只之言, 是也." 王風, "其樂只且." 箋云, "其且樂此而已." 按以此釋只, 與小雅箋同. 宋人詩用只爲衹字, 但也. 今人仍之, 讀如隻.

② 말이 그치면 기운이 아래로 늘어진다. 諸와 氏의 반절이다. 제16部에 있다.

語止則气下引也. 諸氏切. 十六部.

---

1) 矣와……어조사이다 : ≪說文解字≫ 矢部에 "矣 語已䛐也"라고 되어 있다.

2) 어머니……않으시네 : ≪詩經≫ 〈庸風 柏舟〉 毛亨 傳에는 "諒은 '믿다'이다. 어머니, 하늘이신데 오히려 나를 믿어주지 않는 것이다. 天은 '아버지'를 이른다.〔諒 信也 母也天也 尙不信我 天謂父也〕"라고 하였다.

05-049-1374 甹只(甹只)〔소리/형〕

〈어기를 나타내는〉 '소리'이다. 只를 따르고 甹(병)이 소리이다. 馨(형)과 같이 읽는다.

聲也.① **从只, 甹聲. 讀若馨.**②

① '말하는 소리'를 이른다. 晉·宋 시대 사람은 '馨'자를 많이 썼는데, 예를 들면 "귀신손처럼 차갑게 강제로 사람의 팔을 잡는다.〔冷如鬼手馨 强來捉人臂〕"[3]와 "어떤 아낙네가 이런 아이(총명하게 말하는 아이)를 낳았단 말인가.〔何物老媪 生此寧馨兒〕"[4]와 같은 예가 이것이다. '馨'자가 통행하자 '甹只'자가 쓰이지 않게 되었으며, 隨·唐 이후로는 또 '馨'이라는 말도 없어졌으니 이것이 고금의 변화이다.
謂語聲也. 晉宋人多用馨字, 若"冷如鬼手馨, 强來捉人臂", "何物老媪, 生此寧馨兒"是也. 馨行而甹只廢矣, 隨唐後則又無馨語, 此古今之變也.

② 呼와 形의 반절이다. 제11部에 있다.
呼形切. 十一部.

只部에서 다룬 표제자는 모두 2자이다.

文二.

---

3) 冷如鬼手馨 强來捉人臂 : ≪世說新語≫ 〈忿狷〉과 ≪晉書≫ 〈王衍傳〉에 보인다.

4) 何物老媪 生此寧馨兒 : ≪晉書≫ 〈王衍列傳〉에 보인다.

【050. 㕯部】

05-050-1375 㕯(㕯)〔말 어눌할/눌〕

'말이 어눌하다'이다. 口·內(납)을 따랐다. 㕯에 속하는 글자는 모두 㕯을 따랐다.

言之訥也.① **从口內.**② **凡㕯之屬, 皆从㕯.**

① ≪禮記≫ 〈檀弓 下〉에는 '吶(눌)로 되어 있는데 '㕯'과 같은 글자이다. "그 말이 어눌하여 마치 입에서 나오지 않는 것 같다.〔其言吶吶然 如不出諸其口〕"에 대한 鄭玄 注에 "吶吶은 「느리고 작은 모양」이다."라고 하였다. 여기의 㕯과 言部의 訥[1)]은 音과 義가 모두 같아서 '訥'자로 '㕯'자를 풀이한 것이다.
檀弓作吶同. "其言吶吶然, 如不出諸其口." 注, "吶吶, 舒小皃." 此與言部訥音義皆同, 故以訥釋㕯.

② 內(납)은 '들어가다'이다.[2)] 會意이다. 內은 또한 소리이다. 女와 滑의 반절이다. 제15部에 있다.
內, 入也. 會意. 內亦聲. 女滑切. 十五部.

05-050-1376 矞(矞)〔송곳으로 뚫을/율〕

'송곳으로 뚫린 것'이다. 矛·㕯(눌)을 따랐다. 일설에는 '가득 차서 나오는 바가 있는 것'이라고도 한다.

以錐有所穿也. 从矛㕯.① **一曰滿有所出也.**②

①'㕯'은 들어가는 것이다.[3)] 小徐本에는 '㕯이 소리이다.〔㕯聲〕'이라고 되어 있으니, 회의

---

1) 言部의 訥 : ≪說文解字≫ 言部의 "訥은 '말하기 어려움'이다.〔訥 言難也……从言內〕"의 段玉裁 注에 "內와 骨의 반절이고 제15部에 있다.〔內骨切 十五部〕"라고 되어 있다.

2) 內(납)은 들어가다이다 : ≪說文解字≫ 入部에 "內은 '들어가다'이다. 冂·入을 따랐다. 밖에서 안으로 들어가는 것이다.〔內 入也 从冂入 自外而入也〕"라고 되어 있다.

3) 㕯은……것이다 : "㕯者入意"에서 '意'를 '뜻'을 나태는 것이 아니고 '글자의 모양'을 의미하

겸 형성자이다. 余와 律의 반절이다. 제15部에 있다.

㕯者入意. 小徐作㕯聲, 會意兼形聲也. 余律切. 十五部.

② 矞雲[4]의 矞은 대개 이 뜻을 취한 것이다.

矞雲, 蓋取此義.

05-050-1377 (商)〔헤아릴/상〕[補]【重文 3】

'밖을 통해 안에 있는 것을 알다'이다. 㕯을 따르고 章(장)의 생략형이 소리이다. (𧶜)은 商의 古文이다. 역시 商의 고문이다. 은 商의 籒文이다.

從外知內也. 从㕯, **章省聲.**① , **古文商.** , **亦古文商.** , **籒文商.**

① ≪漢書≫ 〈律曆志 上〉에 "商은 '헤아린다〔章〕'는 뜻이니, 사물이 성숙하면 헤아릴 수 있는 것〔章度〕이다."라고 하였고, ≪白虎通≫에 商賈를 설명하기를 "商이라는 말은 '헤아리다'는 뜻이다. 그 遠近을 구분하고 유무를 헤아려서 사방의 사물을 통하게 하기 때문에 '商'이라고 한다."라고 하였다.

살펴보건대, ≪書經≫ 〈費誓〉에 "내가 너희들의 공을 헤아려 〈전리품을〉 너희에게 주겠다.〔我商賚女〕"에 대해, 徐仙民은 '〈商의〉 音이 '章(장)이다'라고 하였으니[5] 이것은 古音이다. 밖에 있으면서 안에 있는 것을 알아 분명하게 헤아리는 것을 '商'이라고 한다. 지금은 式과 陽의 반절이다. 제10部에 있다.

漢律曆志云, "商之爲言章也, 物成孰, 可章度也." 白虎通說商賈云, "商之爲言章也. 章其遠近, 度其有亡, 通四方之物, 故謂之商也." 按(粊誓)〔費誓〕[6]"我商賚女."[7] 徐仙民'音章', 此古音也. 從外知內, 了了章箸曰商. 今式陽切. 十部.

㕯部에서 다룬 표제자는 모두 3자이고, 重文은 3자이다.

文三, 重三.

는 것이다.

4) 矞雲 : 율운은 상서로운 구름 중의 하나로, 바깥쪽은 赤色이고 안쪽은 青色인 구름을 가리킨다. 董仲舒의 〈雨雹對〉의 "구름에 五色이 있으면 慶雲이 되고 矞雲이 된다.〔雲則五色而爲慶 三色而成矞〕"라고 하였고, 揚雄의 ≪太玄經≫에 "자색 무지개와 矞雲이 둥근 해와 어울려 흐름이 빨라도 나누어지지 않네.〔紫蜺矞雲朋圍日 其疾不割〕", 左思의 〈魏都賦〉에 "상서로운 구름에 용이 날고〔矞雲翔龍〕"와 같은 용례가 있다.

5) 徐仙民은……하였으니 : ≪經傳釋文≫ 〈左傳音義〉에 보인다.

6) (粊誓)〔費誓〕 : 저본에는 '粊誓'로 되어 있으나, 今本 ≪書經≫에 의거하여 '費誓'로 바로잡았다.

7) 我商賚女 : 十三經註疏本에는 '我商賚爾'로 되어 있다.

【051. 句部】

05-051-1378  (句) 〔굽을/구〕 補

'굽다'이다. 口를 따르고 丩(규)가 소리이다. 句에 속하는 글자는 모두 句를 따랐다.

曲也.① 从口, 丩聲.② 凡句之屬, 皆从句.

① 대체로 굽어 꺾인 물건에 있어서 둔각을 '倨'라고 하고,[1] 예각을 '句'라고 한다. ≪周禮≫ 〈冬官 考工記〉에서 '倨句'라고 여러 번 말하였고,[2] ≪禮記≫ 〈樂記〉에서 '약간 굽힐 때는 직각에 맞고 많이 굽힐 때는 예각〔鉤〕에 맞는다.'라고 말하였고,[3] ≪淮南子≫ 〈說獸〉에서는 '갈고리 모양의 발톱〔句爪〕', '굽은 어금니〔倨牙〕'라고 하였다. 대체로 地名에 '句'자가 있는 것은 모두 山川이 굽어 있는 것을 이르니, 예를 들면 句容·句章·句餘·高句驪가 모두 그 예이다.

대체로 '章句'의 句' 역시 '잠깐 머물러 구부릴 수 있다.'는 뜻을 취한 것이다. 古音은 모두 鉤와 같다. 後人이 '구부러졌다〔句曲〕'의 句는 音을 '鉤'라고 하고, '章句'의 句는 音을 '屨'라고 하였다. 또 句曲이라고 할 때 '句'자는 고쳐서 勾로 썼으니, 이것은 천박하고 속된 사람들이 분별한 것이니 그들과 더불어 옛것을 말할 수는 없다.

凡曲折之物, 侈爲倨, 斂爲句. 考工記多言倨句. 樂記言倨中矩, 句中鉤. 淮南子說獸言句爪倨牙. 凡地名有句字者, 皆謂山川紆曲, 如句容·句章·句餘·高句驪皆是也. 凡章句之句, 亦取稽留可鉤乙之意. 古音總如鉤. 後人句曲音鉤, 章句音屨. 又改句曲字爲勾, 此淺

---

1) 대체로……하고 : ≪說文解字≫ 人部 '倨'자의 段玉裁 注에 "引伸之 凡侈曰倨 凡斂曰句"라고 하였다.

2) 周禮……말하였고 : ≪周禮≫ 〈冬官 考工記 磬氏〉에 "경쇠를 만들 때 倨와 句의 비율은 1矩 반이다.〔爲磬 倨句一矩有半〕", ≪周禮≫ 〈冬官 考工記 冶氏〉에 "倨와 句가 법도에 맞았다.〔倨句中矩〕", ≪周禮≫ 〈冬官 考工記 車人〉에 "倨와 句의 모양이 경쇠처럼 굽은 것을 '中地'라고 이른다.〔倨句磬折 謂之中地〕", ≪周禮≫ 〈冬官 考工記 韗人〉에 "皐鼓를 만들 때 길이는 12척이며 面은 4척이다. 倨와 句는 경쇠처럼 꺾인 것이다.〔爲皐鼓 長尋有四尺 鼓四尺 倨句 磬折〕"라고 하였다.

3) 禮記……말하였고 : ≪禮記≫ 〈樂記〉에 "노래는 소리가 높을 때는 드는 것과 같고 낮을 때는 땅에 떨어지는 듯하며, 굽을 때는 몸을 꺾는 듯하고 그칠 때는 마른 나무와 같이 하며, 약간 굽힐 때에는 곡척에 맞고 크게 굽힐 때에는 갈고리에 맞으며, 죽 이어져 단정함이 구슬을 꿰어놓은 것과 같다.〔歌者 上如抗 下如隊 曲如折 止如槀木 倨中矩 句中鉤 纍纍乎端如貫珠〕"라고 하였다.

俗分別, 不可與道古也.

② 古와 侯의 반절이니 古音이다. 제4部에 있다. 또 九와 遇의 반절이 있는데 이것은 今音이다.

古侯切, 古音也. 四部. 又九遇切, 今音也.

05-051-1379  (拘) 〔저지할/구〕

'저지하다'이다. 手·句를 따랐다. 句(구)가 또한 소리이다.

止也. 从手句,① 句亦聲.②

① '手句'는 손으로 저지하는 것이다.

手句者, 以手止之也.

② 擧와 朱의 반절이다. 古音은 제4部에 있다. 鉤(구)와 같이 읽는다.

擧朱切. 古音在四部. 讀如鉤.

05-051-1380  (笱) 〔통발/구〕

'대나무를 구부려 만든 물고기를 잡는 통발'이다. 竹·句를 따랐다. 句(구)가 또한 소리이다.

曲竹捕魚笱也.① 从竹句,② 句亦聲.③

① ≪詩經≫ 〈邶風 谷風〉 毛亨 傳에 "笱는 물고기를 잡는 도구이다."라고 하였고,[4] ≪周禮≫ 〈天官 𩞁人〉에 "𩞁人은 때에 맞추어 〈물고기를〉 바치기 위해 梁을 만드는 것을 관장한다."라고 하였는데, 鄭衆이 "梁은 물을 막는 제방이니, 물에 제방을 쌓아 구멍을 만들어 통발을 그 공간에 댄다."라고 하였으니, 匽과 堰, 空과 孔은 모두 古今字이다.[5] 魚梁은 모두 돌로 물길을 막고,[6] 笱는 대나무를 구부려서 만드는데, 구멍에 대면 물고기가 그 속으

---

4) 詩經……하였고 : ≪詩經≫ 〈邶風 谷風〉의 "내가 쳐놓은 魚梁에 가지 말고 내 통발 꺼내지 말라.〔毋逝我梁 毋發我笱〕에 대한 毛亨 傳에 보인다.

5) 古今字 : ≪說文解字≫ 言部 '誼'자의 단옥재 注에 "무릇 경전을 읽는 자는 古今字를 몰라서는 안 된다. 古今은 시기를 정해놓은 것이 없어 周가 古이면 漢이 今이고 漢이 古이면 宋이 今인 것처럼 수시로 달리 쓰이니, 이를 '고금자'라고 한다. 예컨대 오늘날 사람들이 말하는 古今의 경우 籒文이 古字이고 小篆과 隸書는 今字가 된다.〔凡讀經傳者 不可不知古今字 古今無定時 周爲古則漢爲今 漢爲古則晉宋爲今 隨時異用者謂之古今字 非如今人所言古今籒文爲古字 小篆隸書爲今字也〕"라고 되어 있다.

6) 돌로……막고 : ≪詩經≫ 〈衛風 有狐〉의 "짝을 찾아 어슬렁대는 저 여우가 저 기수의 돌다

로 들어가서 도망갈 수 없게 하는 것이다. 잠박으로 梁을 만들고 통발을 그곳에 설치하는 것과 같은 것을 '寡婦의 통발'이라고 한다.[7)]

邶風毛傳曰, "笱, 所以捕魚也." 周禮䱷人, "掌以時䱷爲梁." 大鄭云, "梁, 水偃, 偃水而爲關空, 以笱承其空." 偃堰, 空孔, 皆古今字. 魚梁皆石, 絶水. 笱, 曲竹爲之. 以承孔, 使魚入其中不得去者. 若以薄爲梁, 以笱承之, 則謂之寡婦之笱.

② 대나무를 구부리기 때문에 竹・句를 따른 것이다.

曲竹故, 从竹句.

③ 古와 厚의 반절이다. 제4部에 있다.

古厚切. 四部.

05-051-1381 鉤(鉤)〔갈고리/구〕

'갈고리'이다. 金・句를 따랐다. 句(구)가 또한 소리이다.

曲鉤也.① **从金句, 句亦聲.**②

① '鉤'자는 ≪古今韻會擧要≫에 의거하여 보충하였다. 구부러진 물건을 '鉤'라고 하는데, 이로 인하여 갈고리로 사물을 취하는 것도 '鉤'라고 한다.

鉤字依韻會補. 曲物曰鉤, 因之以鉤取物亦曰鉤.

② 鉤鑲・吳鉤・釣鉤는 모두 쇠로 만들었기 때문에 金을 따랐다. 살펴보건대, 句에 속한 〈拘・笱・鉤〉 3자는 모두 會意字이면서 形聲을 겸하였기 때문에 手部・竹部・金部에 넣지 않은 것이다. 會意는 두 글자를 합쳐서 한 글자를 만들지만 반드시 중요한 부분을 위주로 하니, 3자 모두 句가 중요하기 때문에 句部에 넣은 것이다. 古와 侯의 반절이다. 제4部에 있다.

鉤鑲・吳鉤・釣鉤, 皆金爲之, 故从金. 按句之屬三字, 皆會意兼形聲, 不入手竹金部者. 會意合二字爲一字, 必以所重爲主, 三字皆重句, 故入句部. 古侯切. 四部.

句部에서 다룬 표제자는 모두 4자이다.

文四.

리에 있다〔有狐綏綏 在彼淇梁〕"에 대한 毛亨 傳에 "돌로 물길을 끊는 것을 '梁'이라고 한다.〔石絶水曰梁〕"라고 하였다.

7) 寡婦의……한다 : ≪爾雅≫ 〈釋器〉에 "嫠婦의 통발을 '罶'라고 한다.〔嫠婦之笱謂之罶〕"에 대한 郭璞 注에 "≪詩經≫ 毛亨 傳에 "罶는 발 어량이다."라고 하였으니, 簿으로 魚笱를 만든 것을 말한다.〔毛詩傳曰 罶 曲梁也 謂以簿爲魚笱〕"라고 하였다.

【052. ㄐ部】

05-052-1382  (ㄐ) 〔서로 얽힐/구〕 補

'서로 얽히다'이다. 일설에는 '오이와 박 넝쿨이 얽혀 올라가는 것'이라고도 한다. 象形字이다. ㄐ에 속하는 글자는 모두 ㄐ를 따랐다.

相糾繚也.① **一曰瓜瓠結ㄐ起.**② **象形.**③ **凡ㄐ之屬, 皆从ㄐ.**

① 'ㄐ'와 '糾'는 첩운이고, '糾'와 '繚'도 역시 첩운자이다. ≪詩經≫ 〈衛風 葛屨〉의 毛亨 傳에 "糾糾는 '繚繚'와 같다."라고 하였는데,[1] 繚는 '얽히다'는 뜻이다.[2]

ㄐ·糾疊韻, 糾·繚亦疊韻字也. 毛傳曰, "糾糾猶繚繚也." 繚, 纏也.

② 오이와 박 줄기가 사물을 타고 얽어 묶으면서 올라가는 것을 이른다. 예를 들면 ≪詩經≫ 〈小雅 南有樛木〉에서 말한 "남쪽에 가지가 늘어진 나무가 있는데 단박〔甘瓠〕 넝쿨이 감겨 있네."와 같은 것이다.

謂瓜瓠之縢緣物纏結而上. 如詩言, "南有樛木, 甘瓠纍之."

③ 서로 묶여 있는 모양을 본뜬 것이다. 居와 虯의 반절이다. 제3部에 있다. ≪眞誥≫[3]에서는 '一卷'을 '一弓'이라고 하였는데,[4] 弓(권)은 '弓'자로 써야 한다. 一ㄐ는 '一縛'이라는 말과 같다. ㄐ와 卷은 雙聲이기 때문에 卷을 'ㄐ'라고 한 것이다.

---

1) 毛亨의……하였는데 : ≪詩經≫ 〈魏風 葛屨〉의 "엉성하고 썰렁한 칡 신이여, 서리를 밟을 수 있도다〔糾糾葛屨 可以屨霜〕"에 대한 毛亨 傳에 보인다.

2) 繚는……뜻이다 : ≪說文解字≫ 糸部에는 "繚는 '얽히다'는 뜻이다.〔繚 纏也〕"라고 되어 있다.

3) 眞誥 : 도교 上清派의 종교 서적으로 남조 梁나라의 陶弘景이 지었다. '眞誥'의 뜻은 '眞人이 전수한 훈계'라는 뜻이다. 상청파의 역사, 전기, 방술 등을 소개하고 동진의 楊羲, 許謐, 翽翙 등이 신령과 통한 일화를 기록했다. ≪隋書≫ 〈經籍志〉에 10권이라고 하였다.

4) 眞誥에서는……하였는데 : ≪眞誥≫ 〈東觀餘論 論弓字〉의 〈小宋太一宮詩〉에 대한 注에 "≪진고≫에는 '一卷'을 '一弔'이라고 하였는데, ≪진고≫에서 이른바 '弓'이 곧 '卷'자라는 것을 전혀 모르는 것이다. 대개 생략형 문자를 따른 것이며 眞誥의 音은 또한 爾니 '弔'자가 아니다.〔眞誥謂眞誥一卷爲一弔 殊不知眞誥所謂弓卽卷字 蓋从省文 眞誥音亦爾 非弔字也"라고 하였다.

象交結之形. 居虯切. 三部. 眞誥一卷爲一弓, 弓當卽是弓字. 一丩猶言一縛. 丩卷雙聲, 故謂卷爲丩也.

05-052-1383  (茻) 〔풀 서로 얽힐/규〕

'풀이 서로 얽힌 것'이다. 茻(망)과 丩(규)를 따랐다. 丩는 또한 소리이다.

艸之相丩者.① 从茻丩, 丩**亦聲.**②

① 풀이 서로 얽혔기 때문에 茻·丩를 따랐다고 한 것이니, 전적으로 秦艽(약초 이름/진규)를 이른 것은 아니다.
艸相糾繚, 故从茻丩, 不專謂秦艽也.

② 居와 虯의 반절이다. 제3部에 있다.
居虯切. 三部.

05-052-1384  (糾) 〔세 가닥 꼴/규〕

'줄 세 가닥을 꼬다'이다. 糸(멱)·丩를 따랐다. 丩(규)가 또한 소리이다.

繩三合也.① 从糸丩. 丩**亦聲.**②

① 糸部에 "紉은 한 가닥의 줄이다."라고 하였고,[5] 劉表의 ≪易章句≫에 "두 가닥을 '노〔纆〕'라고 한다."라고 하였다.[6] 살펴보건대, 李善이 ≪字林≫을 인용하면서 "糾는 두 가닥을 합한 줄이고, 纆은 세 가닥을 합친 줄이다."라고 하였으니,[7] 許愼의 ≪說文解字≫와 일치하지 않는다. 糸部 '綸'자의 해설에 "푸른 실을 꼬아 만든 끈이다."라고 하였으니,[8] 대체로 '꼬아서 합친 것'을 '糾'라고 하는데, 引伸하여 '제후를 규합하다〔糾合諸侯〕'의 糾로 쓰고, 또 〈인신하여〉 '바로잡고 꾸짖다〔糾責〕'의 糾로 쓴다.

---

5) 糸部에……하였고 : ≪說文解字≫에 보인다.

6) 劉表의……하였다 : ≪周易≫ 坎卦 上六의 "묶는 데 휘묵을 사용한다.〔係用徽纆〕"에 대한 陸德明의 ≪經傳釋文≫ 〈周易音義〉에 "纆은 음이 '墨'이다. 유표가 '세 번 꼰 것을 「徽」라고 하고, 두 번 꼰 것을 「纆」이라고 한다.'라고 하였으니, 모두 끈의 이름이다.〔纆 音墨 劉云三股曰徽 兩股曰纆 皆索名〕"이라고 하였다.

7) 李善이……하였으니 : ≪文選≫ 賈誼의 〈鵩鳥賦〉의 "화가 복과 함께 있는 것이 꼬아진 노끈과 어찌 다른가.〔夫禍之與福兮 何異糾纆〕"의 注에 보인다.

8) 糸部……하였으니 : ≪說文解字≫에 보인다.

糸部曰, "紉, 單繩也." 劉表易章句曰, "兩股曰纆." 按李善引字林, "糾, 兩合繩. 纆, 三合繩." 與許不合. 糸部綸下曰, "糾靑絲繩也." 凡交合之謂之糾, 引伸爲糾合諸侯之糾, 又爲糾責之糾.

②'ㄐ亦' 두 자를 지금 보충하였다. 居와 黝의 반절이다. 제3部에 있다. ≪經傳釋文≫〈毛詩音義〉에서 ≪說文解字≫를 인용하여 "己와 小의 반절이다."라고 하였으니 音이 바뀐 것이다.[9] 이에 대해서는 ≪說文音隱≫[10]에 나온다. 살펴보건대, ㄐ에 속하는 〈茻·糾〉 2자를 茻部와 糸部에 넣지 않은 것은 句部에서 설명한 것과 같다.[11]

ㄐ亦二字今補. 居黝切. 三部. 詩音義引說文, "己小反", 音之轉也. 出音隱. 按ㄐ之屬二字不入茻糸部者, 說與句部同.

ㄐ部에서 다룬 표제자는 모두 3자이다.

文三.

9) 經傳釋文……것이다 : ≪詩經≫〈陳風 月出〉의 "달이 떠서 환하게 비추니 아름다운 사람이 어여쁘도다. 깊은 시름 풀고파, 애가 타는 내 마음〔月出皎兮 佼人僚兮 舒窈糾兮 勞心悄兮〕"에 대한 ≪經傳釋文≫〈毛詩音義〉에 "說文 音己小反"이라고 하였다.

10) 說文音隱 : ≪隋書≫〈經籍志〉에 "≪說文音隱≫은 4권이다.〔說文音隱四卷〕"라고 하였다. ≪說文音隱≫는 지금 畢沅(淸)의 輯本이 전한다.

11) 句部에서……같다 : ≪說文解字≫ '鉤'자의 段玉裁 注에 보인다.

【053. 古部】

05-053-1385 古(古) 〔옛날/고〕 補 【重文 1】

'옛날'이다. 十·口를 따랐다. 전대 사람의 말을 알려주는 것이다. 古에 속하는 글자는 모두 古를 따랐다. (銛)는 古의 古文이다.

故也.① 从十口. 識前言者也.② 凡古之屬, 皆从古. , 古文古.

① ≪詩經≫ 〈邶風 日月〉과 ≪詩經≫ 〈大雅 烝民〉의 毛亨 傳에는 "古는 故이다."라고 하였고,[1] ≪說文解字≫ 攴部에서는 "故는 '시켜서 하게 하는 것'이다."라고 하였다.[2] 살펴보건대, '故'는 대체로 일이 그렇게 된 까닭이다. 또 그렇게 된 까닭은 모두 옛날부터 갖추어졌기 때문에 '古는 故이다'라고 한 것이다. ≪逸周書≫[3]〈周祝〉에 "하늘은 '古'라고 하고 땅은 '久'라고 한다."에 대하여 鄭玄은 ≪尙書≫ 〈虞書 堯典〉〈曰若稽古〉 注에서 "'稽古'를 '同天'이라고 하였다."[4]라고 하였다.

邶風·大雅毛傳曰, "古, 故也." 攴部曰, "故, 使爲之也." 按故者, 凡事之所以然. 而所以然皆備於古, 故曰古, 故也. 逸周書, "天爲古, 地爲久." 鄭注尙書, "稽古爲同天."

---

1) 詩經……하였고 : ≪詩經≫ 〈邶風 日月〉의 "이와 같은 사람이여, 옛 도리로 처하지 않는구나.〔乃如之人兮 逝不古處〕"의 毛亨 傳에 '古 故也'라고 되어 있고, ≪詩經≫ 〈大雅 烝民〉의 "옛 가르침을 법으로 삼는다.〔古訓是式〕"의 毛亨 傳에 '古 故'라고 하였다.

2) 說文解字……하였다 : ≪說文解字≫ 攴部 '故'의 段玉裁 注에 "인신되어 '오랜 친구'라는 뜻으로 쓰이기 때문에 '古는 故이다'라고 한다.〔引伸之爲故舊 故曰古 故也〕"라고 되어 있다.

3) 逸周書 : 원래 이름은 ≪周書≫이다. 許愼이 ≪說文解字≫에서 처음으로 ≪逸周書≫라고 칭하였다. 隋唐 이후로는 ≪汲冢周書≫라고 칭하였다. 내용은 주로 周文王에서부터 景王까지의 일들을 기록한 것이다. 舊說에는 공자가 ≪尙書≫를 刪定하고 남은 것이기 때문에 '逸周書'가 되었다고도 한다. 지금의 학자들은 이 책의 주요 篇章은 戰國時代 사람에 의해 쓰였고 漢代 사람의 수정과 증보를 거쳤을 가능성이 있다고 보고 있다. 편명 끝은 모두 '解'자로 되어 있다.

4) 鄭玄은……하였다 : ≪尙書≫ 〈虞書 堯典〉의 "曰若稽古" 注에 "鄭玄은 緯書를 믿고서는 稽를 同의 뜻으로 보고 古를 天의 뜻으로 풀이하여 〈능히 옛것을 따라 행하여〉 그와 공을 헤아리다.〔鄭玄信緯 訓稽爲同 訓古爲天 言能順天而行之 與之同功〕"라고 하였다.

② 전대 사람의 말을 알려주는 것이 입이다. 열 번에 이르게 되면 전해지고 전해져서 인습하게 되니, 이것을 '옛날 옛적에〔自古在昔〕'라고 한다.[5] 公과 戶의 반절이다. 第5部에 있다.

識前言者, 口也. 至於十則展轉因襲, 是爲自古在昔矣. 公戶切. 五部.

05-053-1386 嘏(嘏)〔원대할/하〕

'원대하다'이다. 古를 따르고 叚(가)가 소리이다.

大遠也.① 从古, 叚聲.②

① ≪爾雅≫ 〈釋詁 上〉,[6] ≪詩經≫ 〈小雅 賓之初筵〉과 〈大雅 卷阿〉 毛亨 傳,[7] ≪儀禮≫ 〈少牢饋食禮〉의 鄭玄 注[8]에 모두 "嘏는 '크다'이다."라고 하였고, ≪의례≫ 〈소뢰궤사례〉의 "祝이 主人에게 축복하였다."에 대한 鄭玄 注에 "주인에게 큰 복을 주는 것이다."라고 하였다. 許愼이 유독 遠의 의미를 함께 말한 것은 크면 반드시 멀어진다. 그렇기 때문에 ≪禮記≫ 〈郊特牲〉에 "嘏는 '긴 것이다', '큰 것이다'"라고 하였는데,[9] 이것이 허신이 근거한 것이다.

經傳에서 '嘏'자는 대부분 제사를 지내서 복을 부르는 뜻으로 쓰였지만 본래의 의미는 원대함을 이른다. ≪이아≫ 〈석고 상〉과 ≪시경≫ 毛亨 傳에 "假는 '크다'이다."라고 하였으니,[10] 假는 아마도 바로 嘏의 假借인 듯하다.

---

5) 옛날……한다 : ≪詩經≫ 〈商頌 那〉에 "옛날 옛적에 先聖이 법도를 만들어, 아침부터 저녁까지 온화하고 공손하게 일을 집행함에 삼감이 있었다.〔自古在昔 先民有作 溫恭朝夕 執事有恪〕"라고 하였다.

6) 爾雅……上 : ≪爾雅≫ 〈釋詁〉에 "弘廓……嘏는 '크다'이다.〔弘廓……嘏 大也〕"라고 하였다.

7) 詩經……傳 : ≪詩經≫ 〈小雅 賓之初筵〉의 "너에게 큰 복을 주리니 자손이 아마도 즐거울 것이다.〔錫爾純嘏 子孫其湛〕"라는 구절과, ≪詩經≫ 〈大雅 卷阿〉의 "온화한 군자여, 그대로 하여금 그대의 성명을 잘 마쳐서 큰 복을 그대가 항상 누리게 하리로다.〔豈弟君子 俾爾彌爾性〕"에 대한 毛亨 傳에 보인다.

8) 儀禮……注 : ≪儀禮≫ 〈少牢饋食禮〉의 "축에게 명하기를 마치면 축이 동쪽에서 그것을 받아서 戶의 서쪽에서 북쪽으로 향해서 주인에게 축복하는 말을 한다.〔卒命祝 祝受以東 北面於戶西 以嘏於主人〕"에 대한 注에 보인다.

9) 禮記……하였는데 : 鄭玄 注에 "主人이 제사를 지내서 복을 받는 것을 '嘏'라고 하는데, 이것이 訓이다.〔主人受祭福曰嘏 此訓也〕"라고 하였다.

10) 詩經……하였으니 : ≪詩經≫ 〈大雅 思齊〉의 "이러므로 큰 환난을 제거하지는 못하였으나, 빛나고 위대하여 하자가 없으셨다.〔肆戎疾不殄 烈假不遐〕", 〈商頌 那〉의 "탕 임금의 손자가 음악을 연주하여 조상께 이르니 나를 편안히 생각하여 신명이 와서 이른다.〔湯孫奏

釋詁・小雅大雅傳・少牢禮注, 皆曰, "嘏, 大也." 少牢, "祝嘏于主人", 謂"予主人以大福." 許獨兼遠言之者, 大則必遠. 故郊特牲曰, "嘏, 長也, 大也." 此許所本也. 經傳嘏字多謂祭祀致福, 其本訓則謂大遠, 爾雅・毛傳, "假, 大也." 假蓋卽嘏之假借.

② 古와 雅의 반절이다. 古音의 제5部에 있다.
古雅切. 古音在五部.

古部에서 다룬 표제자는 모두 2자이고, 重文은 1자이다.

文二, 重一.

假 綏我思成〕", 〈商頌 烈祖〉의 "음악을 연주하여 조상께 이르니 이때에 다툼이 없으니〔鬷假無言 時靡有爭〕"에 대한 毛亨 傳에 보인다.

【054. 十部】

05-054-1387 十 (十) 〔열/십〕 補

'수가 완비되다'이다. 一은 동서가 되고 丨은 남북이 되니, 사방과 중앙이 완비된 것이다. 十에 속하는 글자는 모두 十을 따랐다.

數之具也.① **一爲東西, 丨爲南北, 則四方中央備矣.**② **凡十之屬, 皆从十.**

① ≪漢書≫ 〈律曆志 上〉에 "十에서 모인다."라고 하였다.
漢志, "協於十."

② 是와 執의 반절이다. 제7部에 있다.
是執切. 七部.

05-054-1388 丈 (丈) 〔10척/장〕

'10척'이다. 오른손으로 十을 잡은 것을 따랐다.

十尺也. 从又持十.①

① 夫部에 "周나라 제도에 8寸을 '1척'이라고 하고, 10척을 '1丈'이라고 한다. 사람의 키가 8척이기 때문에 '丈夫'라고 한다."라고 하였다.[1] 그렇다면 팔을 편 길이를 '1尋'이라고 하는 것은 周나라의 1丈이다. 그러므로 '오른손으로 十을 잡은 것을 따랐다.'라고 한 것이다. 直과 网의 반절이다. 제10部에 있다.
夫部曰, "周制八寸爲尺, 十尺爲丈. 人長八尺, 故曰丈夫." 然則伸臂一尋, 周之丈也. 故从又持十. 直网切. 十部.

---

1) 夫部에……하였다 : ≪說文解字≫ 夫部 '夫'자의 해설에 보인다.

05-054-1389 (千) 〔일천/**천**〕 補

'10이 100개'이다. 十을 따르고 人(인)이 소리이다.

十百也. 从十, 人聲.①

① 此와 先의 반절이다. 제12部에 있다.
此先切. 十二部.

05-054-1390 (肸) 〔소리 울릴/**힐**〕

소리가 널리 퍼지는 것이니, '퍼지다'이다. 十을 따르고 佾(힐)이 소리이다.

肸蠁①, **布也.**② 从十, 佾聲.③

① 逗(句讀)이다.
逗.

② 李善은 司馬相如의 〈上林賦〉와 揚雄의 〈甘泉賦〉 注에서 모두 '肸蠁은 〈소리가 멀리 울려 퍼지다〉의 뜻이다〔肸蠁布也〕'를 인용하였는데, 지금 이것에 의거하여 바로잡았다. 〈上林賦〉에 "肸蠁이 널리 퍼지고 일어나네.〔肸蠁布寫〕"라고 하였는데, 司馬彪 注에 "肸은 '지나가다〔過〕'이니, 향기가 지나감이 마치 초파리가 흩어지는 것 같은 것이다."라고 하였다. 〈甘泉賦〉에 "바람 소리가 울려 초파리가 퍼지며 빨리 흩어지네.〔薌昳肸以掍批〕"라고 하였는데, 薌은 대개 '蠁'과 같은 것이다. 살펴보건대, 虫部에 "蠁은 소리를 아는 벌레이다."라고 하였으니,[2)] '肸蠁'은 아마도 소리를 아는 벌레가 한꺼번에 운집한 것과 같은 것이다. 左思의 〈蜀都賦〉의 '翕響'도 이와 의미가 같다.[3)]

춘추시대 晉나라 羊舌肸의 字가 叔向인데[4)] 〈叔向의〉 向을 ≪經傳釋文≫ 〈春秋音義〉에는 許와 兩의 반절이라고 하였으니 바로 '蠁'자이다. 〈이를 참고할 때〉 肸蠁이라는 말이 매우 오래되었다는 것을 알 수 있다.

李善注上林賦・甘泉賦, 皆引肸蠁布也, 今據正. 上林賦曰, "肸蠁布寫." 彪注曰, "肸, 過

---

2) 虫部에……하였으니 : ≪說文解字≫ 虫部 '蠁'자의 해설에 보인다.

3) 左思의……같다 : 〈蜀都賦〉의 "털이 있는 무리는 이리저리 분산되고 깃이 있는 무리는 어지러이 부딪히네 짧은 시간에 번개같이 빠르게 숲속에서 넓게 그물을 펼치네.〔毛群陸離 羽族紛泊 翕響揮霍 中網林薄〕"라는 구절에 보인다.

4) 춘추시대……叔向인데 : ≪春秋左氏傳≫ 襄公 16년 "平公이 卽位하여 羊舌肸을 太傅로 삼았다.〔平公卽位 羊舌肸爲傅〕"에 대한 杜預 注에 "肸은 叔向이다.〔肸 叔向也〕"라고 하였다.

也, 芬芳之過若蠁之布寫也." 甘泉賦, "薌呹肸以掍批[5]." 薌蓋同蠁. 按虫部, "蠁, 知聲蟲也." 肸蠁者, 蓋如知聲之蟲一時雲集. 蜀都賦翕響義同. 春秋晉羊舌肸, 字叔向, 向, 釋文許兩[6]切, 卽蠁字. 知肸蠁之語甚古.

③ 羲와 乙의 반절이다. 제13部에 있다.
羲乙切. 十二部

05-054-1391  (卙) 〔번성할/집〕

번성함이니 '성대하다'이다. 十을 따르고 甚(심)이 소리이다. 汝南[7] 지역에서는 누에가 번성한 것을 '卙'이라고 한다고 하였다.

卙卙,① **盛也.**② 从十, **甚聲.**③ **汝南名蠶盛曰**卙.④

① 逗(句讀)이다.
逗.

② 小徐本에 "≪詩經≫ 〈周南 螽斯〉의 '너의 자손이 번성함이 마땅하도다〔宜爾子孫蟄蟄兮〕' 에 대한 毛亨 傳에 "蟄蟄은 '어울려 모여 있는 것'이다."라고 하였으니, 卙卙과 뜻이 비슷하다.
小徐曰, "詩宜爾子孫蟄蟄兮.' 毛曰, "蟄蟄, 和集也.' 與卙卙義近.

③ 子와 入의 반절이다. 제7部에 있다. 살펴보건대, ≪廣韻≫ 入聲26 緝에는 昌과 入의 반절로 되어 있고, ≪玉篇≫ 10部에는 또 充과 入의 반절로 되어 있다.
子入切. 七部. 按廣韻昌入切, 玉篇又充入切.

④ 이 말은 汝南 지역의 方言이다. 지금 강소성 〈泰州의〉 俗語에 '밀집〔密卙〕'이라는 말을 많이 쓴다. 卙은 音이 蟄와 같다.[8]
此汝南方言也. 今江蘇俗語多云密卙. 卙音如蟄.

---

5) 掍批 : 汲古閣本과 胡氏本에는 '掍'이 '棍'으로 되어 있다. ≪漢書≫ 〈揚雄傳〉과 〈甘泉賦〉에는 '掍批'가 '掍根'으로 되어 있다.

6) 兩 : ≪經傳釋文≫ 〈春秋音義〉에는 丈으로 되어 있다.

7) 汝南 : 河南省에 있는 縣의 이름이다.

8) 俗語에……같다 : 淸 胡文英의 ≪吳下方言考≫ 권11에 "卙은 音이 '執'이다. 許氏(許愼)의 ≪說文解字≫에……吳中에서는 사물이 촘촘한 것을 '密卙卙'이라고 한다.〔卙 音執 許氏說文……吳中謂物之密者曰密卙卙〕"라고 하였다.

05-054-1392 (博) 〔널리 통달할/박〕

'널리 통달하다'이다. 十・尃(부)를 따랐다. 尃는 '펴다'이니, 또한 소리이다.

大通也.① 从十(博)〔尃〕.②[9] 尃, **布也, 亦聲.**③

① 대체로 사람에게 취할 때 힘을 쓰기 쉬운 것을 '博'이라 한다. ≪詩經≫ 〈陳風 東門之枌〉의 鄭玄 箋에 "교제가 넓은 것이 좋다."라고 하였다.[10]
凡取於人易爲力曰博. 陳風鄭箋, "交博[11]好也."

② 會意이다.
會意.

③ 補와 各의 반절이다. 제5部에 있다.
補各切. 五部.

05-054-1393 (㔹) 〔열 사람 재주 필적할/륵〕

'재주가 열 사람에 필적하다'이다. 十・力을 따랐다.

材十人也.① 从十力.② **力亦聲.**③

① 〈재주가〉 남보다 열 배 많은 것이다. 열 배의 재주를 가진 사람이 '㔹'이고, 천 배의 재주를 가진 사람이 '俊'이다.[12] ≪禮記≫ 〈王制〉에 "제사에는 정해진 수의 仂을 쓴다."에 대한 注에 "仂은 10분의 1이다."라고 하였다.[13] 살펴보건대, 1인이 10인 몫을 하는 것이 㔹이다. 그렇기 때문에 10에서 1을 취하는 것을 또한 '仂'이라고 하는 것이니, 아마도 仂은 본래 㔹으로 썼을 것이다.
十倍於人也. 十人爲㔹, 千人爲俊. 王制 "祭用數之仂." 注"仂, 什一也." 按一當十爲㔹. 故

---

9) (博)〔尃〕: 저본에는 '博'으로 되어 있으나, 皇淸經解本 ≪說文解字≫에 의거하여 '尃'로 바로잡았다.

10) 鄭玄의……하였다 : ≪詩經≫ 〈陳風 東門之枌〉의 "그대 보기를 금규화처럼 여기니, 나에게 한 줌의 천초를 주도다.〔視爾如荍 貽我握椒〕"에 대한 鄭玄 箋에는 보인다.

11) 博 : 十三經注疏本 ≪詩經≫에는 '情'으로 되어 있다.

12) 천……俊이다 : ≪說文解字≫ 人部의 "俊 材過千人也"에 대한 段玉裁 注에 "大徐本에는 '過'자가 없다.〔大徐本 無過字〕"라고 되어 있으니 小徐本(徐鍇本)에는 '過'자가 있는 것이다. 따라서 ≪說文解字注≫는 大徐本(徐鉉本)을 따라 인용한 것이다.

13) 禮記……하였다 : ≪禮記≫ 〈王制〉에 "올해 1년 경비의 수를 계산하여 그 중 10분의 1만 쓴다.〔筭今年一歲經用之數 用其什一〕"라고 하였다.

十取一亦爲仂，蓋仂本作忇也.

② 남보다 열 배 많은 재주이다.
十人之材也.

③ '力亦' 2자는 지금 보충한 것이다. 盧와 則의 반절이다. 제1部에 있다.
力亦二字今補. 盧則切. 一部.

05-054-1394 廿(卄)〔스물/입〕

'두 개의 十자를 나란하게 하다'이다. 古文이며 생략된 것이 많다.

二十幷也. 古文省多.①

① '생략된 것이 많다〔省多〕'라는 것은 '二十' 두 글자를 생략해서 한 글자〔卄〕로 만든 것이다. ≪周禮≫ 〈冬官 考工記 輪人〉에 "桯의 길이는 갑절로 하니 4척인 것이 2개이다. 촌의 10분의 1을 '枚'라고 한다."라고 하였다. 원래 '二'자에서 구가 끊어지는데, 故書에서 十과 앞의 二를 합쳐서 20〔卄〕으로 만든 것이니,[14] 여기에서 周나라 때 대체로 20을 말할 때 卄으로 썼다는 것을 증명할 수 있다.[15] 古文에서 卄은 그대로 '二十' 두 글자로 읽었으나, 秦나라 비석의 小篆에서는 '26년〔維卄六年〕'·'29년〔維卄九年〕'·'37년〔卅有七年〕'을 모두 한 글자로 읽어 모두 4언에 부합한다. '卄'은 '入'과 같이 읽고, '卅'은 '靸(삽)'과 같이 읽으니 모두 自反이다.[16] 唐石經에 이르러 '二十'은 모두 卄로 쓰고, '三十'은 모두 '卅'으로 쓰고 그대로 20, 30으로 읽었다. 人과 汁의 반절이다. 제7部에 있다.
省多者, 省作二十兩字爲一字也. 考工記"桯長倍之, 四尺者二. 十分寸之一謂之枚." 本於二

---

14) 故書에서……것이니 : "四尺者二 十分寸之一謂之枚"의 경우 구두를 잘못 끊으면 "四尺者二十分寸之一謂之枚"으로 오해할 수도 있기 때문에 20을 나타낼 때는 十이 2개를 합쳐진 卄으로, 三十은 卅으로, 四十은 卌으로 만들었다는 것을 설명한 것이다.

15) 周나라……있다 : ≪周禮漢讀考≫에 "≪周禮≫에서는 二는 위로 속하고 十은 아래로 속하는데 故書에서 합쳐서 1자로 만들었으니, 이것은 바로 필사하는 사람이 구두를 구분하지 못한 탓에 생긴 것이다. 혹자는 '「卄」자는 길게 말하면 바로 二十이다.'라고 하였다.〔此經二上屬 十下屬而故書合爲一字 正由寫字不分句度所致 或曰 卄字 長言之 仍爲二十也〕"라고 하였다.

16) 自反이다 : '自反'은 '自爲反切'의 생략으로 형성자로 이루어진 漢字에서 구성하는 2개의 글자를 나누어 해당 글자로 독음하는 방식이다. '矢引'가 '矧'자가 되고, '女良'이 '娘'자가 되고, '舍予'가 '舒'자가 되는 것이다. 顧炎武의 ≪音論≫ 卷下에 "北齊 濟南王이 황태자일 적에 반절을 배울 때 '跡'자 아래에 '自反'이라고 注를 달았는데, 시종들이 그 이유를 이해하지 못하였다. 이에 太子가 "'跡'자는 足旁에 '亦'자가 있는 것이니 '自反'이 아니냐. 足과 亦의 반절로 跡이 된다.〔北齊濟南王立爲皇太子 初學反語 於跡字下注云自反 侍者未達其故 太子曰 跡字足旁亦 非自反耶 以足亦反爲跡也〕"라고 하였다.

字爲句絶，故書十與上二合爲廿，此可證周時凡言二十可作廿也．古文廿仍讀二十兩字，秦碑小篆則維廿六年・維廿九年・卅有七年，皆讀一字，以合四言．廿之讀如入，卅之讀如靸，皆自反也．至唐石經二十，皆作廿，三十，皆作卅，則仍讀爲二十，三十矣．人汁切．七部．

05-054-1395 卙 (卙)〔말 모을/집〕

'말을 모으다'이다. 十을 따르고 咠(집)이 소리이다.

詞之集也.① 从十，咠聲.②

① 이것은 ≪廣韻≫ 〈入聲 26緝〉과 ≪玉篇≫ 〈十部〉에 의거하여 바로잡았다.[17] 詞는 '辭'자가 되어야 한다.[18] 이 아래에는 마땅히 "詩曰 辭之卙矣"[19]라는 6자가 있어야 하니, 아마도 ≪詩經≫에는 卙으로 되어 있는데 許愼이 集으로 해석한 듯하다. 지금의 ≪毛詩≫에는 '輯'으로 되어 있는데, 毛亨 傳에는 "輯은 和이다."라고 되어 있으니,[20] 허신이 일컬은 것은 三家詩인 듯하다.

此依廣韻・玉篇訂．詞當作辭．此下當有"詩曰辭之卙矣"六字，蓋詩作卙，許以集解之．今毛詩作輯，傳作"輯，和也."許所偁蓋三家詩．

② 秦과 入의 반절이다. 제7部에 있다. 살펴보건대, 十部에는 마땅히 二十을 합친 廿에서 마쳤어야 하니,[21] '卙'자는 아마 필사하는 사람이 이 글자를 가져다 끝에 붙인 것으로 보인다.

秦入切．七部．按十部當終於二十幷之廿，卙字或寫者奪之而綴於末．

十部에서 다룬 표제자는 모두 9자이다.

文九.

---

17) 廣韻……바로잡았다 : ≪廣韻≫에는 "卙은 ≪說文解字≫에서는 '詞를 모은 것이다.'라고 하였다.〔卙 說文云 詞之集也〕"라고 되어 있고, ≪玉篇≫에는 "卙은 慈와 立의 반절로, 辭를 모은 것이다.〔卙 慈立切 辭之集〕"이라고 되어 있다.

18) 이것은……한다 : 大徐本(徐鉉本)에는 "詞를 모은 것이다.〔詞之卙矣〕"로 되어 있고, 小徐本(徐鍇本)에는 "辭를 모은 것이다.〔辭之卙矣〕"로 되어 있다.

19) 詩曰辭之卙矣 : ≪詩經≫ 〈大雅 板〉에 "言辭가 和睦하면 백성들이 協同하고, 言辭가 和悅하면 백성들이 安定된다.〔辭之輯矣 民之協矣 辭之繹矣 民之莫矣〕"라고 하였다.

20) 毛亨 傳에는……있으니 : ≪詩經≫ 〈大雅 板〉의 "말이 화목하다.〔辭之輯矣〕"에 대한 毛亨 傳에 보인다.

21) 十部에는……하니 : 部首가 중복된 글자는 部首의 끝에 위치하는 것이 ≪說文解字≫의 원칙이다. 示部 '禫'자의 단옥재 注 ② 참조.

【055. 卅部】

05-055-1396 卅 (卅) 〔서른/삽〕 補

'3개의 十자를 나란히 하다'이다. 古文이며 생략된 것이다. 卅에 속하는 글자는 모두 卅을 따랐다.

三十幷也. 古文省.① **凡卅之屬, 皆从卅.**

① 이 글자 역시 '생략된 것이 많다〔省多〕'라고 해야 하는데[1] 〈多가〉 빠졌을 뿐이다. 古音은 마땅히 先과 立의 반절이어야 한다. 제7部에 있다. 今音은 蘇와 沓의 반절이다.
此亦當云省多, 奪耳. 古音當先立切. 七部. 今音蘇沓切.

05-055-1397 世 (世) 〔30년/세〕

30년을 '1世'라고 한다. 卅을 따르고 끝 획을 끌어서 길게 한 것이다. 또한 그 소리를 취한 것이다.

三十年爲一世.① **从卅而曳長之.**② **亦取其聲.**③

① ≪論語≫ 〈子路〉에 "공자가, '왕도정치를 실현하는 자가 있다 하더라도 반드시 한 세대가 지난 뒤에야 세상이 어질게 될 것이다.'라고 하였다"에 대해 孔安國이 "30년을 '世'라고 한다."라고 하였다. 살펴보건대, 父子가 서로 계승하는 것을 '世'라고 하니,[2] 이것은 引伸義이다.

---

1) 이 글자……하는데 : ≪說文解字≫ 十部에 "廿은 '2개의 「十」자를 나란히 하다'이다.〔廿 二十幷也 古文省多〕"라고 되어 있다.

2) 父子가……하니 : ≪國語≫ 〈周語 上〉의 "예전에 우리 선왕께서 대대로 후직을 맡아〔昔我先王世后稷〕"에 대한 韋昭 注에 "父子가 서로 계승하는 것을 '世'라고 한다.〔父子相繼曰世〕"라고 하였고, ≪史記≫ 〈周本紀〉에는 동일한 내용의 〈集解〉에 "韋昭가 '棄와 不窋을 이른다'라고 하였고, 唐固가 '父子가 서로 계승하는 것을 「世」라고 한다.'〔韋昭曰 謂棄如不窋也 唐固曰 父子相繼曰世〕"라고 하였다.

論語, "如有王者 必世而後仁" 孔曰, "三十年曰世" 按父子相繼曰世, 其引伸之義也.

② 〈끝 획을〉 끌어서 길게 했다는 것은 끝 획을 이른다.

曳長之, 謂末筆也.

③ 끝 획을 끌어서 길게 한다는 것은 12편 下의 乀(이)의 형태가 되는데, 厂(예)를 뒤집은 형태를 따르니,[3] 또한 '끌어당기다'는 뜻이다.[4] 世는 卅과 乀가 합쳐진 會意字이니 또한 乀의 소리를 취하여 소리가 되었고 曳(예)와 같이 읽는다.

許愼의 ≪說文解字≫에서 '取其聲'이라고 한 경우가 두 번이니, '禿은 粟의 소리를 취한 것이다'[5]와 '世는 曳의 소리를 취한 것이다.'[6]이다. 曳는 厂의 소리를 따른다는 것인데, 厂와 乀는 같다. 舒와 制의 반절이다. 제15部에 있다. ≪毛詩≫의 '世'가 제15部에 있는데 枼(엽)과 葉도 소리로 삼았으니,[7] 〈여기에서〉 또 제8部와 제15部가 合韻이 되는 원리를 증명할 수 있다.

末筆曳長, 卽爲十二篇之乀, 从反厂, 亦是抴引之義. 世合卅乀會意, 亦取乀聲爲聲, 讀如曳也. 許書言取其聲者二, 禿取粟聲, 世取曳聲也. 曳从厂聲, 厂乀一也. 舒制切. 十五部. 毛詩世在十五部, 而枼葉以爲聲, 又可證八部與十五部合韻之理矣.

卅部에서 다룬 표제자는 모두 2자이다.

文二.

---

3) 12편……따르니 : ≪說文解字≫ 乀部에 "乀은 '흐르다'이다. 厂를 뒤집어 놓은 형태로 移(이)와 같이 발음한다.〔乀 流也 从反厂 讀若移〕"라고 되어 있다.

4) 끌어당기다는 뜻이다 : ≪說文解字≫ 厂部에 "厂는 '당기다', '밝다'이다. 끌어당기는 모습을 본떴다.〔厂 抴也 明也 象抴引之形〕"의 단옥재 注에 "抴은 '당기다'이다. 捈는 '臥引'이니, '臥引'은 '가로로 당기다'이다.〔抴者 捈也 捈者 臥引也 臥引者 橫引之〕"라고 되어 있다.

5) 禿은……것이다 : ≪說文解字≫ 禿部에 "禿은 '머리카락이 없다'이다. 儿을 따랐다. 윗부분은 벼이삭의 모양을 본떴다. 그래서 〈粟의〉 소리를 취하였다.〔禿 無髮也 从儿 上象禾粟之形 取其聲〕"의 단옥재 注에 "余와 制의 반절이고 제16部에 있다.〔余制切 十六部〕"라고 되어 있다.

6) 世는……것이다 : ≪說文解字≫ 申部에 "曳는 '끌다'이다. 申을 따르고 厂가 소리이다.〔曳 臾曳也 从申 厂聲〕"의 단옥재 注에 "余와 制의 반절이고 제15部에 있다.〔余制切 十五部〕"라고 되어 있다.

7) 毛詩의……삼았으니 : 이것은 ≪詩經≫의 押韻을 이른다. ≪說文解字注≫의 〈六書音韻表〉 제4와 〈詩經韻分十七表〉 제15部 入聲에 〈大雅 文王〉의 "문왕의 손자 백세토록 임금이 되게 하시고, 모든 주나라 선비들도 대대로 빛나게 하시었도다.〔文王孫子 本支百世 凡周之士 不顯亦世〕"와 〈大雅 蕩〉의 "문왕이 한탄하기를, 아! 너 은나라여. 사람들에게 말이 있으니 '나무가 쓰러져 뿌리가 드러난 것은 가지와 잎이 해가 있어서가 아니라 뿌리가 먼저 뽑인 것이다.'라고 하였다. 은나라의 거울은 멀리 있지 않고 하후의 때에 있느니라.〔文王曰咨 咨女殷商 人亦有言 顚沛之揭 枝葉未有害 本實先撥 殷鑑不遠 在夏後之世〕"의 압운을 예로 들었다.

出土文獻 補註

凡 例

1. 본 字源 解說은 ≪說文解字注≫의 표제자 중 출토자료에서 찾을 수 있는 字形을 제시하고 주석과 解說을 부가한 것이다. ≪설문해자주≫ 본문의 표제자 중, 자원 해설이 추가된 표제자는 별도로 '補'로 표시하여 참고하는 데 편의를 제공하였다.
2. ≪說文解字注≫ 본문 비교의 편의를 위하여 표제자 뒤에 번역본의 일련번호를 표기하였다. 단 ≪설문해자주≫에는 실려 있지 않지만 徐鉉本 ≪說文解字≫에 新附字로 수록된 한자의 경우 일련번호 대신 '徐鉉本 新附字'로 표기하였다.
3. ≪說文解字≫ 小篆이 등장하기까지의 고문자를 商代文字, 西周春秋文字, 戰國文字, 秦文字로 분류하여 각각 그 字形을 표를 통해 제시하였다. 이때 '秦文字'는 戰國時代 秦의 문자를 포함한다. 전국시대 秦文字가 小篆으로 이어지기 때문에 따로 항목을 설정하였다.
4. 출토자료의 명칭은 학계에서 일반적으로 사용하는 약칭을 사용하였으며, '참고문헌 및 약칭일람'에 정식명칭을 명시하였다. 그 예는 다음과 같다.

약칭	정 식 명 칭
合7241	≪甲骨文合集≫(中國社會科學院歷史硏究所, 1982)의 '7241'번 갑골탁본
郭店 老子甲 4	≪郭店楚墓竹簡≫(荊門市博物館 編, 文物出版社, 1998)의 ≪老子≫ 甲本 4호간

5. 기타 서술원칙 및 부호는 ≪說文解字注≫ 번역본을 따랐다.

참고문헌 및 약칭일람

분류	약칭	저록 문헌
甲骨	合(合集)	中國社會科學院歷史研究所, ≪甲骨文合集≫, 1982
	屯	中國社會科學院考古研究所, ≪小屯南地甲骨≫, 1980~1983
	英	李學勤/齊文心/艾蘭 編, ≪英國所藏甲骨集≫, 1985
	花東	中國社會科學院考古研究所, ≪殷墟花園莊東地甲骨≫, 雲南人民出版社, 2003
	村中南	中國社會科學院考古研究所, ≪殷墟小屯村中村南地甲骨≫, 雲南人民出版社, 2012
	懷	許進雄, ≪懷特氏等收藏甲骨文集≫, 加拿大安大略博物館, 1979
金文	集成	中國社會科學院考古研究所, ≪殷周金文集成≫ 전18책, 1984~1994
	近出	劉雨/盧岩 編, ≪近出殷周金文集錄≫ 전4책, 中華書局, 2002
戰國竹簡	郭店	荊門市博物館, ≪郭店楚墓竹簡≫, 文物出版社, 1998
	上博	馬承源 主編, ≪上海博物館藏戰國楚竹書≫ 1~9권, 上海古籍出版社, 2001~2012
	清華簡	清華大學出土文獻研究與保護中心, 李學勤 主編, ≪清華大學藏戰國竹簡≫ 1~11권, 中西書局, 2010~2021
	包山	湖北省荊沙鐵路考古隊, ≪包山楚簡≫, 文物出版社, 1991
	新蔡	河南省文物考古研究所, ≪新蔡葛陵楚墓≫, 大象出版社, 2003
	九店	湖北省文物考古研究所 北京大學中文系 編, ≪九店楚簡≫, 中華書局, 2000
	信陽	河南省文物研究所, ≪信陽楚墓≫, 文物出版社, 1986
	秦家嘴	滕任生, ≪楚係簡帛文字編(增訂本)≫, 湖北教育出版社, 2008
秦簡	嶽麓	朱漢民・陳松長 主編, ≪嶽麓書院藏秦簡≫ 1~6권, 上海辭書出版社, 2010~2020
	里耶	湖南省文物考古研究所, ≪里耶秦簡≫ 1권, 文物出版社, 2012
	睡虎地	睡虎地秦墓竹簡整理小組, ≪睡虎地秦墓竹簡≫, 文物出版社, 1990
기타	貨系	汪慶正, ≪中國歷代貨幣大系≫(一), 上海人民出版社, 1988
	璽彙	故宮博物院, ≪古璽彙編≫, 文物出版社, 1981
	陶錄	王恩田, ≪陶文圖錄≫, 齊魯書社, 2006

正(04-031-1038)

商代文字	二祀邲其卣	合1140正	合1587	合31791
西周春秋文字	大盂鼎	井侯方彝	小克鼎	寬兒鼎
戰國文字	郭店 語叢三 2	清華簡 程寤 7	璽彙 0343	璽彙 4790
秦文字	珍展 186	里耶 8-157正	北大 算丙	

''은 본래 '口'와 '止'로 구성된 자형이다. 商代文字부터 출현하는데, '口'의 형태와 '止'로 구성되어 있다. '口'은 '○'의 형태로 출현하기도 하는데, 이는 정벌의 대상이 되는 구역을 뜻하고, '止'는 그 구역을 향하여 가는 발을 뜻한다. 즉 會意字로서 본래 의미는 征伐이며, '바르다'는 뜻은 정벌에서 '바로잡다'는 의미로 引伸된 것이다. 서주시기 金文은 '口'의 형태가 일부 변화한다. ≪毛公鼎≫ ''(集成 2841)과 같이 '口'가 큰 점처럼 변하기도 하며 ≪中叀父簋≫ ''(集成 3957)과 같이 점이 납작해져 굵은 선처럼 변하기도 하였다. ≪晉侯對盨≫ ''(近出 504)은 '口'가 직선으로 변화한 것을 확인할 수 있다.

춘추시기 이후로는 점이나 굵은 선과 같은 자형은 사라지고 ≪上鄀公敄人簋≫ ''(集成 4183), ''(集成 9733)처럼 하나 또는 두 개의 직선으로 구성된 자형이 등장한다. 두 개의 직선으로 구성된 자형은 ≪說文解字≫에 수록된 古文 ''과 일치한다. 전국시대는 지역별로 다양한 이체자가 등장한다. 秦은 춘추시기 자형과 큰 차이가 없었으나 楚는 ''(≪璽彙≫ 343), 郭店楚簡 ≪唐虞之道≫ 13호간 ''과 같은 이체자가 있었다. 晉은 ''(≪璽彙≫ 4766), ''(≪璽彙≫ 4790), 齊는 ''(≪陶錄≫ 3.150.3) 등의 이체자를 볼 수 있다.

乏(04-031-1039)

戰國文字	中山王方壺	淸華簡 命訓 8	璽彙 3173	集粹 256
秦文字	睡虎地 秦律 115	里耶 8-1222		

'乏'은 '正'을 반대로 쓴 指事字이다. 소전체와 비교하면 좌우로 뒤집혀 있으나, 실제 출토자료를 보면 '正'과 차이점이 잘 드러나지 않는다. 晉 ≪中山王方壺≫ ' '(集成 9735), 燕 璽印 ' '(≪璽彙≫ 3174)은 기본적으로 '正'과 일치한다. 한편 晉 ≪兆域圖≫ ' '(集成 10478)는 같은 지역에서 제작한 璽印에 새겨진 '正'의 戰國文字 字形 ' '(≪集粹≫ 256)과 비교하였을 때 위쪽 곡선의 좌우가 바뀌어 있음을 볼 수 있다. 따라서 자형상 차이를 두기보다는 문맥으로 '正'과 '乏'을 구분하다가 隸書 이후로 '正'의 위쪽 필획을 기울여 쓰는 방식으로 의미를 구분한 것으로 추정한다.

是(04-032-1040)

西周春秋文字	毛公旅方鼎	是婁簋	毛公鼎	侯馬盟書 1 : 1
戰國文字	郭店 老子乙 10	書也缶	璽彙 1635	貨係 414
秦文字	睡虎地 效律 28			

'是'는 '日'과 '正'으로 구성된 會意字이다. 하지만 출토 자료상의 자형은 이와 차이가 있다. '是'의 가장 이른 자형은 서주 청동기에서 볼 수 있다. ≪是婁簋≫ ' '(集成 3910)는 '子'와 '止'로 구성된 자형이며, ≪毛公旅方鼎≫ ' '(集成 2724)는 '子'를 구성하는 원형 안에 점이 찍혀 있다. 이와 같은 구조가 무슨 의미를 뜻하는지 아직 밝혀지지 않았다.

西周시기 이후로 '是'는 두 가지 유형으로 발전한다. 첫 번째로 '子'의 가로선이

''와 같이 변하였다. 이 양상은 '禽'의 고문자가 ''에서 ''으로 '萬'이 ''에서 ''으로 변화하는 현상과 일치한다. ≪陳公子甗≫ ''(集成 947)가 그 예이다. 두 번째로 '子'의 '+'부분과 아래 자형이 하나로 결합하기 시작하면서 '正'과 비슷해진다. 侯馬盟書 200 : 30 ''와 같이 위, 아래 자형이 서로 연결된 것을 볼 수 있다. 이 자형은 다시 侯馬盟書 49 : 1 ''와 같이 '子'의 윗부분은 '日'로 변화하고 아랫부분은 '正'으로 변화한다. 전국시대 자형은 첫 번째와 두 번째 유형이 모두 나타난다.

辵(04-033-1043)

秦文字	 里耶秦簡 8-687			

'辵'은 '彳'과 '止'로 구성된 자형이다. 갑골문부터 '辵'은 단독으로 쓰이지 않고 會意字 또는 形聲字의 形符로 쓰였다. 주로 이동과 관련된 의미를 표시하였다. 전국시대 里耶秦簡 8-687의 ''은 예외로 단독으로 쓰인 경우이다. 또한 秦은 다른 지역과 달리 '彳'과 '止'를 서로 연결시킨 것을 볼 수 있다. 이와 같은 書寫 방식이 漢 이후로 지속적으로 이어지면서 '辵'과 같은 獨體字로 변화하였으며 楷書 단계부터 더 간단한 자형인 '辶'으로 보편화된다.

迹(04-033-1044)

西周春秋文字	 五年師事簋	 五年師事簋		
戰國文字	 璽彙 0511	 璽彙 4080		
秦文字	 睡虎地 封診 1			

'迹'은 '辵'과 聲符 '亦'으로 구성된 자형이다. 하지만 실제 출토자료에 쓰인 '迹'은 '亦' 대신 '朿'로 구성되었다. 西周 ≪五年師事簋≫ ''(集成 4216.2), 전국시대 燕 璽

印 ''(≪璽彙≫ 511) 모두 '朿'로 구성되었다. 이 자형들은 ≪說文解字≫에 수록된 古文 ''과 일치한다.

한편 전국시대 秦簡에 '朿'가 '亦'과 비슷한 자형으로 변형되어 나타난 것을 볼 수 있다. 睡虎地秦簡 ≪封診式≫ 1호간 '', 龍岡秦簡 73호간 ''은 같은 지역의 문자 자료인 ≪詛楚文≫의 ''과 동일하게 '迹'으로 해석하지만 두 유형을 비교하면 ≪詛楚文≫의 '朿'는 중간 세로획이 끝까지 관통하며 睡虎地秦簡과 龍岡秦簡의 자형은 그렇지 않다. 睡虎地秦簡 ≪語書≫ 6호간 ''은 '亦'으로 해석하며 위 두 자형과 비교하였을 때 '迹'으로 隸定 가능하다. 따라서 지금의 '迹'은 秦의 서사 습관으로부터 비롯된 것을 알 수 있다.

⿺辶舝(04-033-1045)

戰國文字	 新蔡 甲三 64	 淸華簡 金縢 3	 新蔡 乙四 30	
秦文字	 睡虎地 日乙 21			

'⿺辶舝'는 '辵'과 聲符 '舝'로 구성된 자형이다. 이와 관련된 자형은 戰國時代 楚簡에서 볼 수 있다. 두 가지 유형이 존재하는데 첫 번째로 '辵'과 '害'로 구성된 자형이다. 睡虎地秦簡 ≪日書 乙≫ 21호간 '', 新蔡葛陵楚簡 乙四 30호간 ''이 그 예이다. 두 번째로 '辵'과 '萬'로 구성된 자형이다. 淸華簡 ≪金縢≫ 3호간 ''가 그 예이다.

逵(04-033-1046)

西周春秋文字	 柞伯簋	 多友鼎	 侯馬盟書 67 : 2	
戰國文字	 郭店 尊德義 28			
秦文字	 ≪說文≫小篆			

'䢦'은 '辵'과 聲符 '率'로 구성된 자형이다. 이와 관련된 자형이 처음으로 나타난 시기는 西周시기이다. ≪師寰簋≫'□'(集成 4313) 등이 그 예이다. 한편 '率'의 양 옆 점들이 변형되어 '行'으로 변한 ≪禹鼎≫ '□'(集成 2833)도 있으며 '率'과 '止'로 구성된 ≪永盂≫ '□'(集成 10322)도 있다. '行'과 '止' 모두 '辵'과 더불어 이동의 의미를 가진 形符이다. 春秋시기와 戰國時代 역시 같은 의미 범주에 속하는 形符로 구성된 '達'의 다양한 자형을 볼 수 있다. '辵'으로 구성된 侯馬盟書 67 : 2 '□', '止'로 구성된 侯馬盟書 67 : 34 '□' 등이 있다. 전국시대 郭店楚簡 ≪尊德義≫ 28호간 '□'은 서주 청동기에 나타난 '行'과 '止'로 구성된 자형이다.

邁(04-033-1047)

西周春秋文字	作寶簋	弔友父簋蓋	伯戔盤	旹仲之孫簋
秦文字	≪說文≫小篆			

'邁'는 '辵'과 聲符 '萬'으로 구성된 자형이다. 서주 청동기 ≪小克鼎≫ '□'(集成 2802), ≪元年師事簋≫ '□'(集成 4279) 등이 이와 동일한 구조이다. 한편 ≪吉父鼎≫ '□'(集成 2512)는 '彳'으로 구성되었으며 ≪叔宻簋≫ '□'(集成 3724)는 '止'로 구성되었다. '辵', '彳', '止' 모두 이동을 뜻하는 形符이므로 서로 통용될 수 있다. 춘추시기도 이 세 가지 形符로 구성된 자형들을 모두 볼 수 있다. ≪伯戔盤≫ '□'(集成 10160), ≪公父宅匜≫ '□'(集成 10278), ≪旹仲之孫簋≫ '□'(集成 4102)의 形符는 각각 '辵', '彳', '止'이다. 전국시대 이후로는 출토자료에 이 자형의 용례는 아직 발견되지 않았다.

巡(04-033-1048)

商代文字	合21526	合21744		

戰國文字	 十五年守相波鈹	 璽彙 0806	 璽彙 4139	
秦文字	 ≪說文≫小篆			

''은 '辵'과 聲符 '巛'으로 구성된 자형이다. 商代文字인 甲骨文에 '彳'과 '川'으로 구성된 글자가 출현하는데, 그 의미는 불분명하다. 현재까지 이 두 가지 요소대로 구성된 자형은 전국시대 출토자료에서만 볼 수 있다. 晉 青銅器 ≪十五年守相杢波鈹≫ ''(集成 11701), 燕 璽印 ''(≪璽彙≫ 1430) 등이 그 예이다.

徒(04-033-1050)

西周春秋文字	 魯嗣徒伯吳盨	 師寰簋	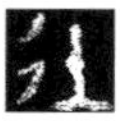 魯嗣徒仲齊匜	 侯馬盟書 156：22
戰國文字	 曾乙 150	 璽彙 2616	 陶錄 4.162.4	 上博 用 10
秦文字	 珍秦 201	 睡虎地 答問 180		

''는 '辵'과 聲符 '土'로 구성된 자형이다. 이 자형은 西周 青銅器로부터 관련 자형을 볼 수 있다. ≪禹鼎≫ ''(集成 2833), ≪揚簋≫ ''(集成 4294) 등이 그 예이다. '辵'은 본래 '彳'과 '止'가 결합된 자형이다. 고문자 단계의 '辵'은 두 자형의 결합 여부가 자형에 따라 달라서 때로는 분리되기도 하였다. 溫縣盟書 T1K1：3211 ''와 같이 자형 구조가 西周시기와 일치하기도 하고 ≪魯司徒仲齊盨≫ ''(集成 4441)와 같이 '止'가 생략되기도 하였다.

戰國時代 출토자료도 기본적으로는 西周시기와 일치한다. 曾侯乙簡 150호간 '', 睡虎地秦簡 ≪法律答問≫ 180호간 '', 燕 璽印 ''(≪璽彙≫ 11) 등이 그 예이다. 楚簡 중에 일부 자형은 '辵' 대신 '走'로 구성되기도 한다. 上博楚簡 ≪用曰≫ 10호간 ''의 좌측이 '走'로 구성된 것을 볼 수 있다. 소전 ''는 '彳'과 '止'가 결합된 형식으로 구성되었다.

邎(04-033-1051)

西周春秋文字	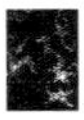 遹邎作父癸簋			
戰國文字	 郭店 語叢一 53	 曾乙 116		
秦文字	 ≪說文≫小篆			

'邎'는 '辵'과 聲符 '繇'로 구성된 자형이다. 이 자형은 西周시기 青銅器부터 출현한다. 지금의 자형과는 다른 偏旁으로 구성되어 있다. ≪遹邎作父癸簋≫ '邎'(集成 3688)는 '彳', '止', '糸', '豕'로 구성된 것을 볼 수 있다. 전국시대 楚簡은 이와 또 다른 형태로 변화한다. 郭店楚簡 ≪語叢 二≫ 53호간 '邎'은 '彳'과 '止' 대신 '走'로 구성되었다. 또한 曾侯乙簡 115호간 '邎'는 '走'와 '係'로 구성되었으며 '邎'로 해석한다.

延(04-033-1052)

西周春秋文字	 利簋	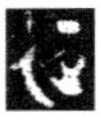 大保簋	 史墻盤	 衛夫人鬲
戰國文字	 清華簡 尹至 5	 帛書丙	 上博 周易 58	
秦文字	 ≪說文≫小篆			

'延'은 '辵'과 聲符 '正'으로 구성된 자형이다. 서주 청동기의 '延'은 두 가지 형태로 구분한다. 첫 번째로 甲骨文의 '正'과 '彳'으로 구성된 '征'이다. ≪麥方鼎≫ '征'(集成 2706), ≪夷伯簋≫ '征'(近出 481)이 그 예이다. 두 번째로 '正', '彳'에 '止'가 추가된 자형이다. ≪麃孟征盨≫ '征'(集成 4421)과 같이 하단에 '止'가 추가된 것을 볼 수 있다. 이와 같은 유형은 전국시대까지 지속된다. 춘추시대 ≪庚兒鼎≫ '征'(集成 2716), 전국시대 上博楚簡 ≪周易≫ 58호간 '征'는 첫 번째 유형에 속하며 춘추시대

≪衛夫人鬲≫ ''(新收 1700), 清華簡 ≪尹至≫ 5호간 ''은 두 번째 유형에 속한다. ≪說文解字≫에 수록된 ''은 두 번째 유형이 변화한 구조이며, 지금 일반적으로 사용하는 '征'은 첫 번째 유형에 속한다.

隨(04-033-1053)

戰國文字	 璽彙 5481	 清華簡 祝辭 3	 集粹 83	
秦文字	 秦風 195			

''는 '走'과 聲符 '隋'로 구성된 자형이다. 이와 동일한 자형은 전국시대 璽印에서 볼 수 있으며 楚簡에서 관련 자형을 볼 수 있다. 秦 璽印 ''(≪秦風≫ 195)이 ''와 같은 자형이다. 그리고 清華簡 ≪祝辭≫ 3호간 ''도 '隨'로 해석하며 晉 璽印 ''(≪集粹≫ 83)는 '遀'로 隸定하며 '隨'로 해석한다.

徂(04-033-1057)

戰國文字	 梁十九年亡智鼎	 包山 188		
秦文字	 ≪說文≫小篆			

'趄'는 '走'과 聲符 '且'로 구성된 자형이다. ≪說文解字≫에 '趄' 외에도 或體 '徂'과 籒文 ''이 수록되어 있다. 전국시대 楚簡에 籒文과 관련 깊은 자형이 있다. 包山楚簡 188호간 ''는 '彳', '止'와 '虘', '又'로 구성된 자형이다. 한편 晉 청동기 ≪梁十九年亡智鼎≫ ''(集成 2746)는 '彳'과 '虘', '又'로 구성된 자형으로 '徂'의 또 다른 이체자이다.

述(04-033-1058)

西周春秋文字	 大盂鼎	 史述作父乙簋		
戰國文字	 璽彙 0333	 郭店 語叢一 42	 清華簡 良臣 4	 中山王方壺
秦文字	 嶽麓二 數 10			

'述'은 '辵'과 聲符 '朮'로 구성된 자형이다. 이 자형은 西周 이후부터 출현하였다. ≪大盂鼎≫ '' (集成 2837), ≪史述作父乙簋≫ ''(集成 3646) 등이 '辵'과 '朮'로 구성된 자형이다. 이 구조는 기본적으로 변화 없이 春秋, 戰國時代까지 계승된다. 春秋시기 ≪侯古堆鎛≫ ''(新收 276), 戰國時代 郭店楚簡 ≪語叢 一≫ 42호간 '', ≪詛楚文≫ '' 등도 西周시기 '述'과 일치한다. 清華簡 ≪良臣≫ 4호간 ''과 같이 '辵' 대신 '彳'과 '朮'로 구성된 자형도 있으나, '辵'과 聲符 '朮'로 구성된 '述'이 대다수를 차지한다.

適(04-033-1060)

西周春秋文字	 溫縣盟書 T1K1 : 3797	 溫縣盟書 T1K1 : 3211		
戰國文字	 曾乙 1	 上博 凡物流形乙 5		
秦文字	 珍秦 279	 里耶 8-68正		

'適'은 '辵'과 聲符 '啻'로 구성된 자형이다. 西周 青銅器에서는 '適'과 같은 자형은 볼 수 없으며 주로 '啻'를 가차하여 표기하였다. 春秋 이후부터는 '帝'와 '止' 혹은 '辵'이 결합된 자형으로 '適'을 표기하기 시작한다. 溫縣盟書 T1K1 : 3797 ''은 '辵'과 '帝'가 결합된 자형이며 溫縣盟書 T1K1 : 3216 '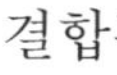'은 '止'와 '帝'가 결합된 자형이다.

‘止’와 ‘帝’가 결합된 자형은 戰國時代 출토자료에서도 볼 수 있다. 上博楚簡 ≪卜居≫ 2호간 ‘’이 그 예이다. ‘適’과 가장 유사한 자형은 戰國時代 秦의 출토자료에서 나타나기 시작한다. 秦 璽印 ‘’(≪珍秦≫ 279), 里耶秦簡 8-50 ‘’의 오른쪽 구성 요소는 ‘啇’으로 隸定 가능한 초기 형태의 모습이다.

過(04-033-1061)

西周春秋文字	過伯簋	過伯作彝爵	侯馬盟書 67 : 54	
戰國文字	郭店 語叢三 52	璽彙 2004	包山 109	郭店 老子甲 12
秦文字	陝西 648	睡虎地 效律 9		

‘’는 ‘辵’과 聲符 ‘咼’로 구성된 자형이다. 西周 青銅器의 ‘過’는 현재 자형과 다소 차이가 있다. ≪過伯簋≫ ‘’(集成 3907)와 ≪過伯作彝爵≫ ‘’(集成 8991)의 ‘咼’는 ‘口’가 없는 ‘冎’이다. 또한 ‘辵’ 대신 ‘止’로 구성하기도 한다. ≪過文簋≫ ‘’(近出 350)는 ‘彳’과 ‘口’가 추가된 ‘咼’로 구성하였다. 이처럼 고정되지 않은 자형 구조는 春秋시기 이후부터 ‘’와 동일한 구조가 나타난다. 侯馬盟書 67 : 54 ‘’가 그 예이다. 戰國時代는 지역별로 다른 이체자들이 등장한다. 秦은 里耶秦簡 8-702 뒷면 ‘’와 같이 일관되게 ‘辵’과 聲符 ‘咼’로 구성된 자형이 나타난다. 齊 陶文에서는 ‘’(≪陶錄≫ 3.219.4)와 같이 ‘咼’와 ‘心’으로 구성된 자형을 볼 수 있다. 가장 많은 이체자가 나타났던 지역은 楚이다.

지금 자형 구조와 동일한 郭店楚簡 ≪語叢 三≫ 52호간 ‘’ 외에도 聲符 ‘化’로 구성된 包山楚簡 109호간 ‘’, ‘化’와 ‘止’로 구성된 上博楚簡 ≪周易≫ 56호간 ‘’, ‘化’의 ‘人’이 訛變되어 ‘彳’으로 변했을 것으로 추정되는 新蔡葛陵楚簡 零 64호간 ‘’, ‘止’ 대신 ‘心’으로 구성된 上博楚簡 ≪中弓≫ 7호간 ‘’ 등이 있다.

遺(04-033-1063)

西周春秋文字	䵼馭觥蓋			
戰國文字	郭店 窮達以時 7	新蔡 甲三 11		
秦文字	石鼓文			

''은 '辵'과 聲符 '賣(육)'으로 구성된 자형이다. 西周 靑銅器로부터 관련 자형을 볼 수 있다. ≪䵼馭觥蓋≫ ''(集成 9300)은 '賣'이 상하 구조가 아닌 좌우 구조로 구성되었다. 春秋 石鼓文의 ''은 小篆과 구조가 동일하다. 戰國時代 楚簡에서 郭店楚簡 ≪窮達以時≫ 7호간 ''은 ≪䵼馭觥蓋≫ ''에서 '貝'가 탈락한 구조로 나타난다.

進(04-033-1064)

商代文字	合29673	合32535		
西周春秋文字	歸𡚬方鼎	兮甲盤		
戰國文字	郭店 五行 47	曾乙 206	璽彙 0274	璽彙 0510
秦文字	珍展 91			

''은 '辵'과 '隹'로 구성된 자형이다. 許愼은 '隹'를 聲符 '閵'의 생략형으로 분석하였다. 하지만 이미 갑골문 단계부터 '隹'로 구성된 자형이 존재하였다. 甲骨文에는 '止'와 '隹'로 구성된 ''이 출현하는데, 그 의미는 아직 정확히 파악하기 어렵다. 西周시기 이후로 ≪兮甲盤≫ ''(集成 10174)과 같이 小篆과 마찬가지로 '辵'과 '隹'로 구성된 자형이 출현한다. 戰國時代 역시 지역마다 공통적으로 '辵'과 '隹'로 구성된

자형이 출현한다. 里耶秦簡 8-1529호간 ‘’, 上博楚簡 ≪曹沫之陣≫ 40호간 ‘’, 晉 璽印 ‘’(≪璽彙≫ 0510) 등이 모두 小篆과 일치한다. 한편 楚의 이체자 중에서 ‘辵’ 대신 ‘止’와 ‘彳’으로 구성된 자형이 쓰이기도 한다. 楚 璽印 ‘’(≪璽彙≫ 0274)은 ‘彳’으로 구성된 자형이며 曾侯乙簡 206호간 ‘’은 ‘止’로 구성된 자형이다.

造(04-033-1065)

西周春秋文字	 史造作父癸鼎	 頌簋	 郛造鼎	 陳卯造戈
	 宋公差戈	 高密戈	 趙焦犾戈	 郢侯戈
戰國文字	 清華簡 繫年 091	 上博 彭祖 7	 信陽 2.4	 元年鄭令矛
	 五年鄭令矛	 卄二年屯留戟	 陶彙 3.896	
秦文字	 秦子戈	 秦子戈	 六年上郡守戈	 睡虎地 答問 113

‘䢮’는 ‘辵’과 聲符 ‘告’로 구성된 자형이다. 이 자형은 西周 이후로 출현하였으며 小篆 이전까지 다양한 이체자가 존재하였다. 西周시기는 小篆과 동일한 ≪叔尊≫ ‘’(近出 584)가 있으며 ‘辵’ 대신 ‘彳’으로 구성된 ≪士上卣≫ ‘’(集成 5421)도 있다. 이 유형에 ‘宀’을 추가한 자형도 출현하였다. ≪頌簋≫ ‘’(集成 4337)는 ‘造’와 ‘宀’으로 구성된 자형이며 ≪頌簋≫의 뚜껑에 새겨진 ‘’는 ‘俈’와 ‘宀’으로 구성된 자형이다. 한편 ≪頌壺≫ ‘’는 ‘’와 같은 구조이나 ‘彳’ 대신 ‘舟’로 구성하였다.

春秋시기 이후부터 다양한 구성 요소와 결합한다. ‘金’으로 구성된 ≪曹公子沱戈≫ ‘’(集成 11120), ‘貝’로 구성된 ≪宋公差戈≫ ‘’(集成 11204), ‘戈’로 구성된 ≪高密戈≫ ‘’(集成 11203), ‘攴’으로 구성된 ≪曹右庛戈≫ ‘’(集成 11070), ‘酉’와 ‘水’로 구성된 ≪高侯㠱戈≫ ‘’(集成 11123) 등이 그 예이다. ‘宀’이 포함된 자형도 지속적으로 나타나는데 西周시기와 동일한 자형 외에도 ≪趙焦犾戈≫ ‘’(中原

2014.2)와 같이 ‘宀’ 아래 ‘貝’, ‘告’, ‘舟’로 구성하기도 하며, ≪郘侯戈≫ ‘’ (集成 11202)와 같이 ‘宀’ 아래 ‘貝’, ‘告’로 구성하기도 하였다.

戰國時代는 ‘宀’으로 구성된 자형들은 점차 사라지고 ‘辵’, ‘戈’, ‘貝’, ‘舟’ 등으로 구성된 자형들만 사용한다. 秦은 睡虎地秦簡 ≪法律答問≫ 113호간 ‘’와 같이 자형 구조가 ‘造’로 일정하게 나타난다. 楚는 ‘辵’ 외에 다른 形符가 추가된 자형이 출현한다. 上博楚簡 ≪彭祖≫ 7호간 ‘’는 ‘攴’으로 구성된 자형이며 曾侯乙簡 150호간 ‘’는 ‘貝’로 구성된 자형이다. 信陽楚簡 2・4호간 ‘’는 ‘戈’로 구성된 자형이다. 齊 지역에서 ‘造’의 이체자가 제일 많이 나타난다.

위의 자형뿐만 아니라 ‘舟’로 구성된 ≪陰平劍≫ ‘’(集成 11609), ‘金’으로 구성된 ≪陳卯造戈≫ ‘’(集成 11034)도 볼 수 있다. 한편 晉의 ≪元年鄭令矛≫ ‘’(集成 11552)와 같이 ‘攴’과 ‘貝’ 등의 여러 가지 形符로 구성된 자형이 나타나기도 한다.

이처럼 다양한 자형이 나타난 원인은 제조 과정에서 사용한 재료나 동작 등을 구체적으로 밝히기 위함이다. 예를 들면 ‘金’은 물품에 쓰인 원료가 금속이었음을 의미하는 자형이며, ‘戈’는 제조한 품목을 의미하며 ‘攴’은 제조 행위를 의미하는 자형이다.

逾(04-033-1066)

戰國文字	 包山 135	 郭店 老子甲 19	 新蔡 甲三 5	
秦文字	 ≪說文≫小篆			

‘逾’는 ‘辵’과 聲符 ‘俞’로 구성된 자형이다. 현재까지는 戰國時代 출토자료에 쓰인 자형이 가장 오래된 자형이다. 包山楚簡 135호간 ‘’, 淸華簡 ≪繫年≫ 131호간 ‘’가 小篆과 동일하다. 또한 ‘辵’과 비슷한 의미 범주에 속하는 ‘止’와 ‘彳’으로 구성된 이체자도 볼 수 있다. 包山楚簡 244호간 ‘’는 ‘俞’와 ‘止’가 상하 구조로 구성된 자형이며 新蔡葛陵楚簡 甲三 5호간 ‘’는 ‘彳’과 ‘俞’가 좌우 구조로 구성된 자형이다.

遝(04-033-1067)

西周春秋文字	士上卣			
秦文字	睡虎地 秦律 105	里耶 8-144正		

'遝'은 '辵'과 聲符 '眔'으로 구성된 자형이다. 西周시기는 ≪士上卣≫ ' '(集成 5422)과 같이 '眔'으로 '遝'의 뜻을 표기하였다. 戰國時代 이후부터 小篆과 동일한 자형이 출현한다. 睡虎地秦簡 ≪秦律十八種≫ 105호간 ' '이 그 예이다. 이 자형은 秦의 출토문헌에서만 볼 수 있다.

迨(04-033-1068)

商代文字	合22606	合24267		
西周春秋文字	保卣	史墻盤		
秦文字	≪說文≫小篆			

'迨'은 '辵'과 聲符 '合'으로 구성된 자형이다. 商代文字인 甲骨文부터 출현하는데, '彳'과 '合'으로 구성된 ' ', 또는 '辵'과 '合'으로 구성된 ' '의 형태로 출현한다. 甲骨文에서는 '會'의 의미로 쓰인다. 西周시기 또한 '彳'과 '辵'으로 구성된 자형을 볼 수 있다. ≪保卣≫ ' '(集成 5415)은 '辵'으로 구성된 자형이며 ≪中𡚬臣盤≫ ' '(集成 10101)은 '彳'으로 구성된 자형이다.

迮(04-033-1069)

西周春秋文字	𢼄太史申鼎			

戰國文字	 郭店 六德 24	 上博 競建內之 3	 郭店 六德 38	 屭羌鐘
秦文字	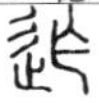 ≪說文≫小篆			

''은 '辵'과 聲符 '乍'로 구성된 자형이다. 이 자형과 일치하는 고문자 중 가장 이른 시기의 자형은 春秋 青銅器 ≪簷太史申鼎≫ ''(集成 2732)이다. 戰國時代는 楚簡, 晉 青銅器에서 관련 자형을 확인할 수 있다. 郭店楚簡 ≪六德≫ 24호간 ''은 자형 구조가 小篆과 일치한다. 또한 郭店楚簡 ≪六德≫ 38호간 ''은 '止'로 구성된 자형이며, 晉 青銅器 ≪屭羌鐘≫ ''(集成 157)은 '辵'과 聲符 ''로 구성된 자형이다.

造(04-033-1070)

西周春秋文字	 毛公鼎	 番生簋蓋		
戰國文字	 望山 1·09	 郭店 成之聞之 37		
秦文字	 ≪說文≫小篆			

''은 '辵'과 聲符 '乍'로 구성된 자형이다. 西周 青銅器 ≪毛公鼎≫ ''(集成 2841A)이 가장 오래된 '造'의 고문자 자형이다. 戰國時代 楚簡에서도 마찬가지로 동일한 자형을 볼 수 있다. 望山楚簡 1-9호간 '', 郭店楚簡 ≪成之聞之≫ 37호간 ''이 그 예이다. 다른 자형에 비해서 '造'은 현재까지 발견된 이체자는 없다.

遄(04-033-1071)

西周春秋文字	 楚簋	 洹子孟姜壺		
秦文字	 ≪說文≫小篆			

‘遄’은 ‘辵’과 聲符 ‘耑’으로 구성된 자형이다. 西周 青銅器 ≪楚簋≫의 ‘’(集成 4246) 등이 가장 오래된 ‘遄’의 고문자이다. 春秋 青銅器 ≪洹子孟姜壺≫ ‘’(集成 9729) 역시 이와 같은 구조이다.

速(04-033-1072)

商代文字	 合15109	 花東420		
西周春秋文字	 娶仲鼎	 弔家父簠		
戰國文字	 上博 季康子問子思 22	 新蔡 甲三 16	 上博 吳命 7	
秦文字	 石鼓文	 陶錄 6.53.4		

‘速’은 ‘辵’과 聲符 ‘束’으로 구성된 자형이다. 商代文字인 甲骨文부터 출현하는데, ‘東’을 구성요소로 하는 ‘’으로 되어 있다. ‘東’과 ‘束’은 모두 자루의 양쪽 끝을 끈으로 묶은 것을 상형한 것이기 때문에 古文字에서 자주 혼용되는 偏旁이다. 西周 青銅器 ≪子方鼎 一≫ ‘’(近出 318)도 小篆과 동일한 구조이나 ‘東’의 본의인 가마니 형상을 본뜬 흔적이 보인다. 春秋 青銅器 ≪叔家父簠≫ ‘’(集成 4615)도 西周 青銅器와 동일하게 구성되었다.

한편 春秋시기 石鼓文 ‘’은 지금의 ‘速’과 동일한 구조와 편방 형태를 갖추고 있다. 戰國時代 이후로는 ‘速’과 더불어 ‘欶’으로 구성된 ‘遬’도 함께 출현한다. 秦 陶文 ‘’(≪陶錄≫ 6.53.4), 里耶秦簡 9-11호간 ‘’이 그 예이다. 이 자형은 ≪說文解字≫에 수록된 籒文 ‘遬’과도 동일하다. 이와 별도로 楚簡에 ‘朱’로 구성된 ‘速’의 이체자도 볼 수 있다. 清華簡 ≪筮法≫ 28호간 ‘’은 ‘辵’과 聲符 ‘朱’로 구성된 자형이다. 郭店楚簡 ≪六德≫ 31호간 ‘’과 같이 ‘朱’가 중첩되어 구성하기도 한다.

适(04-033-1074)

西周春秋文字	楚子适鼎			
戰國文字	包山 97	包山 152	璽彙 5677	
秦文字	≪說文≫小篆			

'适'은 '辵'과 聲符 '𠯑'로 구성된 자형이다. 段玉裁는 ≪說文解字注≫에서 "𠯑이 성부인 자형은 隸書로 변하면서 모두 '舌'이 되었다. 예를 들면 括과 刮의 부류이다. 〔凡𠯑聲字 隸變皆爲舌 如括刮之類〕"라고 하였다. 春秋 ≪楚子适鼎≫ '[illegible]'(集成 2231)은 '适'의 가장 오래된 고문자이다. 戰國時代 역시 春秋시기 자형과 일치한다. 包山楚簡 152호간 '[illegible]', 齊 璽印 '[illegible]'(≪璽彙≫ 5677) 등이 그 예이다.

逆(04-033-1075)

商代文字	合22510	懷516	合4919	合9575
西周春秋文字	伯者父簋	多友鼎	侯馬盟書 156 : 2	
戰國文字	包山 75	上博 季康子問子思 17		
秦文字	睡虎地 雜抄 38			

'逆'은 '辵'과 聲符 '屰'로 구성된 자형이다. 商代文字인 甲骨文부터 출현하는데, 본래 사람〔大〕을 거꾸로 뒤집은 형태인 '屰'으로 '逆'을 표기하였고, 동작을 나타내는 부호인 '辵'이 더해져 '[illegible]'으로 서사한다. 西周 青銅器에서 볼 수 있는 '逆'은 小篆과 동일한 구조 외에도 3가지 이체자를 볼 수 있다. 첫 번째로 ≪中爯簋≫ '[illegible]'(集成 3747)

과 같이 '彳'으로 구성된 유형이며, 두 번째로 ≪逆父辛鼎≫ ''(集成 1888)과 같이 '行'과 '止'로 구성된 유형이다. 세 번째로 ≪多友鼎≫ ''(集成 2835)과 같이 '逆'에 '口'가 추가된 유형도 있다.

春秋시기 이후로는 이체자는 대부분 사라지고 小篆과 동일한 자형만 나타난다. 侯馬盟書 185 : 1 ''는 대표적인 春秋시기 '逆'이다. 戰國時代는 秦, 楚, 晉, 齊의 출토자료에서 고루 출현한다. 睡虎地秦簡 ≪秦律雜抄≫ 38호간 '', 清華簡 ≪金縢≫ 12호간 '', 晉 ≪行氣玉銘≫ '', 齊 陶文 ''(≪陶錄≫ 3.540.4) 등이 그 예이다.

迎(04-033-1076)

戰國文字	 璽彙 2939	 陶錄 4.174.6		
秦文字	 秦風 203			

''은 '辵'과 聲符 '卬'로 구성된 자형이다. '迎'의 고문자는 戰國時代 자형이 가장 이른 시기의 자형이다. 小篆과 동일하며 燕 陶文 ''(≪陶錄≫ 4.174.6), 晉 璽印 ''(≪璽彙≫ 2939) 등이 그 예이다.

这(04-033-1077)

西周春秋文字	 曾子叔交戈			
戰國文字	 清華簡 繫年 128	 清華簡 繫年 130		
秦文字	 ≪說文≫小篆			

''는 '辵'과 聲符 '交'로 구성된 자형이다. 春秋시기에 '这'와 동일한 자형이 처음 출현한다. ≪曾子叔交戈≫ ''(≪江考≫ 2015年 1期)가 春秋시기의 '这'이다. 戰國時代

도 春秋시기와 자형 구조가 동일하다. 清華簡 ≪繫年≫ 128호간 '' 역시 小篆과 같은 구조이다.

遇(04-033-1078)

西周春秋文字	晉侯穌鐘	子遇鼎	趙孟庎壺	侯馬盟書 185 : 1
戰國文字	上博 周易 33	璽彙 2118	秦陶 0290	
秦文字	秦風 57	睡虎地 日乙 135		

'' 는 '辵'과 聲符 '禺'로 구성된 자형이다. 西周 青銅器에 쓰인 '遇'는 ≪子遇鼎≫ ''(集成 2416)와 같이 '寓'로 구성되었다. 春秋시기에 출현한 '遇'는 현재까지 발견된 자형은 '彳'과 聲符 '禺'로 구성된 侯馬盟書 185 : 1의 ''이다. 戰國時代 이후로는 지역에 관계없이 모두 '辵'과 '禺'로 구성된 '遇'만 볼 수 있다. 睡虎地秦簡 ≪日書 乙≫ 135호간 '', 上博楚簡 ≪周易≫ 33호간 '', 晉 璽印 ''(≪璽彙≫ 2118), 齊 陶文 ''(≪齊陶≫ 290) 등 모두 '辵'과 聲符 '禺'로 구성되었다.

遘(04-033-1080)

商代文字	二祀𠨘其卣	四祀𠨘其卣	合27950	合32172
西周春秋文字	楷伯簋	善夫克盨		
秦文字	≪說文≫小篆			

'' 는 '辵'과 聲符 '冓'로 구성된 자형이다. 商代文字인 甲骨文과 金文부터 출현한다. 본래 물고기 두 마리가 서로 만나는 모양을 본뜬 '冓'가 '遘'의 本字이다. 여기에 동작을 나타내는 부호인 '辵'가 더해져 지금의 '遘'가 된 것이다. 甲骨文에 보이는 ''는

'冓'의 생략형이다. 西周 青銅器에 쓰인 '遘'는 ≪保卣≫ ''(集成 5415)와 같이 小篆과 동일한 구조를 갖추었다. 春秋戰國時代는 이와 동일한 자형은 아직 발견되지 않았다.

逢(04-033-1081)

商代文字	 合36904	 合36914		
西周春秋文字	 侯馬盟書 3：26			
戰國文字	 㚸蚉壺	 郭店 唐虞之道 14	 六年大陰令戈	
秦文字	 北大 白囊			

'逢'은 '辵'과 聲符 '夆'으로 구성된 자형이다. 商代文字인 甲骨文부터 출현하는데, 聲符 '丰'과 거꾸로 된 형태의 발인 '夂', 동작을 나타내는 부호인 '彳'으로 구성되어 ''으로 書寫한다. 본래 의미는 '相逢'이다. 春秋시기 고문자 石鼓文 ''은 小篆과 일치하는 가장 오래된 자형이다. 이와 별도로 侯馬盟書 3：26 ''처럼 '彳'으로 구성된 자형도 있다. 戰國時代는 지역별로 자형 구조가 조금씩 다르게 나타난다. 秦文字는 岳麓秦簡 3권 183호간 ''과 같이 小篆 구조와 일치한다. 楚文字는 다른 지역과 달리 郭店楚簡 ≪唐虞之道≫ 14호간 ''처럼 '丰'과 '日'로 구성하였다. 한편 晉 青銅器 ≪㚸蚉壺≫ ''(集成 9734)은 '彳'과 聲符 '夆'에 '廾'을 추가하여 구성한 이체자이다.

迪(04-033-1083)

戰國文字	 郭店 緇衣 19	 郭店 尊德 20	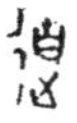 新見 10	
秦文字	 ≪說文≫小篆			

'迪'은 '辵'과 聲符 '由'로 구성된 자형이다. 戰國時代에 이와 동일한 자형이 처음으로 출현한다. 郭店楚簡 ≪緇衣≫ 19호간 '', 晉 璽印 ''(新見 10) 등이 그 예이다.

通(04-033-1085)

商代文字	 合20516	 村中南341		
西周春秋文字	 九年衛鼎	 頌鼎	 梁其鐘	 五年琱生尊甲
戰國文字	 郭店 性自命出 35	 清華簡 說命 2	 陶錄 2.397.1	 盛世 86
秦文字	 陶錄 6.19.1	 睡虎地 答問 181		

'通'은 '辵'과 聲符 '甬'으로 구성된 자형이다. 商代文字인 甲骨文부터 출현하는데, 聲符 '用'과 동작을 나타내는 부호인 '彳' 또는 '辵'으로 구성된 '', ''으로 서사한다. 西周 青銅器 '通'은 聲符에 변화가 발생한다. 갑골문 '用'의 윗부분에 다른 형태가 추가되기 시작하는데 ≪頌壺≫ ''(集成 9731)은 원형을 추가하고 ≪頌簋≫ ''(集成 9731)은 원형 안에 점을 더 추가하였다. ≪癲鐘≫ ''(集成 248)은 '用'의 윗부분이 '止'로 변화하였다. 한편 ≪九年衛鼎≫ ''(集成 2831)은 '辵' 대신 '彳'으로 구성된 자형이다.

春秋시기는 '通'은 西周시기와 같이 '辵'으로 구성된 侯馬盟書 179 : 20 '', '彳'으로 구성된 ≪晉姜鼎≫ ''(集成 2826)이 있으며 '止'로 구성된 ≪悳公戈≫ ''(集成 11280)도 출현하였다. 戰國時代는 지역과 관련 없이 비슷한 구조의 자형들이 나타났다. 小篆과 동일한 秦 陶文 ''(≪陶錄≫ 6.19.1), 郭店楚簡 ≪性自命出≫ 35호간 '', 晉 璽印 ''(≪璽彙≫ 1713) 등이 있다. '止'로 구성된 清華簡 ≪說命 上≫ 2호간 ''도 볼 수 있다. 한편 甲骨文과 동일한 '通'도 쓰였다. 齊 陶文 ''(≪陶錄≫ 2.397.1)이 그 예이다.

䢓(04-033-1086)

西周春秋文字	 逑盤	 師道簋	 鄭莊公之孫鼎	
戰國文字	 包山 259	 清華簡 楚居 6	 清華簡 繫年 57	 璽彙 0198
秦文字	 睡虎地 效律 19			

‘’는 ‘辵’과 聲符 ‘止’로 구성된 자형이다. 春秋시기에 ‘䢓’를 표기한 자형은 ≪鄭莊公之孫盧鼎≫ ‘’(商圖 2409)이다. 이 자형은 ‘尾’와 ‘少’로 구성된 ‘屖’로 예정한다. 戰國時代도 마찬가지로 ‘屖’로 구성된 자형으로 ‘䢓’를 표기하였다. 包山楚簡 259호간 ‘’는 春秋시기 자형과 일치한다. 清華簡 ≪繫年≫ 57호간 ‘’는 ‘止’와 ‘屖’로 구성된 자형이다. ‘屖’에서 ‘少’가 탈락한 ‘尾’만으로 ‘䢓’를 표기한 자형도 존재한다. 晉 璽印 ‘’(≪璽彙≫ 1066), 齊 璽印 ‘’(≪璽彙≫ 198), 燕 璽印 ‘’(≪璽彙≫ 5592) 등이 그 예이다. 秦의 출토자료는 ‘屖’에서 ‘尾’가 탈락한 ‘少’만으로 구성된 자형도 볼 수 있다. 睡虎地秦簡 ≪效律≫ 19호간 ‘’가 그 예이다.

迻(04-033-1087)

戰國文字	 包山 173	 包山 204	 新蔡 甲三 99	 新蔡 零 270
秦文字	 ≪說文≫小篆			

‘’는 ‘辵’과 聲符 ‘多’로 구성된 자형이다. 이 자형은 戰國時代 이전까지는 출현한 사례가 없다. 小篆과 동일한 자형은 包山楚簡 173호간 ‘’가 있으며 燕 璽印 ‘’(≪璽彙≫ 3905), 包山楚簡 204호간 ‘’와 같이 ‘多’ 대신 ‘匸’로 구성된 자형도 있다. 또한 ‘肜’로 구성된 자형으로도 ‘迻’를 표기하였다. 新蔡葛陵楚簡 甲三 99호간 ‘’는 ‘辵’과 ‘肜’로 구성된 자형이며 新蔡葛陵楚簡 甲三 169호간 ‘’는 ‘止’와 ‘肜’로 구성된 자형이다. 이 자형에 ‘艸’가 추가된 자형이 新蔡葛陵楚簡 零 270호간 ‘’이다.

遷(04-033-1088)

西周春秋文字	 何尊			
戰國文字	 清華簡 繫年 14	 郭店 五行 32	 上博 彭祖 1	
秦文字	 集粹 725	 里耶 8-144正		

''은 '辵'과 聲符 '䙴'으로 구성된 자형이다. '遷'을 표기한 최초의 고문자는 西周青銅器 ≪何尊≫ ''(集成 6014)이다. 이 자형은 '䙴'과 '邑'으로 구성된 자형이다. 戰國時代는 小篆과 동일한 구조는 秦 출토자료에서 볼 수 있다. 里耶秦簡 8-144호간 '', 璽印 ''(≪集粹≫ 3905)등이 그 예이다. 楚簡의 '遷'은 '辵' 대신 '止'로 구성되었다. 清華簡 ≪繫年≫ 14호간 '', 上博楚簡 ≪彭祖≫ 1호간 '' 등이 그 예이다.

運(04-033-1089)

秦文字	 里耶 8-31			

''은 '辵'과 聲符 '軍'으로 구성된 자형이다. '運'을 표기한 고문자는 극히 드물다. 현재까지 '運'으로 해석할 수 있을 고문자는 戰國時代 里耶秦簡 8-31호간 ''이다. ''의 왼쪽 편방이 '辵'를 간략하게 흘려 쓴 부분으로 추정한다.

遜(04-033-1091)

戰國文字	 上博 柬大王泊旱 14	 陶錄 2.406.4		
秦文字	 ≪說文≫小篆			

''은 '辵'과 聲符 '孫'으로 구성된 자형이다. 현재까지 발견된 출토자료 중에서 小

篆과 일치하는 고문자는 戰國時代 楚簡에서 확인할 수 있다. 上博楚簡 ≪柬大王泊旱≫ 14호간 '', 齊 陶文 ''(≪陶錄≫ 2.406.4) 모두 小篆과 같이 '辵'과 聲符 '孫'으로 구성된 자형이다.

返(04-033-1092)

商代文字	 甗鼎			
西周春秋文字	 復封壺			
戰國文字	 郭店 老子甲 37	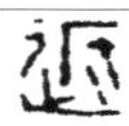 璽彙 2825	 清華簡 筮法 40	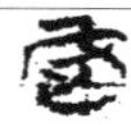 包山 21
秦文字	 ≪說文≫小篆			

'返'은 '辵'과 聲符 '反'으로 구성된 자형이다. 이 구조와 동일한 고문자는 春秋시기에 처음 등장한다. ≪復封壺≫ ''(通鑒 12447)이 小篆과 동일한 최초의 고문자이다. 戰國時代는 세 가지 유형으로 구분할 수 있다. 첫 번째로 小篆과 동일한 경우이다. ≪老子 甲≫ 37호간 ''이 그 예이다. 두 번째로 '止'와 '反'으로 구성된 경우이다. 包山楚簡 122호간 ''이 그 예이다. 세 번째로 '彳'으로 구성된 경우이다. ≪好蚉壺≫ ''(集成 9734)이 바로 그 예이다.

還(04-033-1093)

西周春秋文字	 免簠	 散氏盤	 駒父盨蓋	
戰國文字	 包山 10	 新蔡 乙四 100	 司馬楙編鎛	
秦文字	 日甲 57背			

''은 '辵'과 聲符 '睘'으로 구성된 자형이다. '還'은 西周시기부터 출현한다. ≪兒簋≫ ''(集成 4626)이 小篆과 동일한 구조이다. 春秋시기는 소전과 동일한 자형 외에도 '辵' 대신 '彳'으로 구성된 ≪司馬楙鎛≫ ''(近出二 49)으로 쓰이기도 하였다. 戰國時代 이후로도 이 두 가지 구조가 지속적으로 출현한다. 包山楚簡 10호간 ''은 小篆과 동일하며, 新蔡葛陵楚簡 乙四 100호간 ''은 '彳'으로 구성된 자형이다.

選(04-033-1094)

西周春秋文字	 九年衛鼎	 散氏盤		
戰國文字	 新蔡 甲三 11, 24	 璽彙 2167		
秦文字	 ≪說文≫小篆			

''은 '辵'과 聲符 '巽'으로 구성된 자형이다. '選'은 西周시기부터 출현한다. ≪散氏盤≫ ''(集成 10176)은 '巽'의 초기 형태 '𢁉'이 위쪽에 위치하고 '辵'이 아래에 위치한다. 戰國時代 '選'은 '𢁉'과 더불어 다른 자형이 추가된 편방으로 구성한다. 新蔡葛陵楚簡 甲三 11호간 ''은 '𠘧'가 추가된 자형이다. 한편 上博楚簡 ≪蘭賦≫ 1호간 ''은 小篆과 형태가 유사한 자형이다.

送(04-033-1095)

戰國文字	 上博 愼子曰恭儉 5	 好蚉壺	 上博 鬼神之明 3	
秦文字	 睡虎地 雜抄 38	 北大 從軍		

''은 '辵'과 聲符 '弅'으로 구성된 자형이다. 許愼은 '弅'을 '倂'의 생략형으로 간주하였다. 하지만 출토자료에 쓰인 자형으로 본다면 이와 다르다. 현재까지 발견된 '送'의 고문자는 戰國時代가 가장 이르다. 里耶秦簡 8-1562호간 '', 上博楚簡 ≪季

庚子問於孔子≫ 5호간 ''이 小篆과 동일한 경우이다. 한편 上博楚簡 ≪鬼神之明≫ 3호간 ''과 같이 '犇' 아래 '糸'이 추가되기도 하였다.

遣(04-033-1096)

商代文字	 合3034	 合4387	 合7884	
西周春秋文字	 遣妊爵	 班簋	 適簋	 晉姜鼎
戰國文字	 郭店 語叢四 21	 上博 性情輪 27	 清華簡 說命上 5	
秦文字	 睡虎地 秦律 159			

'遣'은 '辵'과 聲符 '𠳋'으로 구성된 자형이다. 商代文字인 甲骨文은 두 손으로 군대를 의미하는 '𠂤'를 위에서 들고 있는 모양을 취한 글자로 출현한다. 즉 군대를 다른 지역으로 이동시켜 파견하는 것을 표현한 글자인 것이다. 여기에 동작을 나타내는 부호인 '辵' 또는 '走'가 추가되었는데, '辵'가 들어간 글자가 후대로 이어졌다. 西周 青銅器의 '遣'은 甲骨文 구조를 그대로 계승한 ≪小臣謎簋≫ ''(集成 4239), ≪大保簋≫ ''(集成 4140)이 있다.

한편 '辵'이 추가된 자형도 출현한다. ≪小臣謎簋≫ ''(集成 4239), ≪遣叔吉父盨≫ ''(集成 4416)이 그 예이다. 春秋시기는 '遣'과 더불어 '欠'이 추가된 ≪郜譴簋≫ ''(集成 4040)도 출현한다. 戰國時代는 秦과 楚 지역의 출토자료에 '遣'을 표기한 자형을 볼 수 있다. 睡虎地秦簡 ≪秦律十八種≫ 159호간 '', 里耶秦簡 981호간 ''은 春秋시기까지 출현하였던 자형들과 동일한 구조이다. 楚簡은 聲符에 '辛'이 추가된 자형도 출현한다. 郭店楚簡 ≪語叢 四≫ 21호간 ''은 '辵'과 '辛', '臼'으로 구성하였으며 上博楚簡 ≪性情論≫ 27호간 ''은 '止'와 '辛', '臼'으로 구성하였다. 清華簡 ≪說命上≫ 5호간 ''은 '辛'과 '𠂤', '臼'로 구성하였다. 이 자형의 우측은 가장 위에 '辛'을 배치하였다. '𠂤'과 '臼'는 西周시기까지 두 손으로 '𠂤'를 잡고 있는 형태에서 '𠂤'가 위로, '臼'가 아래로 이동하여 구성된 것으로 보인다.

邐(04-033-1097)

商代文字	 邐方鼎	 邐簋		
西周春秋文字	 保員簋			
秦文字	 ≪說文≫小篆			

''는 '辵'과 聲符 '麗'로 구성된 자형이다. 현재까지 발견된 '邐'의 고문자는 商代文字 金文인 ≪邐方鼎≫의 ''와 ≪邐簋≫의 ''로 출현하고, 西周시대의 ≪保員簋≫ ''(近出 484)로 출현한다.

逮(04-033-1098)

戰國文字	 郭店 語叢一 75	 璽彙 0802		
秦文字	 石鼓文	 里耶 8-135正		

''는 '辵'과 聲符 '隶'로 구성된 자형이다. 현재까지는 石鼓文 ≪霝雨≫ ''가 가장 오래된 고문자이다. 戰國時代 '逮'는 지역 관계없이 모두 小篆과 구조가 동일하다. 里耶秦簡 8-135호간 '', 郭店楚簡 ≪語叢 一≫ 75호간 '' 등이 그 예이다.

遲(04-033-1099)

商代文字	 花429	 合30825		
西周春秋文字	 伯遲父鼎	 元年師事簋	 王孫誥鐘	

戰國文字	 曾侯乙鐘	 新蔡 乙三 39	 望山 1·61	
秦文字	 ≪說文≫小篆			

'遲'는 '辵'과 聲符 '犀'로 구성된 자형이다. 商代文字인 甲骨文부터 출현하는데, 形聲字로서 '彳'과 '犀'로 구성된 '徲'으로 서사한다. 西周 靑銅器의 '遲'는 聲符가 '尸'와 '辛'으로 구성된 '屖'이다. ≪元年師事簋≫ '遲'(集成 4279), ≪中爯父簋≫ '遲'(集成 4188) 등이 그 예이며 春秋시기 '遲'(影彙 430)도 같은 구조이다. 이 자형은 ≪說文解字≫에 수록된 籒文 '遟'와 일치한다. 戰國時代는 西周, 春秋시기 자형이 일부 생략된 형태로 나타난다. 新蔡葛陵楚簡 乙三 39호간 '遲'는 '尸'가 생략된 자형이다. ≪曾侯乙鐘≫ '遲'(集成 291)는 '彳'이 생략되고 '屖'와 '止'로 구성되었다. 望山楚簡 1-62호간 '遲'는 '辵'과 '𡰥'로 구성된 자형이다. ≪說文解字≫에 수록된 或体 '迡'와 일치한다.

逗(04-033-1104)

戰國文字	 上博 柬大王泊旱 15	 曾乙 1		
秦文字	 ≪說文≫小篆			

'逗'는 '辵'과 聲符 '豆'로 구성된 자형이다. 戰國時代 上博楚簡 ≪柬大王泊旱≫ 15호간 '逗'가 小篆과 일치한다. 한편 曾侯乙簡 1호간 '逗'는 '走'와 '豆'로 구성된 자형이다. '走'와 '辵'은 의미상 같은 범주에 속하는 形符이다.

迟(04-033-1105)

戰國文字	 包山 185			
秦文字	 ≪說文≫小篆			

'迟'은 '辵'과 聲符 '只'로 구성된 자형이다. 小篆과 일치하는 고문자는 戰國時代 包山楚簡 185호간 ''이 유일하다.

迤(04-033-1107)

戰國文字	 郭店 語叢一 6	 陶錄 3.507.1		
秦文字	 ≪說文≫小篆			

'迆'는 '辵'과 聲符 '也'로 구성된 자형이다. '也'는 '它'와 본래 同源字이나 후대에 분리되었다. '迆'의 戰國文字도 '辵'과 聲符 '它'로 구성되었다. 郭店楚簡 ≪語叢 一≫ 6호간 '', 齊 陶文 ''(≪陶錄≫ 3.507.1) 모두 '它'로 구성되었다.

遹(04-033-1108)

西周春秋文字	 大盂鼎	 克鐘		
秦文字	 ≪說文≫小篆			

'遹'은 '辵'과 聲符 '矞'로 구성된 자형이다. '遹'의 고문자는 西周 靑銅器에서만 볼 수 있다. 자형에 따라 구성 요소가 조금씩 차이가 난다. ≪大盂鼎≫ ''(集成 2837)은 '矞'의 '口'가 생략되었다. ≪小克鼎≫ ''(集成 2798)은 '彳'으로 구성된 자형이다. 또한 ≪小克鼎≫에 앞의 자형에서 '口'가 더 생략된 ''도 있다. ≪遹遴作父癸簋≫ ''(集成 3688)은 '止'로 구성된 자형이다. ≪翏生盨≫ ''(集成 4459)은 ≪大盂鼎≫의 자형에 '臼'을 추가한 자형이다. 西周시기 이후의 출토자료 중에서는 이 자형을 볼 수 없다.

避(04-033-1109)

戰國文字	 郭店 尊德 17			
秦文字	 里耶 8-2256	 嶽麓叁 130		

''는 '辵'과 聲符 '辟'로 구성된 자형이다. 戰國時代 楚簡과 秦簡에 쓰인 자형이 현재까지 발견된 가장 오래된 '避'의 고문자 자형이다. 里耶秦簡 8-2256호간 '', 郭店楚簡 ≪尊德義≫ 17호간 ''가 그 예이다.

違(04-033-1110)

西周春秋文字	 臣卿簋	 班簋		
戰國文字	 淸華簡 程寤 5	 上博 競公瘧 12	 陶錄 3.602.3	
秦文字	 ≪說文≫小篆			

''는 '辵'과 聲符 '韋'로 구성된 자형이다. 西周 靑銅器로부터 '違'의 고문자를 확인할 수 있다. ≪臣卿簋≫ ''(集成 3948)가 그 예이다. 戰國時代의 '違' 역시 이와 동일한 구조이다. 上博楚簡 ≪三德≫ 8호간 '' 역시 西周시기 자형과 일치한다.

逡(04-033-1112)

戰國文字	 上博 子道餓 4			
秦文字	 ≪說文≫小篆			

'逡'은 '辵'과 聲符 '夋'으로 구성된 자형이다. 上博楚簡 ≪子道餓≫ 4호간 ''이 지금까지 발견된 출토자료 중 小篆과 일치하는 유일한 고문자이다.

達(04-033-1114)

西周春秋文字	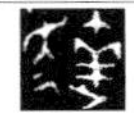 達盨蓋	 史墻盤	 叔夷鎛	
戰國文字	 郭店 語叢一 60	 璽彙 1340	 陶錄 3.352.4	
秦文字	 珍秦 153	 秦風 219		

'達'은 '辵'과 聲符 '羍'로 구성된 자형이다. '達'의 고문자는 西周 靑銅器에 최초로 출현한다. ≪史墻盤≫ ''(集成 10175), ≪保子達簋≫ ''(集成 3787)이 그 예인데 聲符가 小篆과 다르게 '羊'과 ''로 구성된 자형이다. 이 자형의 기원은 아직 밝혀지지 않았다. 春秋시기 '達'의 성부는 西周와 또 다른 구조로 변화한다. ≪叔夷鎛≫ ''(集成 285)은 西周시기와 완전히 다른 구조이다. 戰國時代는 지역별로 西周시기 구조와 春秋시기 구조가 나타난다.

秦, 晉, 燕의 고문자는 西周 靑銅器의 자형처럼 '羊'과 ''가 결합된 聲符로 구성하였다. 秦 睡虎地秦簡 ≪日書 乙≫ 19호간 '', 燕 璽印 ''(≪璽彙≫ 1340)이 그 예이다. 楚와 齊는 春秋시기 자형과 유사하다. 齊 陶文 ''(≪陶錄≫ 3.352.4), 上博楚簡 ≪蘭賦≫ 2호간 ''이 그 예이다.

逯(04-033-1115)

戰國文字	 包山 103反			
秦文字	 珍秦 243			

'逯'은 '辵'과 聲符 '彔'으로 구성된 자형이다. 戰國時代 고문자가 현재까지 '逯'의 가장 오래된 자형이다. 秦 璽印 ''(≪秦風≫ 138), 包山楚簡 130호간 ''이 그 예이다.

迵(04-033-1116)

戰國文字	 清華簡 繫年 108	 璽彙 0335		
秦文字	 ≪說文≫小篆			

'迵'은 '辵'과 聲符 '同'으로 구성된 자형이다. 戰國時代 楚의 출토자료 중에서 '迵'의 고문자를 확인할 수 있다. ≪繫年≫ 108호간 '', 璽印 ''(≪璽彙≫ 335)이 그 예이다.

迷(04-033-1118)

西周春秋文字	 侯馬盟書 1 : 53			
戰國文字	 郭店 語叢四 13	 璽彙 1435		
秦文字	 ≪說文≫小篆			

'迷'는 '辵'과 聲符 '米'로 구성된 자형이다. 春秋시기 侯馬盟書 1 : 53 ''가 가장 오래된 고문자이다. 戰國時代 楚簡과 晉 璽印에서도 동일한 자형을 볼 수 있다. 郭店楚簡 ≪語叢 四≫ 13호간 ''와 璽印 ''(≪璽彙≫ 1435)가 그 예이다.

連(04-033-1119)

西周春秋文字	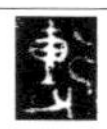 連迂鼎			
戰國文字	 璽彙 0145	 陶錄 3.521.4		
秦文字	 睡虎地 日書甲 26	 珍秦 104		

‘은 ‘辵’과 ‘車’로 구성된 자형이다. 春秋시기 청동기에서 ‘連’의 가장 오래된 고문자를 볼 수 있다. ≪能原鎛≫ ‘’(集成 155)가 가장 최초로 발견된 ‘連’의 고문자이다. 戰國時代 睡虎地秦簡 ≪日書 甲≫ 26호간 ‘’, 上博楚簡 ≪柬大王泊旱≫ 15호간 ‘’ 등도 모두 ‘辵’과 ‘車’로 구성되었다.

逑(04-033-1120)

戰國文字	 上博 民之父母 11	 陶錄 3.504.1		
秦文字	 詛楚文			

‘’는 ‘辵’과 ‘求’로 구성된 자형이다. 이 자형은 戰國時代 이후부터 등장한다. 上博楚簡 ≪民之父母≫ 11호간 ‘’, 秦 詛楚文 ≪亞駝≫ ‘’, 齊 青銅器 ≪𢊁台戈≫ ‘’ 등 모두 小篆과 일치한다. 齊 陶文 ‘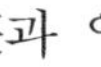’(≪陶錄≫ 3.504.1)는 ‘求’ 옆에 ‘攴’을 추가하였다.

遯(04-033-1123)

戰國文字	 清華簡 繫年 117			
秦文字	 ≪說文≫小篆			

‘’는 ‘辵’과 聲符 ‘豚’으로 구성된 자형이다. 小篆은 ‘豚’에 ‘又’가 추가된 자형이다. 小篆과 관련된 자형은 戰國時代 清華簡 ≪繫年≫ 117호간 ‘’이다. ‘辵’ 대신 ‘止’로 구성되었으나 小篆의 ‘豚’과 ‘又’로 구성된 방식은 기본적으로 일치한다.

逋(04-033-1124)

商代文字	 合35402	 合38276		

西周春秋文字	逋作父乙觶	五祀衛鼎	裘衛盉	
秦文字	集證 218.236	睡虎地 封診 14		

'逋'는 '辵'과 聲符 '甫'로 구성된 자형이다. 商代文字인 甲骨文에 출현하는데, 形符인 '彳'과 聲符인 '夫'와 '甫'로 구성된 ''로 書寫한다. 甲骨文에서는 貞人의 이름으로 사용되었다. 西周 青銅器는 두 가지 유형으로 구분한다. 첫 번째로 甲骨文과 동일하게 聲符 '夫'와 '甫'로 구성된 자형이다. ≪五祀衛鼎≫ ''(集成 2832)에 聲符 '夫'와 '甫'가 다 포함된 것을 볼 수 있다. 두 번째로 '夫'가 생략된 경우이다. ≪逋作父乙觶≫ ''(集成 6442)의 聲符는 '甫' 하나뿐이다. '逋'의 戰國文字는 秦 出土文獻에서만 볼 수 있다. 睡虎地秦簡 ≪封診式≫ 14호간 '', 璽印 ''(≪集證≫ 218.236)가 그 예이다.

遺(04-033-1125)

西周春秋文字	㫃鼎	舀鼎	王孫遺𦡞鐘	
戰國文字	淸華簡 皇門 12	上博 成王爲城濮之行 乙 1	中山王方壺	
秦文字	秦風 131	睡虎地 效律 28		

'遺'는 '辵'과 聲符 '貴'로 구성된 자형이다. 西周 青銅器의 '遺'는 小篆과 일치한다. ≪舀鼎≫''(集成 2838), ≪我簋≫ ''(商圖 5321)가 그 예이다. 春秋 青銅器 이후로 聲符 형태에 일부 변화가 출현한다. '貴' 중 '貝'가 생략된 형태로 聲符를 구성하는데, 春秋 青銅器 ≪王孫遺𦡞鐘≫ ''(集成 261), 戰國時代 青銅器 ≪中山王方壺≫ ''(集成 9735)가 그 예이다. 또한 戰國時代 楚簡의 '遺'도 '貝'가 생략된 구조가 대다수를 차지한다. 包山楚簡 18호간 '', 淸華簡 ≪皇門≫ 12호간 '' 등이 '貝'가 생략된 자

형이다. 이에 반하여 戰國時代 秦 出土文獻는 西周 靑銅器의 '遺'와 일치한다. 睡虎地秦簡 《效律》 28호간 ''와 같은 경우이다.

遂(04-033-1126)

西周春秋文字	大盂鼎			
戰國文字	上博 鬼神之明 2	新蔡 甲三 13	子禾子釜	璽彙 0232
秦文字	秦風 57	嶽麓一 占夢 20		

''는 '辵'과 聲符 '㒸'로 구성된 자형이다. 西周 靑銅器 《大盂鼎》 ''(集成 2837)이 가장 오래된 '遂'의 고문자이다. 戰國時代 역시 '遂'의 구조는 동일하게 나타난다. 岳麓秦簡 《占夢書》 20호간 '', 新蔡葛陵楚簡 甲三 13호간 '' 등이 小篆과 동일한 구조이다. 한편 齊 出土文獻 고문자의 聲符는 '兇'인 경우도 있다. 《子禾子釜》 ''(집성 10374)의 聲符는 '㒸'가 아닌 '兇'이다.

逃(04-033-1127)

戰國文字	兆域圖版	郭店 語叢二 18	淸華簡 繫年 69	
秦文字	放馬灘 日甲 18			

''는 '辵'과 聲符 '兆'로 구성된 자형이다. 戰國時代부터 '辵'과 '兆'로 구성된 '逃'가 출현하였다. 주목할만한 것은 楚文字의 '兆'가 다른 지역과 다르다는 점이다. 晉 出土文獻 《兆域圖》 '', 放馬灘秦簡 《日書 甲》 18호간 ''의 '兆'는 변천 과정과 부합하나 郭店楚簡 《語叢 二》 18호간 '', 淸華簡 《繫年》 69호간 '' 등의 '兆'는 '균열'을 뜻하는 부분이 '止'로 변형된 것을 볼 수 있다. '逃'가 표기하는 '도망가다'는 의미에 영향을 받은 것으로 추정한다.

追(04-033-1128)

商代文字	 合20460	 合32815	 屯776	
西周春秋文字	 伯𤔲簋	 癸作周公簋	 虢季鐘	 魯伯悆盨
戰國文字	 上博 陳公治兵 16	 陳昉簋蓋		
秦文字	 集粹 783	 睡虎地 秦律 185		

'追'는 '辵'과 聲符 '自'로 구성된 자형이다. 商代文字인 甲骨文부터 출현한다. 군대를 의미하는 '自'와 추격 행위를 의미하는 '止'로 구성된 '[illegible]'로 書寫하기도 하고, 여기에 의미를 강조하기 위하여 군대의 깃발을 나타내는 '㫃'을 더한 '[illegible]'로 書寫하기도 하였다. 甲骨文에서는 '추격하다'는 의미로 사용되었다. 西周 靑銅器는 小篆과 동일한 자형들을 확인할 수 있다. 春秋시기 이후로 이체자가 등장한다.

≪魯伯悆盨≫ '[illegible]'(集成 4458)는 '彳'과 聲符 '自'로 구성된 자형이다. ≪余贎逐兒鍾≫ '[illegible]'(集成 184)는 '自' 위에 '屮'가 더해진 자형이다. 戰國時代 出土文獻 역시 대부분의 '追'는 '辵'과 '自'로 구성되었다. 上博楚簡 ≪陳公治兵≫ 16호간 '[illegible]'이 그 예이다. 한편 齊 靑銅器 ≪陳昉簋蓋≫ '[illegible]'(集成 4190)는 '彳'과 '自' 위에 '屮'이 더해진 자형으로 구성되었다.

逐(04-033-1129)

商代文字	 合10230	 合10265	 合10654	 懷1522
西周春秋文字	 逐啓諆鼎	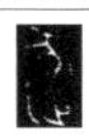 逐簋		
戰國文字	 淸華簡 說命下 3	 淸華簡 繫年 93	 上博 周易 43	 程訓義 1-138
秦文字	 集粹 638	 睡虎地 日乙 199		

'逐'은 '辵'과 聲符 '豕'로 구성된 자형이다. 商代文字인 甲骨文부터 출현한다. 동물을 의미하는 '豕'와 추격 행위를 의미하는 '止'로 구성된 ''으로 서사하기도 하고, 특정 동물을 쫓아간다는 의미를 강조하기 위하여 '鹿'으로 교체한 ''으로 서사하기도 하며, '兎'로 교체한 ''으로 서사하기도 하였다. 甲骨文에서는 '사냥을 위해 쫓아가다'는 의미로 사용되었다. 西周시기 이후부터는 甲骨文에 쓰인 '豕', '兎', '鹿' 등 다양한 구성 요소는 사라지고 '豕'으로 구성된 자형만 출현한다. ≪逐簋≫ ''(集成 2972), ≪逐啓諆鼎≫ ''(集成 2375) 등이 그 예이다.

'豕'로 구성된 자형은 戰國時代까지 지속적으로 출현한다. 清華簡 ≪說命 下≫ 3호간 '', 睡虎地秦簡 ≪日書≫乙 199호간 '', 燕 璽印 ''(≪璽彙≫ 850) 등 다수의 戰國時代 '逐'자는 '豕'로 구성하였다. 이와 더불어 '犬'으로 구성된 자형도 있다. 上博楚簡 ≪周易≫ 43호간 '', 齊 青銅器 ≪齊陳曼簠≫ ''(集成 4595) 등 모두 '犬'으로 구성하였다.

逎(04-033-1130)

戰國文字	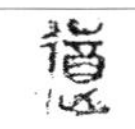 程訓義 1-154			
秦文字	 嶽麓叁 183			

'逎'는 '辵'과 聲符 '酉'로 구성된 자형이다. 이와 동일한 자형은 현재까지 秦簡에서만 발견되었다. 嶽麓秦簡 參 183호간 ''는 小篆과 동일한 구조이다. 한편 晉 程訓義 1-154 ''는 ≪說文解字≫에 수록된 或體 ''와 일치한다.

近(04-033-1131)

戰國文字	 郭店 五行 7	 郭店 性自命出 3	 郭店 性自命出 36	 望山 2.45
秦文字	 睡虎地 秦律 2			

'近'은 '辵'과 聲符 '斤'으로 구성된 자형이다. 戰國時代 이후부터 출현하였으며, 두 가지 유형으로 구분한다. 첫 번째는 小篆과 동일한 구조로 郭店楚簡 ≪五行≫ 7호간 '近', 里耶秦簡 8-193호간 '近' 등이 있다. 두 번째로 ≪說文解字≫에 수록된 古文 '䒞'과 동일한 구조이다. 郭店楚簡 ≪性自命出≫ 36호간 '近'이 古文과 구조가 같다.

邋(04-033-1132)

戰國文字	 清華簡 芮良夫 6	 郭店 六德 43		
秦文字	 石鼓文	 嶽麓 爲吏 61		

'邋'은 '辵'과 聲符 '巤'으로 구성된 자형이다. 戰國時代 이후부터 출현하였으며 形符의 차이로 인하여 두 가지 유형으로 구분한다. 첫 번째로 小篆과 동일한 구조로 清華簡 ≪芮良夫≫ 6호간 '邋', 睡虎地秦簡 ≪日書 乙≫ 19호간 '邋'이 그 예이다. 두 번째로 形符가 '彳'인 경우이다. 嶽麓秦簡 ≪爲吏治官及黔首≫ 61호간 '邋'이 形符 '彳'과 聲符 '巤'으로 구성된 자형이다.

邇(04-033-1135)

戰國文字	 上博 緇衣 22	 璽彙 5218	 璽彙 3535	 郭店 緇衣 43

'邇'는 '辵'과 聲符 '爾'로 구성된 자형이다. 小篆과 일치하는 자형은 현재까지 발견되지 않았으나 ≪說文解字≫에 수록된 古文 '迩'와 일치하는 자형을 戰國時代 出土文獻에서 볼 수 있다. 上博楚簡 ≪緇衣≫ 22호간 '邇', 秦 璽印 '邇'(≪璽彙≫ 5218)가 古文과 일치한다. 한편 古文의 形符 '辵' 대신 '止'로 구성된 楚 璽印 '邇'(≪璽彙≫ 3535)도 있으며 聲符 '尒' 대신 '埶'로 구성된 郭店楚簡 ≪緇衣≫ 43호간 '邇'도 있다. 이 자형들은 戰國時代 楚 지역에서 쓰인 異體字이다.

遏(04-033-1136)

戰國文字	 溫縣 T1K1 : 369			
秦文字	 里耶 8-145正	 嶽麓 爲吏之道 20正		

‘’은 ‘辵’과 聲符 ‘曷’로 구성된 자형이다. 戰國時代 秦簡에서 小篆과 동일한 자형을 볼 수 있다. 里耶秦簡 8-145호간 ‘’은 小篆과 일치한다. 이와 관련된 異體字로 形符가 ‘止’인 자형도 있다. 溫縣盟書 T1K1 : 369 ‘’이 그 예이다.

遮(04-033-1137)

戰國文字	 郭店 成之聞之 16	 上博 柬大王泊旱 16	 曾乙 175	
秦文字	 睡虎地 日甲 8正			

‘’는 ‘辵’과 聲符 ‘庶’로 구성된 자형이다. 小篆과 일치하는 자형은 戰國時代 秦簡에서 볼 수 있다. 睡虎地秦簡 ≪日書 甲≫ 8호간 ‘’는 小篆과 形符, 聲符 모두 일치한다. 한편 戰國時代 楚簡은 形符와 聲符가 조금씩 차이가 난다. 郭店楚簡 ≪成之聞之≫ 16호간 ‘’는 ‘彳’과 聲符 ‘庶’로 구성된 자형이며, 上博楚簡 ≪柬大王泊旱≫ 16호간 ‘’는 ‘辵’과 聲符 ‘石’으로 구성된 자형이다. ‘石’은 ‘庶’의 聲符이므로 발음상 일치한다. 曾侯乙簡 175호간 ‘’는 ‘止’와 聲符 ‘石’으로 구성된 자형이다.

迂(04-033-1141)

西周春秋文字	 連迂鼎			
戰國文字	 淸華簡 命訓 5	 璽彙 5281	 曾乙 175	

‘’은 ‘辵’과 聲符 ‘于’으로 구성된 자형이다. 春秋 靑銅器 ≪連迂鼎≫ ‘’(集成

2084)이 가장 오래된 '迂'의 古文字이다. 戰國時代 出土文獻도 이와 동일한 자형이 출현한다. 清華簡 ≪命訓≫ 5호간 '迂'이 그 예이다. 이와 더불어, 形符 '辵' 대신 '止'로 구성된 曾侯乙簡 175호간 '迂'도 볼 수 있다.

遠(04-033-1149)

商代文字	屯2061	屯3759		
西周春秋文字	史墻盤	戎生編鐘	晉姜鼎	
戰國文字	清華簡 程寤 5	郭店 五行 36	上博 孔子詩論 12	
秦文字	睡虎地 日乙 140	里耶 8-78正		

'遠'은 '辵'과 聲符 '袁'으로 구성된 자형이다. 商代文字인 甲骨文에 출현하며, '길이'를 나타내는 形符인 '彳'과 聲符 '袁'으로 구성된 '遠'으로 書寫한다. 甲骨文에서는 '거리가 멀다'는 의미를 나타낸다. 西周 青銅器는 갑골문 '袁'의 윗부분 '人'이 '止'로 변화하는 과도기 형태를 보인다. ≪史墻盤≫ '遠'(集成 10175)의 오른쪽 윗부분은 다소 불완전하지만 '止'와 유사한 형태를 보여준다. ≪戎生編鐘≫ '遠'(近出 28)은 形符 '走'로 구성하기도 하였다.

春秋 青銅器 ≪晉姜鼎≫ '遠'(集成 2826)의 오른쪽 윗부분은 '止'로 변형된 것을 볼 수 있다. 이 구조는 ≪說文解字≫에 수록된 '遠'의 古文과 유사한 구조이다. 戰國文字는 다시 小篆과 동일한 구조로 형성된다. 里耶秦簡 8-78호간 '遠', 清華簡 ≪程寤≫ 5호간 '遠' 등이 그 예이다. 한편 上博楚簡 ≪孔子見季桓子≫ 12호간 '遠'는 '辵' 대신 '彳'으로 구성된 자형이다.

逖(04-033-1150)

戰國文字	包山 167	清華簡 筮法 13	清華簡 筮法 11	陶錄 3.460.3

'逖'은 '辵'과 聲符 '狄'으로 구성된 자형이다. 이와 완전하게 일치하는 자형은 아직 발견된 사례가 없다. 하지만 戰國文字 중에서 聲符 '狄' 대신 다른 聲符로 구성된 이체자를 볼 수 있다. 예를 들어, 包山楚簡 167호간 ''은 聲符가 '爪'와 '衣'로 구성된 자형이다. 清華簡 ≪筮法≫ 13호간 ''의 聲符는 '目'과 '易'으로 구성되었으며 齊陶文 ''(≪陶錄≫ 3.460.3)은 聲符가 '易'이다.

𨑻(04-033-1154)

戰國文字	 競孫旟也鬲	 兆域圖版		

'𨑻'은 '辵'과 聲符 '聿'으로 구성된 자형이다. '𨑻'의 고문자 자형은 戰國時代 出土文獻에서 두 가지 용례를 볼 수 있다. 楚 青銅器 ≪競孫旟也鬲≫ ''(商周 3036), 晉 ≪兆域圖≫ ''(集成 10478)이 그 예이다. 이 밖에 다른 出土文獻 중에서는 아직 '𨑻'과 관련된 고문자는 발견되지 않았다.

邍(04-033-1155)

商代文字	 合3298	 合6946正	 乃孫罍	
西周春秋文字	 倗生簋	 魯邍鐘	 散氏盤	 曾子邍魯簠
戰國文字	 上博 孔子詩論 21	 清華簡 三壽 1	 璽考 212	 璽彙 1097
秦文字	 石鼓文			

'邍'은 '辵'과 '備', '彔'으로 구성된 자형이다. 商代文字인 甲骨文부터 출현한다. 들판에서 잡은 야생 돼지를 본뜬 것으로, '夊'와 '豕'로 구성된 ''으로 서사한다. 西周 이후로 밭을 뜻하는 '田'과 形符 '辵'도 추가된다. ≪散氏盤≫ ''(集成 10176)은 두 개의

'田'과 '夊', '豕'으로 구성하였다. 《魯遼鐘》 ''(集成 18)는 形符 '辵'을 추가하였다. 戰國時代는 더 다양한 異體字가 출현한다. 자형 구조가 두 가지로 나타나는데, 첫 번째로 '䍃'으로 隸定하는 上博楚簡 《孔子詩論》 21호간 '', 齊 陶文 ''(《陶錄》 2.431.1) 등이 있다. 두 번째로 '匔'로 隸定하는 淸華簡 《說命 中》 1호간 ''이 있다.

道(04-033-1156)

西周春秋文字	 貉子卣	 散氏盤	 師道簋	 侯馬盟書 156：19
戰國文字	 淸華簡 程寤 9	 淸華簡 繫年 69	 郭店 六德 26	 郭店 語叢二 38
秦文字	 詛楚文	 集粹 724		

'道'는 '辵'과 '首'로 구성된 자형이다. '首'는 의미, 소리 모두 관련 있는 구성 요소이다. 西周 青銅器로부터 관련 古文字 자형을 확인할 수 있다. 《散氏盤》 ''(集成 10176), 《師道簋》 ''(近出 439)가 그 예이며 春秋시기 역시 侯馬盟書 156：19 ''와 같이 지속된다. 戰國文字는 里耶秦簡 8-573호간 '', 淸華簡 《繫年》 66호간 '' 등은 이전 시기 자형과 일치한다. 이와 더불어 다양한 이체자가 등장한다. 淸華簡 《繫年》 69호간 ''는 '首'와 '止'로 구성되었으며 郭店楚簡 《成之聞之》 4호간 ''는 '辵'과 '頁'로 구성하였다. '頁'은 '首'와 의미상 통용될 수 있는 자형이다. 郭店楚簡 《六德》 26호간 ''는 '行'과 '人'으로 구성하였으며 郭店楚簡 《語叢 二》 38호간 ''는 '行'과 '頁'로 구성하였다.

遽(04-033-1157)

商代文字	 遽父己卣			
西周春秋文字	 遽從簋	 師遽方彝	 夫跃申鼎	

戰國文字	 鷹節	 璽考 96		
秦文字	 睡虎地 日甲 67反	 睡虎地 日甲 70反		

'遽'는 '辵'과 聲符 '豦'로 구성된 자형이다. 이 자형은 商代文字인 金文부터 출현한다. 形符에 따라 두 가지로 구분하는데, 小篆과 동일한 '辵'으로 구성된 자형과 '彳'으로 구성된 자형으로 구분한다. ≪遽從鼎≫ ''(集成 1492)은 '辵'으로 구성된 古文字이며, ≪史牆盤≫ ''(集成 10175)는 '彳'으로 구성된 古文字이다. 春秋 青銅器 ≪夫欧申鼎≫ ''(新收 1250)는 形符 '止'로 구성된 자형이다. '遽'의 戰國文字도 기본적으로 小篆과 동일하다. 睡虎地秦簡 ≪日書 甲≫ 67호간 '', 燕 青銅器 ≪鷹節≫ ''(集成 12106)가 小篆과 구조가 일치한다. 한편 睡虎地秦簡 ≪日書 甲≫ 70호간 ''는 形符가 '走'이다. 晉 璽印 ''(≪璽考≫ 96)는 聲符가 '臭'이다. 이 자형 또한 '遽'의 異體字이다.

邊(04-033-1160)

西周春秋文字	 大盂鼎	 散氏盤		
戰國文字	 曾乙 172	 上博 曹沫之陣 13		
秦文字	 詛楚文	 關沮 139		

'邊'은 '辵'과 聲符 '臱'으로 구성된 자형이다. 西周 青銅器에서 관련 古文字를 확인할 수 있다. ≪大盂鼎≫ ''(集成 2837), ≪散氏盤≫ ''(集成 10176)은 小篆과 일치한다. 戰國文字 역시 小篆의 구조와 동일하다. 關沮秦簡 139호간 '', 曾侯乙簡 172호간 ''도 '辵'과 聲符 '豦'로 구성하였다. 또한 形符 '辵' 대신 '阝'로 구성된 異體字도 있다. 上博楚簡 ≪曹沫之陣≫ 17호간 ''이 그 예이다.

彳(04-034-1161)

戰國文字	 齊明刀背文			
秦文字	 ≪說文≫小篆			

'彳'은 본래 甲骨文, 金文 '行'의 좌측에서 비롯된 자형이다. 일반적으로 合體字의 구성 요소로 출현하며 도로나 이동 관련 의미를 표기한다. '辵', '止', '走'와 의미상 통용되는 形符이다. 許愼은 ≪說文解字≫에서 "사람의 다리 세 부분(넓적다리, 종아리, 발)이 서로 연결되어 있는 것을 본뜬 것이다.〔象人脛三屬相連也〕"라고 하였으나 이는 잘못된 해석이다. 이와 관련된 '彳'의 고문자는 현재까지 齊 貨幣 ≪齊明刀≫ ''(≪考古≫ 1973.1)이 유일하다.

德(04-034-1162)

商代文字	 合20548	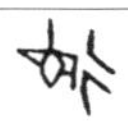 合7234		
西周春秋文字	 德方鼎	 嬴霝德鼎	 王孫遺者鐘	 蔡侯紐鐘
戰國文字	 包山 232	 齊陳曼簠		
秦文字	 詛楚文	 里耶 8-1066		

'德'은 '彳'과 聲符 '悳'으로 구성된 자형이다. 商代文字인 甲骨文부터 출현하는데, '彳'과 '直'으로 구성된 '𢔶'으로 서사한다. 본래 '直'은 눈 위에 직선이 추가된 字形인데, 아마도 똑바로 본다는 '直視'를 나타내는 글자였던 것으로 추정된다. 그런데 甲骨文에서 전쟁과 관련된 동사로 사용되면서, 이동 또는 도로 관련된 의미를 강조하기 위하여 '彳'이 추가되었다. 이 글자가 西周시대로 오면서 德性을 나타내게 되었고, 𢔶에 사람의 심리와 관련이 있는 '心'이 더해지면서 지금의 德자가 된 것이다. 西周 青銅器는 두 가지 유형으로 구분한다.

첫 번째는 甲骨文과 동일한 경우이다. ≪德方鼎≫ ''(集成 2661), ≪德鼎≫ ''(集成 2405)이 그 예이다. 두 번째로 첫 번째 구조에 '心'을 추가한 경우이다. ≪班簋≫ ''(集成 4341), ≪德克鼎≫ ''(集成 3986) 등의 자형이 하단부에 '心'을 추가하였다. 春秋 이후로도 다양한 異體字가 등장하는데 어떤 구조라도 '心'은 늘 존재한다. ≪秦公簋≫ ''(集成 4315)도 '心'을 포함한 자형이다. ≪王孫誥鐘≫ ''(新收 421)은 形符가 '辵'이며 ≪蔡侯鈕鐘≫ ''(集成 211)은 '言'이 形符이다. '德'의 戰國文字도 里耶秦簡 8-1066호간 ''과 같이 '心'이 포함된 자형이 지속적으로 쓰인다. 이와 더불어, '彳'이 생략된 자형도 출현하는데 包山楚簡 232호간 ''이 그 예이다.

徑(04-034-1163)

戰國文字	 上博 用曰 4	 上博 競公瘧		
秦文字	 里耶 8-1787			

'徑'은 '彳'과 聲符 '巠'으로 구성된 자형이다. 이 자형은 현재까지 戰國時代 出土文獻의 용례 이전까지는 확인된 것이 없다. 里耶秦簡 8-1787호간 '', 上博楚簡 ≪用曰≫ 4호간 ''의 구조는 小篆과 일치한다. 또한, 上博楚簡 ≪競公瘧≫ 4호간 ''은 形符가 '彳'과 의미상 통하는 '辵'으로 구성되었다.

復(04-034-1164)

商代文字	 合19355	 合7076正		
西周春秋文字	 𤔲比盨	 復鼎	 㫚鼎	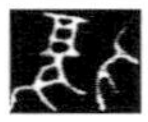 黃子壺
	 侯馬盟書 1：29	 侯馬盟書 3：9	 侯馬盟書 200：39	 侯馬盟書 179：11

戰國文字	 中山王鼎	 清華簡 保訓 8	 清華簡 命訓 10	 清華簡 尹誥 2
	 清華簡 厚父 6	 璽彙 0509	 璽彙 2263	
秦文字	 詛楚文	 睡虎地 日乙 45		

'復'은 '彳'과 聲符 '复'으로 구성된 자형이다. 商代文字인 甲骨文부터 출현하는데, 고대의 石室을 의미하는 '亞'와 그곳에서의 출입을 의미하는 발을 나타내는 '夊'로 구성된 ''으로 서사한다. 西周 靑銅器도 甲骨文과 구조가 동일한 古文字가 출현한다. ≪𣪘比盨≫ ''는 기존의 甲骨文과 유사하다. 여기에 '彳'을 추가하면서 小篆과 동일한 구조가 형성된다. ≪復鼎≫ ''(集成 2057)이 그 예이며 ≪散氏盤≫ ''(集成 10176)은 '辵'으로 구성된 자형이다.

春秋시기 이후부터 '彳'과 '复'으로 구성된 자형 외에도 다양한 異體字가 출현한다. 侯馬盟書에서 대량으로 등장하는 '口'가 추가된 1 : 29 '', '肉'이 추가된 3 : 9 '', '彳' 대신 '辵'으로 구성된 200 : 39 '', '彳' 대신 '止'로 구성된 200 : 41 '' 등이 있다. 戰國時代도 여러 가지 異體字가 출현하는데 주로 楚簡에서 나타난다. 清華簡 ≪保訓≫ 8호간 ''은 '辵'과 聲符 '复'으로 구성된 자형이며 上博楚簡 ≪命≫ 5호간 ''은 '止'과 聲符 '复'으로 구성하였다. 清華簡 ≪厚父≫ 6호간 ''은 小篆의 구조에 '口'를 추가한 경우이다. 秦 出土文獻은 睡虎地秦簡 ≪日書 乙≫ 45호간 ''과 같이 小篆과 일치하는 자형만 사용한다.

往(04-034-1167)

商代文字	 合6989			
西周春秋文字	 吳王光鑑	 溫縣盟書 T1K1 : 3863	 侯馬盟書 67 : 21	 侯馬盟書 67 : 3

戰國文字	 郭店 老子丙 4	 郭店 語叢四 2	 陶錄 3・458・2	 璽彙 3141
秦文字	 睡虎地 日乙 150			

‘徃’은 ‘彳’과 聲符 ‘㞷’으로 구성된 자형이다. 본래 商代文字인 甲骨文부터 출현하는데, 이동을 나타내는 ‘止’와 聲符 ‘王’으로 구성된 ‘㞷’으로 서사한다. 小篆과 동일한 구조는 春秋시기 이후부터 확인할 수 있다. ≪吳王光鐘≫ ‘徃’(集成 224)이 그 예이다. 또한 侯馬盟書 67 : 21 ‘𨒈’은 ≪說文解字≫에 수록된 古文 ‘𨒈’과 동일하며 ‘辵’으로 구성하였다. 侯馬盟書 67 : 3 ‘㞷’은 ‘止’로 구성하였다. 이 세 가지 유형은 戰國時代 이후로도 지속적으로 출현한다. 睡虎地秦簡 ≪日書 乙≫ 150호간 ‘徃’은 小篆과 동일하다. 郭店楚簡 ≪語叢 四≫ 2호간 ‘𨒈’은 古文 ‘𨒈’과 동일하며 晉 璽印 ‘㞷’은 ‘止’로 구성한 자형이다.

彼(04-034-1169)

秦文字	 睡虎地 秦律 174			

‘彼’는 ‘彳’과 聲符 ‘皮’로 구성된 자형이다. ‘彼’의 고문자는 현재까지 戰國時代 秦簡에서만 확인할 수 있다. 睡虎地秦簡 ≪爲吏之道≫ 11호간 ‘彼’, 里耶秦簡 8-1518호간 ‘彼’ 등이 그 예이다.

循(04-034-1171)

秦文字	 睡虎地 答問 187	 里耶 8-797		

‘循’은 ‘彳’과 聲符 ‘盾’으로 구성된 자형이다. ‘循’의 고문자도 현재까지 戰國時代 秦簡에서만 확인할 수 있다. 睡虎地秦簡 ≪法律答問≫ 187호간 ‘循’, 里耶秦簡 8-797호간 ‘循’ 등이 그 예이다.

彶(04-034-1172)

商代文字	 合21653			
西周春秋文字	 曶鼎	 邿公典盤		
秦文字	 不其簋			

'彶'은 '彳'과 聲符 '及'으로 구성된 자형이다. '彶'의 고문자는 甲骨文과 西周 青銅器에서 볼 수 있다. 갑골문 역시 ''으로 小篆과 동일하다. 西周 금문의 '彶'은 ≪格伯簋≫ ''(集成 4264), ≪晉侯對盨≫ ''(近出 453)이 그 예이다. '彳' 외에도 '止'로 구성된 ≪仲稱父鼎≫ ''(集成 2734)도 있다.

微(04-034-1174)

西周春秋文字	 微乘簠			
戰國文字	 九店 A22	 清華簡 命訓 15		
秦文字	 石鼓文	 睡虎地 爲吏之道 5		

'微'는 '彳'과 聲符 '敚'으로 구성된 자형이다. 春秋시기 이후부터 小篆과 동일한 자형이 출현한다. 石鼓文 ≪作原≫ ''는 小篆과 일치한다. ≪微乘簠≫ ''(集成 4486)는 '辵'과 聲符 '敚'으로 구성된 자형이다. 戰國時代 이후로 小篆과 동일한 자형은 秦簡에서만 볼 수 있다. 睡虎地秦簡 ≪爲吏之道≫ 5호간 ''가 그 예이다. 또한 '彳'이 생략된 清華簡 ≪命訓≫ 15호간 '', 九店楚簡 A22호간 '' 등도 있다.

復(04-034-1187)

商代文字	合18535	合557	合34119	合15484
西周春秋文字	天亡簋			
戰國文字	中山王壺	郭店 魯穆公問子思 2	行氣玉銘	
秦文字	嶽麓一 爲吏 20			

商代文字인 甲骨文부터 출현하는데, 제사 그릇을 의미하는 글자와 '물러남'을 의미하는 '夊'와 결합된 會意字로 구성되었다. 즉 제사를 마치고 그릇을 물린다는 의미를 나타낸 것이다. 제사 그릇은 '皿'・'簋'・'酉' 세 가지 유형으로 구성되어 ''・''・''으로 서사한다. 西周시대에 이동을 의미하는 '彳'이 추가되어 ''로 서사하였고, 戰國時代에는 '彳'과 '夊'가 '辵' 형태로 변형되면서 ''로 書寫하게 되었다. 嶽麓秦簡에 출현하는 ''도 지금의 '退'의 모양과 유사하게 변형된 형태이다.

後(04-034-1188)

商代文字	合22283	花490	屯2358	
西周春秋文字	䜌鼎	黃子盉	侯馬盟書 3 : 26	侯馬盟書 79 : 5
戰國文字	上博 競公瘧 7	上博 中弓 10	後生戈	璽彙 0296
秦文字	睡虎地 答問 194	北大 泰原		

許愼은 '後'가 '彳', '幺', '夊'로 구성된 자형이라고 설명하였다. 商代文字인 甲骨文을 보면 발을 거꾸로 한 형태인 '夊'와 이 발을 뒤에서 잡아당길 수 있는 끈을 본뜬

‘幺’로 구성되어 ‘뒤에서 잡아당기다’는 의미를 나타내었다. 여기에 이동을 의미하는 ‘彳’이 추가되어 ‘’로도 서사하였다. 西周 靑銅器의 ‘後’는 甲骨文의 형태를 그대로 계승한 자형과 그렇지 않은 자형이 있다. ≪小臣單觶≫ ‘’(集成 6512)는 甲骨文을 그대로 계승한 동시에 小篆과 일치한다. 한편 ≪訇簋≫ ‘’(集成 4321)는 ‘夊’가 생략된 자형이며, ≪鍪鼎≫ ‘’(集成 2740)는 ‘彳’, ‘幺’, ‘夊’와 ‘止’로 구성된 ‘後’이다. ≪說文解字≫에 수록된 ‘後’의 古文 ‘’와 일치한다.

春秋시기 이후부터 다양한 異體字가 출현한다. 小篆과 동일한 ≪中央勇矛≫ ‘’(集成 11566), ≪說文解字≫의 古文과 일치하는 侯馬盟書 3 : 26 ‘’, 小篆에 ‘口’가 추가된 侯馬盟書 79 : 5 ‘’, 古文에 ‘口’를 추가한 侯馬盟書 156 : 20 ‘’가 있다. 또한 ‘後’의 원시 형태와 동일한 ≪黃子盉≫ ‘’(集成 9445)도 있다. 戰國時代 또한 春秋시기의 유형에서 크게 벗어나지 않는다. 睡虎地秦簡 ≪法律答問≫ 194호간 ‘’는 小篆과 일치한다. 上博楚簡 ≪競公瘧≫ 7호간 ‘’는 ≪說文解字≫의 古文과 일치한다. 上博楚簡 ≪中弓≫ 7호간 ‘’는 後의 원시 형태와 동일하며 齊 陶文 ‘’(≪陶錄≫ 3.338.1)는 古文에 ‘口’를 추가한 구조이다.

得(04-034-1192)

商代文字	得鼎	合508	合439	
西周春秋文字	師旂鼎	余購乘兒鐘	鎛	子犯鐘
戰國文字	上博 孔子詩論 26	齊陶 0096	越王戈	璽彙 1290
秦文字	珍秦 149	睡虎地 日乙 152		

‘’은 ‘彳’과 聲符 ‘㝵’으로 구성된 자형이다. 商代文字인 甲骨文과 金文부터 출현하는데, 화폐를 뜻하는 ‘貝’과 그것을 손으로 잡고 있는 모양인 ‘又’로 구성된 ‘’으로 서사한다. ‘이득을 얻다’는 것이 본래 의미인데, 길에서 사냥감 또는 전쟁 대상을 사

로잡거나 포획한다는 의미로 사용되면서 '彳'가 추가되어 ''으로 서사하게 되었다. 西周 靑銅器의 '得'은 甲骨文의 두 가지 유형이 그대로 전승되었다. ≪師望鼎≫ ''(集成 2812)은 손으로 조개를 줍는 초기 형태를 계승하였으며 ≪曶鼎≫ ''(集成 2838)은 形符 '彳'을 추가한 자형이다.

春秋시기 이후로 다른 구조의 異體字가 등장한다. ≪黝鎛≫ ''(新收 491)은 形符 '辵'과 聲符 '㝵'으로 구성하였다. ≪子犯鐘≫ ''(新收 1022)은 甲骨文 초기형태와 동일하다. 戰國時代는 秦을 제외한 지역에서 春秋시기까지 출현한 여러 가지 '得'의 異體字를 고루 사용하였다. 楚 靑銅器 ≪越王戈≫ ''은 '辵'과 聲符 '㝵'으로 구성된 자형이며 包山楚簡 198호간 ''는 '㝵'이다. 晉 璽印 '得'(≪璽彙≫ 1212)는 小篆과 일치한다. 陶文 ''(≪陶錄≫ 7.5.1)은 '㝵'이다. 현재까지 발견된 秦의 出土文獻으로 미루어볼 때, '彳'과 聲符 '㝵'으로 구성된 자형만 사용하였다. 睡虎地秦簡 ≪日書 乙≫ 152호간 ''이 그 예이다.

延(04-036-1202)

商代文字	 合13737	 合12791	 合7041	
西周春秋文字	 德方鼎	 保卣	 蔡侯紐鐘	
戰國文字	 新蔡 甲三 261	 新蔡 乙三 63	 魚顛匕	 鵬公劍
秦文字	 ≪說文≫小篆			

許愼은 ''을 '廴'과 '止'로 구성된 자형으로 분석하였다. 商代文字인 甲骨文은 '彳'과 '止'로 구성된 로, 또는 '行'과 '止'로 구성된 ''으로 書寫한다. 西周 靑銅器에서 '彳'과 '止'로 구성된 ≪呂方鼎≫ ''(集成 2754) 등의 古文字 일부가 春秋시기 이후로 '彳'에서 '廴'으로 변형된다. ≪蔡侯鈕鐘≫ ''(集成 217)이 '延'의 春秋시기 자형이다. 戰國時代 이후로 '延'의 여러 가지 구조가 출현한다. 上博楚簡 ≪天子建州 乙≫ 8호

간 ''이 '延'으로 隷定한다. 新蔡葛陵楚簡 乙三 63호간 ''은 '延'과 '㐁'으로 구성하였다. '延'과 '㐁' 모두 발음을 표기하는 聲符이다.

行(04-037-1204)

商代文字	行天父癸卣	合20536	合4903反	
西周春秋文字	行父癸觚	呂行壺	爲甫人盨	侯馬盟書 156 : 19
戰國文字	淸華簡 皇門 13	璽彙 4766	包山 210	
秦文字	睡虎地 日乙 19			

許愼은 ''을 '彳'과 '亍'으로 구성된 자형으로 분석하였다. 商代文字 甲骨文과 金文부터 출현하는데, 사거리를 본뜬 ''·''으로 서사한다. 西周 靑銅器의 '行' 역시 甲骨文과 마찬가지로 사거리를 본뜬 모습을 계승한다. ≪行父癸觚≫ ''(集成 7157)은 甲骨文 구조와 일치한다. 이로부터 선의 각도가 사선으로 변하면서 ≪史免簠≫ ''(集成 4579)과 같은 형태로 변화한다. 春秋 이후로는 사선으로 구성된 '行'이 주류를 차지한다. ≪黃子盤≫ ''(集成 10122), 侯馬盟書 156 : 19 '' 등이 그 예이다. 이와 더불어 '人'을 추가한 石鼓文 ≪霝雨≫ ''도 출현하였다. 戰國時代는 지역에 관련 없이 자형 구조가 동일하다. 秦 璽印 ''(官印 5), 淸華簡 ≪皇門≫ 13호간 '', 晉 貨幣 ''(≪貨系≫ 264), 齊 陶文 ''(≪陶錄≫ 3.510.5), 燕 靑銅器 ≪行議鍨矛≫ ''(集成 11491) 모두 같은 구조이다. 楚簡에 제사 명칭 '行'을 표기하기 위해 形符 '示'를 추가한 자형도 출현한다. 包山楚簡 219호간 ''은 중간 부분에 '示'가 삽입된 것을 볼 수 있다.

齒(04-038-1216)

商代文字	赤木觚	合補	合13700正	合14161正

戰國文字	中山王壺	郭店 語叢四 19	璽彙 0912	
秦文字	睡虎地 日乙 255			

許愼은 '齒'를 聲符 '止'와 입 안의 치아를 본뜬 자형이라고 하였다. 許愼의 설명대로 '齒'는 본래 입과 입을 벌렸을 때 보이는 앞니의 모습을 본뜬 상형자로부터 비롯되었다. 商代文字 甲骨文과 金文부터 출현하는데, 입 안의 치아를 본뜬 모양을 본뜬 글자로 '齒'로 書寫한다. 이 용례들과 ≪說文解字≫에 수록된 古文 '齒'는 관련이 깊다. 西周시기와 春秋시기 出土文獻에서는 아직 '齒'가 발견된 사례는 없다. 戰國時代 出土文獻부터 다시 '齒'가 출현하는데 甲骨文에 聲符 '止'를 추가하였다. 睡虎地秦簡 ≪日書 乙≫ 255호간 '齒', 郭店楚簡 ≪語叢 四≫ 19호간 '齒', 晉 璽印 '齒'(≪璽彙≫ 912) 등이 그 예이다. 본래 象形字로 시작하였으나 聲符 '止'가 추가된 形聲字로 구조가 변화하였다.

牙(04-039-1259)

西周春秋文字	師克盨蓋	師克盨	弔牙父鬲	弔牙父鬲
戰國文字	郭店 語叢三 11	上博 周易 23	璽考 111	
秦文字	陶錄 6・293・1			

許愼은 '牙'를 아랫니와 윗니가 서로 교차하는 모습으로 분석하였다. 西周 이후부터 '牙'의 고문자를 확인할 수 있다. ≪師克盨蓋≫ '牙'(集成 4468)는 許愼의 설명대로 아랫니와 윗니가 서로 교차된 것을 볼 수 있다. 春秋시기 역시 西周시기 古文字와 일치한다. ≪叔牙父鬲≫ '牙'(集成 674)가 그 예이다. 戰國時代는 小篆과 동일한 구조 외에도 形符 '臼'를 추가한 자형도 출현한다. 上博楚簡 ≪周易≫ 23호간 '牙', 晉 璽印 '牙'(≪璽考≫ 111)가 그 예이다. 이 자형은 ≪說文解字≫에 수록된 古文 '牙'와 일치한다.

足(04-040-1262)

商代文字	足作父丙鼎	合21019	合4585	合4020
西周春秋文字	寃簋	申簋蓋	之乘辰鐘	
戰國文字	郭店 老子甲 6	曾乙 137	溫縣盟書 T4K11-135	
秦文字	睡虎地 答問 113			

許愼은 ''이 '止'와 '口'로 구성된 자형이라고 하였다. '足'은 본래 '疋'과 동일한 자형이었으나 戰國時代 이후부터 분화되기 시작한다. 睡虎地秦簡 ≪法律答問≫ 113호간 '', 郭店楚簡 ≪老子 甲≫ 6호간 ''이 小篆의 구조와 동일하다. 한편 睡虎地秦簡 ≪秦律十八種≫ 78호간 ''은 '足'에 '夆'과 '夂'를 추가한 자형이며 包山楚簡 162호간 ''은 '足'과 '欠'을 추가한 자형이다. 溫縣盟書 T4K11-135 ''은 '足', '欠'에 '立'을 추가하였다. 이 자형들 역시 '足'으로 해석한다.

疋(04-041-1345)

商代文字	足作父丙鼎	合21019	合4585	合4020
西周春秋文字	寃簋	申簋蓋	之乘辰鐘	
戰國文字	郭店 老子甲 28	上博 孔子詩論 10	清華簡 良臣 7	陶錄 4.8.1
秦文字	≪說文≫小篆			

許愼은 ''를 '止'와 장딴지를 본뜬 ''으로 분석하였다. 商代文字 甲骨文, 金文에

출현하는데, 사람의 발을 본뜬 형태인 ''으로 서사한다. 周시기는 발과 다리의 구체적인 형상이 간략화되면서 ≪免簋≫ ''(集成 4240)와 같이 다리 부분은 원형으로 발 부분은 '止'로 변화한다. ≪善鼎≫ ''(集成 2820)와 같이 윗부분과 아랫부분이 결합된 용례도 있다.

春秋시기 역시 西周시기 구조를 그대로 계승한다. ≪之乘辰鐘≫ ''(新收 1409)가 그 예이다. 戰國時代 이후로 '疋'의 다양한 異體字가 출현한다. '足'과 달리 戰國文字 '疋'의 윗부분은 형태가 다양하다. 上博楚簡 ≪孔子詩論≫ 10호간 ''는 윗부분이 원형이다. 上博楚簡 ≪平王與王子木≫ 10호간 ''는 '日'로 구성되었으며 燕 陶文 ''(≪陶錄≫ 4.8.1)는 가로선으로 구성되었다.

品(04-042-1348)

商代文字	 合2811	 合34674		
西周春秋文字	 保卣	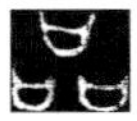 鮮盤		
戰國文字	 上博 孔子見季桓子 3			
秦文字	 里耶 8-1923			

''은 세 개의 '口'로 구성된 會意字이다. 商代文字 甲骨文부터 출현하는데, 세 개의 '口'로 구성되어 ''으로 서사한다. 보통 甲骨文에서 '口'는 사람의 입을 본뜬 것이기도 하고, 단순한 區別符號로 사용되기도 한다. 사람의 입으로 보면 여러 사람의 입을 통하여 衆庶의 의미를 나타냈다고 할 수도 있고, 구별부호로 본다면 여러 개의 부호로 衆庶의 의미를 나타낸 것이라고 할 수 있다. 두 가지 중에 무엇이 맞는지 확실하지 않다. '口'를 그릇으로 보고 '물품이 많다'는 것을 나타낸 것은 아니다.

西周시기 역시 甲骨文과 마찬가지로 세 개의 '口'로 구성되었으며 ≪保卣≫ ''(集成 5415)과 같이 위쪽 2개와 아래쪽 1개로 구성된 경우와 ≪鮮盤≫ ''(集成

10166)과 같이 위쪽 1개와 아래쪽 2개로 구성된 유형으로 구분한다. 戰國時代 이후로 小篆과 같은 구조로 통일된다. 里耶秦簡 8-1923호간 '', 上博楚簡 ≪孔子見季桓子≫ 3호간 ''이 그 예이다.

龠(04-043-1351)

商代文字	 合4720	 合22730		
西周春秋文字	 龠作父丁簋	 士上卣	 散氏盤	
戰國文字	 清華簡 良臣 6	 吉林 202		
秦文字	 睡虎地 爲吏之道 9			

許愼은 ''은 '品'과 '侖'으로 구성되었다고 하였다. 商代文字 甲骨文에 출현하는데, 관악기 입으로 불고 있는 모습을 본뜬 ''으로 서사한다. 위가 관악기를 부는 입이고, 아래는 관악기를 끈으로 묶어 놓은 모양이다. 西周시기에도 甲骨文과 마찬가지로 管樂器와 숨을 불어넣는 구멍을 본뜬 자형이 그대로 계승된다. ≪散氏盤≫ ''(集成 10176)이 그 예이다. 여기에 사람의 입을 본뜬 자형을 윗부분에 추가한 ≪士上卣≫ ''(集成 5421)과 같은 자형이 출현한다. 春秋시기 이후로 이 구조가 지속적으로 출현한다. 春秋 青銅器 ≪番叔壺≫ ''(新收 297), 戰國時代 睡虎地秦簡 ≪爲吏之道≫ 9호간 ''이 그 예이다.

冊(04-044-1356)

商代文字	 花449	 亳冊戈	 合7414	 合30659
西周春秋文字	 師酉簋	 頌簋		

戰國文字	清華簡 金縢 2	貨係 229		
秦文字	≪說文≫小篆			

許愼은 '冊'을 "나무 조각이 하나는 길고 하나는 짧으며 가운데 2개의 가로선이 엮여 있는 모양을 본뜬 것이다.〔象其札一長一短 中有二編之形〕"라고 해석하였다. 商代文字 甲骨文, 金文에 출현한다. 아직까지 商代에 해당하는 죽간 문서가 발견되지 않았지만, '冊'이라는 글자를 통하여 당시 죽간 문서가 존재했다는 사실을 알 수 있다. '冊'은 죽간 문서를 끈으로 엮은 모양을 본뜬 것으로 ''으로 서사하기도 하고, '稱冊'을 의미하는 것으로 두 손으로 '冊'을 들고 있는 ''으로 서사하기도 한다.

西周시기 '冊'은 甲骨文의 구조가 그대로 계승된다. ≪免簋≫ ''(集成 4240)는 중간 부분이 원형이며 ≪冊戈鼎≫ ''(集成 1761)은 'ㄱ'형태로 구성하였다. ≪[illegible]鼎≫ ''(集成 2815)은 세로선의 길이가 일정하다. 戰國時代 '冊'은 清華簡 ≪金縢≫ 2호간 ''과 같이 세로선의 일부에 짧은 가로선을 추가한다.

舌(04-046-1365)

商代文字	舌方鼎	英188	合15154正	合18107正
西周春秋文字	舌作妣丁爵			
戰國文字	陶錄 4.35.4	郭店 語叢四 19		
秦文字	嶽麓二 數 64			

許愼은 '𦧧'은 '干'과 '口'로 구성된 자형으로 분석하였다. 商代文字 甲骨文, 金文부터 출현한다. 입에서 나와 있는 혀에 타액이 있는 것을 본뜬 것으로 '' 또는 ''로 서사한다. 西周시기는 ≪舌父己簋≫ ''(集成 3197)과 같이 입과 혀를 본뜬 자형 주

변에 점을 찍은 자형을 볼 수 있다. 戰國時代는 睡虎地秦簡 ≪日書 乙≫ 102호간 ''과 같이 小篆과 동일한 구조를 보인다. 또한 形符 '肉'을 추가한 '舌'도 출현하는데 郭店楚簡 ≪語叢 四≫ 19호간 ''이 그 예이다.

干(04-047-1368)

商代文字	 合9801	 合28059		
西周春秋文字	 毛公鼎	 師克盨蓋	 干氏弔子盤	
戰國文字	 包山 269	 上博 容成氏 26		
秦文字	 睡虎地 效律 27	 里耶 8-1764		

許愼은 ''이 '入'을 뒤집은 형태에 '一'로 구성된 자형으로 분석하였다. 商代文字 甲骨文부터 출현하는데, 방패를 본뜬 글자이다. ''으로 서사하는데, 위에 뾰족하게 양쪽으로 나온 부분은 아마도 공격도 동시에 할 수 있는 장치였던 것으로 추정된다. 西周시기의 '干'도 방패를 본뜬 자형을 유지하면서 간략화시킨 형태로 나타난다. ≪十五年趞曹鼎≫ ''(集成 2784)은 기본적인 방패 형태를 유지하였으며 ≪師克盨蓋≫ ''(集成 4468)은 방패 부분을 가로선으로 대체하였다. 春秋 青銅器 ≪干氏叔子盤≫ ''(集成 1131)은 완전한 가로선으로 대체되었다.

戰國時代의 '干'은 春秋시기 자형 구조와 대체로 일치한다. 이 구조에 가로획이 추가된 上博楚簡 ≪容成氏≫ 26호간 ''도 출현한다. 한편 里耶秦簡 8-1764 ''은 본래 '∨'였던 부분이 일직선으로 변화하면서 楷書와 유사하게 변화한다.

屰(04-047-1370)

商代文字	 屰鼎	 合21626	 合22247	

西周春秋文字	 屰父癸鼎			
戰國文字	 先秦編 111	 上博 顔淵問於孔子 13		
秦文字	 ≪說文≫小篆			

許愼은 '屰'을 '干' 아래 '屮'로 구성된 자형으로 분석하였다. 商代文字인 甲骨文, 金文부터 출현하는데, 본래 사람〔大〕을 거꾸로 뒤집은 형태인 ''으로 '逆'을 표기하였고, 동작을 나타내는 부호인 '辵'이 더해져 ''으로 서사한다. 西周시기의 '屰'은 甲骨文 구조를 계승하였다. ≪亞屰父丁爵≫ ''(集成 8887)과 같이 사람이 뒤집혀 있는 형상이다. 春秋 이후로 '屰'은 대체로 合體字의 구성 요소로 활용한다. 戰國時代 出土文獻 중 '屰'이 단독으로 출현한 용례가 있는데 上博楚簡 ≪顔淵問於孔子≫ 13호간 ''이 그 예이다.

𧮫(04-048-1371)

西周春秋文字	 九年衛鼎			
戰國文字	 上博 王居 6			
秦文字	 ≪說文≫小篆			

許愼은 '𧮫'을 입(口)과 그 위의 주름으로 구성된 자형이라고 분석하였다. 西周시기부터 출현하며, '𧮫'은 윗부분이 ≪九年衛鼎≫ ''(集成 2831)과 같이 書寫한다. 戰國時代 이후로는 '谷'과 유사한 형태로 변화한다. 上博楚簡 ≪王居≫ 6호간 ''이 그 예이다.

只(04-049-1373)

戰國文字	 郭店 尊德 14	 上博 彭祖 4	 包山 155	
秦文字	 ≪說文≫小篆			

許愼은 ‘’가 입〔口〕에서 기운이 아래로 늘어지는 모양을 본뜬 자형으로 설명하였다. 이 자형은 주로 合體字의 구성 요소로 많이 출현하며 단독으로 출현하는 경우는 드물다. 戰國時代 楚簡에서 ‘枳’로 해석하는 ‘只’를 볼 수 있는데, 이 용례들이 현재까지 가장 오래된 ‘只’의 고문자 자형이다. 上博楚簡 ≪彭祖≫ 4호간 ‘’, 包山楚簡 155호간 ‘’ 등이 그 용례들이다.

商(04-050-1377)

商代文字	 作冊盤甗	 合32968	 合6677	 合964
西周春秋文字	 利簋	 穆公簋蓋	 蔡侯盤	
戰國文字	 清華簡 程寤 3	 清華簡 封許之命 3		
秦文字	 珍秦 131			

許愼은 ‘’을 ‘’과 ‘章’의 생략형으로 구성된 자형으로 분석하였다. 商代文字인 甲骨文은 ‘辛’과 ‘丙’으로 구성된 ‘’으로 書寫한다. 商代 金文은 여기에 區別符號인 ‘口’를 더하여 ≪作冊般甗≫ ‘’(集成 944)으로 서사하기도 한다. ‘辛’과 ‘丙’으로 구성된 造字意圖는 아직 불분명하다. 또한 ≪九年衛鼎≫ ‘’(集成 2831)과 같이 윗부분에 飾筆을 추가한다. 春秋시기는 西周시기 商의 구조가 전승되는 동시에 이체자가 출현하기도 한다. ≪秦公鐘≫ ‘’(集成 262)는 원형이 좌우로 추가된 자형이다. 이 자형은

≪說文解字≫에서 籒文을 수록된 ''과 관련 깊다.

戰國時代 '商' 역시 기본적으로 이전 시기의 자형 구조가 계승된다. 秦 陶文 ''(≪陶錄≫ 6.51.1), 晉 靑銅器 ≪商丘鏃≫ ''(集成 11942)은 이전 시기의 자형 구조와 동일하다. 이와 다르게 楚簡에서 일부 변형된 '商'을 볼 수 있다. 淸華簡 ≪程寤≫ 3호간 ''은 ''과 더욱 더 유사해졌다. 淸華簡 ≪封許之命≫ 3호간 ''은 중간 부분이 戰國文字 '尹'과 유사하다.

句(04-051-1378)

西周春秋文字	三年瘐壺	宋公䜌簠		
戰國文字	上博 緇衣 20	璽彙 4130	陶錄 3·18·1	
秦文字	睡虎地 日甲 129			

許愼은 ''를 '口'와 聲符 'ㄐ'로 분석하였다. '句'는 '굽어진 것', '구부리다' 등과 의미상 관련이 깊다. 사실 이 자형은 甲骨文 가운데 '추상적인 부호가 얽힌 모양'을 표현한 'ㄐ'에서 분화된 글자이다. '口'가 추가된 것은 분화를 위해 區別符號로 들어간 것이지 聲符는 결코 아니다. '口'가 추가된 자형은 西周시기 용례부터 확인이 가능하다. ≪師器父鼎≫ ''(集成 2727), ≪永盂≫ ''(集成 10322) 등이 '句'의 西周시기 자형이다.

이 구조는 春秋 이후로 지속적으로 계승된다. 春秋 靑銅器 ≪內公鐘鉤≫ ''(集成 33)와 더불어 戰國時代 睡虎地秦簡 ≪日書 甲≫ 129호간 '', 上博楚簡 ≪孔子詩論≫ 6호간 '', 晉 璽印 ''(≪璽彙≫ 1068), 齊 陶文 ''(≪陶錄≫ 3.18.1) 역시 자형 구조가 동일하다.

ㄐ(04-052-1382)

商代文字	合20891	合6170反		

西周春秋文字	 夌作父癸觶	 湯鼎		
戰國文字	 清華簡 三壽 21			
秦文字	 ≪說文≫小篆			

許愼은 ''는 "서로 얽히다.〔相糾繚也〕"로 해석하였다. 또한 "오이와 박의 넝쿨이 얽혀 올라가는 것〔瓜瓠結丩起〕"으로도 해석하였다. 商代文字 甲骨文부터 출현하는데, 추상적인 필획이 서로 얽힌 모양으로 일종의 指事字에 해당하며, ''로 서사한다. 古文字 형태로 본다면 서로 얽혀 있는 모습을 본떴다는 許愼의 설명은 타당하다. 西周 青銅器 ≪夌作父癸觶≫ ''(集成 6449), 春秋 青銅器 ≪郐黜尹譬鼎≫ ''(集成 2766), 包山楚簡 260호간 '' 모두 小篆과 구조상 유사하다.

古(04-053-1385)

商代文字	 作父己簋	 合945正		
西周春秋文字	 大盂鼎	 史墻盤		
戰國文字	 包山 157	 上博 緇衣 6	 璽彙 3097	
秦文字	 集粹 760			

許愼은 '古'를 '十'과 '口'로 구성된 자형으로 분석하였다. 商代文字 甲骨文부터 출현하는데, 견고한 방패를 본뜬 것에 區別符號로서 '口'를 더한 자형이다. '古'의 본래 뜻은 '堅固'한 것인데, 假借되어 '옛날'을 나타내자 後起字로 '固'가 만들어졌다. 西周 青銅器 '古'는 방패의 사각형 부분이 가로선으로 변화하는 과도기적 형태가 나타난다. ≪大盂鼎≫ ''(集成 2837)는 기본적으로 甲骨文 형태가 계승되었으며 ≪史墻盤≫

'(集成 10175)는 윗부분이 '十'으로 바뀌었다. ≪史墻盤≫ 자형은 許愼의 설명과 일치한다.

春秋 이후로는 '十'으로 구성된 자형이 지속적으로 출현한다. 石鼓文 ≪而師≫ ''가 그 예이다. 戰國文字 '古' 역시 마찬가지이다. 睡虎地秦簡 ≪法律答問≫ 192호간 ''는 '十'과 '口'로 구성된 자형이다. 이 외에도 上博楚簡 ≪孔子詩論≫ 1호간 ''과 같이 '十'의 초기 형태, 즉 세로선에 점 찍은 형태로 구성되기도 한다. 齊 陶文 ''(≪陶錄≫ 3.585.6)처럼 口 안에 점이 찍힌 경우도 있다.

十(04-054-1387)

商代文字	合10514	合32067		
西周春秋文字	耳尊	大鼎	鄭虢仲簋	乙鼎
戰國文字	郭店 六德 45	十一年庫嗇夫鼎		
秦文字	詛楚文			

許愼은 '十'은 동서를 지칭하는 가로선과 남북을 지칭하는 세로선이 합쳐져 만들어진 자형이라고 하였다. 商代文字인 甲骨文부터 출현하는데, 본래는 '침'을 본뜬 글자로 '針'의 初文이다. 假借되어 숫자 10을 표기하였다. 西周 青銅器의 '十'은 甲骨文과 달리 중간 부분이 볼록하게 변화하였다. ≪麥方鼎≫ ''(集成 2706), ≪大鼎≫ ''(集成 2808) 등의 중간 부분이 볼록한 것을 볼 수 있다.

春秋시기에 이 부분이 가로선으로 변화한 자형이 출현한다. ≪秦公簋≫ ''(集成 4315)은 점과 가로선의 중간 형태처럼 변화하였고 ≪叔夷鐘≫ ''(集成 275)는 지금과 문자 구조가 동일하다. 戰國文字는 '十'의 중간 부분이 다양하게 나타난다. 里耶秦簡 8-214호간 ''은 지금의 '十'과 동일하며, 上博楚簡 ≪從政 甲≫ 5호간 ''은 원형이다. ≪中山王鼎≫ ''(集成 2840)은 점이 찍혀 있다. 秦 陶文 ''(≪陶錄≫ 6.182.3)은 사선 형태이다.

千(04-054-1389)

商代文字	合5339	合17911		
西周春秋文字	大盂鼎	梁其鼎	散氏盤	
戰國文字	郭店 窮達以時 10	珍展 220	璽彙 3466	
秦文字	珍秦 381			

許慎은 ‘𠦃’을 ‘十’과 ‘人’으로 구성된 자형으로 분석하였다. 商代文字인 甲骨文부터 출현한다. ‘人’자를 假借하여 ‘千’을 표기한 것인데, 區別符號이자 1천을 나타내는 것으로서 필획 하나를 추가하여 ‘ ’으로 서사한다. 西周시기 이후로 ‘千’은 甲骨文 구조와 기본적으로 동일하다. 西周 ≪大盂鼎≫ ‘ ’(集成 2837), 西周 ≪散氏盤≫ ‘ ’(集成 10176), 春秋 ≪晉姜鼎≫ ‘ ’(集成 2826)은 甲骨文과 유사하다. 戰國時代 이후로도 이 형태는 계속 유지된다. 이와 더불어 이체자도 함께 출현한다. 郭店楚簡 ≪窮達以時≫ 10호간 ‘ ’은 가로선이 점으로 변화되었다. 燕 璽印 ‘ ’은 ‘人’자가 ‘乛’형태로 변화한 것을 볼 수 있다.

世(04-055-1396)

西周春秋文字	寧簋蓋	恆簋蓋		
戰國文字	郭店 唐虞之道 3	陶錄 3・520・4	郭店 窮達以時 2	上博 容成氏 42
秦文字	詛楚文			

許慎은 ‘𠀍’가 ‘卅’으로부터 비롯된 자형으로 분석하였다. 이 자형은 西周시기부터

출현한다. 본래 가지의 잎을 본뜬 상형자인 '枼'과 同源字이다. 나뭇가지의 잎이 1년에 한번 돋고 지기 때문에 시간적인 의미에서 '世'를 표기할 수 있었던 것이다. ≪多友鼎≫ ''(集成 2835)가 그 예이다. 春秋시기는 西周시기 고문자 외에 몇 가지 이체자가 출현한다. ≪曾侯與鐘≫ ''(江漢考古 2014)는 '歹'과 '枼'으로 구성된 자형이다. ≪欒書缶≫ ''(集成 10008)는 '示'와 '枼'으로 구성된 자형이며 ≪鄭莊公之孫盧鼎≫ ''(商圖 2409)는 '人'과 '世'로 구성된 자형이다. 이 밖에도 戰國時代에 다른 구조의 이체자가 추가로 출현한다. 예를 들어, 上博楚簡 ≪季庚子問於孔子≫ 14호간 ''는 '世'와 '死'로 구성되었으며, 上博楚簡 ≪容成氏≫ 42호간 ''는 '人'와 '枼'으로 구성된 자형이다. ≪中山王方壺≫ ''는 '歹'과 '世'로 구성된 자형이다.

附錄

〔附錄 1〕 – 索引

〔附錄 2〕 – 參考資料

索 引

1. 索 引 凡 例

1. 색인의 대상

본 색인은 ≪譯註 說文解字注≫ 제4책(正部~㸦部, 360字)에 해당하는 許愼(後漢)의 본문과 段玉裁(淸)의 注 및 出土文獻 補註와 譯者注를 대상으로 하였다.

2. 색인의 종류

1) 색인은 〈目次 標題字 音順索引〉과 〈綜合索引〉을 작성하였다.
   (1) 〈目次 標題字 音順索引〉은 目次에 있는 표제자의 讀音을 한글 가나다 순으로 배열하였다.
   (2) 〈綜合索引〉은 표제자를 제외한 모든 항목을 포함한 색인이다.
2) 색인어는 ≪譯註 說文解字注 4≫의 本文과 原注, 出土文獻 補註와 譯者注에서 추출하였다.
3) ≪譯註 說文解字注 4≫의 本文과 原注에서 추출한 색인어 중 해당 색인어가 포함된 핵심 語句 등을 종속항목으로 추출하여 참조할 수 있도록 하였다.

3. 색인 작성 방법

1) 索引語
   (1) 〈目次 標題字 音順索引〉은 각 표제자의 음순을 音價대로 정리하였다. 또한 해당 漢字 讀音을 (　) 안에 표기하고 卷數, 部首, 標題字와 冊面은 아라비아숫자로 표기하였다.

   예) 玨(각) 01-007-0201　　玕(간) 01-006-0193

   玪(감) 01-006-0152　　玒(강) 01-006-0087

   (2) 〈綜合索引〉은 해당 색인어의 변별력을 높이고 내용을 전달하기 위해 부가정보를 (　) 안에 표기하였다.

예) 古文字 284(補)　　葛滍(宋) 81(注)

賈公彦(唐) 179(注)　　國語 魯語(篇名)

(3) 索引語의 출처가 出土文獻 補註인 경우, ( ) 안에 '補', 譯者注인 경우 '注'라고 구분하여 표기하였다.

예) 庚壺 325(補)　　景帝(漢) 188(注)

(4) 해당 색인어의 변별력을 높이고 書名, 篇名, 人名, 國名, 地名 등에는 내용을 정확하게 전달하기 위하여 부가정보를 ( ), →, ← 등으로 표기하였다.

2) 人名

(1) 人名은 일반적으로 통용되는 名稱을 정하고 異稱, 略稱, 別稱 등을 추출하고 색인어의 옆에 →로 표기하여 상호 참조하도록 하였다. 특히 韓·中·日에 해당하는 인명일 경우 ( ) 안에 韓國 · 中 · 日의 형식으로 표기하였다.

예) 伋→姜伋(齊)　　棄→后稷　　大戴→西漢 戴德

權丙勳(韓國)　　郭沫若(中)　　尾崎雄二郎(日)

(2) 人名은 ( ) 안에 時代와 國名을 부기하여 인물 구별이 용이하도록 하였다.

예) 蕭何(漢)　　陽虎(春秋 魯)　　王肅(三國 魏)

3) 地名

(1) 地名일 경우 색인어 옆 ( ) 안에 표기하여 밝혔다.

예) 越巂(地名)　　會無縣(地名)

4) 書名과 篇名

(1) 書名과 篇名의 경우 색인어 옆 ( ) 안에 표기하였다.

예) 高注淮南(書)　　大戴禮(書)　　孔子閒居(篇名)　　大傳小記(篇名)

5) 종속항목

(1) 색인어가 문장이나 구절에 포함된 경우에는 생략된 표시인 —를 표시하였다.

예) 古文　　145, 195, 202, 238

—— 奇字　　55

—— 禮作⺀⺀⺀ 64
—— 四聲韻 196
—— 尙書(書) 94
—— 尙書砮繇謨文 202
—— 上作二 62
—— 示作⺀⺀⺀ 64
—— 已聲異聲同在一部 92
—— 諸丄字 皆從一也 70

4. 항목 배열 및 표시

1) 색인어의 배열은 한글 가나다 순서로 하였으며 두음법칙을 적용하였다. 漢字音이 같은 경우 漢字의 배열은 ≪康熙字典≫ 部首의 순서를 따랐다.

2) 색인어의 위치는 아라비아숫자로 책의 面數를 표기하였다.

예) 五經文字(書) 86, 134, 147
篆文 55, 62, 119, 162, 164, 172, 197, 251
正義(書) 119, 219, 234

3) 색인에 사용한 부호는 다음과 같다.

—— : 동일한 색인어 생략 표시
→ : 대표 색인어로 가는 표시
← : 대표 색인어로 모아주는 표시
( ) : 색인어에 대한 부가정보 표시
, : 面數와 面數의 구분

2. 目次 標題字 音順索引

【031. 正部】-【055. 卄部】

【ㄱ】

3. 綜 合 索 引

【031. 正部】-【055. 卄部】

【ㄱ】

【ㅂ】

【ㅅ】

【ㅇ】

【ㅈ】

【ㅊ】

【ㅌ】

【ㅍ】

【ㅎ】

1. 參考書目

◇ 底本

- ≪說文解字注≫(段注本), 上海古籍出版社, 上海, 1995. 7次印刷.

◇ 주요 참고자료

- ≪說文解字詁林正補合編≫(12冊), 鼎文書局, 臺北市, 民國72年. 2版.
- ≪字典彙編≫(30冊), 于玉安・孫豫仁, 國際文化出版公司, 北京, 1993. 1版.
- ≪六書尋源≫(30冊), 權丙勳・崔奎東, 中東學校, 京城府, 昭和 15年.
- ≪說文解字翼徵≫, 朴瑄壽(鮮), 光文社, 1912.
- ≪段注說文聲符辭典≫, 금하연・오채금 엮음. 일월산방. 2009.
- ≪訓讀說文解字注≫(金), 尾崎雄二郎編, 東海大學出版會, 東京, 1985. 3刷.
- ≪訓讀說文解字注≫(石), 尾崎雄二郎編, 東海大學出版會, 東京, 1989. 2刷.
- ≪訓讀說文解字注≫(絲), 尾崎雄二郎編, 東海大學出版會, 東京, 1989. 1刷.
- ≪訓讀說文解字注≫(竹), 尾崎 雄二郎編, 東海大學出版會, 東京, 1991. 1刷.
- ≪訓讀說文解字注≫(匏), 尾崎 雄二郎編, 東海大學出版會, 東京, 1993. 1刷.

◇ 字典 및 辭典

- ≪康熙字典≫, 文化圖書公司, 臺北市, 民國 67年. 再版.
- ≪正中形音義綜合大字典≫, 高樹藩, 正中書局, 臺北市, 民國18年, 增訂3版.
- ≪中華大字典≫(2冊), 中華書局, 北京, 1995. 第7次印刷.
- ≪漢韓大辭典≫(16冊), 檀國大學校東洋學硏究所, 檀國大學校出版部, 서울, 2008. 初版.
- ≪中文大辭典≫(10冊), 中文大辭典編纂委員會, 中國文化學院華岡出版有限公司, 臺北市, 民國68年. 4版.
- ≪中華字海≫(1冊), 冷玉龍 等, 中國友誼出版公司, 北京. 1994.
- ≪漢語大辭典≫(13冊), 漢語大辭典編輯委員會漢語大辭典編纂處, 漢語大辭典出版社, 上海, 1993. 1版.
- ≪漢語大字典≫(9冊), 漢語大字典編輯委員會, 湖北辭書出版社・四川辭書出版社, 湖北省・四川省, 1990. 1版.
- ≪大漢和辭典≫(13冊), 諸橋轍次, 大修館書店, 東京, 昭和 43年. 縮寫版第2刷.
- ≪佩文韻府≫(6冊), 上海書店上海發行所, 1983.

• ≪全韻玉篇≫, 庚戌 中秋, 重刊.
• ≪字典釋要≫, 池錫永, 亞細亞文化社, 1976.
• ≪新字典≫, 朝鮮光文會, 新文館, 1915.
• ≪新字海≫, 民衆書林, 1993. 19刷.
• ≪漢韓大字典≫, 民衆書林, 1997.
• ≪言語學辭典≫, 陳新雄 等 編著, 三民書局股份有限公司, 臺北市, 民國87年. 4版.
• ≪言語文字詞典≫, 何立, 學苑出版社, 北京市, 1999.
• ≪中國文字訓詁學辭典≫, 全廣鎭編譯, 東文選, 1993.
• ≪訓蒙字會≫, 崔世珍, 단대출판부, 1983.
• ≪新增類合≫, 단국대학교출판부, 1984.

◇ 文字學

• ≪文字學初步≫, 徐敬修, 五洲出版社, 臺北市, 民國60年.
• ≪今字解剖≫, 王有宗, 臺灣商務印書館股份有限公司, 臺北市, 民國61年, 2版.
• ≪文字蒙求≫, 王筠, 藝文印書館, 臺北市, 民國 63年, 4版.
• ≪文字學≫, 衛聚賢, 黎明文化事業公司, 臺北市, 民國68年, 初版.
• ≪文字學綱目≫, 杜學知, 臺灣商務印書館股份有限公司,臺北市, 民國73年, 4版.
• ≪文字學論叢≫, 杜學知, 正中書局, 臺北市, 民國 63年, 2版.
• ≪辭典部首淺說≫, 蔡信發, 漢光文化事業股份有限公司, 臺北市, 民國76年. 3版.
• ≪說文解字研究法≫, 馬叙倫, 太平書局, 香港, 1976. 重印.
• ≪中國文字學史≫(2冊), 胡樸安, 臺灣商務印書館股份有限公司, 臺北市, 民國 68年. 8版.
• ≪中國文字學通論≫, 謝雲飛, 學生書局, 臺北市, 民國69年. 7版.
• ≪中國文字學通論≫, 謝雲飛, 學生書局, 臺北市, 民國69年, 7版.
• ≪六書今議≫, 杜學知, 正中書局, 臺北市, 民國70年, 2版.
• ≪六書辨正≫, 弓英德, 臺灣商務印書館股份有限公司, 臺北市, 民國75年, 8版.
• ≪字辨≫, 陳兆桓, 文光圖書有限公司, 臺北市, 民國66年.
• ≪中國文字學≫, 潘重規, 東大圖書有限公司, 臺北市, 民國 66年. 初版.
• ≪中國文字學槪說≫, 權宅龍, 螢雪出版社, 서울, 1991. 2刷.
• ≪中國文字學槪要文字形義學≫, 楊樹達, 上海古籍出版社, 上海, 1988. 1版.
• ≪中國文字學史≫(2冊), 胡樸安, 臺灣商務印書館股份有限公司, 臺北市, 民國68年. 8版.
• ≪漢字部首字典≫, 王延林, 上海書畵出版社, 上海, 1990. 1版.
• ≪漢字學≫, 王鳳陽, 吉林文化出版社, 長春市, 1989. 1版.
• ≪說文解字通論≫, 金槿 譯, 계명대학교출판부, 대구. 1986.
• ≪漢字學總論≫, 李敦柱, 博英社, 서울, 1992. 全訂增補版.

- ≪簡明實用漢字學≫ , 李大遂, 北京大學出版社, 北京, 1993. 1版.
- ≪漢字部首解說≫, 李忠九, 傳統文化硏究會, 1998.
- ≪千字文字解≫, 李忠九 등 편역. 도서출판 다운샘, 2012.
- ≪중학교900한자해설≫, 이충구 등 편역. 도서출판 다운샘, 2016.

◇ 音韻學

- ≪中國聲韻學通論≫, 林尹, 黎明文化事業公司, 臺北市, 民國77年, 7版.
- ≪漢語音韻學通論≫, 崔羲秀・李義活, 中文出版社, 대구, 1990.
- ≪聲韻學大綱≫, 葉光球, 正中書局, 臺北市, 民國68年. 4版.
- ≪漢語音韻≫, 吳世畯, 中文出版社, 대구, 1993. 초판.
- ≪漢語音韻學通論≫, 崔羲秀・李義活, 中文出版社, 대구, 1990.

◇ 訓詁學

- ≪訓詁學≫, 徐善同, 臺灣商務印書館股份有限公司, 臺北市, 民國75年, 3版.
- ≪訓詁學槪論≫, 齊佩瑢, 漢京文化事業有限公司, 臺北縣, 民國74年. 初版.
- ≪古漢語通論≫, 王力, 中外出版社, 香港, 1976.
- ≪古漢語綱要≫, 周秉鈞, 湖南人民出版社, 1978.
- ≪爾雅注疏≫(6책), 이충구・임재완・김병헌・성당제 번역, 소명출판, 2004.
- ≪訓詁學大綱≫, 胡楚生, 蘭臺書局有限公司, 臺北市, 民國74年, 4版.
- ≪中國訓詁學≫, 馮浩菲, 山東大學出版社, 1997.
- ≪簡明訓詁學≫, 白兆麟, 學生書局, 臺北市, 民國85年.
- ≪훈고학의 이해≫, 정명수・장동우 옮김. 동과서, 1997.

◇ 논문

- ≪說文解字注에 나타난 段玉裁의 古今字觀 硏究≫, 문수정, 서울대학교대학원 박사논문, 2014.
- ≪說文解字 篆文 硏究≫, 徐權, 제주대학교대학원 박사논문, 2010.
- ≪說文解字翼徵 硏究≫, 金玲敬, 華東師範大學博士論文, 2004.
- ≪說文解字翼徵解說者 譯解≫, 文準彗, 서울대학교대학원 박사논문, 2008.
- ≪說文解字注 部首字 譯解≫, 廉丁三, 서울대학교대학원 박사논문, 2003.
- ≪六書尋源 硏究≫, 羅賢美, 부산대학교대학원 박사논문, 2005.
- ≪惺臺 權丙勳의 六書尋源 硏究≫, 河水用, 부산대학교대학원 박사논문, 2005.
- ≪朝鮮 後期 文字訓詁 學究≫, 楊沅錫, 고려대학교대학원 박사논문, 2006.
- ≪說文解字에 나타난 漢字字源 硏究≫, 李忠九, ≪漢字漢文敎育≫제 17집, 2006.
- ≪中國字書史の硏究≫, 福田襄之介, 明治書院, 昭和 57年, 3版.

2. ≪說文解字≫ 학술회의 자료

1) 영상

• QR코드를 스캔하면 2021년 전통문화연구회 국제학술대회 - 出土文獻 硏究의 回顧와 跳躍 : ≪說文解字注≫ 연구번역에 즈음하여- 영상을 볼 수 있습니다.

2) 자료집

• QR코드를 스캔하면 2021년 전통문화연구회 국제학술대회 - 出土文獻 硏究의 回顧와 跳躍 : ≪說文解字注≫ 연구번역에 즈음하여- 자료집을 볼 수 있습니다.

3. 영문 소개

≪*Annotated Translation of Shuowenjiezizhu*(說文解字注)≫
- with the Supplementary Notes of Unearthed Texts -

This book is an annotated translation of "*Shuowenjiezizhu*(說文解字注) or Annotated *Shuowenjiezi*(說文解字)", written by Duan Yucai(段玉裁, 1735~1815) of the Qing Dynasty in which he made extensive annotations to *Shuowenjiezi*, writtten by Xu Shen(許愼, ?~?) of the Later Han Dynasty. Prior to this, it had only been partially translated in China and Japan, and even it that case, they translated only Xu Shen's *Shuowenjiezi*, made notes to *Shuowenjiezizhu*, or read Chinese characters in Japanese way. This is why it is not an exaggeration to state that *Annotated Translation of Shuowenjiezizhu* published at this time is the first copy of full translation with notes of all time in the world.

As a result of the discovery of the oracle bone inscriptions(甲骨文) in Yinxu (殷墟) in 1899, a number of errors were discovered in the *Shuowenjiezi*, which had been based on Qin Script(小篆). Even so, it is undeniable fact that *Shuowenjiezi* is still very valuable in studying graphonomy, phonology, and exegetical studies. Almost all of the limitations of the times have been corrected with the supplementary notes of unearthed text in this edition of *Annotated Translation of Shuowenjiezizhu*.

Based on the graphotactic basision that they have investigated, planned and researched over the past four years until the publication of this book, Dr. Lee Chung-gu(李忠九), Dr. Kim Gyu-seon(金奎璇), Seong-jeongje(成啨濟), and Lim Jae-wan(林在完), Dr. Seong-deok Cho(趙成德), all of whom are professional translator, devoted themselves to the translation of this book.

The professors Won Yong-jun, Kim Jeong-nam, Kim Hyuk, and Park Jae-bok, all of whom specialize in Chinese paleography, formed a collaborative research & translation team with the translators as research committee members, and underwent detailed verification to review the excavated materials and translated manuscripts every week. Through these efforts, the characters used in each era were included in the Supplementary Notes of Unearthed Texts by classifying them into Letter in Shang period(商代文字), Letter in West Zhou & Spring Autumn period(西周春秋文字), Letter in Warring States period(戰國文字), and Letter in Qin Dynasty(秦文字).

Nearly 2,000 years have passed since Xu Shen(許愼) completed *Shuowenjiezi*, and more than 200 years have already passed since Duan Yucai(段玉裁), the person who wrote *Shuowenjiezizhu*, passed away. There has been a large volume of materials published about *Shuowenjiezi*, but by this time no research has compiled so many materials as *Annotated Translation of Shuowenjiezizhu*published at this time. So it can be claimed to be the most faithful research material over the past 2000 years. From now on, it is planned to be published annually and completed early in a total of 20 books by 2030.

March 2022

Park Hong-sik(朴洪植), chairman of the Institute of Traditional Culture

Song Jae-so(宋載卲), head of the Institute for Translation of the Oriental Classic

협동번역 연구팀 약력

責任飜譯

李忠九

秀松 梁大淵, 龍田 金喆熙 先生 師事
中央大學校 教育學科 國語國文學科 副專攻
成均館大學校 大學院 國語國文學科 碩士, 博士
民族文化推進會 國譯研修院
檀國大學校 韓中關係研究所 研究員(現)
傳統文化研究會 講師(現)

論著 및 譯書

論著 〈經書諺解 研究〉〈說文解字에 나타난 漢字字源 研究〉 등
譯書 ≪東山先生奏議≫, ≪선비 安濂 日誌≫, ≪小學集註≫, ≪註釋 千字文≫ 등
共譯 ≪國譯 治平要覽≫, ≪增補四禮便覽 譯註本≫, ≪譯註 國語≫, ≪譯註 貞觀政要集論≫, ≪爾雅註疏≫ 등

共同飜譯

林在完

東亞大學校 哲學科 學士
成均館大學校 漢文學科 碩士, 博士
翰林大學校 泰東古典研究所 修了
三星美術館 리움 首席研究員
翰林大學校 泰東古典研究所 研究教授
國史編纂委員會 講師

論著 및 譯書

譯書 ≪세 분 선생님의 편지글≫, ≪조선시대 문인들의 초서 편지글≫, ≪정조대왕의 편지글≫, ≪초서로 쓴 구양수·소동파·황산곡·원굉도의 편지글≫, ≪白沙 李恒福 遺墨帖과 北遷日錄≫, ≪國譯 燕行錄 鈔≫, ≪大覺登階集≫ 등
共譯 ≪國譯 三經淺見錄≫, ≪爾雅註疏≫, ≪朝鮮時代 名賢 簡札帖≫, ≪省齋集≫, ≪剛齋集≫, ≪思齋集≫, ≪明谷集≫ 등

成喤濟

成均館大學校 漢文學科 學士, 碩士, 博士
韓國古典飜譯院 國譯研修院 修了
成均館大學校 漢文學科 講士
서울大學校 奎章閣 韓國學研究院 責任研究員
傳統文化研究會 講士

論著 및 譯書
論著 〈藥泉 南九萬 文學研究〉
譯書 ≪譯註 景宗春宮日記≫ 등
共譯 ≪爾雅註疏≫, ≪譯註 昭顯分朝日記≫, ≪國譯 思齋集≫, ≪國譯 村家救急方≫ 등

金奎璇

兼山 安秉坼, 松潭 李栢淳, 龍田 金喆熙 先生 師事
韓國外國語大學校 中國語科 學士, 碩士, 博士
鮮文大學校 教養學部 教授(現)

論著 및 譯書
論著 〈王士禎의 文學批評 研究〉
譯書 ≪歷代詩話≫, ≪秋史派의 글씨≫ 등
共譯 ≪譯註 貞觀政要集論≫, ≪日省錄≫, ≪毅菴集≫, ≪秋史 金正喜 研究≫ 등

趙成德

大邱韓醫大學校 漢文學科 學士
成均館大學校 漢文學科 碩士, 博士
金熙鎭 先生 師事
民族文化推進會 古典情報센터
韓國古典飜譯院 朝鮮王朝實錄研究팀 專任研究員
成均館大學校 漢文學科 招聘教授
檀國大學校 漢文教育研究所 先任研究員(現)

論著 및 譯書
論著 〈韓國 文集 所在 異體字 研究〉
譯書 ≪武陵雜稿≫ 등
共譯 ≪愚潭全集≫ 등

責任研究

元勇準

成均館大學校 東洋哲學科 學士, 碩士
東京大學 人文社會系研究科 博士
成均館大學校 儒教文化研究所 研究員
成均館大學校 東洋哲學科 BK사업단 研究教授
誠信女子大學校 時間講師
忠北大學校 哲學科 教授(現)

論著 및 譯書
論著 〈中國 古代 신화자료의 儒教的 전개〉, 〈馬王堆帛書 '易傳'의 道器論 研究〉 등
共譯 ≪중국고전명언사전≫ 등

共同研究

朴載福

北京大學 考古文博學院 碩士, 博士
儒道會 漢文研修院 修了
成均館大學校 儒教文化研究所 先任研究員
京東大學校 韓國語教員學科 教授(現)

論著 및 譯書
論著 ≪先秦卜法研究≫, 〈尙書에 보이는 갑골점복 고찰: 최근 발견된 출토자료와의 비교분석을 중심으로〉 등
譯書 ≪中國 文明의 起源을 새롭게 탐구한 區系類型論≫ 등

金 赫

高麗大學校 中語中文學科 學士
延世大學校 中語中文學科 碩士
復旦大學 中國語言文學系, 博士
延世大學校 中語中文學科 講士
慶尙國立大學校 中語中文學科 教授(現)

論著 및 譯書
論著〈殷墟文字丙編〉,〈중국 出土文獻의 새로운 세계〉 등
著書 ≪한자, 그것이 알고 싶다≫ 등

金正男

漢陽大學校 中語中文學科 學士
서울大學校 中語中文學科 碩士, 博士
復旦大學 中國語言文學系, 博士
檀國大學校 일본연구소 HK연구教授
慶尙國立大學校 국제지역연구원 학술연구교수
東國大學校 WISE캠퍼스 글로벌어문학부 교수(現)

論著 및 譯書
論著 〈≪詩經≫〈關雎〉新解釋 – 安徽簡〈詩經〉을 중심으로〉,〈清華簡 ≪金縢≫을 통해 본 ≪尙書≫ '詰屈聱牙' 현상의 유형적 고찰 –출토문헌과 통행본의 대조를 중심으로〉
著書 ≪중국 出土文獻의 새로운 세계≫ 등

東洋古典譯註叢書 204

譯註 說文解字注 4　　32,000원

2023년 09월 20일 초판 인쇄
2023년 09월 30일 초판 발행

著者 許愼 注 段玉裁

企劃編輯 東洋古典飜譯編輯委員會
責任飜譯 李忠九
共同飜譯 金奎璇 成噋濟 林在完 趙成德
責任研究 元勇準
共同研究 金正男 金 赫 朴載福
飜譯研究管理 南賢熙 朴相水
潤 文 南賢熙 朴相水
校 訂 朴相水
編輯出版 白俊哲
裝 幀 김진디자인

發 行 人 郭成文

發 行 處 社團法人 傳統文化研究會

등록 : 1989. 7. 3. 제1-936호
서울시 종로구 삼일대로 428 낙원빌딩 411호
전화 : (02)762-8401 전송 : (02)747-0083
전자우편 : juntong@juntong.or.kr
누리집 : www.juntong.or.kr
사이버書堂 : cyberseodang.or.kr
온라인서점 : book.cyberseodang.or.kr

인쇄처 : 한국법령정보주식회사(02-462-3860)
총 판 : 한국출판협동조합(070-7119-1750)

ISBN 979-11-5794-558-0 94710
978-89-85395-71-7(세트)

※ 이 책은 2023년도 교육부 고전문헌 국역지원사업 지원비에 의해 출판되었음.

전통문화연구회 도서목록

범례 : 周易正義 1~4〔全15〕 - 전체 15책 계획, 현재 1~4책만 간행된 경우

新編 基礎漢文教材

新編 四字小學·推句	고전교육연구실 編譯	11,000원
新編 啓蒙篇·童蒙先習	고전교육연구실 編譯	11,000원
新編 明心寶鑑	李祉坤·元周用 譯註	15,000원
新編 擊蒙要訣	咸賢贊 譯註	12,000원
新編 註解千字文	李忠九 譯註	13,000원
新編 原文으로 읽는 故事成語	元周用 編譯	15,000원
新編 唐音註解選	權卿相 譯註	22,000원

漢文讀解捷徑시리즈

漢文독해 기본패턴	고전교육연구실 著	15,000원
四書독해첩경	고전교육연구실 著	20,000원
한문독해첩경 - 文學篇	朴相水·李和春 외 著	15,000원
한문독해첩경 - 史學篇	朴相水·李和春 외 著	15,000원
한문독해첩경 - 哲學篇	朴相水·李和春 외 著	15,000원

五書五經讀本

論語集註 上·下	鄭太鉉 譯註	合 50,000원
孟子集註 上·下	田炳秀·金東柱 譯註	合 60,000원
大學·中庸集註	李光虎·田炳秀 譯註	15,000원
小學集註 上·下	李忠九 外 譯註	合 50,000원
詩經集傳 上·中·下	朴小東 譯註	合 90,000원
書經集傳 上·中·下	金東柱 譯註	合 90,000원
周易傳義 元·亨·利·貞	崔英辰 外 譯註	合 120,000원
詳說 古文眞寶大全後集 上·下	李相夏 外 譯註	合 64,000원
春秋左氏傳 上·中·下	許鎬九 外 譯註	合 109,000원
禮記 上·中·下	成百曉 外 譯註	合 90,000원

東洋古典國譯叢書

大學·中庸集註 - 개정증보판	成百曉 譯註	10,000원
論語集註 - 개정증보판	成百曉 譯註	27,000원
孟子集註 - 개정증보판	成百曉 譯註	30,000원
詩經集傳 上·下	成百曉 譯註	合 70,000원
書經集傳 上·下	成百曉 譯註	合 70,000원
周易傳義 上·下	成百曉 譯註	合 80,000원
小學集註	成百曉 譯註	30,000원
古文眞寶 後集	成百曉 譯註	32,000원

東洋古典譯註叢書

〈經部〉

〔十三經注疏〕

周易正義 1~4	成百曉·申相厚 譯註	合 139,000원
尙書正義 1~7	金東柱 譯註	合 228,000원
毛詩正義 1~8〔全15〕	朴小東 外 譯註	合 259,000원
禮記正義 1~2, 中庸·大學	李光虎 外 譯註	合 77,000원
論語注疏 1~3	鄭太鉉·李聖敏 譯註	合 107,000원
孟子注疏 1~4〔全5〕	崔彩基·梁基正 譯註	合 119,000원
孝經注疏	鄭太鉉·姜珉廷 譯註	30,000원
周禮注疏 1~4〔全15〕	金容天·朴禮慶 譯註	合 122,000원
春秋左傳正義 1~2〔全18〕	許鎬九 外 譯註	合 59,000원
春秋公羊傳注疏 1〔全7〕	許鎬九 外 譯註	37,000원

春秋左氏傳 1~8	鄭太鉉 譯註	合 244,000원
禮記集說大全 1~5〔全10〕	辛承云 外 譯註	合 160,000원
東萊博議 1~5	鄭太鉉·金炳愛 譯註	合 153,000원
韓詩外傳 1~2	許敬震 外 譯註	合 62,000원
說文解字注 1~4〔全20〕	李忠九 外 譯註	合 141,000원

〈史部〉

思政殿訓義 資治通鑑綱目 1~22〔全39〕	辛承云 外 譯註	合 671,000원
通鑑節要 1~9	成百曉 譯註	合 275,000원
唐陸宣公奏議 1~2	沈慶昊·金愚政 譯註	合 80,000원
貞觀政要集論 1~4	李忠九 外 譯註	合 102,000원
列女傳補注 1~2	崔秉準·孔勤植 譯註	合 68,000원
歷代君鑑 1~4	洪起殷·全百燦 譯註	合 135,000원

〈子部〉

孔子家語 1~2	許敬震 外 譯註	合 71,000원
管子 1~3〔全4〕	李錫明·金帝蘭 譯註	合 91,000원
近思錄集解 1~3	成百曉 譯註	合 96,000원
老子道德經注	金是天 譯註	30,000원
大學衍義 1~5〔全7〕	辛承云 外 譯註	合 144,000원
墨子閒詁 1~6〔全7〕	李相夏 外 譯註	合 212,000원
說苑 1~2	許鎬九 譯註	合 50,000원
世說新語補 1~5	金鎭玉 外 譯註	合 171,000원
荀子集解 1~7	宋基采 譯註	合 224,000원
心經附註	成百曉 譯註	35,000원
顔氏家訓 1~2	鄭在書·盧暻熙 譯註	合 47,000원
揚子法言 1〔全2〕	朴勝珠 譯註	24,000원

列子鬳齋口義　崔秉準·孔勤植·權憲俊 共譯　34,000원
二程全書 1~6〔全10〕　崔錫起·姜導顯 譯註　合 205,000원
莊子 1~4　安炳周·田好根 共譯　合 113,000원
政經·牧民心鑑　洪起殷·全百燦 譯註　27,000원
韓非子集解 1~5　許鎬九 外 譯註　合 174,000원

〔武經七書直解〕
孫武子直解·吳子直解　成百曉·李蘭洙 譯註　35,000원
六韜直解·三略直解　成百曉·李鍾德 譯註　26,000원
尉繚子直解·李衛公問對直解　成百曉·李蘭洙 譯註　26,000원
司馬法直解　成百曉·李蘭洙 譯註　26,000원

〈集部〉

古文眞寶 前集　成百曉 譯註　30,000원
唐詩三百首 1~3　宋載卲 外 譯註　各 25,000원~36,000원

唐宋八大家文抄
韓愈 1~3　鄭太鉉 譯註　合 78,000원
柳宗元 1~2　宋基采 譯註　合 44,000원
歐陽脩 1~7　李相夏 譯註　合 203,000원
蘇洵　李章佑 外 譯註　25,000원
蘇軾 1~5　成百曉 譯註　合 110,000원
蘇轍 1~3　金東柱 譯註　合 64,000원
王安石 1~2　申用浩·許鎬九 共譯　合 45,000원
曾鞏　宋基采 譯註　25,000원

明淸八大家文鈔
歸有光·方苞　李相夏 外 譯註　35,000원
劉大櫆·姚鼐　李相夏 外 譯註　35,000원
梅曾亮·曾國藩　李相夏 外 譯註　38,000원

東洋古典新譯

당시선　송재소·최경렬·김영죽 편역　22,000원
손자병법　성백효 역주　14,000원
장자　안병주·전호근·김형석 역주　13,000원
고문진보 후집　신용호 번역　28,000원
노자도덕경　김시천 역주　15,000원
고문진보 전집 上·下　신용호 번역　合 44,000원
신식 비문척독　박상수 번역　25,000원

동양문화총서

동양사상 해설과 원전　정규훈 外 저　22,000원
화합의 길 《중용》 읽기　금장태 저　20,000원
호설과 시장　신용호 저　20,000원
어느 노학자의 젊은 시절　심재기 저　22,000원

문화문고

경전으로 본 세계종교 그리스도교　이정배 편저　10,000원
〃 도교　이강수 편역　10,000원
〃 천도교　윤석산 외 편저　10,000원
〃 힌두교　길희성 편역　10,000원
〃 유교　이기동 편저　10,000원
〃 불교　김용표 편저　10,000원
〃 이슬람　김영경 편역　10,000원
논어·대학·중용　조수익·박승주 공역　10,000원
맹자　조수익·박승주 공역　10,000원
소학　박승주·조수익 공역　10,000원
십구사략 1~2　정광호 저　合 24,000원
무경칠서 손자병법·오자병법　성백효 역　10,000원
〃 육도·삼략　성백효 역　10,000원
〃 사마법·울료자·이위공문대　성백효 역　10,000원
당시선　송재소·최경렬·김영죽 편역　10,000원
한문문법　이상진 저　10,000원
한자한문전통교재　조수익·이성민 공역　10,000원
士小節 선비 집안의 작은 예절　이동희 편역　12,000원
儒學이란 무엇인가　이동희 저　10,000원
동아시아의 유교와 전통문화　이동희 저　13,000원
현대인, 동양고전에서 길을 찾다　이동희 저　10,000원
100자에 담긴 한자문화 이야기　김경수 저　12,000원
우리 설화 1~2　김동주 편역　合 20,000원
대한민국 국무총리　이재원 저　10,000원
백운거사 이규보의 문학인생　신용호 저　14,000원